U0561360

古代
世界的
夜间
生活考

Archaeology
of the
Night

古人之夜

Edited by
Nancy Gonlin & April Nowell

[美] 南希·贡琳、[美] 阿普里尔·诺埃尔 编

郭峥栋 译

GUANGXI NORMAL UNIVERSITY PRESS
广西师范大学出版社
·桂林·

图书在版编目（CIP）数据

古人之夜：古代世界的夜间生活考/ （美）南希·
贡琳，（美）阿普里尔·诺埃尔编；郭峥栋译. -- 桂林：
广西师范大学出版社，2023.3（2023.5 重印）
书名原文：Archaeology of the Night
ISBN 978-7-5598-5646-3

Ⅰ. ①古… Ⅱ. ①南… ②阿… ③郭… Ⅲ. ①社会生
活－研究－世界－古代 Ⅳ. ①C913.3

中国国家版本馆 CIP 数据核字（2023）第 004378 号

广西师范大学出版社出版发行

（广西桂林市五里店路 9 号　邮政编码：541004）
（网址：http://www.bbtpress.com）
出版人：黄轩庄
全国新华书店经销
广西民族印刷包装集团有限公司印刷
（南宁市高新区高新三路 1 号　邮政编码：530007）
开本：880 mm × 1240 mm　1/32
印张：15.875　　字数：480 千
2023 年 3 月第 1 版　2023 年 5 月第 2 次印刷
印数：6 001~10 200 册　定价：108.00 元

如发现印装质量问题，影响阅读，请与出版社发行部门联系调换。

南希：本书谨献给我的兄弟姐妹——爱丽丝、詹姆斯、杰佛里、罗伯特、托马斯、理查德和派蒂——衷心感谢他们与我共度童年每一个有着怪物和月光的快乐夜晚

阿普里尔：本书谨献给乔恩、卢卡和詹姆斯，也献给我亲爱的妈妈和斯蒂芬

目　录

第五部分：点亮暗夜

第六部分：夜间活动

插图目录

表格目录

前 言

杰瑞·D.摩尔

……上帝称暗为夜
——《创世记》1:5

对于《古人之夜》这本书来说，最令人惊讶的事实就是此前从未有人撰写过此类题材。也许我们不必感到惊讶。正如18世纪的科学家格奥尔格·克里斯托夫·利希滕贝格（Georg Christoph Lichtenberg）所说，"我们整个历史仅仅是醒着的人的历史"（Ekirch 2005: 262），考古学家、人类学家，以及社会历史学家都忽略了夜间文化（Dewdney 2004; Ekirch 2005; Galinier et al.2010; Palmer 2000）。本书中的文章作为"先头部队"，进入了人类学家兼随笔作家洛伦·艾斯利（Loren Eiseley 1971）所提到的"夜之国度"。这项研究的目标并不单一，本书接下来的文章也不能被简化成枯燥而同质的主题。恰恰相反，读者会读到和夜间考古学相关的各种各样的提问以及可以交叉互补的探讨。

在前言中，笔者意在重点介绍本书中常见的一些主题。这些主题反映了多种多样并且引人入胜的前沿学术探讨，从照明技术、观察日月对创造文化景观的重要性、复杂夜间本体论（ontology）的存在，到特定的能力、罪过，以及与黑暗相关的各种含义。在讨论本书中的各个主题之前，笔者想借助总结前人对于两个不同社会的夜晚文化的研究——卡拉哈里（Kalahari）的朱/

霍安西人（Ju/'hoansi [Wiessner 2014]）和古典时代晚期到中世纪时期欧洲的修士（Helms 2004），来向读者传达一下夜间考古学的内容。这两个案例研究可以体现本书中的众多特定主题。这些主题笔者将在后面讨论。

帕莉·维斯那（Polly Wiessner 2014）对居住在纳米比亚东北部和波兹瓦纳西北部的朱/霍安西人白天与夜间的对话进行了有趣的对比研究。1974年，维斯那记录了174段对话和讨论中的信息，每一段的时长都有20至30分钟，且涉及至少5个成年人。2011至2013年的追加采访和录音补充了这些信息（Wiessner 2014:14028）。20世纪70年代，尽管朱/霍安西人已经开始在永久性村庄定居，并参与到包括打工、手工艺品销售、农业，以及申领政府养老金在内的混合经济活动之中，朱/霍安西人在当时仍然是"流动人口"。朱/霍安西人白天的谈话内容由三个"C"主导："批评（criticism）、抱怨（complaint）和冲突（conflict）"（Wiessner 2014: 14029）。"口头批评、抱怨和冲突（CCC）是生活的调味剂，让朱/霍安西人可以在一起生活；如果不能通过对话解决问题，人们就起身离开。"（Wiessner 2014: 14029）有趣的是，绝大多数的"CCC"交流都是在相关当事人之间直接进行的，并不是在背后抱怨人，除非是针对某些"大人物"，因为这些人惜字如金的口语表达是"每个人的笑料"（Wiessner 2014: 14029）。有两次，白天的抱怨升级成了用有毒箭头进行的死亡威胁，不过当事人都受到了控制。

然而，朱/霍安西人夜间谈话的语气和主题都与日间不同：对话中80%以上都是在讲故事。维斯那观察到："晚餐后，天黑了下来，白天恶劣的情绪变得柔和，兴致勃勃的人们聚拢在炉火旁交谈，奏乐或跳舞……当经济问题和社会问题被抛到脑后时，对话的重心也发生了根本的变化。"（Wiessner 2014: 14029）讲故事的男男女女详细叙述"控制着这个几乎没有正式教育的小规模社会中整个机构运作"的传说：关于婚姻的故事；朱/霍安西人和周边群体，有时甚至是相距数百公里之外的伙伴之间的非食品物品互换（也被称为hxaro交换）；以及在昏睡治疗师手下体验的超自然世界之旅。熟练的讲故事的人能让他们的"听众震惊得张口结舌，几欲哭泣，或者笑得满地打滚；听众们的情绪被调整到了相似的情感波长"（Wiessner 2014: 14029）。

在另一篇同样精彩，但是文化背景截然不同的文章里，玛丽·赫姆斯（Mary Helms 2004）探讨了古典时代晚期到中世纪早期的西欧基督教修士们在夜间的活动。赫姆斯着重研究了住院修士类修道院："在这里，大师和门徒住在一个类似村庄或者社区类型的封闭环境中。"（Helms 2004: 177）这些遍布欧洲的围墙社区以宗教秩序为基础，安置了成千上万的男女。他们拒绝了尘世的混乱，并有意识地远离撒旦和肉体的诱惑（Moore 2012: 132-134）。赫姆斯写道："对于修士而言，从其定义上来说，他们放弃了白天凡尘俗世的肤浅事物，而夜晚精神方面的属性对他们有特别的吸引力。夜晚给人以深沉的寂静与安宁，人的思想更容易沉浸到超自然的神秘中去。"暗夜包裹了祈祷仪式，包括在晚上举行的日课，也被称为午夜祷（nocturns）。例如，本笃会修士在一间只点着一根蜡烛的公共休息室内和衣而睡，起床后整晚会在漆黑一片的教堂内吟唱赞美诗（Helms 2004: 183）。

午夜祷的重要性以每晚仪式上吟唱的赞美诗数量为指标进行衡量。记录5世纪时日课的文件指出，一个冬夜里，午夜祷需要咏唱多达18首赞美诗；到了6世纪的时候，在冬日的周六和周日的守夜中，这个数字升到了令人咋舌的99首。这是个让人精疲力竭的活动。修士们只能睡5到7个小时（取决于不同季节夜晚的长度），然后在凌晨2点起床咏唱整晚，在精神上为清晨的来临做准备。赫姆斯观察到"午夜祷（有时被称为守夜 [vigil]）是至今为止最长和最重要的'日常'祷告仪式，[1] 每晚都在完全没有照明，伸手不见五指的教堂里咏唱，这就是黑暗的证明。实质上它也可以被理解为，礼拜仪式将修士与初生的、创世前的黑暗相连，这些黑暗发生在《创世记》中描述的创世前和创世中；同时也将修士与神圣的力量相连，这个力量可以被感知到深藏于无尽之处"（Helms 2004: 177-178）。这种复杂的夜间仪式涉及拒绝原罪，找寻亚当的纯真，以及战胜死亡等意义。"这些交织在一起的修行目的显示出在中世纪早期，修士是属于夜晚的，因为他们在仪式上探索黑暗展示出的超自然世界；他们也是即将到来的白天的守望者，黑暗只是环境，是背景；对于礼拜仪式来说，黑暗必将被光明消灭和征服。"（Helms 2004：187）

笔者总结了这两个不同的研究案例，以使读者对夜间考古学可能会遇到的各种复杂人类行为有一定的了解。一方面，这两个夜间行为的例子可以从时间、地点、文化传统和本体论上相区别，不过它们之间也存在一些吸引人的交叉点：与夜间活动相关的特殊行为，人们谈话的声音、主题在昼夜之间的变化，以及与黑暗和夜晚相关的丰富的文化联系。这两个案例表明夜间考古学可以给我们带来哪些启示，也预示着本书中各位作者提出的激动人心的研究问题。

尽管我们生命中有一半的时间都生活在夜间，但我们的考古研究一直是关于白天的。其实对19世纪欧洲和北美城市中的人工照明重要性感兴趣的历史学家和社会学家在照明技术研究方面已经取得了许多成果（Bowers 1998；Melbin 1987；Nye 1992；Schivelbusch 1988）。希弗尔布施（Schivelbusch 1988：221）在对19世纪人工照明的研究中指出："仅仅在黑暗中，人造光创造属于自己的现实的力量才会显现。在黑暗中，光就是生命。"具有讽刺意味的是，在21世纪，照明技术已经把黑暗变成了一种环境质量，需要像国际暗天协会（International Dark-Sky Association）这样的组织来保护（参见 http://darksky.org/，电子版，2016年9月11日；另见 Bogard 2013）。

在古代，人工照明技术还很原始，亮度有限，而且经常是多用途的，例如火堆既提供热量也提供照明。尽管完全理解这些遗物和遗迹存在一些挑战，但这些困难也不是不能克服的。相反，我们这些考古学家一直以来对所有类别的夜间问题和遗物视而不见，正如梅根·E.斯特朗（Meghan E. Strong）所说的，当考古学家思考人工照明在埃及新王国时期葬礼上的作用的时候，他们根深蒂固的无动于衷带来了一种错误的想法，认为调查照明几乎无法获得信息（第12章）。

然而，照明技术有着久远的历史。正如阿普里尔·诺埃尔（April Nowell）所写，来自旧石器时代晚期遗址——洞穴、石穴，以及露天遗址等——的石灯是由砂岩或者石灰岩雕刻而成的，之后点燃取自牛和猪等动物的脂肪，得到些许微光（第2章）。火把和火堆用于洞穴深处和露天场所，不论所处何处都将光传播到了黑暗中。艾琳·麦奎尔（Erin McGuire）进行的实验研究再现了维京人的鱼油油灯，挑战了此前考古学对于所谓黑暗时代末期的相关材料和照明的推测（第13章）。麦奎尔的研究显示出油灯是怎样在维京人烟雾缭绕的住所和附属建筑中制造出一小片光明的——这闪烁的光在北方的漫漫长夜，在一个充斥黑暗角色，比如狼人、变形人，以及狂暴战士的世界里是一种慰藉（Byock 1986）。辛西娅·范·吉尔德（Cynthia Van Gilder）对古代波利尼西亚的夜晚进行了广泛的讨论，考察了传统形式的人工照明（第8章），包括库奎（kukui nut, *Aleurites moluccana*, 石栗），英文中称作"candlenut"（烛果）。民族志中描述了库奎是如何被烘干，打开，穿在芦苇或者棕榈叶上，然后被点燃，形成人工照明，从而留下内果皮长时间的烧焦痕迹。范·吉尔德在茂宜岛（Maui）的发掘中记录了在不同考古建筑——一般住宅、男人的房间，以及寺庙中出土的库奎的相对密度——考察了整个区域的夜间活动。

　　不同形式的人工照明可能和周围的事物有不同的联系。例如，我们可能会用摇曳的烛光，而不是一个晃眼的灯泡来装饰特殊的餐桌。同样，米内特·丘奇（Minette Church）探讨了19世纪和20世纪的美国西南部，篝火、蜡烛、油灯，甚至星光是怎样让位于白炽灯和荧光灯的（第5章）。年长的居民表达了他们对电灯发明前的照明手段的怀念，认为它们是"el refresco de la noche"（晚间的苏打水）的一部分，但较年轻的居民报告说"la luz de aceite es triste"（油灯使人悲伤）。丘奇强调了一个本书反复出现的主题：把常见的考古发现放在夜晚的大环境中重新研究。

　　尽管某些遗物（例如照明技术）可能仅与夜晚有关，但是与夜间活动相关的其他遗物和遗迹也可能具有某些日常功能。这种情况使沙德雷克·奇里库里（Shadreck Chirikure）和阿比盖尔·莱伊·莫菲特（Abigail Joy Moffett）将其描述为考古记录的矛盾性，其中，表现出日常使用功能的材料很难与夜间活动的材料区分开（第17章）。他们写道：一个用于日常谷物加工的簸箕，在宗教仪式活动中被用来"运输"女巫，而在同样的仪式中，白被用作替身；在祖先祈求仪式期间用于仪式的锅和木盘的功能则类似于日常的功能。由于这些原因，研究夜间活动展示出了其面临的独特但并非不可克服的挑战。

相关领域的学者，例如民族志学家和历史学家，已经探索了夜间行为。他们提出了一些研究方法可供考古学家参考。例如，一篇对民族志以及夜间研究案例的综述指出了以下研究课题：玛雅人、奥托米人、因纽特人和巴黎卡巴莱歌舞表演者等丝毫不同的群体之间的睡眠模式，与夜晚相关的神话，特殊的夜间词汇和色情等问题（Galinier et al. 2010）。正如罗杰·埃克奇（Roger Ekirch 2010）所观察到的那样，这个兼收并蓄的研究课题列表只反映了探索的可能性，并不涉及一个有针对性的问题。

本书遵循了类似的兼容性、探索性和开拓性步骤，将它们运用到夜间考古学中。例如，本书中有几章探讨了照明、朦胧和仪式的问题。阿普里尔·诺埃尔（第2章）考虑了"欧洲旧石器时代晚期的夜间声景"，提醒大家注意人工参与音乐的证据（笛子、哨子、管乐器和牛吼器），但同时也提醒大家注意洞穴本身的声学特性，因为洞穴内表面不仅因其作为艺术的石板"画布"而被选择，而且还因为它能产生声音共鸣，从而结合了视觉和听觉特性创造出神圣空间。

在仪式中使用的人工照明不仅被动地发光，它还深深刺入了原本黑暗的夜间仪式。如上所述，斯特朗探索了人工照明在埃及新王国时期的作用，不仅是作为一种技术，而且是葬礼仪式代表光明的一面，其中光标志着从白天／生命到夜晚／死亡和重生的过渡的临界阶段。同样，汤姆·迪里黑（Tom

Dillehay）讨论了马普切（Mapuche）女萨满（machi）主持的夜间仪式，她们"通过主要在夜间进行的宗教和仪式活动，以及通过精神和祖先世界提供的支持，对男萨满的［多日公共仪式］活动进行补充"（第9章）。正如杰里米·科尔特曼（Jeremy Coltman）对古代玛雅做出的讨论那样（第10章），"夜晚是光明的白昼的混沌对立面"，夜间活动的范围延伸到了洞穴的黑暗处，那里充满了狂野而不受控制的黑暗，代表了返回原始时期和混乱的状态会使夜晚变得如此强大。

维斯那（2014：14027）指出："我们有理由相信白天的社交活动和夜晚的社交活动会有所不同。"作为杰出的视觉灵长类动物，对于缺乏光照，不同的人有着相似的反应。凯瑟琳·坎普（Kathryn Kamp）和约翰·惠特克（John Whittaker）简要介绍了视觉生理学，但他们随后指出，考古学家还是应采用更具包容性的"感官景观"这样的现象学概念，将听觉、嗅觉、味觉和触觉添加到视觉中（第4章）。在他们研究的三个西纳瓜（Sinagua）遗址的感官景观讨论中，坎普和惠特克借用了心理学家詹姆斯·J.吉布森（James J. Gibson）的"环境赋使"（affordance）概念。吉布森（1979：127）写道："环境赋使是环境给予、提供或供应给动物的东西，无论是好的还是坏的。"正如蒙特洛和莫耶斯（Montello and Moyes 2013）在中美洲洞穴遗址的研究中所做的那样，环境赋使概念还有进一步发展的空间。具体而言，扩展西纳瓜感官景观的主观属性将很有用，因为鉴于吉布森的提醒，不能将特定的环境赋使限制为"客观事物（或）主观事物……环境赋使跨越了主观－客观二分法，并帮助我们理解其不足之处。这既是环境事实，也是行为事实。它既是肉体上的，又是心理上的，但两者都不是。环境赋使既指向环境，也指向观察者"（Gibson 1979：129）。因此，即使常见的生理反应是普遍的，但正如本书中的其他文章所论证的，观察者对黑暗世界的反应也的确各不相同，这对我们运用"感官景观"概念时提出了额外的、尚未证实的挑战。

本书中一个有趣的主题是将黑暗和夜晚归为创世的一部分。序言开头的《创世记》片段摘录来自宏大的宇宙产生论，由于无形虚空中产生了区别，创世开始了，由此天堂区别于凡间，黑暗区别于光明，夜晚区别于白天，海洋区别于陆地。黑暗与创世之间的联系与玛雅古典时期的短语"ch'ab'-ak'ab"密切相关，正如杰里米·D. 科尔特曼（Jeremy D. Coltman）所指出的那样，除代指王权和仪式的义务外，也可能与最初源自创世时的混乱中的祈祷相关（第10章）。在古代波利尼西亚的"pō"这个概念中发现了黑暗与创世之间的类似联系，正如范·吉尔德（Van Gilder）所写的那样，指的是创世的来源、海洋的深处、精神世界和每天热带阳光过后的黑暗时间（第8章）。范·吉尔德指出，pō指的是夜间，也指从日落开始的24小时周期：我们的夜晚，是通向终点的过渡时刻，也一直被认为是通向起点的过渡时刻。波利尼西亚之夜也是一个潜在转变时期，"即使是一个普通的灵魂也可能从他们世界的pō中滑落到这个世界的pō中"。正如夏威夷学者玛丽·卡瓦娜·普库伊（mary Kawena Pukui）记录的那样，"mai ka pō mai ka 'oiā'i'o"："真理来自夜晚"（第8章）。

其他种类的创意活动，包括颠覆白天秩序的创造性活动，可能会在日落之后发生。布莱恩·帕尔默（Bryan Palmer 2000: 17-18）在其关于中世纪到现代之间的西方夜间体验的论文中指出："因此，夜晚的黑暗文化在任何相同的历史类别中都不统一。相反，它们是……不属于白天的历史的时间段，与由经济理性的逻辑和商业，以及政治规则的构架来统治和约束的时间，空间和地点相对立……（夜晚）也是与人疏远和边缘化的温床。"在本书的各项研究中，格伦·斯托里（Glenn Storey）在第15章关于古罗马的夜间生活中举了一个与人疏远和边缘化的著名例子：尼禄皇帝伪装成普通的暴徒，在罗马的黑暗街道上四处窜行，刺伤路人并把他们扔进下水道。最令人震惊的是，他成了其他假借皇帝名义袭击过路人的罪犯学习的榜样！

沙德雷克·奇里库里和阿比盖尔·茱伊·莫菲特（第17章）指出："黑暗的掩护为不同类型的仪式打开了大门"。其中一些仪式是白天习俗的补充，而另一些则完全颠覆了白天习俗，例如要求祖先说情于神灵，占卜，传统医术，巫术和性教育等仪式。简·伊娃·巴克斯特（Jane Eva Baxter）在讨论贾卡努狂欢节（Junkanoo）时提供了一个引人入胜的例子来显示夜晚的颠覆性潜力。贾卡努狂欢节是巴哈马的节日，其根源和含义由18世纪到19世纪的非洲奴隶创建，其后代至今仍在庆祝这个节日。正如巴克斯特所写："奴隶被带到巴哈马时只携带了他们的无形文化，而他们在日常生活中表达自己记忆、文化和身份的渠道有限。"（第18章）贾卡努狂欢节仪式是秘密组织的仪式，包括配合用铜管乐器、牛铃和山羊皮鼓演奏的"呼应式"音乐，来表演提前设计好的舞蹈。贾卡努狂欢节仪式不仅是抗争和违规的一种表现，而且是文化创造力、人种起源和记忆力练习的一种表现。人们通过这些有意识的行动塑造和形成了自我身份和意义。除了这一特别的仪式，巴克斯特还探讨了巴哈马的种植园景观。尽管种植园主的房屋建在居高临下的山脊上以利用凉爽的微风，并减少昆虫的骚扰，但他们房屋的全景优势却在夜晚的黑暗中消失了。相反，巴克斯特认为，巴哈马种植园的夜景和声景呈现出自己的环境赋使特点，在黑暗中为奴隶们提供了相互交流而又不会被监视或窃听的机会，而安静的夜间互动与贾卡努狂欢节中震耳欲聋的铜管乐器声和鼓声形成鲜明对比。

贯穿此卷的另一个主题是黑暗与建筑规划的相互关系。阿列克谢·弗兰尼奇（Alexei Vranich）和斯科特·史密斯（Scott Smith）探讨了夜间天文观测在安第斯山脉南部的的喀喀（Titicaca）盆地形成复杂社会时所起的作用（第6章）。大约公元前1800年后，一种建筑形式（下沉式庭院）在整个地区流行起来，这是蒂瓦纳科（Tiwanaku）市中心的主要特征之一。蒂瓦纳科是公元500至1000年间该地区的主要定居点。的的喀喀盆地最大的下沉式庭院建于蒂瓦纳科，这是一个2米深的长方形空间（28米×26米），两侧是57根大石柱嵌在环绕庭院的墙壁上。弗兰尼奇和史密斯认为，至少有一部分原因，下沉的庭院是为了观察夜空而设计的。石柱与半人马座 α 和 β 的上升和下落对齐。半人马座 α 和 β 在传统安第斯民族天文学中被解释为亚卡纳（Yacana，一种美洲驼形状的暗云星座）的眼睛（Urton 1981）。殖民时期的民族志资料将亚卡纳描述为一列"暗云星座"——暗夜星空中没有星星出现的区域——中的一员，这些暗云星座穿越玛育（Mayu），也称"天河"，西方人称为"银河"。以此为依据，弗兰尼奇和史密斯认为蒂瓦纳科的下沉式庭院是故意参照安第斯夜晚穿越的星星和暗云星座而规划的。正如范·吉尔德所讨论的，与上面的例子相似，夜空中的位置和天文观测对于古代波利尼西亚人来说至关重要，不仅对于他们穿越太平洋，而且对于他们陆地上的活动也很重要。昂宿星团的出现标志着夏威夷新年和收获节日；占星学家观察过天象，预言了战斗的吉日。寺庙（heiau）和其他建筑被设计成朝向东南西北等基本方向，或者朝向其他一些天文现象。

在一篇涉及天文现象的有趣且涵盖范围很广的论文中，安东尼·阿维尼（Anthony Aveni）讨论了人类对另一种夜晚的反应：日全食造成的昼间夜（第7章）。有人可能会不赞成讨论日食，尤其是讨论每隔400年才能观测到的日全食！他们觉得此话题不适合作为夜间考古学一书中的章节，尤其是这样一本旨在强调被忽略的普通夜间生活的书。阿维尼则认为我们需要"日食人类学"。例如，阿维尼报告了人类在白天对黑暗做出的特别反应。很多时候人们会制造噪音，例如敲打鼓、击打金属罐等，尽管对于这种行为的解释可能截然不同，要么是催促太阳苏醒，要么是因为日食消逝，太阳恢复正常而庆祝。另外，日全食可以解释为当代玛雅人口中的月亮咬太阳，也可以解释为印度神话中的恶魔吞噬了太阳。不论它们的本体论框架如何，日食都被视为正常宇宙中的潜在失衡，而对这些失衡的解释涉及借用熟悉的事物解释陌生的事物，这么做才有希望找到意义（第7章）。在最近一篇颇有见地的论文中，启蒙运动和浪漫主义时期欧洲科学著作和文学专家乔斯林·霍兰德（Jocelyn Holland）讨论了日全食带来的独特解释问题。霍兰德写道："一直以来，日食的预测都在科学理论和文化实践的交汇处进行。作为自然现象，日食是科学研究的对象，越来越复杂的数学和天文模型已经对其进行了解释，从而可以精确地预测未来的日食，还可以参考过去的日食来更准确地确定历史事件日期。然而事实上，在整个人类历史中，日食被认为是各种事件中最超自然的，这就导致了迷信和恐惧的蔓延，也伴随着干扰了原本人们所熟知的昼夜交替的陌生的黑暗。"(Holland 2015: 216)正如阿维尼在他的论文中所记载的那样，这种"陌生的黑暗"使许多人类社会都对日全食感到特别不安。

试图解释白天和黑夜之间的差异引起了我们对昼夜本体论的思考，这是迪里黑在讨论马普切女性萨满时发现的一个突出问题（第9章）。贡琳和迪克逊（第3章）观察到，在玛雅古典时期，夜晚被视为不祥之时，而科尔特曼（第10章）则讨论了玛雅人是怎样把夜晚和创世前的原始黑暗联系在一起的，这种关联使夜间充满了独特的危险和威力。苏珊·阿尔特（Susan Alt）关于密西西比州城市卡霍基亚（Cahokia）的讨论（第11章）以白天、黑暗和性别之间的本体论联系作为中心。在卡霍基亚中心位置东部和东南部的高地上，一边的山脊被进行了改造，使其与月球的静止位置对齐。卡霍基亚的这个区域被称为翡翠山遗址。值得注意的是，通过一条24公里长的大路，翡翠山遗址与卡霍基亚中部直接相连（Pauketa and Alt 2015）。该遗址的仪式区似乎是在卡霍基亚的最早期建造的，它吸引了整个美国中西部的朝圣者。在翡翠山遗址的中心，建造了与53°方位角对齐的土丘。从卡霍基亚的纬度上看，每18.6年，月亮在其从最北方静止处上升数月，然后才开始回到最南方。翡翠山遗址上有各种建筑物，如汗舍（sweat lodge）、朝圣者住处和神社，但没有一个是永久住所。阿尔特记录了神社是如何通过"沉积仪式"来"退役"的，其中"每个神庙都用水洗过的淤泥封闭，在它们的生活面上大多留有烧过的材料、织品和皮毛"（第11章）。阿尔特写道："苏族人（Siouan）的口述历史将月亮和地球与女性联系在一起，将太阳和天空与男性联系在一起。"与笛卡尔二元论区别不一样，这些两极化对立是不可或缺的，它们也是互补的，并且在本体论上是多种多样的，涉及人类、动物、非人类的力量，以及物品。

如果说卡霍基亚圣域的特定区域与太阳周期和雄性有关联，例如第72号土丘上的"木棍"，其位置显示出夏/冬至日与上层男女的墓葬相关，那么其他蕴藏能力的区域则是具有夜间性和女性属性的。阿尔特写道："密西西比的夜晚带来了月亮和梦想。夜晚带来了大地母亲和天空父亲之间的历史和故事，讲述创造了人、灵和世界。"

正如本书中的许多作者所述，"夜之境"不仅是具有神秘、颠覆或超凡脱俗等元素的领域，而且是夜间普通活动发生的地方。例如，莉塔·怀特（Rita Wright）和泽诺比·加雷特（Zenobie Garrett）描述了摩亨佐－达罗（Mohenjo-daro）和其他印度河流域城市的"豪华水利设施系统"，称其卫生系统的维护是在夜间进行的（第14章）。同样，奇里库里和莫菲特讨论了在非洲南部，冶铁是如何在夜间进行的，这一技术过程充满了性暗示，因为陶制熔炼炉被看作女性（包括模制的乳房），吹管被看作阴茎，由此产生铁这个婴儿。斯托里讨论了古罗马的一些"寻常夜晚"的活动，例如重型运输马车在街道上笨拙地通过，面包烤制，性交易，以及知识分子，例如政客/将军大普林尼这样的人，在思考、阅读和写作。南希·贡琳（Nancy Gonlin）和克里斯汀·迪克逊（Christine Dixon）罗列出了玛雅人的一些夜间工作，从狩猎、守卫花园和田野，到煮豆子、泡玉米做面团、泡陶土做陶器等。在阿曼的一项有趣的灌溉活动研究中，斯米迪·内森（Smiti Nathan）在第16章讨论了如何使用传统的地下灌溉系统（falaj，法拉吉，即坎儿井——译者）将灌溉水分配给不同农民的田地，以及如何通过夜空中的星星来知晓时间，从而量化灌溉水分配的持续时间——在炎热的沙漠中工作，夜晚是凉爽的时间。

总而言之，夜晚从古至今都是人类存续的一个重要领域，而本书的各章将引导读者探索其各种复杂的含义、行为和联系。在接下来的章节中，读者会发现令人惊讶的复杂夜间世界。简而言之，没有理由假设所有夜晚都有违规或违反常理等特点，无论这些特点是会让人感到恐惧还是欣然接受。尽管埃克奇（2005：xxvii）认为"夜间文化绝对不是一成不变的，但人们对于夜间文化的态度和习俗的相同点比不相同点更多"，但他主要关注的是欧洲的传统，而不是"夜之境"内不同文化的差异。正如本书的各项研究所示，考古学家和其他学者可以做更多的工作，来探索黄昏和黎明之间这段时间的观念、行为的跨文化和跨时代变化。

注 释

1. 黎明祷（matins）、晨祷（prime）、上午祷（terce）、午祷（sext）、下午祷（none）、晚祷（vespers）、睡前祷（compline）和午夜祷（nocturns）。

参考文献

Bogard, Paul. 2013. *The End of Night: Searching for Natural Darkness in an Age of Artificial Light*. New York: Little, Brown.

Bowers, Brian. 1998. *Lengthening the Day: A History of Lighting Technology*. New York: Oxford University Press.

Byock, Jesse. 1986. "The Dark Figure as Survivor in an Icelandic Saga." In *The Dark Figure in Medieval German and Germanic Literature*, ed. E. R. Haymes and S. C. Van D'Elden, 151–163. Göppinger Arbeiten zur Germanistik 448. Göppingen: Kümmerle Verlag.

Dewdney, Christopher. 2004. *Acquainted with the Night: Excursions through the World After Dark*. London: Bloomsbury.

Eiseley, Loren. 1971. *The Night Country: Reflections of a Bone-Hunting Man*. New York: Charles Scribners.

Ekirch, A. Roger. 2005. *At Day's Close: Night in Times Past*. New York: W.W. Norton.

Ekirch, A. Roger. 2010. "Comment on Jacques Galinier et al., 'Anthropology of the Night: Cross-Disciplinary Investigations.'" *Current Anthropology* 51(6):838–839.

Galinier, Jacques, Aurore Monod Becquelin, Guy Bordin, Laurent Fontaine, Francine Fourmaux, Juliette Roullet Ponce, Piero Salzarulo, Philippe Simonnot, Michèle Therrien, and Iole Zilli. 2010. "Anthropology of the Night: Cross-Disciplinary Investigations." *Current Anthropology* 51(6):819–847. https://doi.org/10.1086/653691.

Gibson, James. 1979. *The Ecological Approach to Visual Perception*. Boston: Houghton Mifflin.

Helms, Mary. 2004. "Before the Dawn: Monks and the Night in Late Antiquity and Early Medieval Europe." *Anthropos* 99(1):177–191.

Holland, Jocelyn. 2015. "A Natural History of Disturbance: Time and the Solar Eclipse." *Configurations* 23(2):215–233. https://doi.org/10.1353/con.2015.0016.

Melbin, Murray. 1987. *Night as Frontier: Colonizing the World after Dark*. New York: Free Press.

Montello, Daniel, and Holley Moyes. 2013. "Why Dark Zones Are Sacred: Turning to Behavioral and Cognitive Sciences for Answers." In *Sacred Darkness: A Global Perspective on the Ritual Use of Caves*, ed. Holley Moyes, 385–396. Boulder: University Press of Colorado.

Moore, Jerry. 2012. *The Prehistory of Home*. Berkeley: University of California Press.

Nye, David E. 1992. *Electrifying America: Social Meanings of a New Technology, 1880–1940*. Cambridge, MA: The MIT Press.

Palmer, Bryan D. 2000. *Cultures of Darkness: Night Travels in the Histories of Transgression*. [*From Medieval to Modern*.] New York: Monthly Review Press.

Pauketat, Timothy R., and Susan M. Alt. 2015. "Religious Innovation at the Emerald Acropolis: Something New under the Moon." In *Something New under the Sun: Perspectives on the Interplay of Religion and Innovation*, ed. D. Yerxa. London: Bloomsbury Press. Accessed June 24, 2017. https://www.cahokia.illinois.edu/documents/Pauketat%20Alt%202016%20 chapter%20draft.pdf.

Schivelbusch, Wolfgang. 1988. *Disenchanted Night: The Industrialization of Light in the Nineteenth Century*. Trans. Angela Davis. Berkeley: University of California Press.

Urton, Gary. 1981. "Animals and Astronomy in the Quechua Universe." *Proceedings of the American Philosophical Society* 125(pt. 2):110–127.

Wiessner, Polly. 2014. "Embers of Society: Firelight Talk among the Ju/'hoansi Bushmen." *Proceedings of the National Academies of Science* 11(39):14027–14035. https://doi. org/10.1073/pnas.1404212111.

序

那是一个风雨交加、伸手不见五指的夜晚。

——爱德华·布尔沃-莱顿（Edward Bulwer-Lytton, 1830）

一天晚上，我（南·贡琳，南为南希的简称——译者）坐在壁炉旁，阅读着有关日常活动的文章。一只手拿着酒杯，另一只手拿着书，我发现自己使用的物品和所处的空间与白天不同。"夜间活动是什么样子的？"我想。我用谷歌搜索了这个词，却一无所获。使用同义词的搜索，也没有出现任何考古出版物。我向好朋友克里斯（前文中的Christine Dixon——译者）提出了这个关于古代夜间活动性质的想法，她鼓励我全身心地研究这个问题，因为她也觉得前人并没有做过类似的研究。

这时阿普里尔·诺埃尔加入了进来。在我开完2011年美国人类学学会（SAA, Society for American Archaeology）年会的回程航班中，我很幸运地与这位研究旧石器时代的专家坐在一起。我们俩当时都要回美国西北地区，同坐一个航班，花了几个小时来谈论考古研究。由于有很多共同点，我们之后保持了联系，我也择机向她提到了夜间考古学。她和我一样，对这个新课题感到非常兴奋。我们一致同意举办两次研讨会。不过，说起来容易做起来难。

我们联系了许多考古学家，其中许多人的回应如下："您想让我做什么？"或"您是问我对'夜晚'有什么看法？"或"我从未听说过！"或"嗯，想必已经有关于这个课题的研究了吧。"或"不行，我从未考虑过这个课题，这对我来说会花费太多的时间。"对于大多数人来说，这个课题太模糊了。本书中收集的文章代表了少数勇敢的人，他们对我们在夜间的呼吁做出了肯定的回应，却不知道这项研究路在何方（其实我们俩自己也不知道）。我们手挽着手一起步入了未知的黑暗，来探索夜间考古学。

本书中的各章来自阿普里尔和我召集的两次研讨会，一次是在2015年丹佛美国人类学协会（AAA, American Anthropological Association）（"从黄昏到黎明：古代世界的夜间活动"），另一次是在2016年于奥兰多举行的美国人类学学会年会上（"夜间考古学"）。两次会议都有很多人出席，并受到了大家的好评。这些反馈鼓励我们继续前进。美国人类学协会研讨会的与会讨论者是杰瑞·摩尔，而帕莉·维斯那和梅格·康基（Meg Conkey, 即玛格丽特·康基——译者）则是美国人类学学会研讨会的与会讨论者。杰瑞慷慨同意为此书写序言，而梅格则在后记中总结了全书。上面提到的所有学者都依据自己丰富的人类学研究经验对本书提出了重要的见解。我们也衷心感谢帕莉·维斯那在关于朱/霍安西人和其夜间谈话的开创性工作中对人类学的贡献，这确实令人鼓舞。虽然帕莉没有继续参加这本书的出版工作，但我们非常感谢她作为与会讨论者所做出的贡献。

阿普里尔和我衷心感谢本书的各位作者按时交稿，及时赶上了我们的加急出版截止日期，并感谢科罗拉多大学出版社毫无保留地接受着我们的全新想法。策划编辑杰西卡·德尔博恩（Jessica d'Arbonne）高效率地推进了本书的出版。她在出版的每一个阶段都给予我们大力支持，令人赞叹。科罗拉多大学出版社的其他成员，包括达林·普拉特（Darrin Pratt），丹·普拉特（Dan Pratt），劳拉·弗尼（Laura Furney）和贝丝·斯文娜里奇（Beth Svinarich），都对本书尽早出版提供了帮助。感谢文字编辑卡尔·亚伯特（Karl Yambert）的出色的建议。非常感谢琳达·格里戈尼斯（Linda Gregonis）编写了索引。我们的家人一直以来都全力支持我们的事业。尽管昼夜颠倒，他们还是愿意忍受我们在深夜挑灯写作的习惯。本书谨献给我们的家人。

第 一 部 分

引 论

第一章

夜间考古学引论

南希·贡琳、阿普里尔·诺埃尔

随着古代世界的最后一丝暮光消失，随之而来的是一系列活动，其中有些活动与白天的活动大不相同。与这些活动相关的遗物和遗迹，有一些仅仅与夜晚相关，而另一些的物质文化意义在夜晚发生了转变。尽管日间和夜间活动都通过遗物、遗迹、图画、文字，甚至整个建筑物在考古记录上留下了印记，考古对于过去生活的重建却通常基于对日间活动的描述。但是，正如米内特·丘奇（第5章）所观察到的那样，我们的研究对象生活在夜晚的时间和白天一样长。睡眠、性、社交、观星、讲故事、仪式、工作和娱乐——我们的许多经济、社会和礼仪活动都发生在晚上。实际上，现代一些城市已经开始任命"夜间市长"来监督管理我们城市里不断壮大的夜间经济活动（Henley 2016）——但专门针对夜间普通活动的考古研究则相对较少。难道是黑暗对考古学家掩盖了这些活动吗？还是我们需要去学习怎样揭示它们？实际上，我们有很多问题可以向夜晚询问，例如古人在晚上做什么？在电力出现之前，我们的祖先是如何度过夜晚的？他们对夜晚和黑暗有哪些看法和担忧？哪些符号、故事、神话和仪式与夜晚有特殊关系？夜晚是如何同时做到解放人和束缚人的？也许对于考古学家来说最重要的是，这些夜间行为的考古学特征是什么。我们才刚刚开始探索这些问题的答案，而答案取决于进行大量的比较研究，并需要借鉴进化心理学、历史、题铭学、艺术史、生物学、文化天文学、宗教研究、文学和人类学的全部四大分支领域，以及许多其他相关学科。我们撰写本章并汇总介绍研究案例的目的是开始从考古学角度弥补对夜晚研究的不足，并纠正我们在重构历史的过程中只注意昼间活动的偏见。

夜间视力

我们最好从所谓的视差的角度开始进行夜间考古学研究。这涉及从不同角度观察同一个主题。事实证明，观察者位置的变化——对于我们的研究来说，就是只针对夜间活动而非昼间活动——非常有效。我们通过对人们昼夜的活动来了解文化，会对留下考古记录的人类活动有更全面的了解。对于夜晚的研究可以揭示人类的变化、夜晚的独特之处、人类如何适应夜晚等问题。因此，我们请本书的各位作者透过黑夜的镜头，重新回顾他们工作过的遗址、他们积累的数据、他们所作的解释，以及他们运用过的理论。我们也请各位读者做同样的事情来唤起视差效果。莎拉·杰克逊（Sarah Jackson 2016: 26）有效地利用了视差视角，从主位角度对玛雅古典时期的考古材料进行了创新分析；象形文字的使用揭示了以前中美洲学者研究不足的材料。因此，她的研究引入了菲伊·金斯伯格（Faye Ginsburg 1995）的视觉人类学分析方法。杰克逊和金斯伯格分析数据时讨论到主位／客位差异，我们则可以把夜／昼视角类比成主位／客位，并提出可以在更广阔的背景下重构过去的文化行为，其中也包含了人类完整一天的生活习惯。

夜晚的生态参数

人类在生物和文化方面都适应了夜晚，因此，一个有成效的研究应该从研究古代人类赖以生存的生态参数和他们所面对的夜间景观开始。随着夜晚的到来和光线的减弱，地球会发生几种环境变化。生命体和无生命体的温度都会降低。对于人类来说，通常夜晚比白天安静，但是夜晚的声音来源与白天不同。在城市中，"夜班"产生的声音占据了上风；而在城外，随着夜幕降临，无数的动物，比如蝙蝠、猫头鹰和夜猫等变得活跃起来，两栖动物的呱呱叫声和昆虫的嗡嗡声也逐渐响起。夜晚的香味甚至都与白天有所不同，有些花朵是响应月光生长的，会随着月亮的升起而打开，随着月亮的降下而合上。夜晚的长短因季节和纬度而异：北半球的冬季是漫漫冬夜，夏季时甚至午夜还能看到太阳，而在赤道附近全年昼夜的时长几乎相等。

时间生物学是研究昼夜节律（circadian rhythms）的学科。为了响应光照量的变化，人体（以及许多其他物种的体内）会发生几种生理、生化和行为变化（Burton 2009）。在夜间，体温、尿量和血压通常会下降，而新陈代谢减慢时人的警觉性也会下降（Dewdney 2004）。荷尔蒙的变化包括褪黑激素（melatonin）和人类生长激素的增加，而皮质醇（cortisol）在起床之前会达到峰值，以帮助人们醒来（Burton 2009；也请参见诺埃尔，本书第2章）。人类为适应其昼夜节律而进行的文化适应是多种多样的。一些显而易见而且大家都熟悉的适应包括人类发明了被褥、衣服和安全的睡觉场所。我们还创造了与夜晚相关的神话来解释太阳的消失、星星的存在，以及真实或想象中的生物会不会伤人。许多仪式集中在暮色中举行，把希望寄托在新一天的日出之上。

夜晚代表的是对人类亲身经历过的时间的研究，而不是科学家手中以数百万亿年为单位来研究时间的纵向框架。因为古人的生存时间并没有一个陶瓷相（ceramic phase）或整个王朝的时间那么长，所以最新对历史的阐释需要这种类型的分析（Ashmore 2015: 214; Golden 2002, 2010）。虽然我们把"旧石器时代晚期"或"古典时期"之类的现象当作整体来研究，但是我们自己永远也不会经历如此长的时间。此外，人类生活在生态时期，而不是地质时期。从黑夜变成白昼，从冬天变成春天，抑或一年一度的太阳周期，是人类在他们有限的时间和社交生活框架内体验世界的方式（Lucas 2005）。这些经历留下了考古记录，正是通过这些遗存，我们才能进一步了解过去。

把光照延伸到夜晚

几千年前，随着人类开始控制和使用火，我们的祖先开始征服夜晚。原本只有自然界的太阳才能提供的光、温暖和安全感也开始经人类之手扩展延伸。最早的人为用火的证据可以追溯到180万年前的肯尼亚北部图尔卡纳湖（Lake Turkana），但大多数古人类学家都认为可控的人为用火可以追溯到50万年前（Gowlett 2016）。理查德·朗厄姆（Richard Wrangham 2009, 2016）深入地论述了人为用火在烹饪中的应用，这对植物去毒和婴儿食品软化至关重要。这项技术对脑容量增加和肠道容量减少也有至关重要的影响（Gowlett and Wrangham 2013）。人类以许多其他方式充分利用了火（见本书第2章）。作为光源，火会延长生产时间，改变我们的昼夜节律并增加社交互动（Burton 2009; Gowlett 2012）。

对我们这里的研究而言，最重要的是，可控用火延长了白昼的时间——这是人类历史上的第一次——更多的社交机会出现在原本空闲的时间，由此改变了人类的昼夜节律（Burton 2009; Gowlett 2012）。根据帕莉·维斯那（2014）的民族志研究，狩猎采集者之间的"昼间谈话"和"夜间谈话"存在很大差异。一边,平淡无奇、与生业相关的对话,以及各种八卦是昼间对话的常态;另一边,火光加深了人之间的互动,其他主题的对话也变得越来越普遍。这种交流有质的不同,不仅涉及口头交流,而且涉及太阳落山后的舞蹈、歌曲、仪式和叙事活动(另请参阅本书第2章)。这种仪式化行为旨在提升整个群体的社会道德,增强团队凝聚力和认同感。火推动了人类祖先在生物、社会和文化发展方面的转型,这就使一些人类学家认为火其实是使我们成为"人类"的原因(Boyd 2009;Coe et al. 2006;Dunbar 2014;Gottschall 2012;Wiessner 2014)。

消失的夜晚

在现代,我们面临着夜晚逐渐消失的窘境(Bogard 2008,2013)。星星渐渐在城市的光辉中暗淡下来,即使在最晴朗的夜晚也只能看到最大和最亮的天体(Bortle 2001)。人类在不久之前才具备用光征服夜晚的能力,而现在,夜晚有时甚至能超过白天的亮度(Brox 2010;Edensor 2015)。实际上,如今大量的人造光污染已经威胁到了地球上的生命。最近的研究表明,我们基因的10%至15%由昼夜节律周期控制,人类的多种疾病与昼夜节律被破坏有关,包括抑郁症、失眠和心血管疾病(Chepesiuk 2009;Naiman 2014)。进一步的研究表明,早期人类经历了选择性压力,达到了在最短时间内满足自己睡眠需求的效果。与其他灵长类动物相比,人类的睡眠更短、更深,快速眼动睡眠的比例更高,从而可以拥有更长的活动时间来获取和传播新的知识技能(Samson and Nunn 2015)。纵然人类被描述为唯一的"夜猿"(Hill et al. 2009),我们可能仍正在接近极限。

电的使用也对家庭乃至整个社会产生了社会影响。"当燃气灯和煤油灯消失时，房屋里中央壁炉最后的痕迹也消失了。电灯虽无处不在，却并不聚拢。每个人都坐在自己台灯的光环中。"（Brox 2010：171）然而，电力以无线电的形式，后来又以电视的形式形成了新的壁炉（Brox 2010：171）。当然，从全球范围来看，许多家庭已经不再是这种情况了，因为每个家庭成员都开始聚精会神地盯着自己的手机或电脑屏幕。鉴于这些生物和社会方面的变化，简·布罗克斯（Jane Brox 2010：303）鼓励我们"去回想过去，问问自己，光明对我们的阻碍是否比黑暗对我们祖先的阻碍更严重"。

研究夜晚的挑战

考古发掘主要在白天进行。作为考古学家，我们很少在夜晚或漆黑一片中体验我们的遗址。白天发掘是很平常的事情，因为有光照我们才可以记录下遗迹、遗物。但是，在洞穴内或金字塔内部较深的通道等黑暗的地方发掘时，光源就像手铲一样不可缺少，而这些发掘通常还是发生在白天。只有在特殊情况下，例如在秘鲁锡潘（Sipán）发掘莫切（Mochica）皇家陵墓时（Alva and Donnan 1993），我们才会进行夜间发掘，或在夜间体验我们的发掘遗址。诸如盗掘等与专业考古发掘格格不入的非法活动，可以预想一定在夜间进行。在野外时，实验室工作、研究、报告撰写和休息适合在晚上进行，而这些活动都发生在人造光下。对于我们学术界，在晚上大家还会进行一些大同小异的工作，包括海量试卷批阅，备课，有时还有学术委员会相关工作。难怪我们对白天的偏爱是一种职业病。

像其他类型的考古遗迹一样，与夜晚相关的遗迹大都也是能被经久保存的物品。借助我们常见的石材和陶瓷，我们可以"以夜晚为中心"问一些新的问题，从以前未被注意到的这些遗迹中学到很多东西。相较于简单社会，复杂社会留下了更经久保存的建筑、古迹，在某些情况下还留下了文字。这些等级社会的遗物和遗迹，和皇室贵族的物品一样会被人一眼看到，而老百姓留下的遗迹有时就会被忽视。尽管如此，我们在理解古代夜晚时所面临的挑战并不比我们考古学家平时面临的挑战更大。一旦我们转变研究角度，我们的夜视能力就会增强（范·吉尔德，本书第8章）。

对于我们大多数研究历史的人来说，白天始终是我们默认的研究方向。不论好坏，我们都假设物品、空间或建筑物都是在白天使用的。尽管我们没有理由做出，但是这样的假设的确存在。而一旦意识到这个问题，我们就可以将研究方向调整到夜晚。我们很少停下来问自己："我怎么知道这个文物是白天使用的?"沙德雷克·奇里库里和阿比盖尔·茱伊·莫菲特（本书第17章）恰当地指出，许多物体在白天和晚上都有其用途，而且可能还大不相同：对于绍纳人（Shona）来说，扫帚在白天是清扫用具，到了晚上就变成了女巫的夜间交通工具。通过重新设定视角，设想物质存在晚上是怎样被使用的，我们将能够从"中立"的昼间转变，把夜间活动纳入研究中（丘奇，本书第5章）。摆在我们面前的困难是怎样分辨我们发现的日常遗物是否也在夜间被使用，以及是否存在只与夜间相关的文物和遗址。只有到那时，我们才能开始理解"夜间文化"（K. Landau, pers. comm., November 2016）。

研究夜晚的途径

尽管存在各种挑战，仍有许多有效的方法可以推进夜晚研究的理论化。除了明显的例外（Galinier et al. 2010; Handelman 2005; Monod Becquelin and Galinier 2016; Schnepel and Ben-Ari 2005），人类学，尤其是考古学一直以来都忽视了夜间这个研究主题，但其他学科的学者已经接纳了这一主题。欧洲和西方历史学家（例如 Ekirch 2005；Koslofsky 2011；Palmer 2000）对夜晚进行了更为直接和广泛的调研。克雷格·科斯洛夫斯基（Craig Koslofsky）指出："我们可以将夜晚纳入范围更广的分析，而不是把它看作一个孤立的主题……日常生活是历史分析的一个类别，可以用来理解黑夜与社会之间的相互关系。"（2011：14）

然而，考古学家的研究途径都是基于这样一个假设，即夜间行为与其他人类行为一样，会留下一些能保存下来的物质资料作为考古遗存（例如 Elson and Smith 2001）。我们在此提出从广泛的理论角度和跨学科的角度研究夜晚。该主题最好能通过一个整体的、跨文化的、对比性的研究框架来进行，因为对夜晚的调查涉及各种数据，所以非常适用于美国人类学的四大分支的研究方法。家户考古学（household archaeology）的方法和理论手段、皮埃尔·布尔迪厄（Pierre Bourdieu）的实践理论（practice theory）、现象学（phenomenology）方法是三种易于应用的工具，它们可以用于指导和解释这些问题，辅以人类适应性角度来研究夜晚。虽然这些理论手段都已经很成熟，并已成功地用于理解日常活动，但是在我们对考古遗存的分析中，尚未单独考虑夜间活动的遗存。

家户考古学

无论生活在古代还是现代，大多数人都在家里过夜。幸运的是，房屋／居住建筑遗迹是整个区域种类最多的考古遗址。无论是简陋的住所还是富人和名人的住所，家户考古学已成为一种重要且行之有效的分析手段（例如 Douglass and Gonlin 2012；Parker and Foster 2012）。夜间家户考古学家所依托的数据与普通家户考古学家掌握的数据类型相同，用于揭示有关生产、分配、传播、繁殖和共同居住的信息（Wilk and Netting 1984）。在太阳落山后，人类活动不会停止；相反，人类活动在这段时间可能会非常有效率。通过调整我们提出的问题类型，我们可以开辟一种思考古代活动的新思路。我们的研究可以包括以下问题：文化是如何在夜间传播的？家庭成员通常在晚上从事哪些工作，尤其是借着夜色才能进行的工作（Gero and Conkey 1991）？男性的夜间居址活动通常与女性不同，特别是未婚的男性。儿童可能已经在床上安然入睡，但也可能仍在劳动中，特别是在收成旺季的农业社区。约瑟夫·加芬克尔（Yosef Garfinkel 2003）向我们成功地展示了近东地区早期农业村庄在夜间通过仪式传播文化的证据。许多文化都有与夜晚相关的特定文物，例如玛雅古典时期人们睡觉的长椅和垫子，让我们了解到人们在晚上共同居住的情况（参见贡琳和迪克逊，本书第3章）。为了进一步加强必须重视人类活动区域这一研究传统，我们不仅仅要考虑某项活动在一天中的发生时间，还要考虑照明情况：在夜间工作的人可能在光线最强的地方工作，而且他们可能还需要依靠其他感觉，例如触觉（Dawson et al. 2007；另见本书第13章）。

实践理论

皮埃尔·布尔迪厄（1977）的实践理论可以用来检验"夜间实践"，就像对"日常实践"的研究可以启发我们对过去的理解一样（Bourdieu 1979）。虽然有一些夜间活动每天晚上或几乎每天晚上都会发生（例如睡觉），但其他活动可能较少发生（例如打猎或晾晒陶器）。我们进一步研究夜间考古学时，术语"夜间实践"的使用是对术语"日常实践"的补充。把视角重新定位到深夜，可以帮助我们了解我们作为考古学家发现的遗物和遗迹。例如，壁炉不仅代表着对火和烹饪的控制（Pyburn

1989），而且还揭示了有关夜间取暖、"炉边谈话"和社交活动的信息（Wiessner 2014）。黑暗中的火光还可以辅助其他活动，例如制造工具。当传统被长时间保留下来并被不断实践，它就更有可能成为考古遗迹的一部分。世界各地的考古学家已经成功地使用了布尔迪厄的理论框架来向我们揭示日常生活（例如 Pauketat 2001；Robin 2013）；我们预计类似的研究方向也会以同样的方式向我们介绍夜间生活。

现象学

唐·汉德尔曼（Don Handelman）提倡使用现象学方法进行研究。他解释说：

> 将夜晚视为一种现象可能始于人类运动平面的基本概念和生命世界的同步性。现象学家通常只写日常生活，不写生命世界的夜间生活（Schutz and Luckmann 1973：21）。然而，这里的任务是每晚开始思考（神经学家），也许是通过与日常对比。为此，我们至少需要关于眼界和动线的想法，或者其他与此类似的想法。（2005：250）

到了晚上，我们的视线和动线发生了巨大变化。由于边界和范围变得模糊，因此我们的视线在物理上受到了限制。随着社会关系的缩小，我们的行动轨迹也变得有限。在晚上，黑暗包裹了我们，而我们的视力从白天的彩色变为单色（Handelman 2005：253）。我们的感官发生了变化，对夜景的外观和感觉也有所不同。汉德尔曼倡导"应用更广泛的现象学视角来研究人类学中的夜间生活，将现象学与社会、时空结合在一起"（2005：250）。

感官景观和时间景观

基于现象学的方法分析人类如何体验夜晚，我们转而去考虑其他感觉。在对文化的分析中，人类学家一直强调视觉，大致反应在我们是如何"看"世界的。英语的许多方面都反映了这种偏见，例如各种俗语（"我'看见'[明白] 你的意思"，"I see what you mean"），各种隐喻（"我们'照亮'[阐明] 了这个想法"，"we shed light on this idea"）和各种明喻（"像碟子一样大的眼睛"，"eyes like saucers"）。从字面上看，我们无法轻易看到夜晚，因为它是黑色的。因此，我们必须依靠其他感觉来训练自己。感官人类学是一个相对较新的领域，它不仅强调视觉，而且还强调听觉、触觉、味觉和嗅觉在不同文化中的区别。近年来，考古学家已经在此领域做出了很多成果（Boivin et al. 2007；Claasen，1997；Day，2013；Hamilakis，2013；Houston et al. 2009；Houston and Newman，2015；Houston and Taube，2000；Scarre and Lawson，2006）。

社会学家穆雷·梅尔宾（Murray Melbin 1978）把"夜晚作为边界"来研究，把它看作能被人类占领和扩张的领域，就像地理空间一样。在1800年代西欧裔美国人向美国扩张，与人类逐渐占领夜晚之间，他找到了许多相似之处。在此之中，也许我们可以从考古学角度考察的是"陆地边界和时间边界"之间许多的相似之处（Melbin 1978：6）。这些社会学观察结果有很多可以使用考古、民族史和民族志的数据来检验，并将会出现与上述现代社会类似的模式。我们已经逐渐占领了夜晚，而这大部分可以归因于技术的发展（Bowers 1998；Brox 2010；Jonnes 2004；O'Dea 1958），其中一些发展是有意的，一些则是无意的。在夜晚的任何时间点，除特殊场合外，人们都会预见到比白天更少的人员来往，但也可能如汉德尔曼（2005：248-249）所说的那样，"夜间社交可能会让人聚在一起，尤其是在高度特殊的环境里"，比如威兹德姆（Wisdom 1940：71）记录的玛雅奇奥蒂（Chorti）午夜狩猎仪式——琳达·布朗（Linda Brown 2004，2009）近期的研究工作也记录了这一仪式，以及整个社区都参加的盛宴，它们都在考古遗存中留下了印记（例如 Baron 2016；Hayden 2014；LeCount 2001）。

夜晚意味着什么

在某些文化中，昼夜之间的区别是特别明显的（图1.1），而在另外一些文化中，这种差异却被看作是连贯的。随着夜幕降临，日落这个天文现象在全球引起了各式各样的欢呼和恐惧（阿维尼，本书第7章）。夜间生物的出现，无论是真实的还是幻想的，都意在把夜晚据为己有，就像夜间生活在太阳落于地平线之下时出现，占据整个夜晚一样。夜晚通常被用来比喻地狱、死亡、危险、邪恶、挑战、孤独、绝望和苦难（Alvarez 1995），尤其是在第二次世界大战的犹太人大屠杀中（Wiesel 1955）。噩梦发生在最黑暗的时刻。从这个角度来看，光或白天与夜晚相对，代表真理、希望和启蒙。夜晚被用作密谋、策划、逃匿和袭击。夜晚或多或少会导致某些异常情况发生。夜晚是原始的和狂野的，像是需要被驯化的东西；而白天则是文明的。但是，夜晚也具有积极的属性，因为它与梦境（例如莎士比亚的《仲夏夜之梦》）、放松（大量深夜档电视节目为证）、有趣、崇拜和奉献、沉思和冥想有关。作为人类学家，我们必须解决的问题是这种隐喻是怎样在时空上分布的。

图1.1 玛雅古典时期的陶盘，展示了夜晚（下半部）和白天（上半部）之间的边界，并且在两个半圆中都有幻象蛇的造型（照片版权归贾斯汀·科尔 [Justin Kerr] 所有，文件编号 K5877）

不是所有黑暗都是黑夜

探究黑暗这个新兴的研究领域是对夜间考古学的一个补充。该领域的学术带头人玛瑞奥恩·多德（Marion Dowd）和罗伯特·亨西（Robert Hensey）在多处发表论文指出，黑暗是环境的首要特征（Dowd and

Hensey 2016)。在他们编写的书中，作者们探讨了洞穴、矿山、北极区北部、巨石以及黑暗对人类精神和灵魂的情感心理影响。其他人（例如Brady and Prufer 2005；Moyes 2012）则特别关注洞穴，他们想凸显这种地质特征数千年来在人类中扮演的独特角色（诺埃尔，本书第2章）。黑暗的参数与夜晚息息相关，本书中很多作者都在研究黑暗的象征意义，以期阐明夜晚。但是，与其将黑暗视为研究的定义标准，不如将一天中的特定时间放在首位。

夜晚相关研究案例

展现夜间考古调查成果的最佳方式是向读者展示来自世界各地的一系列研究案例，这些案例涉及不同历史时期，而不是专注于单一的古代文化、区域、年代、理论方向，或某专项研究。本卷分为六个主要部分。杰瑞·摩尔的前言部分和本章一起向读者介绍了夜间考古学的主题。摩尔的跨文化研究成果（Moore 2012）为研究该主题提供了必不可少的视角。

第二部分是关于"夜景"的，提到了在四个不同时间段和不同位置体验夜晚的案例。欧洲旧石器时代晚期与地质时代的更新世末期位于同一时期，创造了独特的自然和文化环境。借助考古学和神经心理学数据，阿普里尔·诺埃尔（第2章）提出了一种旧石器时代文化音景的模型：当白天变成黑夜时，它与更新世的自然音景相对立。人们创造出各种形式的照明方式并开始应用，这对使用它们产生了不同的影响。与音乐有关的证据成了我们建立欧洲早期人类情感共鸣工作的核心。南希·贡琳和克里斯汀·迪克逊撰写的第3章从夜晚是黑色的角度描绘了洪都拉斯科潘（Copan）和萨尔瓦多塞伦（Cerén）的玛雅古典时期遗址。上述作者将文化生态学、实践理论和家户考古学作为解释框架，极大地增进了我们对玛雅古典时期平民百姓和精英阶层的理解，而通常我们只能通过白天的视角研究他们。在第4章中，凯瑟琳·坎普和约翰·惠特克帮助我们体验了美国西南部西纳瓜的夜晚。与昼间景观相比，感受夜间景观主要用到除视觉之外的其他感官。作者主张采用多感官方法来进一步了解夜晚。正如米内特·丘奇在第5章中所报告的那样，历史考古学为我们提供了一个新的维度，使我们能够了解过去，尤其是过去的夜晚。油灯或蜡烛发出的光受到美国西南部较年长居民的赞赏，电气化通常被视为现代化的积极象征，而在这种情况下，对电气化的拒绝就不仅仅是基于技术上的考虑了。丘奇做出了许多敏锐的观察，而这些观察也适用于所有夜间考古学研究。

第三部分，"夜空"，对情感、政治、工作、仪式、战争等都产生了影响。对于地处玻利维亚高地中心的蒂瓦纳科，阿列克谢·弗兰尼奇和斯科特·史密斯（第6章）提出了令人信服的论点，即夜空在该中心的建立中起着关键作用。他们的研究成果将天体、圣山与社区建设、社会复杂性联系起来。安东尼·阿维尼（第7章）提醒我们注意，尽管已有大量天文学出版物研究日全食，但关于人们是如何经历日全食的研究很少。他支持创建"日食人类学"以改进这种情况。阿维尼提供了一份简短的调查问卷，其中调查了不同的文化对日食的反应，而他自己关于古代玛雅人的论述被放在这个问卷的大背景下，研究发现玛雅人能够预测日食并发出警告。辛西娅·范·吉尔德（第8章）利用民族史、民族志、语言学和考古学数据，揭示了波利尼西亚人如何进行宗教和世俗的夜间活动，她认为海洋在他们对夜晚的观念中起着至关重要的作用。

在第四部分中，各位作者论述了"夜间仪式和思想"，以及古代民族是如何理解和应对黑夜的。汤姆·迪里黑（第9章）将工作重点放在秘鲁北海岸瓦卡普列塔（Huaca Prieta）的用火遗迹中，并通过关于马普切萨满教徒的民族志研究来说明其重要性。夜间仪式影响着仪式主持者和参与者，而火在古代人和现代人眼花缭乱的仪式中都起着至关重要的作用。杰里米·科尔特曼（第10章）通过分析与夜晚有关的黑暗空间和黑暗生物研究了古代玛雅人的思想。中美洲各地的碑文和图像被广泛用来重新解释古代玛雅人的地下社会。苏珊·阿尔特以卡霍基亚为例（第11章），点评了性别和生殖问题，并关注女性相关问题，因为这些问题都与夜晚密不可分。通过结合口述历史和考古学，阿尔特展示了翡翠山遗址和众多著名的雕像是如何体现女性法则的。

第五部分"点亮暗夜"的作者们证明了人类在历史中创造性地发明了能够延长光照时间的技术，人造照明甚至可以追溯到数千年前。梅根·斯特朗（第12章）着重介绍了古埃及的人造光源及其从世俗领域到宗教领域的转变。在埃及研究中，太阳受到了很多关注；但是当太阳下山，同样有许多可以点亮夜晚的方式，包括油灯、火炬和火盆。艾琳·麦奎尔（第13章）利用实验考古学来解构维京人的照明活动。她的研究是创新和坚持不懈精神的典范。

本书的作者们从多种角度研究夜间考古学。第六部分中有关"夜间活动"的五个章节说明了民族志和历史研究如何能够极大地帮助我们理解夜间实践。夜间工作通常是在星空下进行的，莉塔·怀特和泽诺比·加雷特在第14章中讨论了印度文明中与粪便有关的肮脏生意及其收取工作。由于排水沟、水井，以及与水和垃圾处理有关的其他遗迹广泛分布于摩亨佐-达罗古城中，某些工作很可能是在黑暗的掩护下进行的。通过与纽约市下水道工人的类比，可以洞悉此类工人的状况及其与夜晚的关系。21世纪的人类并不是第一个充分利用夜晚的群体，格伦·斯托里（第15章）便向我们展示了罗马帝国喧闹的夜间生活。把历史资料与考古数据相结合，组成了夜间活动的可靠证据。阿曼及其绿洲的青铜时代早期是斯米迪·内森所写第16章的主题。该部分主要关注灌溉和植物繁殖等特定的夜间活动。通过合理运用现代农民的民族志调查成果，内森能够证明在沙漠气候下，夜间从事农业活动是理想的，沙漠中珍贵的灌溉水在夜间可以输送到更远的地方。沙德雷克·奇里库里和阿比盖尔·茱伊·莫菲特（第17章）正确地指出我们这些考古学家"害怕黑暗"。他们将非洲南部铁器时代的房屋与现代绍纳人的房屋进行了比较，以揭示包括生殖和仪式这样的家庭夜间活动。简·伊娃·巴克斯特（第18章）考察了夜晚是如何缓解在巴哈马圣萨尔瓦多岛（San Salvador）上工作的非洲奴隶的繁重劳动。黑暗提供的隐私使奴隶得以维持其文化传统并抵抗生存现状。这些活动产生了贾卡努狂欢节，并一直持续到今天。梅格·康基在她深思熟虑的后记中总结了全书。康基把她本人在性别研究和考古学方面的开创性研究成果与通过夜间视角观察考古记录的观点进行了比较，并敦促我们继续夜间考古学的研究。

结　论

从诗人到生物学家、心理学家和天体物理学家，黑夜吸引了古往今来的人类。然而，尽管欧洲历史学者如罗杰·埃克奇（2005）和克雷格·科斯洛夫斯基（2011）对此问题进行了直接和广泛的研究，但人类学家才刚刚开始研究黑夜（Becquelin and Galinier 2016）。本书的诸位作者通过综合人类学的四大分支学科、进化心理学、历史学、墓志研究、艺术史、生物学、文化天文学、宗教研究、文学，以及其他学科和子学科等领域的数据，采用整体和多学科的方法研究夜晚。他们使用多种理论和方法，包括家户考古学、布尔迪厄的实践理论、现象学，再到记忆、空间和地点的考古学来指导他们的研究。虽然这些理论和方法已经很成熟，并已成功地应用于日常活动的研究，但到目前为止，对夜间活动的专门研究仍旧寥寥无几。在此我们郑重感谢各位读者的加入，我们将一起开始这场进入未知夜晚的冒险。

致 谢

我们衷心感谢 K. 维斯瓦纳坦（K. Viswanathan）、克里斯汀·兰道（Kristin Landau）、克里斯汀·迪克逊、大卫·M. 里德（David M. Reed），以及两位匿名审稿人的建议和对文章的修改，并感谢他们提醒我们注意相关文献。我们很幸运地收到杰瑞·摩尔、帕莉·维斯那和梅格·康基发来的对先前举行过的介绍性研讨会会议论文的反馈。他们帮助我们完善了本书的想法。科罗拉多大学出版社的策划编辑杰西卡·德尔博恩从一开始就支持这个项目，我们非常感谢她对我们编者和所有作者的信任，感谢她帮助我们加快了整个出版过程。感谢贾斯汀·科尔欣然同意我们发表玛雅陶制瓶数据库中的照片。贝纳雅·以色列（Benayah Israel）是贝尔维尤学院的图书馆馆际互借专家，他不厌其烦地满足了南的无数次借阅请求。此项目的初期研究大部分是在2015至2016年间，贝尔维尤学院给予南的学术休假期间进行的。该项目的部分资金支持由维多利亚大学颁予阿普里尔的图书补助金提供。在此一并感谢。

参考文献

Alva, Walter, and Christopher B. Donnan. 1993. *Royal Tombs of Sipán*. Los Angeles: Regents of the University of California and the Fowler Museum of Cultural History.

Alvarez, A. 1995. *Night: Night Life, Night Language, Sleep, and Dreams*. New York: W.W. Norton.

Ashmore, Wendy. 2015. "Contingent Acts of Remembrance: Royal Ancestors of Classic Maya Copan and Quirigua." *Ancient Mesoamerica* 26(2):213–231. https://doi.org/10.1017/S095653611500019X.

Baron, Joanne. 2016. "Patron Deities and Politics among the Classic Maya." In *Political Strategies in Pre-Columbian Mesoamerica*, ed. Sarah Kurnick and Joanne Baron, 121–152.

Boulder: University Press of Colorado. https://doi.org/10.5876/9781607324164.c005.

Becquelin, Aurore Monod, and Jacques Galinier, eds. 2016. *Las Cosas de la Noche: Una Mirada Diferente*. Nouvelle édition. [online] México: Centro de Estudios Mexicanos y Centroamericanos. https://doi.org/10.4000/books.cemca.4201.

Bogard, Paul, ed. 2008. *Let There Be Night: Testimony on Behalf of the Dark*. Reno: University of Nevada Press.

Bogard, Paul. 2013. *The End of Night: Searching for Natural Darkness in an Age of Artificial Light*. New York: Little, Brown and Company.

Boivin, Nicole, Adam Brumm, Helen Lewis, Dave Robinson, and Ravi Korisettar. 2007. "Sensual, Material, and Technological Understanding: Exploring Prehistoric Soundscapes in South India." *Journal of the Royal Anthropological Institute* 13(2):267–294. https://doi.org/10.1111/j.1467-9655.2007.00428.x.

Bortle, John E. 2001. "Introducing the Bortle Dark-Sky Scale." *Sky and Telescope* (February):126–129.

Bourdieu, Pierre. 1977. *Outline of a Theory of Practice*. Cambridge: Cambridge University Press. https://doi.org/10.1017/CBO9780511812507.

Bourdieu, Pierre. 1979. *Algeria 1960: The Disenchantment of the World, The Sense of Honour, The Kabyle House or The World Reversed—Essays by Pierre Bourdieu*. Cambridge: Cambridge University Press.

Bowers, Brian. 1998. *Lengthening the Day: A History of Lighting Technology*. Oxford: Oxford University Press.

Boyd, Brian. 2009. *On the Origin of Stories: Evolution, Cognition, and Fiction*. Cambridge, MA: The Belknap Press of Harvard University Press.

Brady, James E., and Keith M. Prufer, eds. 2005. *In the Maw of the Earth Monster: Mesoamerican Ritual Cave Use*. Austin: University of Texas Press.

Brown, Linda A. 2004. "Dangerous Places and Wild Spaces: Creating Meaning with Materials and Space at Contemporary Maya Shrines on El Duende Mountain." *Journal of Archaeological Method and Theory* 11(1):31–58. https://doi.org/10.1023/B:JARM.0000014347.47185.f9.

Brown, Linda A. 2009. "Communal and Personal Hunting Shrines Around Lake Atitlan, Guatemala." In *Maya Archaeology 1*, ed. Charles Golden, Stephen Houston, and Joel Skidmore, 36–59. San Francisco: Precolumbia Mesoweb Press.

Brox, Jane. 2010. *Brilliant: The Evolution of Artificial Light*. New York: Houghton Mifflin.

Burton, Frances D. 2009. *Fire: The Spark that Ignited Human Evolution*. Albuquerque: University of New Mexico Press.

Chepesiuk, Ron. 2009. "Missing the Dark: Health Effects of Light Pollution." *Environmental Health Perspectives* 117(1):A20–A27. https://doi.org/10.1289/ehp.117-a20.

Claasen, Constance. 1997. "Foundations for an Anthropology of the Senses." *International Social Science Journal* 153:401–412.

Coe, Kathryn, Nancy E. Aiken, and Craig T. Palmer. 2006. "Once Upon a Time: Ancestors and the Evolutionary Significance of Stories." *Anthropological Forum* 16(1):21–40. https://doi.org/10.1080/00664670600572421.

Dawson, Peter, Richard Levy, Don Gardner, and Matthew Walls. 2007. "Simulating the Behaviour of Light Inside Arctic Dwellings: Implications for Assessing the Role of Vision in Task Performance." *World Archaeology* 39(1):17–35. https://doi.org/10.1080/00438240601136397.

Day, Jo, ed. 2013. *Making Senses of the Past: Toward a Sensory Archaeology*. Center for Archaeological Investigations, Occasional Paper No. 40. Carbondale: Southern Illinois University Press.

Dewdney, Christopher. 2004. *Acquainted with the Night: Excursions through the World after Dark*. New York: Bloomsbury Publishing.

Douglass, John G., and Nancy Gonlin, eds. 2012. *Ancient Households of the Americas: Conceptualizing What Households Do*. Boulder: University Press of Colorado.

Dowd, Marion, and Robert Hensey, eds. 2016. *Darkness: Archaeological, Historical and Contemporary Perspectives*. Oxford: Oxbow Books.

Dunbar, Robin I.M. 2014. "How Conversations around Campfires Came To Be." *Proceedings of the National Academy of Sciences of the United States of America* 111(39):14013–14014. https://doi.org/10.1073/pnas.1416382111.

Edensor, Tim. 2015. "The Gloomy City: Rethinking the Relationship between Light and Dark." *Urban Studies (Edinburgh, Scotland)* 52(3):422–438. https://doi.org/10.1177/0042098013504009.

Ekirch, A. Roger. 2005. *At Day's Close: Night in Times Past*. New York: W.W. Norton.

Elson, Christina M., and Michael E. Smith. 2001. "Archaeological Deposits from the Aztec New Fire Ceremony." *Ancient Mesoamerica* 12(2):157–174. https://doi.org/10.1017/S0956536101122078.

Galinier, Jacques, Aurore Monod Becquelin, Guy Bordin, Laurent Fontaine, Francine Fourmaux, Juliette Roullet Ponce, Piero Salzarulo, Philippe Simonnot, Michèle Therrien, and Iole Zilli. 2010. "Anthropology of the Night: Cross-Disciplinary Investigations." *Current Anthropology* 51(6):819–847. https://doi.org/10.1086/653691.

Garfinkel, Yosef. 2003. *Dancing at the Dawn of Agriculture*. Austin: University of Texas Press.

Gero, Joan J., and Margaret W. Conkey, eds. 1991. *Engendering Archaeology: Women and*

Prehistory. Oxford: Basil Blackwell Ltd.

Ginsburg, Faye. 1995. "The Parallax Effect: The Impact of Aboriginal Media on Ethnographic Film." *Visual Anthropology Review* 11(2):64–76. https://doi.org/10.1525/var.1995.11.2.64.

Golden, Charles. 2010. "Frayed at the Edges: Collective Memory and History on the Borders of Classic Maya Polities." *Ancient Mesoamerica* 21(2):373–384. https://doi.org/10.1017/S0956536110000246.

Golden, Charles W. 2002. "Bridging the Gap Between Archaeological and Indigenous Chronologies: An Investigation of the Early Classic/Late Classic Divide at Piedras Negras, Guatemala." PhD diss., University of Pennsylvania.

Gottschall, Jonathan. 2012. *The Storytelling Animal: How Stories Make Us Human*. Boston: Houghton Mifflin Harcourt.

Gowlett, John A.J. 2012. "Firing Up the Social Brain." In *Social Brain, Distributed Mind*, ed. Robin Dunbar, Clive Gamble, and John Gowlett, 341–366. Oxford: Oxford University Press.

Gowlett, John A.J. 2016. "The Discovery of Fire by Humans: A Long and Convoluted Process." *Philosophical Transactions of the Royal Society of London. Series B, Biological Sciences*, 371(1696):20150164. https://doi.org/10.1098/rstb.2015.0164.

Gowlett, John A.J., and Richard W. Wrangham. 2013. "Earliest Fire in Africa: Towards the Convergence of Archaeological Evidence and the Cooking Hypothesis." *Azania* 48(1):5–30. https://doi.org/10.1080/0067270X.2012.756754.

Hamilakis, Yannis. 2013. *Archaeology of the Senses: Human Experience, Memory, and Affect*. New York: Cambridge University Press. https://doi.org/10.1017/CBO9781139024655.

Handelman, Don. 2005. "Epilogue: Dark Soundings—Towards a Phenomenology of Might."*Paidemua: Mitteilungen zur Kulturkunde*, Bd. 51:247–261.

Hayden, Brian. 2014. *The Power of Feasts: From Prehistory to the Present*. New York: Cambridge University Press. https://doi.org/10.1017/CBO9781107337688.

Henley, Jon. 2016. "The Stuff of Night Mayors: Amsterdam Pioneers New Way to Run Cities After Dark." *The Guardian*, March 21, 2016. https://www.theguardian.com/cities/2016/mar/21/night-mayor-amsterdam-holland-mirik-milan-night-time-commission.

Hill, Kim, Michael Barton, and A. Magdalena Hurtado. 2009. "The Emergence of Human Uniqueness: Characters Underlying Behavioral Modernity." *Evolutionary Anthropology* 18(5):187–200. https://doi.org/10.1002/evan.20224.

Houston, Stephen, Claudia Brittenham, Cassandra Mesick, Alexandre Tokovinine, and Christina Warinner. 2009. *Veiled Brightness: A History of Ancient Maya Color*. Austin: University of Texas Press.

Houston, Stephen, and Sarah Newman. 2015. "Flores fragantes y bestias fétidas: El olfato entre los mayas del Clásico." *Arqueología Mexicana* 23 (135): 36–43.

Houston, Stephen, and Karl Taube. 2000. "An Archaeology of the Senses: Perception and Cultural Expression in Ancient Mesoamerica." *Cambridge Archaeological Journal* 10(2):261–294. https://doi.org/10.1017/S095977430000010X.

Jackson, Sarah. 2016. "Envisioning Artifacts: A Classic Maya View of the Archaeological Record." *Journal of Archaeological Method and Theory* March 14:1032.

Jonnes, Jill. 2004. *Empires of Light: Edison, Tesla, Westinghouse, and the Race to Electrify the World*. New York: Random House.

Kerr, Justin. n.d. Maya Vase Database. Accessed November 14, 2015. http://research.mayavase.com/kerrmaya.html.

Koslofsky, Craig. 2011. *Evening's Empire: A History of the Night in Early Modern Europe*. Cambridge: Cambridge University Press. https://doi.org/10.1017/CBO9780511977695.

LeCount, Lisa J. 2001. "Like Water for Chocolate: Feasting and Political Ritual Among the Late Classic Maya at Xunantunich, Belize." *American Anthropologist* 103(4):935–953. https://doi.org/10.1525/aa.2001.103.4.935.

Lucas, Gavin. 2005. *The Archaeology of Time*. New York: Routledge.

Melbin, Murray. 1978. "Night as Frontier." *American Sociological Review* 43(1):3–22. https://doi.org/10.2307/2094758.

Monod Becquelin, Aurore, and Jacques Galinier, eds. 2016. *Las cosas de la noche: Una mirada diferente*. New Edition (on line). México: Centro de Estudios Mexicanos y Centroamericanos. https://doi.org/10.4000/books.cemca.4201.

Moore, Jerry D. 2012. *The Prehistory of Home*. Los Angeles: University of California Press.

Moyes, Holley, ed. 2012. *Sacred Darkness: A Global Perspective on the Ritual Use of Caves*. Boulder: University Press of Colorado.

Naiman, Rubin R. 2014. *Healing Night: The Science and Spirit of Sleeping, Dreaming, and Awakening*. 2nd ed. Tucson, AZ: NewMoon Media.

O'Dea, William T. 1958. *The Social History of Lighting*. London: Routledge & Kegal Paul.

Palmer, Bryan D. 2000. *Cultures of Darkness: Night Travels in the Histories of Transgression (from Medieval to Modern)*. New York: Monthly Review Press.

Parker, Bradley J., and Catherine P. Foster, eds. 2012. *New Perspectives on Household Archaeology*. Winona Lake, IN: Eisenbrauns.

Pauketat, Timothy R. 2001. "Practice and History in Archaeology: An Emerging Paradigm." *Anthropological Theory* 1(1):73–98. https://doi.org/10.1177/14634990122228638.

Pyburn, K. Anne. 1989. "Maya Cuisine: Hearths and the Lowland Maya Economy." In *Prehistoric Maya Economies of Belize*, ed. Patricia A. McAnany and Barry L. Isaac, 325–344. Research in Economic Anthropology, Supplement 4. Greenwich: JAI Press.

Robin, Cynthia. 2013. *Everyday Life Matters: Maya Farmers at Chan*. Gainesville: University of Florida Press. https://doi.org/10.5744/florida/9780813044996.001.0001.

Samson, David R., and Charles L. Nunn. 2015. "Sleep Intensity and the Evolution of Human Cognition." *Evolutionary Anthropology* 24(6):225–237. https://doi.org/10.1002/evan.21464.

Scarre, Chris, and Graeme Lawson, eds. 2006. *Archaeoacoustics*. Cambridge: MacDonald Institute for Archaeological Research.

Schnepel, Burkhard, and Eyal Ben-Ari. 2005. "Introduction: 'When Darkness Comes . . . ': Steps Toward an Anthropology of the Night." *Paidemua: Mitteilungen zur Kulturkunde* 51:153–163.

Schutz, Alfred, and Thomas Luckmann. 1973. *The Structures of the Life-World*. Evanston: Northwestern University Press.

Wiesel, Elie. 1955. *Night*. New York: Hill and Wang.

Wiessner, Polly W. 2014. "Embers of Society: Firelight Talk Among the Ju/'hoansi Bushmen." *Proceedings of the National Academy of Sciences of the United States of America* 111(39):14027–14035. https://doi.org/10.1073/pnas.1404212111.

Wilk, Richard R., and Robert McC. Netting. 1984. "Households Changing Forms and Functions." In *Households: Comparative and Historical Studies of the Domestic Group*, ed. Robert McC. Netting and Richard R. Wilk, 1–28. Berkeley: University of California Press.

Wisdom, Charles. 1940. *The Chorti Indians of Guatemala*. Chicago: The University of Chicago Press.

Wrangham, Richard. 2009. *Catching Fire: How Cooking Made Us Human*. New York: Basic Books.

Wrangham, Richard. 2016. "The Curiously Long Absence of Cooking in Evolutionary Thought." *Learning & Behavior* 44(2):116–117. https://doi.org/10.3758/s13420-016-0223-4.

夜 景

第二章

旧石器时代晚期夜间的声景和情感共鸣

阿普里尔·诺埃尔

作为考古学家，我们一般倾向于优先考虑视觉和触觉，因而忽视了其他感官。出于必要，在分析和重构历史的工作中，我们更在意看得到和摸得到的东西，而不会强调与听觉和运动方面相关的事物。但是，正如伊恩·莫利（Iain Morley 2013）观察到的那样，在我们这个以视觉为主导的社会中，人们很容易忽略从声音中能获得多少身边的信息。而在大多数考古学家的旧石器时代研究模型中，这种失误也都可以被轻易发现。虽然欧洲旧石器时代晚期（距今1万至4万年）的夜间声景会随时间和空间而变化，不过，我们还是可以从化石、考古和古环境数据中合理地推断出，这些数据应该包括夜行动物的叫声、篝火燃烧的噼啪作响声，当然还有人声的共鸣。夜晚的声音也很有可能包括音乐，因为大家普遍认为音乐在人类文化中无处不在（Fukui and Toyoshima 2014）。旧石器时代晚期的人类是狩猎－采集者。在当代和有历史记录的狩猎－采集社会中，音乐通常属于公共活动，并时常伴随着有节奏的舞蹈和精彩的叙事活动（Morley 2013）。人们相信这些行为可以激发人类的情绪，促进社会凝聚力，并且可以充当"助记符"（mnemonic），使人能通过具体的动作、活动来了解周围的世界（Morley 2013）。

音乐、舞蹈和叙事通常是狩猎 - 采集者聚会产生的夜间声景的一部分（Wiessner 2014）。人们之所以选中这些活动，是因为它们产生的情感共鸣会在夜间增强。

在本章中，笔者将先简要讨论旧石器时代晚期的人类作为完全现代意义上的人的问题，然后再考虑这一时期居住在欧洲的早期人类使用的照明方式。作者在本章利用考古学和神经心理学的数据，梳理了欧洲旧石器时代晚期与音乐相关的证据，以及夜晚与音乐中的情绪感知（perception of emotion）之间的关系，并对旧石器时代晚期人类社会生活和其所体现出的认知提出新的研究问题。

欧洲旧石器时代晚期人类生活

旧石器时代晚期的人类生活在地质时代上的更新世晚期，处在从游牧到半定居的狩猎 - 采集生活方式的转变中。整个更新世时期（公元前250万年至公元前11700年）的特征是气候不稳定，经常在两个时期之间发生剧烈变化：在强冷时期，冰川范围扩大；在相对温暖时期（间冰期 [interglacial] ），冰川范围缩小（Burroughs 2005）。在北欧和中欧，由于气候在冰期和间冰期之间转换，景观和生态系统从大部分为林地植被，变成了暴露在风中、几乎没有树木的草原 - 苔原（steppe-tundra [Woodward 2014] ）。草原 - 苔原，也被称为猛犸象草原（Mammoth Steppe），其特点是适合短生长季节的较矮植被。在整个旧石器时代晚期，猛犸象、驯鹿和其他大型食草动物生活在冰盖以南，并被旧石器时代晚期的人类猎杀（Woodward 2014）。

在末次盛冰期（last glacial maximum, LGM，距今大约18000至23000年前）期间，1.5至3.0千米厚的冰盖覆盖了地球30%的陆地，吸收了地球上大部分的水，以致全球海平面下降了125

米，露出了陆桥（land bridge），并将不列颠与欧洲其他地区连接起来。在这段时间里，北欧和中欧的大部分地区都很寒冷，并且极度干旱，伴随着从冰盖上吹下来的大风。厚的黄土层（风尘 [wind-blow dust]）表明了当时沙尘暴发生的频繁（Guthrie 2001）。正是由于寒冷和极为干旱的结合，一些研究人员认为在当时的生物群系中没有现代生物（Guthrie 2001）。在现代的冰川和苔原景观的夜景中，天空布满了闪闪发光的星星，还有皎洁的月亮；与此不同，由于空气中充斥着尘埃，旧石器时代晚期的夜景则模糊一些。北欧和中欧地区是冰川状态时，南欧的部分地区则成了生物避难所，维持了动植物的高生物多样性。这些动植物最终随着气候变暖而向北扩散（Woodward 2014）。

在公元前14000年之后，冰川冰原开始退缩（除了在新仙女木期 [Younger Dryas]），形成了湖泊和沼泽（Woodward 2014）。从考古数据来看，很明显，现代人类在距今35000至50000年前之间迅速扩散到整个欧洲（Higham et al. 2014），并在多种类型的气候下生存（Woodward 2014）；而跟人类关系最近的尼安德特人（Neandertals）则在现代人类抵达欧洲不久之后就灭绝了（Higham 2014）。

在解剖学和行为方面，旧石器时代晚期的人类和现代人类完全一样。与我们对穴居人的刻板印象相反，当时的人显然过着富足的生活。对他们物质文化的研究表明，至少在25000年前，他们参与了以生产纺织品（包括细纱和染色织物）、陶瓷、音乐、绘画、版画，以及工具和武器等人工制品为中心的活动（Conkey 2010；Nowell 2015a；Soffer and Conkey 1997）。通过贸易和移民，象牙和贝壳之类的商品远离了它们的原产地，在整个大陆上流行。当时人类绘制的洞穴壁画证明了他们了解材料，并能运用比喻思维的能力（Nowell 2015b）。他们经常利用洞穴的自然地形为所绘图像赋予立体感。他们还经常用精致且高度标准化的个人饰品（White 2007）来装饰自己的身体和衣服，尤其是在格拉维特时期（Gravettian，距今大约21000至28000年前），人们有时会举行烦冗的葬礼（Formicola 2007）。正如康基（1993）所观察到的，当时的人既是唯物主义者（materialists），又是象征主义者（symbolists）。

旧石器时代晚期的人工照明来源

我们的祖先以许多不同的方式应对着更新世极其寒冷和黑暗的夜晚。他们晚上或在岩棚里，或在用猛犸象骨头做成的窝棚（见 Dolní Věstonice）的露天场所，或在浅浅的山洞中藏身，光和温暖会是他们夜间生活的重要组成部分。除了上文提到的相关技能知识的例子，旧石器时代晚期的人类还拥有先进的用火技术。欧洲旧石器时代的人类可以选择使用三种已知的人工照明：一、石灯；二、火把；三、火堆或篝火。下面笔者依次讨论这些发明。

石 灯

我们了解的大部分关于旧石器时代灯具（图2.1）的信息来自索菲·德·伯恩（Sophie de Beaune 1987；de Beaune and White 1993）进行的研究。迄今为止，她的工作仍旧被看作是关于旧石器时代灯具最完整的调查。根据德·伯恩（1987）的说法，在不少于105个主要集中在法国西南部的遗址中，至少有302件疑似灯具出土。而在该地区之外，甚至是在法国这个更广泛的范围以外，灯具的出土极为罕见。平均而言，法国遗址一般出土有2到3件灯具，而拉斯科（Lascaux）遗址则是一个例外，那里已出土了70件灯具。这些灯是用石灰石或砂

图2.1 法国拉斯科遗址出土的距今17500年的旧石器时代晚期石灯复制品（拍摄：阿普里尔·诺埃尔）

岩雕刻而成的。对样品进行的残留物分析表明，旧石器时代晚期的人们用动物脂肪，尤其是来自猪和牛等动物的脂肪作为燃料（de Beaune 1987）。基于民族志的类比和实验考古学，研究者发现灯芯通常由针叶树、杜松、草和"非木质"有机物制成。"非木质"有机物这一类材料很可能包括地衣或苔藓（de Beaune 1987；有关古灯具的更多信息，请参见本书：斯特朗，第12章；麦奎尔，第13章）。

大多数灯具都是在不依赖人造光就可以进行活动的遗址（例如岩棚、浅洞和露天遗址）中被发现的，这说明在较深的山洞中，使用火把或火堆可能是制造人造光源的首选方法（de Beaune 1987）。这个偏好可能由两个原因造成：首先，尽管灯具相对于火堆具有便携的优势，但它们可能不如火把和火堆耐用长效；其次，由于灯座或灯上"可活动"的部件通常很浅，因此在携带灯具时人可能难以在某些洞穴中行走。

当知道了灯具的确切出土位置，我们发现它们似乎经常出现在洞穴壁画交会处的洞口和洞壁上。德·伯恩（1987）认为这些位置可能特别重要，而这些灯具会放在这些位置供长期使用。通常，灯具都是成对出土的，这进一步表明它们当时被放置在特定的区域中以供重复使用，可能是由两个或更多的人一起使用。许多灯具处于倒扣的状态，可能是无意的，也有可能像有些人认为的那样，是有意将其熄灭（de Beaune 1987）。旧石器时代晚期的石灯能发出的光非常微弱，大约每平方米2流明，比标准蜡烛产生的约每平方米13流明（LED Light 2017）还要少。但有人认为，这个亮度足以让人在洞穴中行走；只要能把灯放置在靠近图画的地方，甚至可以进行需要看清细节的绘画活动（de Beaune 1987; de Beaune and White 1993）。

火 把

旧石器时代晚期的第二种人造光的来源是火把。从功能上讲，火把和灯别无二致，因为两者都是便携式光源，但是它们之间可能有寿命、可靠性和可操作性等尚未得到检验的特性上的区别。除擦蹭痕迹外，几乎没有考古证据能够证明火把的存在。沿着洞壁"擦蹭"火把已燃尽部分的做法能增加可用的氧气量，使火把燃烧得更明亮。有时，这些痕迹会用于彩绘洞穴的加速器质谱（Accelerator Mass Spectrometry，AMS）放射性碳测年研究，其中最著名的也许是在法国的肖维（Chauvet）岩洞中（Quiles et al. 2016）。人们可能还使用了火把来辅助狩猎策略，例如合力驱赶动物。在现代人类中（例如，在法国的索鲁特雷 [Le Solutré] 遗址 [Olsen 1989] ），以及在尼安德特人中（例如，在泽西海峡岛 [Channel Island of Jersey] 上的拉科特·德·圣布雷拉德 [La Cotte de Saint-Brelade] 遗址），都有合力驱赶动物的例子（Scott 1980，1986；参见 Scott et al. 2014中对该遗址的重新评估）。

火堆和篝火

最后，旧石器时代晚期的第三种人造光是火堆或篝火。在旧石器时代的考古学中有一个普遍共识，即人类偶然用火可以追溯到100万年前或更早（Berna et al. 2012），而习惯性使用火和控制火可以追溯到这一半的时间（Roebroeks and Villa 2011）。包括尼安德特人在内的各种前现代人种都与火堆有关联。但是，旧石器时代晚期的火堆往往比早期的火堆结构更为复杂。例如，此时的人们经常在火堆的侧面挖通道，以增加氧气量。而岩石则被用来保存温度和烤干物品（Bar-Yosef 2002）。一般认为，经常性用火与烹饪、植物和其他食品的消毒（其中一些可能被用作婴儿断奶食品）、保暖、防御野兽、改变景观和工具生产（例如被烤干硬化的矛和热处理过的石板）有关（Burton 2009；Samson and Nunn 2015；Wrangham 2009；Wrangham and Carmody 2010）。对本文而言，最重要的是对火的控制和使用延长了白昼的时间，改变了我们的昼夜节律（Burton 2009；Gowlett 2012），并在以前并不从事生产的时间里提供了更多社交活动的机会（Wiessner 2014；另见 Gowlett 2012）。

夜间和白天人类的互动

人工照明的所有三种来源——灯具、火把和火堆——似乎在洞穴和岩棚的内外部都会被用到，而且使用时间很可能既有白天也有晚上。但是，火堆往往位于景观中的某一固定位置，它同时也是足以容纳一群人围坐或跳舞的遗迹，所以它是唯一具有明显社会意义的照明来源。在最近出版的书中，帕莉·维斯那（2014）记录了不同狩猎－采集社会之间"昼间谈话"和"夜间谈话"之间的差异。她观察到，昼间谈话最常涉及八卦和经济事务；而夜晚来临时，人们从事的是与白天性质完全不同的社交活动。具体来说，维斯那提到人们参加了围绕着篝火的唱歌、跳舞、仪式和叙事活动。人们完好记录了这类活动，以促进社会凝聚力和对社会价值观和规范的遵守，以及／或激励人们的行动。我们可以合理假设生活在旧石器时代晚期的狩猎－采集者也可能从事过类似的夜间活动。

旧石器时代晚期的舞蹈、叙事和音乐的考古证据

舞 蹈

维斯那描述的大多数活动在史前考古记录中都没有留下任何痕迹。可能的例外情况包括在法国肖维奥瑞纳文化遗址中的一面布满斑点装饰的岩壁，这个装饰图案可能代表了野牛、犀牛（Mohen 2002）或者猛犸象（Clottes 2010，图2.2）。对手掌印痕迹的法医学研究表明，这个斑点装饰的绘制过程有其艺术维度：许多人用手参与了这副图画的绘制（Clottes 2003）。莱斯利·范·吉尔德（Leslie Van Gelder，pers. comm. May 2016）认为人们舞蹈的过程中可能会在洞穴石壁和洞顶上的软沉积物中画出一些整排的手指印和线条（实际上是触摸的残留物）。一度有人认为，法国蒂多杜贝尔（Tuc D'Audoubert）山洞中的183个脚跟印是年轻人舞蹈活动的产物，这个舞蹈活动也许是成人礼的一部分（Begouen et al. 2009）。最近，依靠朱／霍安西人中三名专业追踪者的专业知识而进行的一项研究并没有证实这个最初的解释（Pastoors et al. 2015）。取而代之的是，脚跟痕迹已被重新解释为一个男人和一个少年的正常步伐，他们当时正从15米开外的一个坑中取黏土来制作一对漂亮的泥塑野牛。追踪者称，用脚跟走路的主要原因是隐藏身份，而娴熟的追踪者可以从整个足迹中识别出一个人的身份（Pastoors et al. 2015）。

图2.2 距今约34000年，法国肖维洞穴的斑点装饰岩壁。图形被解读为野牛、犀牛（Mohen 2002）或猛犸象（Clottes 2010）。该画是由几个人将手掌浸入颜料中，然后将手掌压在洞壁上创作而成的，形成了连贯的图像（照片由让·克洛特教授拍摄并授权使用）

叙 事

关于叙事，让·克洛特（Jean Clottes 1997）认为，史前艺术主题的变化可能反映了人们口口相传的故事和神话的变化。例如，随着时间的流逝，猛犸象和穴狮（cave lion）这一类的危险动物开始从艺术家的作品中消失。同样，据观察，随着时间发展，旧石器时代晚期人类所食用的动物与他们所描绘的动物也不相同（Bahn 2016）。这一现象表明，这些图画不仅仅是其所在环境的代表符号，而且也可能具有象征意义。

阿泽马和利维耶（Azéma and Rivère 2012）进一步发展了这

一关于叙事的概念。他们认为不应将旧石器时代晚期图画里描绘的长有多个角、腿或尾巴的单个动物解释为一群动物，而应将其解释为运动中的一只动物—— 一种原始的动画片。阴影和色彩饱和度的变化会增强其动画效果。爱德华·瓦赫特（Edward Wachtel 1993：137）使用了灯光来观察穆特（Le Mouthe）洞穴中的图像，并由此描述了他的体会："在几个瞬间，我看到了剪辑和渐隐、换景和移步。简而言之，我当时在看电影。"利用静止图像来描绘运动场景的其他尝试包括在多个石壁或"场景"上分解叙述一个故事，例如肖维岩洞中的狮子石壁，艺术家们在上面描绘了穴狮跟踪、捕食奔逃野牛的场景（Azéma and Rivère 2012）。（有关旧石器时代晚期人类在其艺术作品中跨越二维、三维和四维 [比如时间] 能力的详细讨论，请参阅 Nowell 2015a）

音 乐

　　与通常只留下短暂痕迹的舞蹈及叙事表现形式相反，在旧石器时代晚期，大量与音乐相关的实物证据以乐器的形式保存下来，包括总数超过144个使用复杂技术制成的长笛、哨子和管乐器（Conard et al. 2009；Lawson and d'Errico 2002；Morley 2013）。其中长笛特别引人注目，有许多可以追溯到奥瑞纳文化时期（距今3万至4万年）。它们大部分出土于德国盖森科略斯特勒（Geibenklosterle）、福格尔赫德（Vogelherd）、霍赫勒·菲尔斯（Hohle Fels）遗址（Conard 2011；Conard et al. 2009）和法国伊斯特里茨（Isturitz）遗址（d'Errico et al. 2003；Lawson and d'Errico 2002）。这些乐器是用骨头（天鹅和秃鹫的桡骨）和猛犸象象牙制成的。象牙笛子因其复杂性而格外显眼。要用象牙原料制成笛子，必须从象牙上切下一根管子，将其剖成两半，分别挖空，然后将两半严丝合缝地装回。为了引

图2.3 （A）劳塞尔的维纳斯，手持物疑为刮胡（照片来源：Wikimedia Commons，https：//commons.wikimedia.org/wiki/File%3AVenus-de-Laussel-vue-generale-noir.jpg）；（B）出土于西班牙的旧石器时代晚期牛吼器的复制品（拍摄：阿普里尔·诺埃尔）

导自己准确装回管子，笛子制作者会在半面上切出用于互相对准的小缺口。装好之后，他们会制作密封剂封住这些缺口，从而使笛子气密（Conard et al. 2009）。实验工作表明，这些古老的乐器能够吹奏出音域宽广的音调（Conard 2011）。

　　牛吼器（bullroarer）和刮胡（rasp）的诞生带来了刺耳的声音。牛吼器（图2.3B）的起源可以追溯到法国和西班牙。它是"绑在绳子末端的一块扁平的、穿了孔的木头、石头、骨头、鹿角或象牙，旋转时会发出呼呼的声音"（Morley 2013：105）。声音会根据牛吼器的大小、弦的长度和旋转速度而有所不同（Morley 2013）。刮胡，或者叫作刮擦类体鸣乐器，是"一块木头、骨头或石头，在上面垂直于其长边刻出数条凹槽，然后用另一个物体摩擦这些凹槽来产生断断续续的振动"（Morley 2013：109-110）。一些研究者认为，出土于法国，被称作"劳塞尔的维纳斯"（Venus of Laussel）的人物雕刻手中拿着的正是刮胡（Huyge 1991，图2.3A）。位于乌克兰梅京（Mezin）和梅济里奇（Mezirich）的旧石器时代晚期遗址也出土有打击乐器。例如，在梅京，研究人员在一处位于遗址中央的非居住功能小屋内发掘出被多次击打过的猛犸象骨头，并发现它们与驯鹿鹿角槌在一起，可能跟"摇铃"（rattle）有关（Morley 2013）。

最后，彩绘洞穴可能在旧石器时代晚期的音乐创作中发挥了重要作用。伊戈尔·雷兹尼科夫（Iegor Reznikoff 2002；Reznikoff and Dauvois 1988）在10个法国洞穴中进行的一项研究发现，共振程度最佳的地点与艺术作品所在的地点之间存在着一致的相关性——艺术作品通常在最佳共振地点的1米之内。根据雷兹尼科夫（2002）的说法，共振的品质可能可以解释为什么某些看上去很适合作画的石壁却空空如也。除洞穴的声学特性外，有时在洞穴中的钟乳石和其他天然钙质沉积物上也会发现碎屑和其他打击破坏，表明它们起着石板琴的作用。最著名的例子是西班牙内尔哈（Nerja）遗址，其"风琴"由200层以上的钙质沉积物组成，几乎全部装饰有抽象的标志，例如黑色、红色的线条和点（Dams 1984，1985；Morley 2013）。

夜晚时光的不同之处

从以上讨论可以明显看出，有大量证据支持在整个欧洲旧石器晚期曾存在发达的音乐传统。如果我们合理地运用维斯那（2014）对夜间社交互动本质的观察来研究旧石器时代晚期狩猎－采集者的生活，那么问题来了：为什么这些活动会以这种特殊方式在时间上分布？按照常理，无论是白天还是晚上，音乐、舞蹈、叙事和类似行为都能增强社会凝聚力。同时，此类活动更多地被安排在晚上进行也有一些非常现实的原因：在白天，人们可能更多地进行必要的经济活动，搜集食物；在晚上，狩猎很可能更加危险。由于火把或石灯可能不方便携带，在照明不足的情况下进行采集活动也更加困难。因此，晚上会有更多的"空闲"时间是一种合理的解释。尽管如此，但有无此种可能，在参加这些夜间活动时，曾有某种事物很"特殊"，或者特别有效，而它可能因为人类进化，已经被自然选择成功？这个宽泛的问题可以分为三个子问题：一、人在夜晚情绪更加敏感吗？二、人能在多大程度上有效地感知音乐中的情绪？三、音乐中感知到的情绪是否具有任何残留影响可以转移到其他环境？

睡眠和情绪化的大脑

要解决的第一个问题是人在夜晚的情绪是否更加敏感。情绪通常的定义是"相对强烈的情感反应，通常涉及许多子成分——主观感觉、生理反应、表达、行动、偏好和控制……可以持续几分钟到几个小时"（Marin and Bhattacharya 2009: 3）。情绪与"心情"不同，后者"是一种比情绪低的情感状态，没有清晰的对象，并且比情绪持续更长的时间——数小时至数天"（Marin and Bhattacharya 2009: 3；另见 Goldstein and Walker 2014）。尽管关于睡眠在调节人类情绪中的作用的研究还很少，但临床证据确实表明睡眠不足会导致情感失衡（Yoo et al. 2007）。位于大脑两个半球中的杏仁体（amygdala）及灰质（gray matter）参与了人类情绪的产生过程（Yoo et al. 2007）。在临床条件下，睡眠质量好的患者显示出杏仁核与内侧前额叶皮质（medial prefrontal cortex, MPFC）之间的连接性更高。这种连接性有重要的意义，因为内侧前额叶皮质以"自上而下"的方式控制和抑制杏仁体的功能，从而使人能在特定的情境下产生适当的情绪反应（Yoo et al. 2007）。相反，在睡眠不足的患者中，杏仁体和内侧前额叶皮质之间的连接减弱，由于内侧前额叶皮质无法发挥这种"自上而下"的抑制效果，所以表现出"杏仁体的增强高边际反应"（Yoo et al. 2007: R878）。换句话说，研究人员发现，睡眠不足的人对负面和正面刺激都表现出更强烈或夸张的情感反应（Goldstein and Walker 2014; Gujar et al. 2011; Yoo et al. 2007）。

但是，睡眠不足与一天结束时人体感到疲倦的现象不同。在身心健康的成年人中，睡眠不足的情况很少见，但可能时不时因为各种生活事件而发生，例如生活习惯的改变（举例来说，调整到新的工作日程、照顾婴儿或旅行）、疾病、荷尔蒙变化，或者暂时的压力。与其相对的是，我们的日常生活受昼夜节律，或称"生物钟"的调节。我们的昼夜节律（"24小时"）周期主要依赖于褪黑激素将外界的光信号转化为生物节律（Burton 2009）。从单细胞生物到人类，所有生命形式都会对光明和黑暗的序列做出反应（Burton 2009）。这种反应被称为光照周期性（photoperiodicity），是在特定时间和地点射向地球的光量的函数。它是物种特定的活动、生长和繁殖模式的基础（Burton 2009）。与文化意义下的睡眠和清醒模式不同（参见斯托里，本书第15章，有关古罗马的"第一次"和"第二次"睡眠的讨论），昼夜节律是基于遗传的，并且是"原生植入"物种的（Burton 2009; Gowlett 2012）。根据伯顿（Burton 2009: 47）的说法，该特征的产生是因为"视网膜包含特殊的非视觉感光器，能将光刺激转换为化学物质，而化学物质本身会影响多种目标器官"。这个系统就是来调节我们的昼夜节律和人类特有、实际上也是哺乳动物广泛都有的24小时周期模式（Burton 2009）。在昼行性哺乳动物（如人类）中，昼夜节律功能可以消除白天的睡眠需求，而在夜间则促进睡眠（Waterhouse, Yumi and Takeshi 2012）。昼夜节律周期会影响理想的睡眠时间。在所有条件都相同的情况下，与太阳活动周期同步的成年人会在日落后几个小时自然入睡。

在整个生活周期中，人类的能量水平和警觉性有"高峰"和"非高峰"的时期。有证据表明我们在非高峰时间调节情绪的难度更大（Tucker et al. 2012; van Eekelen et al. 2003，2004）。因为篝火发出的光会抑制褪黑激素的产生，围坐在篝火旁实际上有可能增强荷尔蒙灵敏度（Burton 2009）。但是，正如弗朗西斯·伯顿（Frances Burton 2009）所认为的那样，光的发射与接收之间存在着至关重要的区别（即实际上有多少光入射到了视网膜上）。格利克曼（Glickman）及其同事（2003）证明，视网膜下部的感光细胞对光最敏感，并且在褪黑激素抑制中起着最重要的作用。只有在很近的距离（1米左右），甚至需要从下往上凝视着火（如躺下的时候），篝火发出的光才能提升我们那些生活在旧石器时代晚期的祖先的灵敏度（Burton 2009）。如果人们的目光转而向下，直视、穿过、环绕，或干脆远离火光，同时在篝火旁坐着，站着，走着或跳舞，火光的亮度虽然可以足够照明，但本来可以对荷尔蒙灵敏度产生的影响就可忽略不计。

塔克（Tucker）及其同事（2012）研究了人类在上午9点和下午4点时对刺激的情绪反应，很明显，正如我们旧石器晚期的祖先，受太阳光照射区间控制的人类的非高峰时期是日落之后的最初几个小时。根据维斯那（2014）的研究来做一个合理的民族志的类比，在一天中的这个时候大家很可能都会聚集在篝火旁。因此，第一个问题（人在夜晚情绪会更加敏感吗？）的答案似乎是肯定的。在所有条件均等的情况下，对情绪的敏感度，以及我们调节情绪反应的能力与代表个人昼夜节律的特征 - 能量，跟灵敏度的高峰和低谷相关。这些低谷之一就发生在日落之后的几个小时内。

音乐中的情感观

第二个问题是人类如何有效地感知音乐中的情绪。音乐被认为是一种激发人类情绪的强大而通用的手段（Andrade and Bhattacharya 2003；Marin and Bhattacharya 2009）。当我们聆听自己喜欢的音乐时，与愉悦或奖励相关的大脑区域就会被激活（Andrade and Bhattacharya 2003；Blood and Zatorre 2001；Marin and Bhattacharya 2009）。研究人员认为，与人们日常生活中的大多数其他种类的刺激相反，“音乐情绪的独特之处不是其产生的潜在机制或者其引发的情绪是什么，而是事实上音乐……通常是故意设计成以使用任何可用的手段触发情绪”（Juslin and Västfjäll 2008：572，被Marin and Bhattacharya 2009引用）。实际上，研究表明专业的音乐家能够通过音乐传达情绪，几乎与人类通过面部和声音提示表达情绪一样有效（Logeswaran and Bhattacharya 2009）。因此，我们第二个问题（人类如何有效地感知音乐中的情绪？）的答案是，数据支持这样的论点，即音乐是一种高效的传达情绪的方法。对于音乐中的正面和负面情绪，人类特别敏感，并且容易受到其影响。

通过音乐感知到的情绪的残留效应

我们的第三个讨论点带来了一个问题，即在音乐中感知到的情绪是否会产生持久的影响。尼提亚·洛杰斯瓦蓝（Nidhya Logeswaran）和乔丽德鄱·巴塔查里亚（Joydeep Bhattacharya）在对情绪感知的最新的跨模态研究中发现，听众即使在听到简短的，但可以使他们感到“快乐”或“悲伤”的音乐片段后，也会影响他们之后对人脸图像，尤其是从定义上看包含情绪相关的信息较少的中性人脸图像的解读（Logeswaran and Bhattacharya 2009）。研究人员写道：“行为数据清楚地表明，聆听音乐片段……可以显著影响后续对于视觉情绪刺激的评估。”（Logeswaran and Bhattacharya 2009：133）同样，其他研究也发现，听"积极"的音乐会影响味觉（Marin and Bhattacharya 2009），甚至会产生虚假记忆（Marin and Bhattacharya 2009；Storbeck and Clore 2005）。福井创（Hajime Fukui）和丰岛久美子（Kumiko Toyoshima）发现，听了喜欢的音乐后，参试者变得更加无私（Fukui and Toyoshima 2014）；但听了不喜欢的音乐后，参与者变得没那么无私；而安静的环境对他们后续的行为没有影响。尽管聆听喜好的音乐，与感知音乐中的情绪并不相同，但在听众中仍会产生情绪，并影响他们随后的行为。正如马克·常逸梓（Mark Changizi 2009）指出的那样：“在我们祖先的生活中，大部分情感上令人回味的刺激都是别人的面部和身体。”这些对音乐和情绪的跨模型研究可能还有一层含义，即在旧石器时代晚期人类社会中，通过音乐感知到的并产生的正面或负面情绪，可能被重新引导或操纵，以影响人类个体如何看待群体内部或外部的他人，并对其后续动作进行更改。因此，我们第三个问题的答案（从音乐中感知的情绪会产生持久影响吗？）暂时是肯定的。虽然我们对这个问题的交叉模式研究仍处于起步阶段，需要对这些剩余效应的持续时间和性质进行更多研究，但初步数据是令人信服的。

结 论

在思考音乐和情绪时，音乐的表演性是关键。大多数当代的和有历史记录的狩猎－采集社会的音乐都是在没有乐器的情况下产生的。这些音乐依靠人声来作为旋律，依靠身体来作为打击乐器（Morley

2013）。正如莫利（2013）指出的那样，被整合到演奏中的乐器通常是敲击乐器。因此，从这个意义上讲，乐器成了身体的延伸。在录音设备问世之前，人们必须现场体验音乐的真实感。马林（Marin）和巴塔查里亚（2009）认为听众与音乐家／音乐制作者之间的这种关系增强了这种体验的情感共鸣。上述研究人员提到的大多是被动的听众，因此当我们站在狩猎－采集者的角度思考这个问题时，我们应该从具体的表演方式来思考，从而可以推断出音乐的情感影响得到了增强。

总而言之，我们从化石、考古和古环境数据中知道，旧石器时代晚期的夜间声景可能包括夜行动物的叫声、篝火的噼啪作响声和人声的共鸣。帕莉·维斯那和伊恩·莫利的民族志研究表明，旧石器时代晚期的夜晚也充满着歌舞和叙事活动。尽管这些行为可以，并且也的确会在白天进行，但是神经生物学和心理学方面的证据表明，在晚上，这些活动对于促进社会凝聚力和激励人们采取行动的能力可能特别有效。如我们所见，音乐是传达情绪的有效手段。这种情绪可以转移到其他感官和环境中。作为完全现代的人类，旧石器时代晚期的人类对于音乐中的积极和消极情绪是敏感的，特别是在太阳落山后，人的昼夜节律时钟使他们为恢复体力的睡眠做好准备的时候。

参考文献

Andrade, Paulo Estévão, and Joydeep Bhattacharya. 2003. "Brain Tuned to Music." *Journal of the Royal Society of Medicine* 96(6):284–287. https://doi.org/10.1258/jrsm.96.6.284.

Azéma, Marc, and Florent Rivère. 2012. "Animation in Palaeolithic Art: A Pre-Echo of Cinema." *Antiquity* 86(332):316–324. https://doi.org/10.1017/S0003598X00062785.

Bahn, Paul. 2016. *Images of the Ice Age.* Oxford: Oxford University Press.

Bar-Yosef, Ofer. 2002. "Upper Paleolithic Revolution." *Annual Review of Anthropology* 31(1):363–393. https://doi.org/10.1146/annurev.anthro.31.040402.085416.

Bégouën, Robert, Carole Fritz, Gilles Tosello, and Jean Clottes, A. Pastoors, and F. Faist. 2009.

Le sanctuaire secret des bisons: Il y a 14 000 ans dans la caverne du Tuc d'Audoubert. Paris: Somogy.

Berna, Francesco, Paul Goldberg, Liora Kolska Horwitz, James Brink, Sharon Holt, Marion Bamford, and Michael Chazan. 2012. "Microstratigraphic Evidence of In Situ Fire in the Acheulean Strata of Wonderwerk Cave, Northern Cape Province, South Africa." *Proceedings of the National Academy of Sciences of the United States of America* 109(20):E1215–E1220. https://doi.org/10.1073/pnas.1117620109.

Blood, Anne J., and, Robert J. Zatorre. 2001. "Intensely Pleasurable Responses to Music Correlate with Activity in Brain Regions Implicated in Reward and Emotion." *Proceedings of the National Academy of Sciences* 98:11818–11823. https://doi.org/10.1073/pnas.191355898.

Burroughs, William J. 2005. *Climate Change in Prehistory: The End of the Reign of Chaos.* Cambridge: Cambridge University Press. https://doi.org/10.1017/CBO9780511535826.

Burton, Frances. 2009. *Fire: The Spark that Ignited Human Evolution.* Albuquerque: University of New Mexico Press.

Changizi, Mark. 2009. "Why Does Music Make Us Feel?" *Scientific American.* https://www.scientificamerican.com/article/why-does-music-make-us-fe/.

Clottes, Jean. 1997. "Art of the Light and Art of the Depths." In *Beyond Art: Pleistocene Image and Symbol,* ed. Margaret W. Conkey, Olga Soffer, Deborah Stratmann, and Nina Jablonski, 203–216. Memoirs of the California Academy of Sciences 23. San Francisco: California Academy of Sciences.

Clottes, Jean. 2003. *Chauvet Cave: The Art of Earliest Times.* Salt Lake City: University of Utah Press.

Clottes, Jean. 2010. *Cave Art.* New York: Phaidon.

Conard, Nicholas, Marina Malina, and Susanne Münzel. 2009. "New Flutes Document the Earliest Musical Tradition in Southwestern Germany." *Nature* 460:737–740.

Conard, Nicholas J. 2011. "The Demise of the Neanderthal Cultural Niche and the Beginning of the Upper Paleolithic in Southwestern Germany." In *Neanderthal Lifeways, Subsistence and Technology: One Hundred Fifty Years of Neanderthal Study.* Vertebrate Paleobiology and Paleoanthropology 19, ed. Nicholas Conard and Jürgen Richter, 223–240. New York: Springer. https://doi.org/10.1007/978-94-007-0415-2_19.

Conkey, Margaret. 1993. "Humans as Materialists and Symbolists: Image Making in the Upper Paleolithic." In *The Origin and Evolution of Humans and Humanness,* ed. David Tab Rasmussen, 95–118. Boston: Jones and Bartlett.

Conkey, Margaret. 2010. "Images without Words: The Construction of Prehistoric

Imaginaries for Definitions of 'Us.'" *Journal of Visual Culture* 9(3):272–283. https://doi.org/10.1177/1470412910380341.

d'Errico, Francesco, Christopher Henshilwood, Graeme Lawson, Marian Vanhaeren, Anne-Marie Tillier, Marie Soressi, Françoise Bresson, Bruno Maureille, April Nowell, Joseba Lakarra, et al. 2003. "Archaeological Evidence for the Emergence of Language, Symbolism, and Music: An Alternative Multidisciplinary Perspective." *Journal of World Prehistory* 17(1):1–70. https://doi.org/10.1023/A:1023980201043.

Dams, Lya. 1984. "Preliminary Findings at the 'Organ Sanctuary' in the Cave of Nerja, Malaga, Spain." *Oxford Journal of Archaeology* 3(1):1–14. https://doi.org/10.1111/j.1468-0092.1984.tb00112.x.

Dams, Lya. 1985. "Paleolithic Lithophones: Descriptions and Comparisons." *Oxford Journal of Archaeology* 4(1):31–46. https://doi.org/10.1111/j.1468-0092.1985.tb00229.x.

De Beaune, Sophie A. 1987. "Paleolithic Lamps and Their Specialization: A Hypothesis." *Current Anthropology* 28(4):569–577. https://doi.org/10.1086/203565.

De Beaune, Sophie A., and Randall White. 1993. "Paleolithic Lamps." *Scientific American* 266(3):108–113. https://doi.org/10.1038/scientificamerican0393-108.

Formicola, Vincenzo. 2007. "From the Sunghir Children to the Romito Dwarf: Aspects of the Upper Paleolithic Funerary Landscape." *Current Anthropology* 48(3):446–453. https://doi.org/10.1086/517592.

Fukui, Hajime, and Kumiko Toyoshima. 2014. "Chill-Inducing Music Enhances Altruism in Humans." *Frontiers in Psychology* 5:1215. https://doi.org/10.3389/fpsyg.2014.01215.

Glickman, Gena, John P. Hanifin, Mark D. Rollag, Jenny Wang, Howard Cooper, and George C. Brainard. 2003. "Inferior Retinal Light Exposure Is More Effective than Superior Retinal Exposure in Suppressing Melatonin in Humans." *Journal of Biological Rhythms* 18(1):71–79. https://doi.org/10.1177/0748730402239678.

Goldstein, Andrea, and Matthew P. Walker. 2014. "The Role of Sleep in Emotional Brain Function." *Annual Review of Clinical Psychology* 10(1):679–708. https://doi.org/10.1146/annurev-clinpsy-032813-153716.

Gowlett, John. 2012. "Firing Up the Social Brain." In *Social Brain, Distributed Mind*, ed. Robin Dunbar, Clive Gamble, and John Gowlett, 341–366. Oxford: Oxford University Press.

Gujar, Ninad, Seung-Schik Yoo, Peter Hu, and Matthew P. Walker. 2011. "Sleep Deprivation Amplifies Reactivity of Brain Reward Networks, Biasing the Appraisal of Positive Emotional Experiences." *Journal of Neuroscience* 31(12):4466–4474. https://doi.org/10.1523/JNEUROSCI.3220-10.2011.

Guthrie, R. Dale. 2001. "Origin and Causes of the Mammoth Steppe: A Story of Cloud Cover,

Woolly Mammal Tooth Pits, Buckles, and Inside-Out Beringia." *Quaternary Science Reviews* 20(1-3):549–574. https://doi.org/10.1016/S0277-3791(00)00099-8.

Higham, Tom, Katerina Douka, Rachel Wood, Christopher Bronk Ramsey, Fiona Brock, Laura Basell, Marta Camps, Alvaro Arrizabalaga, Javier Baena, Cecillio Barroso-Ruíz, et al. 2014. "The Timing and Spatiotemporal Patterning of Neanderthal disappearance." *Nature* 512(7514):306–309. https://doi.org/10.1038/nature13621.

Huyge, Dirk. 1991. "The 'Venus' of Laussel in the Light of Ethnomusicology." *Archaeologie in Vlaanderen* 1:11–18.

Lawson, Graeme, and Francesco d'Errico. 2002. "Microscopic, Experimental and Theoretical Reassessment of Upper Paleolithic Bird-Bone Pipes from Istiritz, France: Ergonomics of Design, Systems of Notation and the Origins of Musical Traditions." In *Studien zur Musikarchäologie III*, ed. Ellen Hickman, Anne Kilmer, and Ricardo Eichman, 119–142. Rahden: Verlag Marie Leidorf.

The LED Light. 2017. "What Today's Consumers Need to Know about Lumens." Accessed June 24, 2017. www.theledlight.com/lumens.html.

Logeswaran, Nidhya, and Joydeep Bhattacharya. 2009. "Crossmodal Transfer of Emotion by Music." *Neuroscience Letters* 455(2):129–133. https://doi.org/10.1016/j.neulet.2009.03.044.

Marin, Manuela M., and Joydeep Bhattacharya. 2009. "Music Induced Emotions: Some Current Issues and Cross-Modal Comparisons." In *Music Education*, ed. Joao Hermida and Mariana Ferrero, 1–38. Hauppauge, NY: Nova Science.

Mohen, Jean-Pierre. 2002. *Prehistoric Art*. Paris: Éditions Pierre Terrail.

Morley, Iain. 2013. *The Prehistory of Music: Human Evolution, Archaeology and the Origins of Musicality*. Oxford: Oxford University Press. https://doi.org/10.1093/acprof:osobl/9780199234080.001.0001.

Nowell, April. 2015a. "Learning to See and Seeing to Learn: Children, Communities of Practice and Pleistocene Visual Cultures." *Cambridge Archaeological Journal* 25(4):889–899. https://doi.org/10.1017/S0959774315000360.

Nowell, April. 2015b. "Children, Metaphorical Thinking and Upper Paleolithic Visual Cultures." *Childhood in the Past* 8(2):122–132. https://doi.org/10.1179/1758571615Z.00000000034.

Olsen, Sandra. 1989. "Solutré: A Theoretical Approach to the Reconstruction of Upper Palaeolithic Hunting Strategies." *Journal of Human Evolution* 18(4):295–327. https://doi.org/10.1016/0047-2484(89)90034-1.

Pastoors, Andreas, Tilman Lenssen-Erz, Tsamkxao Ciqae, Ui Kxunta, Thui Thao, Robert Bégouën, Megan Biesele, and Jean Clottes. 2015. "Tracking in Caves: Experience Based Reading of Pleistocene Human Footprints in French Caves." *Cambridge Archaeological*

Journal 25(3):551–564. https://doi.org/10.1017/S0959774315000050.

Quiles, Quiles, Hélène Valladas, Hervé Bocherens, Emmanuelle Delqué-Količ, Evelyne Kaltnecker, Johannes van der Plicht, Jean-Jacques Delannoy, Valérie Feruglio, Carole Fritz, Julien Monney, et al. 2016. "A High-Precision Chronological Model for the Decorated Upper Paleolithic Cave of Chauvet-Pont d'Arc, Ardèche, France." *Proceedings of the National Academy of Sciences of the United States of America* 113(17):4670–4675. https://doi.org/10.1073/pnas.1523158113.

Reznikoff, Iegor. 2002. "Prehistoric Paintings, Sound and Rocks." In *The Archaeology of Sound: Origin and Organization,* Papers from the 2nd Symposium of the International Study Group on Music Archaeology, ed. Ellen Hickmann, Anne D. Kilmer, and Ricardo Eichmann, 39–56. Berlin: Orient-Archäologie.

Reznikoff, Iegor, and Michel Dauvois. 1988. "La Dimension Sonore Des Grottes Ornées." *Bulletin de la Société Préhistorique Française* 85(8):238–246. https://doi.org/10.3406/bspf.1988.9349.

Roebroeks, Wil, and Paola Villa. 2011. "On the Earliest Evidence for Habitual Use of Fire in Europe." *Proceedings of the National Academy of Sciences of the United States of America* 108(13):5209–5214. https://doi.org/10.1073/pnas.1018116108.

Samson, David R., and Charles L. Nunn. 2015. "Sleep Intensity and the Evolution of Human Cognition." *Evolutionary Anthropology* 24(6):225–237. https://doi.org/10.1002/evan.21464.

Scott, Beccy, Martin Bates, Richard Bates, Chantal Conneller, Matt Pope, Andrew Shaw, and Geoff Smith. 2014. "A New View From La Cotte de St Brelade, Jersey." *Antiquity* 88(339):13–29. https://doi.org/10.1017/S0003598X00050195.

Scott, Katharine. 1980. "Two Hunting Episodes of Middle Palaeolithic Age at La Cotte de Saint Brelade, Jersey." *World Archaeology* 12(2):137–152. https://doi.org/10.1080/00438243.1980.9979788.

Scott, Katharine. 1986. "The Bone Assemblages from Layers 3 and 6." In *La Cotte de St Brelade 1961–1978,* ed. Paul Callow and Jean M. Cornford, 59–85. Norwich: Geo.

Soffer, Olga, and Margaret W. Conkey. 1997. "Studying Ancient Visual Cultures." In *Beyond Art: Pleistocene Image and Symbol,* ed. Margaret W. Conkey, Olga Soffer, Deborah Stratmann, and Nina G. Jablonski, 1–16. Memoirs of the California Academy of Sciences 23. San Francisco: California Academy of Sciences.

Storbeck, Justin, and Gerald L. Clore. 2005. "With Sadness Comes Accuracy; with Happiness, Falsememory: Mood and the False Memory Effect." *Psychological Science* 16(10):785–91.

Tucker, Adrienne M., Rebecca Feuerstein, Peter Mende-Siedlecki, Kevin N. Ochsner, and Yaakov

Stern. 2012. "Double Dissociation: Circadian Off-Peak Times Increase Emotional Reactivity; Aging Impairs Emotion Regulation Via Reappraisal." *Emotion (Washington, DC)* 12(5):869–874. https://doi.org/10.1037/a0028207.

van Eekelen, Alexander P.J., Jan H. Houtveen, and Gerard A. Kerkhof. 2004. "Circadian Variation in Cardiac Autonomic Activity: Reactivity Measurements to Different Types of Stressors." *Chronobiology International* 21(1):107–129. https://doi.org/10.1081/CBI-120027983.

van Eekelen, Alexander P. J., Gerard A. Kerkhof, and Jan G. C. Amsterdam. 2003. "Circadian Variation in Cortisol Reactivity to an Acute Stressor." *Chronobiology International* 20(5):863–878. https://doi.org/10.1081/CBI-120024212.

Wachtel, Edward. 1993. "The First Picture Show: Cinematic Aspects of Cave Art." *Leonardo* 26(2):135–140. https://doi.org/10.2307/1575898.

Waterhouse, Jim, Fukuda Yumi, and Morita Takeshi. 2012. "Daily Rhythms of the Sleep-Wake Cycle." *Journal of Physiological Anthropology* 31(5):1–14. https://doi.org/10.1186/1880-6805-31-5.

White, Randall. 2007. "Systems of Personal Ornamentation in the Early Upper Paleolithic: Methodological Challenges and New Observations." In *Rethinking the Human Revolution*, ed. Paul Mellars, Katie Boyle, Ofer Bar-Yosef, and Christopher Stringer, 287–302. Cambridge: MacDonald Institute.

Wiessner, Polly W. 2014. "Embers of Society: Firelight Talk Among the Ju/'hoansi Bushmen." *Proceedings of the National Academy of Sciences of the United States of America* 111(39):14027–14035. https://doi.org/10.1073/pnas.1404212111.

Woodward, Jamie. 2014. *The Ice Age: A Very Short Introduction.* Oxford: Oxford University Press. https://doi.org/10.1093/actrade/9780199580699.001.0001.

Wrangham, Richard. 2009. *Catching Fire: How Cooking Made Us Human.* New York: Basic Books.

Wrangham, Richard, and Rachel Carmody. 2010. "Human Adaptation to the Control of Fire." *Evolutionary Anthropology* 19(5):187–199. https://doi.org/10.1002/evan.20275.

Yoo, Seung-Schik, Ninad Gujar, Peter Hu, Ferenc A. Jolesz, and Matthew P. Walker. 2007. "The Human Emotional Brain Without Sleep—A Prefrontal Amygdala Disconnect." *Current Biology* 17(20):R877–R878. https://doi.org/10.1016/j.cub.2007.08.007.

第三章

玛雅古典时期的夜晚

洪都拉斯科潘遗址和萨尔瓦多塞伦遗址

南希·贡琳、克里斯汀·C.迪克逊

　　人类学家对中美洲已经进行过广泛深入的研究，这些研究为我们提供了深厚的基础，使我们得以找寻关于古代人的夜间实践活动的大量证据。[1]在本章中，我们要解决的一个基本问题是，如何能够通过夜晚的视角来审视古代中美洲的实践活动，以期增加我们对历史的了解（Ekirch 2005；Koslofsky 2011；Galinier et al. 2010；Monod Becquelin and Galinier 2016）。中美洲是一个文化大区，涵盖了现今的危地马拉、洪都拉斯、伯利兹、萨尔瓦多等国，以及墨西哥大部分地区。在这个区域中，各个地区和不同的生活方式之间有许多共同点（有关中美洲的更多信息，参见阿维尼，本书第7章；科尔特曼，本书第10章）。早在几千年前，组织复杂的社会就已经主导了这个地区（Evans 2013；Joyce 2004）。本章中，笔者会集中讨论古典时期的玛雅低地（Lowland Classic Maya），它以象形文字和复杂的图像而闻名于世。玛雅低地的绝大多数城市都建于大约公元250年至公元900年，与中美洲的古典时期相对应。本研究中的数据主要包括两种类型：

来自不同居址规模和状态的考古遗存中的物质材料(遗物、遗迹和建筑),以及图像和碑文中记录的符号标识。来自民族志、民族史和文化天文学的内容对数据进行了补充,增强了数据的"夜视能力"。本章研究特别关注了洪都拉斯的科潘(Copan)遗址和萨尔瓦多的塞伦(El Cerén)遗址。科潘代表了典型的热带环境中的遗存类型,其中有机遗存的保存状况不佳,材料被严重侵蚀是常态;而塞伦则为我们提供了宛如新拍摄的照片一样的遗存:就像在太阳落山后一样,这个社区被埋在几米深的火山灰下面,完美保存了一个处于夜晚状态的农业社区。这个被迅速废弃的遗址(Inomata and Sheets 2000)为我们研究夜晚提供了前所未有的机会。两个遗址之间的对比非常具有启发性,并且可以互为补充,让我们更全面地了解历史(例如,Gonlin 2004;Webster, Gonlin and Sheets 1997)。此外,笔者对这两个遗址也已进行了深入调查。

正如古往今来的很多人一样,古典时期的玛雅人也经常将夜晚视为不祥的时间段。在这样一个充满不确定性的时间段,冥界(Underworld),或称希泊巴(Xibalba,"恐怖之地")的众神变得活跃起来——在人们满怀希望次日太阳能再次升起的时候。中美洲的夜晚对于计时、天文观测(阿维尼,本书第7章)、精神信仰和夜间实践活动(科尔特曼,本书第10章)也具有宇宙学的意义。夜间的仪式和庆祝活动是在吉祥的日子举行的。当人入睡后,他/她的伴灵(companion spirit,也称共存体,co-essence)会四处游荡(Houston and Stuart, 1989:2;Freidel et al. 1993:192)。古典时期的玛雅人将这种灵魂念作"way",这个词"是"从'去睡觉'和'去做梦'这两个词衍生出来的"(Freidel et al. 1993:192)。研究现代玛雅人后裔的民族志学家(Mothré and Monod Becquelin 2016;Reyna 1962,在Hofling 1993中引用;Wisdom 1941)已经评价过这种给予夜晚的尊敬。二元互补的思维在玛雅人的宇宙观中非常普遍（Freidel et al. 1993），而昼夜之间的对比是最普遍的跨文化二元对立之一。夜晚可以被看作一个边界，这个边界是在一定的文化背景下形成的（图1.1）。古典时期的玛雅夜景由自然和文化元素构成，共同创造了一个属于它自己的世界，而且，只有做到不同元素之间的协调，才能给这个世界带来繁荣。

　　在本章中，笔者将研究重点放在夜晚，它与黑暗概念本身，以及自然环境和人造环境中存在的黑暗，包括遗物的主位分类（Jackson 2016）相关。黑暗是夜晚的许多属性之一，但在其他条件下，黑暗也可以产生（Dowd and Hensey 2016），并且与夜晚有很多可比性：例如火山喷发（Egan 2017）、日全食（请参见阿维尼，本书第7章），或特殊的地点（例如洞穴，有关洞穴和黑暗的内容，请参见诺埃尔，本书第2章）。詹姆斯·布雷迪和基斯·普吕弗（James Brady and Keith Prufer 2005），以及其他许多学者（例如，Moyes 2012）为帮助我们理解中美洲的洞穴做出了巨大贡献。尽管本章没有专门讨论洞穴的问题，但对洞穴的研究尚有巨大潜力，它能为我们研究古代的夜晚和历史上人们经历的黑暗做出贡献。

科潘和塞伦

　　科潘和塞伦的案例为我们研究古典时期的玛雅提供了独特的途径，并为考古遗存保护、定居规模与其在玛雅地区内的位置提供了有益的对比。科潘是位于洪都拉斯西部的古典时期玛雅文化在其最南端的体现。在沿着科潘河（Río Copan）的热带高地内的谷地区域，科潘玛雅曾繁荣了几个世纪（图3.1）。谷地资源丰富，由于冲积土壤和高地土壤均

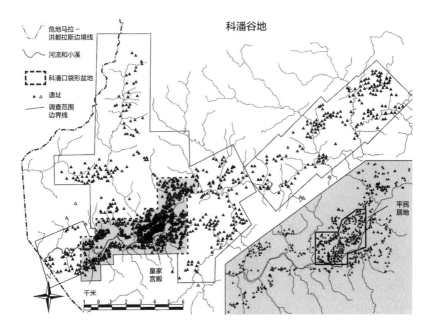

图3.1 洪都拉斯的科潘谷地。图中绘出了调查遗址的位置（三角形部分）。套图显示了科潘口袋形盆地的位置，这里是山谷中最大的冲积土地。主体群组在此沿着拉斯塞布勒图拉斯（Las Sepulturas）和艾尔波斯齐（El Bosque）的城市社区分布，这些都构成了城市的核心（示意图由大卫·M. 里德和 W. 斯科特·兹拉斯尼克 [W.Scott Zeleznik] 提供并得到其许可使用）

适合耕种，所以该处是进行农业生产的理想场所（Wingard 2016）。在数十年的考古调查中，研究人员已经对该遗址进行了深入的研究，涵盖了从平民居址到皇家宫殿的一系列定居点，获得了大量关于各阶层人们用于生活和过夜的居所的信息（Andrews and W. Fash 2005；W. Fash 2001；Sanders 1986-1990；Webster et al. 2000；Willey et al. 1994）。研究人员在科潘河的所有主要支流中进行了定居点的实地调查和检测，以及编年分析。因此，我们已经了解其不同历史时期的人口分布（W. Fash 1983；Freter 1988；Willey and Leventhal 1979）。公元426年至公元822年这段时间，16名有继承关系的国王形成的王朝统治了科潘约400年。在公元7世纪和8世纪，该地区的人口峰值达到了约20000人（Webster 2014：352）。对皇家宫殿的密集发掘向我们提供了有关国王、王后及他们生平历史的细节（Agurcia Fasquelle 2004；Andrews and Bill 2005；Bell et al. 2004；Sharer et al. 1999；等等）。皇家建筑区集中在一个被称为主体群组（Main Group）或主要群组（Principal Group）的地区。两个城市社区（拉斯塞布勒图拉斯和艾尔波斯齐）围绕在皇家建筑周围，并与主要群组一起共同形成了所谓的城市核心区。随着人们从城市中心移居到内陆地区，定居点的数量也逐渐减少。学者对内陆地区也已进行了大量调查。

由于其极为完好的保存状态，塞伦，这个埋在几米深的火山灰下的农耕社区提供了一个特别有用的案例，以帮助我们找寻夜间活动的考古学记录（Dixon 2013；Sheets 2002，2006；Sheets et al. 2015）。尽管有证据表明塞伦本地社区保持着极大的自治权（Dixon 2013；Sheets et al. 2015），曾经居住在萨尔瓦多依扎波蒂亚恩（Zapotitán）谷地的居民可能被居住在几公里以内的圣安德烈斯（San Andrés）或附近其他中心地区的当地精英阶层所统治。"虽然腊包尔卡尔德拉火山（Loma Caldera）的喷发对塞伦和附近定居点造成了灾难性的后果，不过也就在以喷发点为中心直径两三公里的范围内而已"（Sheets 2012：50）。在谷地中偶然发现塞伦是绝无仅有的，这意味着附近的居址情况尚且不明。佩森·希茨（Payson Sheets）提出了这样的假设：公元630年，将塞伦埋在地下的腊包尔卡尔德拉火山在刚刚日落后喷发。这场灾难发生在人们收起日常活动的工具、洗碗、从橡上取下睡垫，以及返家之前——因为各个住所的前门都处于紧闭状态（Sheets 2006：37）。希茨（2002）指出，火山喷发时，这个大约有100名住户的社区正在进行庆祝丰收的祭祀盛宴。因此，鉴于火

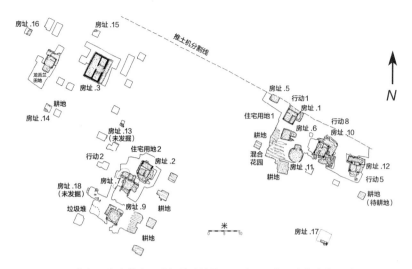

图3.2 萨尔瓦多塞伦市已发掘的建筑物。四个居址每一个都包括一个公共/社区建筑（由佩森·希茨提供并授权使用）

山喷发的时间，以及遗址完好的保存状态，该遗址提供了前所未有的机会来帮助我们研究中美洲的夜间实践活动。迄今为止，研究人员已经在发掘现场清理并复原了12座土质建筑；这些建筑被分为四个独立的居址（McKee 2002），每个居址旁边都有一个公共/社区建筑（图3.2）。农田和一条土路（sacbe）也已被发掘出来，这极大地增进了我们对古代农业和社区组织的了解。退一步讲，保存下来的有关古代生活的信息数量惊人。塞伦和科潘之间的遗址保存状况、研究规模、定居点规模和发掘方法的差异，为我们重建古典时期玛雅的夜间实践活动提供了补充数据。

调查夜晚的理论方向

通常，研究人员并不会在考古记录中专门或者持续地检视夜间实践活动，更不用说在古典时期玛雅常见的夜间实践活动了。我们在此借鉴了两个相互支持的主流理论观点：家户考古学和实践理论（Bourdieu 1977；有关理论方面的更多信息，请参见贡琳、诺埃尔，本书第1章）。这两种不同的方法都对人们的日常生活感兴趣。它们探索人类行为是怎样建立、维持、抵抗和解构特定文化、社会、历史和环境背景的，从而反过来建立、维持和解构人类的实践活动。

学者已经对中美洲古代居址遗存进行了大量研究，使得这种方法非常适合调查平民阶层、精英阶层和皇室的日常生活（Acosta Ochoa 2012；Carballo 2011；Douglas and Gonlin 2012；Flannery 1976；Haviland 1985；Hendon 2010；Inomata and Houston 2001；Joyce and Gillespie 2000；Lohse and Valdez 2004；Manzanilla 1986；McEachern et al. 1989；Robin 2013；Santley and Hirth 1992；Sheets 2006；Smith 2016；Webster 1989；Wilk and Ashmore 1988）。考古学家收集的用于回答有关居址功能、社会组织、政治联系、意识形态等众多问题的信息，可以被我们重新利用来确定夜间活动——本质上就是创建夜间家户考古学记录。古代人大多会在家里过夜，因为家以物质和非物质的方式给人提供了舒适。人们一旦安全地进入屋子，他们就会参与各种活动，包括大家熟知的活动，例如睡觉，可能还有性行为。

许多考古学家已经成功地运用实践理论的要素（Bourdieu 1977）来解读历史（例如，Hodder 1995；Overholtzer 2012；Pauketat 2001；Robin 2013），从而探索了人类实践活动与社会、政治、文化、环境，以及受实践活动影响的历史背景之间密不可分的关系。作为一种能动性，个体行为被赋予了首要地位，并被当作一种解释机制（Giddens 1984）。这个理论影响下的许多考古研究都集中在过去人们的日常实践活动上，并强调社会变革是社会群体中所有个体选择和行动的结果。虽然"日常实践活动"一词并不意味着仅仅包括白天的活动，但我们对历史研究的局限性往往倾向于白天的实践活动。本章我们就开始探索夜晚的实践活动。

新热带区的夜景环境

全世界范围内，每当夜幕降临，不同程度的黑暗和寒冷也随之而来，这就意味着人类必须每天做到适应变化的环境。人类的视力受到限制，体温下降，荷尔蒙也随着日落而发生变化。夜行兽和鸟类（美洲豹、土狼、蝙蝠、蟾蜍、猫头鹰、夜鹭、蜜熊，等等）随着黑暗的降临而蠢蠢欲动（Benson 1997）。一些热带植物在月光下变得繁盛（Slotten 2017）。在北纬热带地区（从赤道到北纬23.5度），季节的不同会对白天阳光照射时长和黑夜时长产生影响（NASA 2016）。除季节因素外，每天的日光照射量和强度的变化还取决于云层的覆盖范围（Solar Illumination: Seasonal and Diurnal Patterns 2016）。但是在热带地区，白天和黑夜的时长相近，因此全年白天和黑夜的时长基本一致。在气候方面，科潘（海拔600米）和塞伦（海拔450米）都属于海拔不到1000米的地区，传统上称为 tierra caliente，即"热土"（hot lands [Vivó Escoto 1971: 188]）。"温度高的白天（但不是过高，29℃—32℃ [84℉—90℉]），与凉爽的夜晚（20℃—24℃ [68℉—75℉]）形成对比。"一句常见的谚语是"夜晚是热带地区的冬天"。在低地确实如此。那里每日的温度变化范围比全年温度变化范围高出许多度（Vivó Escoto 1971: 199）。塞伦（Sheets 2002: 1）和科潘（Webster et al. 2000: 16）在柯本系统中都被归类为 Aw 型，为热带干湿季气候。这意味着在冬天，这种湿润的热带气候地区有一个干季（Vivó Escoto 1971: 205）。大部分降水来自6月至11月间的降雨（Vivó Escoto 1971: 212）。相较旱季的夜晚，人们在雨季的夜晚可能从事不同的实践活动（克里斯汀·兰道，私人信件交流）。倾盆大雨通常发生在下午晚些时候，可以让夜间空气凉爽。声音在干燥的空气中衰减较高；也就是说，当相对湿度较高时，声音传播得更远（Shields and Bass 1977）。因此，随着夜间人类视力的下降，本来就更加敏感的听觉又得到了夜间空气的帮助。这些数据提供了关于古典时期玛雅人必须适应的自然条件的信息，并为我们检视他们的夜间实践活动奠定了基础。

古典时期玛雅的夜间实践活动

古典时期的玛雅人如何适应夜晚？他们在晚上做什么，或者说他们的实践活动是什么？其中一些活动本质上是很常见的，例如在雨季凉爽的夜晚保持温暖，或在旱季温暖的夜晚保持凉爽。无论是统治者还是农民，都必须解决在面对夜景方面遇到的问题，但是，住房的巨大差异影响了他们的个人体验。其他一些实践活动则涉及超自然现象，并且仅在某些情形下才会发生。在本章，我们首先来看大多数人过夜的地方——家。

晚上在家过夜

在整个古典时期的玛雅，人们建造并使用了多种类型的房屋（Halperin 2017）。等级最高、数量最少的是完全由石头制成的住宅。一些石材住宅结构采用了带灰泥覆盖的横梁 - 灰浆（beam-and-mortar）屋顶，而另一些有坚固墙壁的建筑物则覆盖着茅草屋顶。玛雅地区的土坯房也十分有名。但是，最常见的房屋类型还是用茅草屋顶、篱笆和粗灰泥建造的住宅。塞伦地区还有一种房屋是把杆子扎在一起，然后盖上茅草。这种房屋通常被用作厨房（Calvin 2002: 72-73）。无论是平民还是国王，房屋类型的多样性直接影响了人在夜晚的体验。

在热带地区，供暖失衡是以年为周期发生的。在雨季，北部热带地区收到的来自太阳的热量也恰巧较少（NASA 2016)，两者结合在一起，天气就变得凉爽潮湿。艾略特·艾布拉姆斯（Elliot Abrams 1994）在其关于玛雅建筑实践活动的书中对比了科潘的两种主要房屋形式，这两种形式是有延续性的住宅建筑形式。一是覆盖有茅草屋顶的篱笆－粗灰泥结构的基本型房屋，二是下部建筑和上部建筑均由石头建造而成的改进型房屋。艾布拉姆斯（1994: 33）比较了每种房屋的供暖成本：

在基本型和改进型之间，房间的大小差异很大。改进型的房间趋向于更小、独立且封闭的单元，而基本型的房间实际上是将一个大房间分隔成物理上连接的空间。房间大小的差异会影响各个房间的供暖能力，尤其是在较凉的夜晚。在科潘冬季的夜晚，温度可能会下降到30℉（-1℃，摄氏度℃ = [华氏度℉ - 32] / 1.8——译者）。改进型中较小的、独立的房间会保持较为暖和的温度；此外，就薪柴需求而言，可以更容易、更高效地加热小房间。基本型内更多的开放空间将导致更多的热量损失和较低的薪柴使用效率。那么，值得注意的是，拥有更多薪柴的精英阶层反而只需要较少的这种重要原材料来加热他们的房子。

供暖的差异反映了社会地位的差异，同时也反映了建筑材料和房屋面积的不平等。覆盖石质屋顶的房屋中的房间较狭窄，因为与真正的拱顶相比，玛雅建筑中使用的台阶形拱顶仅允许很小的跨度范围。而如果有窗户的话，窗户就会很小。因此，这些房间中几乎没有自然光，而昏暗的房间增加了私密性。不过，这些房间的门许多都朝外，使得阳光、月光和任何形式的人造光可以通过门照进来。窗帘通常被悬挂在此类开口处，比如门口两侧的绳架上（图3.3）。到了晚上，用石头墙修建的房屋要比用篱笆－粗灰泥或者杆子－茅草修建的房屋暗得多。就像塞伦一样，科潘山谷中的大多数房屋都是用易坏的材料建造的，房屋内部透气，光线、热量和冷气都可以进入房子里。坚固的石质屋顶和抹灰的屋顶可能会放大晚上的声音，比如雨滴声。雨滴落在占绝大多数的茅草屋顶上，声音则更加柔和，但是这种屋顶会滋生一些有害动物，例如害虫和老鼠。这些害虫深夜在椽子上跑过的声音可能会很吵闹。无论是在茅草还是石头屋顶上，如果出现一个洞，都会让人在热带风暴席卷而来的漫长夜晚中度日如年。

睡　眠

在那些需要保暖的时间段，夜间保持热量的另一种方法包括众人一起睡觉。虽然睡眠是我们人类的生物本能，但是怎样睡觉，在哪里睡觉，睡在什么东西上面，以及与谁一起睡则是由我们的文化塑造的（Glaskin and Chenhall 2013）。睡眠绝不是被动的活动，关于梦的研究（de la Garza 1990；Tedlock 1992）揭示了梦在当代社会的互动构建中起到的重要作用。睡眠和夜晚常常同时发生，但它们是非常不同的实体（entity）。（Ekirch 2010：838）在许多情况下，古代人和现代人类似，也会使用与睡眠有关的物品和场地，但它们不一定是专门用于睡眠的（可以参考西方文化中"床头柜"或"睡衣"的多种用法）。尽管古往今来世界各地的人们都会睡在地板上，但也有与休憩有关的特殊场地。玛雅人使用长凳代替地板，以便睡觉时将身体抬高，保护身体免受寒冷、潮湿和害虫的侵害。通常，石材长凳在典型的热带条件下可以保存下来，这就使考古记录极大地偏向了"改进型的"精英阶层和城市居民，因为他们最常选择这种建筑形式。石凳通常摆在房间后边或角落里，这可能显示出它们被设置在更私密的空间里。石凳通常用灰泥涂抹表面，白色的表面在黑暗的室内更加显眼（图3.3A）。但是，

图3.3 洪都拉斯科潘拉斯塞布勒图拉斯城市社区的精英阶层房屋。（A）带有灰泥痕迹的石凳（第8N-11号居址，第66C号房址，北壁第2号室）。请注意原本用来固定某种材料以便保护隐私的绳架（石块中的缺口处）。（B）石灰地板上的火烧痕迹（第9N-8号居址，A广场，第83号房址，中央房间），可能是室内用火引起的。另请注意图中的石凳，石灰仍保留在其上面（照片由大卫·韦伯斯特 [David Webster] 提供并授权使用）

这些光亮的表面很可能被毛绒材料，例如垫子和布覆盖着（正如玛雅古典时期晚期一些陶器上绘制的那样），这样的话，硬质表面睡起来会更舒适。在科潘皇家区域第10L-2号居址中，"南部的第33号房址显然是一间卧室，因为房间大部分被一个大的 C 形长凳占据着"（B. Fash 2011：56）。这个皇家住房位于庭院 A 的私密位置（Andrews and Bill 2005：264）。石凳在科潘皇室区东南部的拉斯塞布勒图拉斯市区住宅区中无处不在。这种材质的睡觉场所古典时期的玛雅每处居址都会被修建。科潘的农村平民则更可能睡在地板上，或者睡在易坏的土制或木制长凳上。因为在这些人的居址中很少发现石凳（Gonlin 1993，2004）——在8个被完全发掘的农村平民住宅遗址中只有2个发现了石凳遗存。

塞伦的遗址在此向我们提供了很多信息，因为土制的长凳既建在住所中，又建在公共建筑中。通常，长凳是多功能的。白天可以用作工

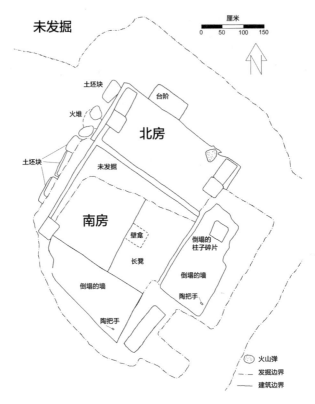

图3.4 萨尔瓦多塞伦。第2号房址，第2号居址的住所。请注意
房屋内部的长凳（图片由布莱恩·麦基 [Brian McKee] 提供并授权使用）

作区和政治活动平台，晚上则可以当作睡榻。根据塞伦遗址长凳的大小
（图3.4），估计两个成年人可以睡在一个睡凳上，而两到三个儿童可以
睡在地板上（Sheets 2002）。民族志记录了这种儿童在地板上睡觉的
方式（例如，Wisdom 1941：134），因此我们不能认为只有长凳才
是适合睡觉的地方。在塞伦的火山喷发时，本来可以放在长凳或地板上
的睡垫并未被使用。它们被发现时处于卷起并存放在茅草屋顶上的状态
（Sheets 2002，2006：37）。

在科潘，遗址中有白天使用长凳的证据，无论是石制、土制还是木制的长凳。例如，在科潘的拉斯塞布勒图拉斯社区的精英阶层住宅第9N-8号居址的H平台中，第110A号和第110B号房址的长凳上发现了石刻遗迹（Widmer 2009：177-180）。当人们需要私密性时，可以使用窗帘来隔绝声音和光线（Mongelluzo 2013），正如凿进石块的绳架痕迹所证明的那样（图3.3A）。尽管石制绳架在精英阶层的房屋中很常见，但塞伦的居民在私人住所和公共建筑中还利用了陶瓷环形手柄作此用途（图3.4），这表明公共建筑在当时可能是多用途的（Sheets 2006）。环形手柄是中美洲考古发掘中常见的物品；它们的这种新用途为这些数量巨大的遗物带来了新的解释。

性行为

性行为是经常与夜晚联系起来的一种活动，无论是在有照明还是在黑暗的情况下都可以进行（有关性行为的材料，请参见奇斯库里和莫菲特，本书第17章）。就像现今一样，人类可以在任何时间、任何地点进行性行为。不过我们并不了解有关此类活动的文化习俗，因此很难确定古代的性行为会在一天中的什么时间或地点发生（有关罗马人性行为的历史记录，请参见斯托里，本书第15章）。此外，此类活动的物质证据可能很难获得，人们必须依靠饱经沧桑幸存下来的种种表述以及对它们的准确解释（例如，关于罗马帝国情况的论述，请参见 Clarke and Larvey 2003）。众所周知，许多文化禁止人们在某些吉时进行性行为，或对某些人有限制（例如，Wisdom 1941：209，285）；因此我们可以猜测，尽管不能确定，类似的规定也存在于古典时期的玛雅。性行为是否室内活动和／或室外活动，以及长凳在其中是否起任何作用也是未知的。但是，一般来讲，较小的房间（从西方的角度来看）和隐私的缺乏（再次从西方的角度来看）可能会促使夫妻俩在适当的时间和地点一同溜走。不过，性行为并不是古典时期玛雅人经常会写到的主题："在古典时期玛雅的绘画中，性行为或其他形式的性刺激的写实场景极为罕见"（Houston et al. 2006: 43）。

粪便

与夜晚有关的另一种东西是粪便，从它的名字"night soil"（直译是"夜晚的土壤"——编者）就可以看出来。只有在特殊的保存条件下，这种碎块状有机物才能被发掘出来，例如从干燥的洞穴中。几乎所有的史前居住遗址都有过粪便，除了那些在印度河谷的遗址（见怀特和加雷特，本书第14章）。在那里，粪便通常由结构精巧的污水处理系统清除掉。鉴于塞伦遗址出色的遗迹保存状态，我们会思考为什么在该遗址找不到这样的粪便遗迹（佩森·希茨，私人信件交流）。一般来讲，居民会保持住房清洁，因为住所、厨房、社区建筑和花园都近在咫尺（Sheets 2006）。所以如果要发掘出塞伦的粪便遗迹，可能需要发掘距各类建筑更远的区域，或者对附近的土壤进行化学分析，以检查土壤是否发生富集。根据莎拉·纽曼（Sarah Newman）对玛雅的垃圾的研究，以及斯蒂芬·休斯顿（Stephen Houston）对玛雅象形文字的解释，粪便在古典时期的玛雅人中常被提及："在古典时期的字块文字书写中，土，作为黏土的原料，被标注着代表刺鼻气味的符号——'一块肥沃的粪便'。"（Newman 2015: 96，引用自 Houston 2014: 20）

夜间工作

在农业社会中，工作总是不断。如果一个人没有在睡觉，那么他 /

她也许就在工作。我们可以合理地利用民族史和民族志资料，获得关于夜间活动的整体概念，思考我们应该为哪些活动开启我们的"夜视能力"。民族史文献，例如弗雷·迭戈·德·兰达（Fray Diego de Landa 1941）在其写于16世纪的记录尤卡坦半岛（Yucatan）早期殖民地玛雅的《关系》（Relación）一书中，向我们提供了有关社会、政治、经济和宗教活动的信息（cf. Hendon 2004; cf. Restall and Chuchiak 2002）。在记录中，进行经济活动和举行仪式（见下文）常常被当作夜间活动而被提到，领袖和神职人员在这些时间都很繁忙。夜晚对于某些经济活动而言是理想的，特别是在热带低地地区，那里凉爽的温度有利于各种活动。我们对民族志的重新审视揭示出了男性和女性

图3.5 古典时期的玛雅陶盘，上面绘有月亮女神（Moon Goddess）骑着一头鹿（照片版权归贾斯汀·科尔所有，文件编号 K3069）

在夜间进行的若干活动——就像文化的其他方面一样，夜晚的活动也是分性别的（Gero and Conkey 1991）。例如，威兹德姆（1941）在其关于奇奥蒂的长篇巨著中，报告了在夜间狩猎和守卫耕地（milpas）的活动。据报告这两种活动都是由男人进行的；另外浸泡玉米（de Landa 1941：43）、煮沸豆子和浸泡用于生产陶器的陶土，通常是由女性进行的夜间活动。

古典时期的玛雅陶器描绘出了分性别进行的活动，为夜间实践活动提供了证据。例如，一只陶质花瓶描绘了狩猎与夜晚的关联——月亮女神和双胞胎英雄，一只陶盘（图3.5，K3069）展示了月亮女神骑着一头鹿（猎鹿活动总是在晚上进行）。生产和仪式活动常常是交织在一起进行的。琳达·布朗（2004，2009，2017），以及布朗和凯蒂·埃默里（Kitty Emery）详细记录了当代危地马拉高地白天和黑夜进行的狩猎活动（Brown and Emery 2008）。

遗迹和遗物在夜间的使用

在远古时代，人们已经开始使用用来取暖和照明的火堆和火盆。复原的火堆可能是与夜间实践活动最直接的物质联系之一。虽然整天都可以使用火堆，但在晚上，它在日落之后为烹饪、供暖、照明和氛围提供了条件。然而，在考古记录中却很难复原火堆（Pyburn 1989），因为有些火堆位于建筑物之外，考古学家一般不会开展发掘的区域。火对人类的威胁可能决定了火堆只能被放在外边，特别是对于那些使用易燃材料建造的房屋。此外，对于大多数居住在篱笆－灰泥房屋中的玛雅人来说，在自己的房屋中燃烧火堆会照亮屋中情况，让外面的人看到里面正在进行的活动（克里斯汀·兰道，私人信件交流）。除了一个遗址中的厨房（第7D-6-2号居址，Gonlin 1993），科潘农村的平民似乎并不在其住所内建火堆。大概在一天的工作结束后，即使不能完全熄灭，厨房的火堆也会燃尽。在塞伦，火堆位于厨房，而不是居住区。火堆被隔离在厨房的情况既表明它们可用于烹饪活动，也突出了人们通过让火远离储藏室和居住区来防火的目的。塞伦的居民还在非厨房位置的宴会楼，第10号房址的入口处建造了一个火堆。鉴于其位置，想必它的作用与村中其他火堆不同，这就提醒我们：不论过去还是现在，火堆都有多种用途和意义。

无论是在房内还是房外，火堆的真正意义远远超过其功能属性表现出来的意义。根据卡尔·陶伯（Karl Taube 1998：432）的研究，三石火堆代表了一个有轴线的世界（mundi）："作为第一个中心位置，简单的三石火堆很可能构成了创世的原始结构，甚至可以早于建筑四角柱子的竖立。"从帕莉·维斯那（2014）关于"火边谈话"的民族志研究中，我们知道火堆是社会化的一个焦点，尤其是在一天的工作完成之后（了解旧石器时代的火堆，请参见诺埃尔，本书第2章）。尽管维斯那的研究聚焦于南部非洲的朱/霍安西的觅食者，但我们可以想象到，在农业工作者之间，甚至后工业时代工作者之间，白天和夜晚的谈话都存在类似的差异。维斯那问道："生火的时间只是为延长一天的时间，还是为不同性质的互动提供了环境？"这些有挑战意味的问题是长期有效的。任何曾经坐在篝火旁并经历过其魔力的人都可以证明，人们在这种场景下的互动是与平时显著不同的。

火盆和香炉在中美洲并不普遍（例如，Kurnick 2009；Rice 1999）。它们在科潘的分布表明，与农村相比，这些容器更可能是从城市环境中被发掘出来的（Gonlin 1993；Willey et al. 1994）。装饰精美的香炉与仪式的联系最紧密，但是，未加修饰的香炉有时也会在建筑物里被发现，里面还有木炭，表明它们可用于取暖和制造烟雾，也许可以用来驱赶讨厌的昆虫，同样也可以为仪式制造出短暂的遮蔽效果。例如，兰道夫·维德梅尔（Randolph Widmer 2009：178）在科潘的精英阶层居住区第9N-8号居址里发掘出了香炉，"其中含有大量木炭……人们认为，这种香炉是插火把的容器，为没有窗户的房间提供了照明"。此外，在拉斯塞布勒图拉斯的第9N-8号居址第83号房址（巴卡布斯 [Bacabs] 之家）中心房间地板上，可以看到居民在室内反复使用火的证据（图3.3B）。这段时期，火把通常被绘制在陶瓶上，不过它们被描绘成握在人手里，而不是固定在装置或墙壁上的。没有任何证据显示科潘房屋的石墙上安装有火把架。这些证据表明，需要根据考古学和图像学证据进一步评估住所内的照明情况（Gonlin and Dixon 2017；关于光度的人类学研究，请参见 Bille and Sorensen 2007）；现代和古代对于照明的标准肯定会有所不同。

经历夜晚：城市生活与乡村生活的对比

当我们设想古代玛雅人的夜间体验时，我们必须考虑的变量之一（除了建筑材料和上文中的遗物）就是位置：城市（Hutson 2016）与农村的对比。在科潘的艾尔波斯齐和拉斯塞布勒图拉斯等城市的飞地以及主要群组中，城市居民的夜间生活与居住在更偏远地区的居民的夜间生活截然不同。"在拉斯塞布勒图拉斯的部分地区被河流冲走，或被从山上来的侵蚀土壤埋在地下之前，大约1平方公里的区域中可能有1400—1800座建筑，其住宅结构的密度高于其他任何古典时期的玛雅中心。"（Webster et al. 2000：7）此外，通过土路（sacbe）或称凸起的路（参考资料同上），拉斯塞布勒图拉斯与主要群组相连接，使得人们可以在不管是明亮或黑暗的条件下步行通过。这些道路通常是白色的，因为它们的表面也用石灰进行了涂抹，或用闪闪发光的白色石头建造，正如尤卡坦半岛的道路一样（Schwake 1999；Shaw 2001）。

虽然人类的视觉不能适应夜晚，但浅色的物体还是比深色的物体更容易在黑暗中被看到。在这个密集的城市环境中，图景和声音会在整个社区中传播（请参阅斯托里，本书第15章，以了解罗马喧闹的夜晚）。不同社会地位的家庭混杂在一起，都很了解彼此之间的事情，因为他们是如此拥挤的生活的亲身体验者。尽管我们认识到在不同文化中，过去和现在的隐私概念范围广泛，但在黑暗的掩盖下，人们至少会有某种隐私感。在农村，独立的房屋成为科潘腹地和塞伦农业社区的特色。具有相似社会地位并且有亲属关系的家庭组成了小型社会团体，他们很可能会居住在这些地方，并分担居址中的各类责任。人们在这样的环境中所经历的黑暗和寂静的程度与现今人们所经历的完全不同（Bogard 2008, 2013）。如果没有照明的影响，银河、月亮和成千上万的星星将在夜空中闪闪发光。此外，相比城市中心，危险的动物更容易潜伏在农村地区。夜里嗡嗡作响的昆虫的声音和肉食动物的叫声都会被放大。古典时期的玛雅人经常在他们的书写系统中用"ak'ab"这个符号标记这些夜行生物，表示黑暗/夜晚（见下文）。动物在夜幕掩护下跟踪猎物和发动袭击造成的威胁可能会与安全及室内之间产生联系。

庆祝夜晚

许多考古学家曾记录的关于盛宴的物质证据（例如 LeCount 2001），也有可能是夜间庆祝活动的证据。虽然宴会的种类繁多，而且并非所有的宴会都在夜间举行，但"不论任何家庭中都有宴会餐具"证明了这一活动的受欢迎程度与其带来的意义（Hayden 2014: 330-331）。关于夜间活动的参考文献遍布于考古文献中，吸引着我们进一步了解夜晚。例如，亚历山大·托科维尼（Alexandre Tokovinine [2016]）最近分析了文字和图像，以揭示古典时期玛雅人之间的种种政治关系。这项研究中，有趣的是对危地马拉彼德拉斯内格拉斯（Piedras Negras）出土的第3号石板（雕刻于公元782年）的解释，说统治者在庆祝其统治20周年（公元749年，Tokovinine 2016：15）："根据石板上的文字记载，纪念日两天后，彼德拉斯内格拉斯的统治者在午夜起舞，喝了'热的'或'令人窒息的'可可饮料。文字和图像都支持人们在深夜可能会饮用含酒精的饮料，并且跳舞。"这段引人入胜的象形文字使我们得以瞥见一件曾经可能发生在星空下的事件。

显然，科潘和塞伦两地都沉迷于这种活动。在科潘的皇家辖区，一处面积约为8米×30米（26英尺×98英尺）的舞台（第25号房址）被重复使用过，其表面被多次重新抹灰（B. Fash 2011：146）。大量的石制香炉从这个台子里被发掘出来。与烧香或烧木炭的陶器不同，人们认为这些又深又大的器皿可以作为供品的容器（B. Fash 2011：90-91）。这个光滑台面可能并没有上层建筑，它由两只直立的美洲豹装饰，它们的一只"手臂"放在臀部，另一只则做伸出状，仿佛已经在跳舞（B. Fash 2011：90-91，参见迪里黑，本书第9章，介绍了使用小的空间进行夜间仪式）。

古典时期的玛雅神灵在夜间有很强的存在感。当地球不得不遵守其运转规律时，中美洲的黑夜领主控制了黑暗。伊丽莎白·瓦格纳（Elisabeth Wagner 2000，2006）对科潘第10L-22A号房址的解释（图3.6）为，该建筑以九个"夜之王"（Lords of the Night）为其标志，是一座祖庙。这与另外一个将这个建筑解释为"popol na"，也称会议室，是科潘统治者可能以共同治理的形式与其选民见面的地方的说法相反（B. Fash 2011；Stomper 2001）。同样，第10L-22A房址的名字都借用了"黑色"这种颜色或黑色的这个概念。尽管如此，正如芭芭拉·法什（Barbara Fash 2011：147）所解释的那样，"虽然我们对'九个王'的概念仍然一无所知，但是人们有可

图3.6 洪都拉斯科潘第10L–22A号房址。根据伊丽莎白·瓦格纳（2000）的说法，房址的图画描绘了"九个夜之王"。她将这座建筑解释为祖庙，而不是会议室。舞台（第25号房址）位于这座建筑的左侧（照片由 W. 斯科特·兹拉斯尼克提供并授权使用）

能将自己、与自己相关的社会单位跟这个概念联系在一起，作为神话或精神的实体，以及发生的地点"。无论我们目前怎样理解这个房址，与它相关的舞台——第25号房址（见上文讨论）——似乎是舞蹈以及其他仪式活动的舞台。

实际上，因为有许多场合要求进行这种表演（Grube 1992），所以舞蹈当时可能已经成为精英阶层人士的职责与其社会身份的一部分（Jackson 2013: 67，74）。但是，认为只有精英阶层从事这种活动是错误的。如上所述，希茨（2006）长期以来就假设，当腊包尔卡尔德拉火山喷发时，塞伦的居民正在进行宴会或是庆祝丰收仪式。当地居民已经紧闭大门，丢下他们尚未清洗的碗碟。并且，也许是为了酿造啤酒，大量的木薯已经收获完毕（Dixon 2013）。我们可以轻松想象到舞蹈活动也会在这里发生。

在不同的中美洲背景下，许多仪式是专门被安排在夜晚进行的（例如，Gonlin and Lohse 2007）。这里举两个仪式的例子：新火仪式（New Fire Ceremony）和放血仪式。新火仪式每52年举行一次。在这个时间，两种当时广泛应用的中美洲历法的周期恰巧重合。卓尔金历（tzolkin，260天为一年），或称占卜年历，与哈布历（haab，365天为一年），或称太阳历，"相重合，大约需要18980天"（Evans 2013：227），这被称为历法循环（Calendar Round）。人们举行新火仪式来庆祝新周期开始前的不祥之夜的结束。例如，民族史文献记录到，位于墨西哥中部的阿兹特克人那时会熄灭整个帝国范围内的火堆，只有在夜间举行的新火仪式上（图3.7），这些火堆才能被重新点燃，这在《波旁尼库斯手抄本》（Codex Borbonicus，1974）中有所记录。西班牙编年史家贝纳迪诺·德·萨哈贡（Bernardino de Sahagún 1950-1982，Ⅶ：27）指出："据称，如果无法生火，那么［太阳］将被永远摧毁；一切都将结束；接下来将是永夜。太阳将永远不会升起。黑夜将永远存在，黑暗魔鬼［tzitzimime］会从天而降，开始吃人。"在这一过程中，通过供奉人牲，帝国的延续得以确保。新的历法循环再一次开始，黎明的到来标志着另一个52年周期的开始。

我们可以设想，类似的仪式很有可能在中美洲的早期文明中也发生过，例如在古典时期的玛雅，并且可以预料到将像后古典时期的阿兹特克一样，与仪式相关的物质遗存也将会被发掘出来（Elson and Smith 2001）。有趣的是，在科潘的皇家建筑群中，对于第10L-2号群组南边的第33号房址，一间卧室（见上文），芭芭拉·法什（2011：156）报告说："交叉的束条，镜子和特拉洛克神（Tlaloc）的图案，都与新火礼仪式上的墨西哥中部地区的图案有关系，正如在阿克罗波利斯（Acropolis）的晚期的第26号房址（第15位统治者时期）和16号房址中，以及第Q号神坛（第16位统治者时期）中可以找到的一样。较早期的第33号房址似乎是最早的关于王朝世系的雕刻宣言，重申了本地与墨西哥中部地区，以及与此前在特奥蒂瓦坎举行的相似仪式的联系。"

古典时期玛雅的彩绘瓶和石雕上的大量图画显示出皇室成员在夜晚都很忙碌。他们举行仪式，供奉祖先和神灵，也可能在繁衍下一代统治者。石雕提供了与夜间举行的仪式相关的信息，其中火把在这些场景中占主导地位。关于皇家在夜晚或在黑暗中举行的仪式的图画已经为人熟知，例如墨西哥耶朱地兰（Yaxchilan）的第23号房址的第24号门楣（Lintel）上描绘的场景（Schele and Miller 1986, 186-187）：其中寿克王后（Lady Xoc, ix k'ab'al xook）（Miller and Martin 2004: 99）参与了放血仪式。该仪式由盾豹王（King Shield Jaguar the Great, itzamnaaj b'ahlam）（参考资料同上）挥舞着大型火把进行照明（图3.8）。放血仪式在中美洲文明中很普遍，并且经常被描绘在各种媒介上。女王和她的观众也许需要大型火把提供照明，以见证这一奉献仪式。门楣的蓝色背景说明该场景既有可能发生在白天，也有可能发生在晚上；蓝色也可能象征着仪式的神圣性（Houston et al. 2009: 31）。如果仪式是在晚上，那么在公元709年10月24日，星期日，在这个由象形文字记录的与门楣图像相关的日子里（Corpus of Maya Hieroglyphs 2016），天上有一轮明亮的凸月。凸月表面有89.94%是明亮发光的（Wolfram Alpha 2016），可能在照明方面补充了火把的作用。

夜 空

夜空在古代玛雅人的生活中起着至关重要的作用（Aveni 2003, 2015；本书第7章）。詹姆斯·布雷迪和温迪·阿什莫尔（Wendy Ashmore）观察到，"夜空是显示创世神话世界中各种大事件的动态

图3.7《波旁尼库斯手抄本》(第34页)，描绘了阿兹特克人的新火仪式。每隔52年，当两个神圣的历法重合时，帝国中所有燃烧的火都会被熄灭，然后神职人员在位于奇他特派克（Citlaltepec）山的神庙中分发新的火种，重新点燃帝国各地的火。此事件标志着一个新的周期的开始（图片来自互联网公共领域）

地图，而树木、鸟和其他野生动植物是重现这些事件的主要参与者"（Brady and Ashmore 1999：124）。把夜空作为神话事件的地图，表明了创世对玛雅人生活的重要性。此外，夜空还为建筑景观指明了方向。在一次对考古景观的讨论中，伯纳德·纳普（Bernard Knapp）和阿什莫尔（1999：3）称："天空给人类在地面的规划提供了空间顺序的提示，这样的提示也许比我们已经认识到的更多。"在人们讨论对于地点的社会记忆时，也许应该将目光转向星星，审视夜空是如何向我们提

图3.8 寿克王后用绑有锋利物品的绳索在舌头上打孔来进行放血仪式，而她的丈夫盾豹王则挥舞着大型火把照亮了现场。出土自墨西哥耶朱地兰古典时期玛雅遗址第23号房址中的第24号门楣。事件发生日期：公元709年10月24日（版权归大英博物馆理事会所有）

供意义、记忆和方位的。人们曾经认为天空中的天体事件和运行模式会影响地球上的事务（Aveni 2001；Stuart 2011）。无论是战争、耕种，还是其他象征性的活动，人们当时都必须密切注意月相。

让我们回到塞伦。最近，研究人员发现了一个与夜晚有很强象征联系的遗存："sacbe"，或称"土路"（图3.9）。塞伦的居民没有选择

图3.9 萨尔瓦多塞伦遗址的土路。土路，或称"白色的路"，与银河具有象征意义的联系（拍摄：克里斯汀·迪克逊）

使用裹着石灰的石头修建土路，而是使用了压实的、新生成的白色火山灰（Dixon and Sheets 2013），那是布兰卡合芬火山口（Tierra Blanca Joven，TBJ）喷发形成的土壤。建造者精心选择了最白的土壤铺在路的表面，使其在夜间能够更大程度地反射光线。土路的平均宽度为2米，高为0.2米，每侧都有清晰划定的排水渠（Dixon and Sheets 2013）。"sacbe"一词可能取自它本身白色这种颜色（Folan 1991：222），并被翻译为"白色的路"（Freidel et al. 1993：77）。该术语也可能与银河有关（参考资料同上，第9页）。银河被看作创世的主要标志，因此夜空与建筑环境之间就建立起了直接关系。土路是许多玛雅遗址的常见遗迹，上面提到的科潘的拉斯塞布勒图拉斯就是其中之一。土路可能与白天和晚上都有联系，全天都可以发挥作用，包括为人们在黑暗中行走提供更便捷和更安全的路径。

夜与黑暗的铭文

古典时期的玛雅人写下了很多东西，但他们并没有描写所有事物，也没有记录有关其文化每个方面的明确信息。从上文提供的例子中，我们之所以可以瞥见夜晚进行的活动，仅仅因为它们是某些重要事件的一部分。不过，有一些玛雅字块（glyphs）构成了与夜晚之间象征性联系的关键一环（例如，Matthews and Biro 2006；具体内容请参阅科尔特曼，本书第10章）。有很多与夜晚有关的玛雅字块："黑色""黑暗 / 夜晚""火把""月亮""星星 / 行星 / 星座"，以及与夜晚相关的动物，例如"蝙蝠""萤火虫""美洲豹""猫头鹰"（Stone and Zender 2011）。

在各种语境中，与黑暗有关的碑文都很常见。例如，拉夫米勒 - 卡迪纳尔（Loughmiller-Cardinal）和扎格雷维斯基（Zagorevski 2016：3）在对玛雅古典时期晚期陶瓶的分析中发现，如手抄本式容器上所描绘的那样，大多数佩戴陶瓶的人物，都被标注有ak'ab（"黑暗"）或cimi（"死亡"）的记号。另一个例子来自莎拉·杰克逊，她使用玛雅古典时期的主位类别，结合属性标签，来标记各种类型的材料，"在某些情况下，属性限定符将实体分配给特定领域，这些实体似乎与能看到的材料组件或其本身的物理性质无关。例如，这种情况可以在给夜行动物标上'黑暗'的标记中看到，正如斯通（Stone）和岑德尔（Zender 2011：14，189）所讨论的那样：地鼠、美洲豹（参见 Sugiyama 2016中的特奥蒂瓦坎美洲豹肖像画）、萤火虫和蝙蝠等动物属于'黑暗'类别"（Jackson 2016：23）。在科潘的第8N-11号群组中，该精英阶层的居民建造了一个"天带"（Skyband）长椅，该长椅体现了太阳在白天和在夜晚的形象，并在C面板上描绘了月亮女神和她著名的同伴——兔子（Webster et al. 1998；Webster n. d. ）。含有战争内容的天体图像是这件雕刻长凳的主体。在 D 面板上，太阳神穿着夜装，在其附属肢体上饰有 ak'bal 符号，并标出了西方（Webster et al. 1998；Webster n. d. ）。在很多古典时期玛雅象形文字指代的物体中，描述黑色的术语与西方，这个太阳落下的方向是相混淆的（Houston et al. 2009）。我们越是关注夜晚，夜晚越在我们解释玛雅书写系统中变得重要。

结 论

毫无疑问，夜晚是古代玛雅人生活的一个重要方面。夜晚的象征性联系，例如星星、月亮和神灵，提供了一块画布，在上面可以记录神话故事，以及关于创世和宇宙意义的社会性记忆。通过寻找黑夜的物质证据和象征意义，我们可以用更复杂和动态的视角来看待古代玛雅。考古重建工作把夜间实践活动考虑在内，将促进我们理解古代人是怎样适应自然界的黑暗的。夜晚也是有性别之分的，男人和女人在这段时间也从事不一样的活动，正如他们在太阳升起后做的一样。农村和城市社区、社会精英和平民阶层对于夜晚的体会各异。住房在对黑夜的体会中起着重要作用，因为相比少数享有石制房屋的人来说，大多数居住在易坏结构中的居民具有自己的优势也面临挑战。因为大多数人会在安全的家中度过夜晚，所以家户考古学在增进我们对古典时期玛雅夜晚的理解方面有广阔的前景。夜景是古典时期玛雅体验中不可或缺的一部分，并受自然和文化特征的影响。

笔者在这里提供的一些例子显示出在古典时期的玛雅，夜间适应和实践活动的文化丰富性、多样性和重要性。我们应该接受和追寻夜间考古学的这一引人入胜的新主题。我们需要碑文学家、图像学家、艺术史学家、民族历史学家和其他具有特殊专业知识的人来参与研究这个问题，以进一步了解古典时期玛雅的夜晚。我们希望能就本章提出的课题，以及其他更多课题做更深入的研究，以加深我们对过去，不论是白天还是夜晚人类生活的理解。

致 谢

我们衷心感谢 K. 维斯瓦纳坦、大卫·韦伯斯特、克里斯汀·兰道、阿普里尔·诺埃尔、大卫·M. 里德、佩森·希茨、安东尼·阿维尼、杰里米·科尔特曼，以及两位匿名审稿人的意见。特别感谢大卫·里德向我们提供了大量有关夜间考古研究的资源。罗斯玛丽·乔伊斯（Rosemary Joyce）向我们分享了她对中美洲雕像和陶器的了解，对我们帮助极大。格伦·斯托里向我们提供了有关罗马性行为研究的信息。感谢大卫·韦伯斯特和 W. 斯科特·兹拉斯尼克向我们慷慨提供照片。感谢贾斯汀·科尔（发表时间不详）欣然同意我们发表玛雅陶制瓶数据库中的图片。感谢布莱恩·麦基义不容辞为我们绘制了塞伦遗址第2号房址示意图。感谢贝尔维尤学院的贝纳雅·以色列不厌其烦地提供馆际互借材料，帮助我们追查最晦涩的参考资料并及时传递给我们。感谢帕莉·维斯那给了我们启迪，她本人甚至还没有意识到这一点。

注 释

1. 本文所用部分材料选自本文作者此前在2015年美国人类学协会年会和2016年美国人类学学会年会所作报告，以及南希·贡琳发表在"夜间考古学"上的一篇博客：

Gonlin, Nancy, and Christine C.Dixon. 2015. "An Introduction to Nightly Practices in the Ancient World with Illustration from Mesoamerica." Paper presented at the 114th Annual Meeting of the American Anthropological Association, Denver, Colorado, November 18 - 21.

Gonlin, Nancy, and Christine C.Dixon. 2016. "Midnight Madness in Mesoamerica." Paper presented at the 81st Annual Meeting of the Society for American Archaeology, Orlando, Florida, April 6 - 10.

Gonlin,Nancy.2016.Archaeology of the Night. http://www.upcolorado.com/about-us/blog/item/2951-archaeology-of-the-night.

参考文献

Abrams, Elliot. 1994. *How the Maya Built Their World: Energetics and Ancient Architecture.* Austin: University of Texas Press.

Acosta Ochoa, Guillermo, ed. 2012. *Arqueologìas de la vida cotidiana: espacios domésticos y áreas de actividad en el México antiguo y otras zonas culturales.* Mexico: Instituto de Investigaciones Antropológicas, Universidad Nacional Autónoma de México.

Agurcia Fasquelle, Ricardo. 2004. "Rosalila, Temple of the Sun-King." In *Understanding Early Classic Copan,* ed. Ellen E. Bell, Marcello A. Canuto, and Robert J. Sharer, 101–112. Philadelphia: University of Pennsylvania Museum of Archaeology and Anthropology.

Andrews, E. Wyllys, and Cassandra R. Bill. 2005. "A Late Classic Royal Residence at Copán." In *Copán: The History of an Ancient Maya Kingdom,* ed. E. Wyllys Andrews and William L. Fash, 239–314. Santa Fe, NM: School of American Research Press.

Andrews, E. Wyllys, and William L. Fash, eds. 2005. *Copán: The History of an Ancient Maya Kingdom.* Santa Fe, NM: School of American Research Press.

Aveni, Anthony F. 2001. *Skywatchers: A Revised and Updated Version of Skywatchers of Ancient Mexico.* Austin: University of Texas Press.

Aveni, Anthony F. 2003. "Moctezuma's Sky: Aztec Astronomy and Ritual." In *Moctezuma's Mexico: Visions of the Aztec World,* revised ed., ed. Davíd Carrasco and Eduardo Matos Moctezuma, 149–158. Boulder: University Press of Colorado.

Aveni, Anthony F., ed. 2015. *The Measure and Meaning of Time in Mesoamerica and the Andes.* Washington, DC: Dumbarton Oaks Research Library and Collection.

Bell, Ellen E., Marcello A. Canuto, and Robert J. Sharer, eds. 2004. *Understanding Early Classic Copán.* Philadelphia: University of Pennsylvania Museum of Archaeology and Anthropology.

Benson, Elizabeth P. 1997. *Birds and Beasts of Ancient Latin America*. Gainesville: University Press of Florida.

Bille, Mikkel, and Tim Flohr Sørensen. 2007. "An Anthropology of Luminosity: The Agency of Light." *Journal of Material Culture* 12(3):263–284. https://doi.org/10.1177/1359183507081894.

Bogard, Paul, ed. 2008. *Let There Be Night: Testimony on Behalf of the Dark*. Reno: University of Nevada Press.

Bogard, Paul. 2013. *The End of Night: Searching for Natural Darkness in an Age of Artificial Light*. New York: Little, Brown, and Company.

Bourdieu, Pierre. 1977. *Outline of a Theory of Practice*. Cambridge: Cambridge University Press. https://doi.org/10.1017/CBO9780511812507.

Brady, James E., and Wendy Ashmore. 1999. "Mountains, Caves, Water: Ideational Landscapes of the Ancient Maya." In *Archaeologies of Landscape: Contemporary Perspectives*, ed. Wendy Ashmore and A. Bernard Knapp, 124–145. Oxford: Blackwell Publishers.

Brady, James E., and Keith Prufer, eds. 2005. *In the Maw of the Earth Monster: Mesoamerican Ritual Cave Use*. Austin: University of Texas Press.

Brown, Linda A. 2004. "Dangerous Places and Wild Spaces: Creating Meaning with Materials and Space at Contemporary Maya Shrines on El Duende Mountain." *Journal of Archaeological Method and Theory* 11(1):31–58. https://doi.org/10.1023/B:JARM.0000014347.47185.f9.

Brown, Linda A. 2009. "Communal and Personal Hunting Shrines around Lake Atitlan, Guatemala." In *Maya Archaeology 1*, ed. Charles Golden, Stephen Houston, and Joel Skidmore, 36–59. San Francisco: Precolumbia Mesoweb Press.

Brown, Linda A. 2017. "Tz'utujil Maya Ritual Practitioners, Embodied Objects and the Night." Paper presented at the 82nd Annual Meeting of the Society for American Archaeology, Vancouver, British Columbia, Canada, March 29–April 2.

Brown, Linda A., and Kitty F. Emery. 2008. "Negotiations with the Animate Forest: Hunting Shrines in the Guatemalan Highlands." *Journal of Archaeological Method and Theory* 15(4):300–337. https://doi.org/10.1007/s10816-008-9055-7.

Calvin, Inga. 2002. "Structure 16: The Kitchen of Household 3." In *Before the Volcano Erupted: The Ancient Cerén Village in Central America*, ed. Payson Sheets, 72–73. Austin: University of Texas Press.

Carballo, David. 2011. "Advances in Household Archaeology of Highland Mesoamerica." *Journal of Archaeological Research* 19(2):133–189. https://doi.org/10.1007/s10814-010-9045-7.

Clarke, John R., and Michael Larvey. 2003. *Roman Sex: 100 B.C. to A.D. 250*. New York City: Harry N. Abrams.

Codex Borbonicus. 1974. Bibliothèque de l'Assemblée Nationale Paris.

Corpus of Maya Hieroglyphs. Yaxchilan, Lintel 24. Peabody Museum of Archaeology and
Ethnology. Accessed March 15, 2016. https://www.peabody.harvard.edu/cmhi/detail.
php?num=24&site=Yaxchilan&type=Lintel.

de la Garza, Mercedes. 1990. *Sueño y alucinación en el mundo náhuatl y maya*. Mexico City:
Universidad Nacional Autónoma de México.

de Landa, Diego. 1941. *Relación de las Cosas de Yucatan*. Papers of the Peabody Museum of
Archeology and Ethnology 18. Ed. Alfred Tozzer. Cambridge, MA: Harvard University.

Dixon, Christine, and Payson Sheets. 2013. Cerén Sacbe. *Report of the 2013 Research: The
Sacbe and Agricultural Fields of Joya de Cerén*, ed. Payson Sheets and Christine Dixon,
32–72. Preliminary Report 2013 Enlance Academico Centroamericano, Fundacion Clic,
San Salvador, El Salvador. http://www.colorado.edu/anthropology/sites/default/files/
attached-files/2013cerenresearchreport.pdf.

Dixon, Christine C. 2013. "Farming and Power: Classic Period Maya Manioc and Maize
Cultivation at Cerén, El Salvador." PhD diss., University of Colorado, Boulder.

Douglass, John G., and Nancy Gonlin, eds. 2012. *Ancient Households of the Americas:
Conceptualizing What Households Do*. Boulder: University Press of Colorado.

Dowd, Marion, and Robert Hensey, eds. 2016. *Darkness: Archaeological, Historical and
Contemporary Perspectives*. Oxford: Oxbow Books.

Egan, Rachel. 2017. "Extending the Notion of Night: Volcanic Eruptions in Mesoamerica." Paper
presented at the 82nd Annual Meeting of the Society for American Archaeology, Vancouver,
British Columbia, Canada, March 29–April 2.

Ekirch, A. Roger. 2005. *At Day's Close: Night in Times Past*. New York: W.W. Norton.

Ekirch, A. Roger. 2010. "Comment on Jacques Galinier et al., 'Anthropology of the Night: Cross-
Disciplinary Investigations.'" *Current Anthropology* 51(6):838–839.

Elson, Christina M., and Michael E. Smith. 2001. "Archaeological Deposits from the Aztec
New Fire Ceremony." *Ancient Mesoamerica* 12(2):157–174. https://doi.org/10.1017/
S0956536101122078.

Evans, Susan Toby. 2013. *Ancient Mexico and Central America: Archaeology and Culture
History*. 3rd ed. London: Thames & Hudson.

Fash, Barbara W. 2011. *The Copan Sculpture Museum: Ancient Maya Artistry in Stucco and
Stone*. Cambridge, MA: Peabody Museum Press and David Rockefeller Center for Latin
American Studies, Harvard University.

Fash, William L. 1983. "Reconocimiento y Excavaciones en el Valle." In *Introducción a la
Arqueología de Copán, Honduras*, ed. Claude F. Baudez, 229–470. Tegucigalpa, DC:
Secretaría de Estado en el Despacho de Cultura y Turismo.

Fash, William L. 2001. *Scribes, Warriors, and Kings: The City of Copán and the Ancient Maya*. New York: Thames & Hudson.

Flannery, Kent V., ed. 1976. *The Early Mesoamerican Village*. New York: Academic Press.

Folan, William J. 1991. "Sacbes of the Northern Maya." In *Ancient Road Networks and Settlement in the New World*, ed. Charles D. Trombold, 222–229. Cambridge: Cambridge University Press.

Freidel, David, and Linda Schele. with Joy Parker. 1993. *Maya Cosmos: Three Thousand Years on the Shaman's Path*. New York: William Morrow and Company, Inc.

Freter, AnnCorinne. 1988. "The Classic Maya Collapse at Copan, Honduras: A Regional Settlement Perspective." PhD diss., The Pennsylvania State University, University Park.

Galinier, Jacques, Aurore Monod Becquelin, Guy Bordin, Laurent Fontaine, Francine Fourmaux, Juliette Roullet Ponce, Piero Salzarulo, Philippe Simonnot, Michèle Therrien, and Iole Zilli. 2010. "Anthropology of the Night: Cross-Disciplinary Investigations." *Current Anthropology* 51(6):819–847. https://doi.org/10.1086/653691.

Gero, Joan M., and Margaret W. Conkey. 1991. *Engendering Archaeology: Women and Prehistory*. Oxford: Blackwell.

Giddens, Anthony. 1984. *The Constitution of Society: Outline of the Theory of Structuration*. Berkeley: University of California Press.

Glaskin, Katie, and Richard Chenhall. 2013. *Sleep Around the World: Anthropological Perspectives*. New York: Palgrave MacMillan. https://doi.org/10.1057/9781137315731.

Gonlin, Nancy. 1993. "Rural Household Archaeology at Copan, Honduras." PhD diss., The Pennsylvania State University, University Park.

Gonlin, Nancy. 2004. "Methods for Understanding Classic Maya Commoners: Structure Function, Energetics, and More." In *Ancient Maya Commoners*, ed. Jon C. Lohse and Fred Valdez Jr., 225–254. Austin: University of Texas Press.

Gonlin, Nancy, and Christine C. Dixon. 2017. "Luminosity in Ancient Mesoamerica." Paper presented at the 82nd Annual Meeting of the Society for American Archaeology, Vancouver, British Columbia, Canada, March 29–April 2.

Gonlin, Nancy, and Jon C. Lohse, eds. 2007. *Commoner Ritual and Ideology in Ancient Mesoamerica*. Boulder: University Press of Colorado.

Grube, Nikolai. 1992. "Classic Maya Dance: Evidence from Hieroglyphs and Iconography." *Ancient Mesoamerica* 3(2):201–218. https://doi.org/10.1017/S095653610000064X.

Halperin, Christina T. 2017. "Vernacular and Monumental Maya Architecture: Translations and Lost in Translations during the Terminal Classic Period (ca. 800–950 CE)." In *Vernacular*

Architecture in the Pre-Columbian Americas, ed. Christina T. Halperin and Lauren E. Schwartz, 113–137. London: Routledge.

Haviland, William A. 1985. *Excavations in Small Residential Groups at Tikal, Groups 4F–1 and 4F–2*. Tikal Report No. 19. Philadelphia: University Museum, University of Pennsylvania.

Hayden, Brian. 2014. *The Power of Feasts: From Prehistory to the Present*. New York: Cambridge University Press. https://doi.org/10.1017/CBO9781107337688.

Hendon, Julia A. 2004. "Postclassic and Colonial Period Sources on Maya Society and History." In *Mesoamerican Archaeology*, ed. Julia A. Hendon and Rosemary A. Joyce, 296–322. Malden, MA: Blackwell Publishing.

Hendon, Julia A. 2010. *Houses in a Landscape: Memory and Everyday Life in Mesoamerica*. Durham, NC: Duke University Press.

Hodder, Ian. 1995. *Theory and Practice in Archaeology*. New York: Routledge.

Hofling, Charles Andrew. 1993. "Marking Space and Time in Itzaj Maya Narrative." *Journal of Linguistic Anthropology* 3(2):164–184. https://doi.org/10.1525/jlin.1993.3.2.164.

Houston, Stephen. 2014. *The Life Within: Classic Maya and the Matter of Permanence*. New Haven, CT: Yale University Press.

Houston, Stephen, Claudia Brittenham, Cassandra Mesick, Alexandre Tokovinine, and Christina Warinner. 2009. *Veiled Brightness: A History of Ancient Maya Color*. Austin: University of Texas Press.

Houston, Stephen, and David Stuart. 1989. *The Way Glyph: Evidence for 'Co-Essences' among the Classic Maya*. Research Reports on Ancient Maya Writing 30. Washington, DC: Center for Maya Research.

Houston, Stephen, David Stuart, and Karl Taube. 2006. *The Memory of Bones: Body, Being, and Experience among the Classic Maya*. Austin: University of Texas Press.

Hutson, Scott R. 2016. *The Ancient Urban Maya: Neighborhoods, Inequality, and the Built Form*. Gainesville: University of Florida Press.

Inomata, Takeshi, and Stephen D. Houston, eds. 2001. *Royal Courts of the Ancient Maya*. Boulder: Westview Press.

Inomata, Takeshi, and Payson Sheets. 2000. "Mesoamerican Households Viewed from Rapidly Abandoned Sites: An Introduction." *Mayab* 13:5–10.

Jackson, Sarah. 2016. "Envisioning Artifacts: A Classic Maya View of the Archaeological Record." *Journal of Archaeological Method and Theory* March 14: 1032.

Jackson, Sarah E. 2013. *Politics of the Maya Court: Hierarchy and Change in the Late Classic Period*. Norman: University of Oklahoma Press.

Joyce, Rosemary A., and Susan D. Gillespie, eds. 2000. *Beyond Kinship: Social and Material Reproduction in House Societies*. Philadelphia: University of Pennsylvania Press.

Joyce, Rosemary A. 2004. "Mesoamerica: A Working Model for Archaeology." In *Mesoamerican Archaeology*, ed. Julia A. Hendon and Rosemary A. Joyce, 1–42. Malden, MA: Blackwell Publishing, Ltd.

Kerr, Justin. n.d. Maya Vase Database. Accessed November 14, 2015. http://research.mayavase.com/kerrmaya.html.

Knapp, A. Bernard, and Wendy Ashmore. 1999. "Archaeological Landscapes: Constructed, Conceptualized, Ideational." In *Archaeologies of Landscape: Contemporary Perspectives*, ed. Wendy Ashmore and A. Bernard Knapp, 1–31. Malden, MA: Wiley-Blackwell.

Koslofsky, Craig. 2011. *Evening's Empire: A History of the Night in Early Modern Europe*. Cambridge: Cambridge University Press. https://doi.org/10.1017/CBO9780511977695.

Kurnick, Sara. 2009. "Crossing Boundaries: Maya Censers from the Guatemala Highlands." *Expedition* March 51(1):25–32.

LeCount, Lisa J. 2001. "Like Water for Chocolate: Feasting and Political Ritual among the Late Classic Maya at Xunantunich, Belize." *American Anthropologist* 103(4):935–953. https://doi.org/10.1525/aa.2001.103.4.935.

Lohse, Jon C., and Fred Valdez, eds. 2004. *Ancient Maya Commoners*. Austin: University of Texas Press.

Loughmiller-Cardinal, Jennifer A., and Dmitri Zagorevski. 2016. "Maya Flasks: The 'Home' of Tobacco and Godly Substances." *Ancient Mesoamerica* 27(1):1–11. https://doi.org/10.1017/S0956536116000079.

Manzanilla, Linda R., ed. 1986. *Cobá, Quintana Roo: Analisis de dos Unidades de habitaciones mayas*. Instituto de Investigaciones Antropológicas, Serie Antropológica 82. Mexico City: Universidad Nacional Autónoma de México.

Matthews, Peter, and Peter Biro. 2006. Maya Hieroglyph Dictionary. Accessed July 4, 2016. http://research.famsi.org/mdp/mdp_index.php.

McEachern, Scott, David J.W. Archer, and Richard D. Garvin, eds. 1989. *Households and Communities,* Proceedings of the 21st Chacmool Conference. Calgary: The Archaeological Association of the University of Calgary.

McKee, Brian R. 2002. "Household 2 at Cerén: The Remains of an Agrarian and Craft-Oriented Corporate Group." In *Before the Volcano Erupted: The Ancient Cerén Village in Central America*, ed. Payson Sheets, 58–71. Austin: University of Texas Press.

Miller, Mary, and Simon Martin. 2004. *Courtly Art of the Ancient Maya*. New York: Thames & Hudson. San Francisco: Fine Arts Museums of San Francisco.

Mongelluzo, R. 2013. "Maya Palaces as Experiences: Ancient Maya Royal Architecture and Its Influence on Sensory Perception." In *Making Senses of the Past: Toward a Sensory Archaeology*, ed. Jo Day, 90–112. Center for Archaeological Investigations. Southern Illinois University, Carbondale. Occasional Paper No. 40. Carbondale: Southern Illinois University Press.

Monod Becquelin, Aurore, and Jacques Galinier, eds. 2016. *Las cosas de la noche: Una mirada diferente. New Edition (on line)*. México: Centro de Estudios Mexicanos y Centroamericano. https://doi.org/10.4000/books.cemca.4201.

Mothré, Ève, and Aurore Monod Becquelin. 2016. "La Profundidad de la Noche Maya." In *Las Cosas de La Noche: Una Mirada Diferente*, new ed. (online), ed. Aurore Monod Becquelin and Jacques Galinier, 99–112. México: Centro de Estudios Mexicanos y Centroamericano. https://doi.org/10.4000/books.cemca.4229.

Moyes, Holley, ed. 2012. *Sacred Darkness: A Global Perspective on the Ritual Use of Caves.* Boulder: University Press of Colorado.

NASA. 2016. Earth Observatory. Climate and Earth's Energy Budget: Heating Imbalances. Accessed July 21, 2016. http://earthobservatory.nasa.gov/Features/EnergyBalance/page3.php.

Newman, Sarah. 2015. "Rethinking Refuse: A History of Maya Trash." PhD diss., Brown University, Providence, RI.

Overholtzer, Lisa. 2012. "Empires and Everyday Material Practices: A Household Archaeology of Aztec and Spanish Imperialism at Xaltocan, Mexico." Diss., Department of Anthropology, Northwestern University, Evanston, IL.

Pauketat, Timothy R. 2001. "Practice and History in Archaeology." *Anthropological Theory* 1(1):73–98. https://doi.org/10.1177/14634990122228638.

Pyburn, K. Anne. 1989. "Maya Cuisine: Hearths and the Lowland Maya Economy." In *Prehistoric Maya Economies of Belize*, ed. Patricia A. McAnany and Barry L. Isaac, 325–344. Research in Economic Anthropology, Supplement 4. Greenwich: JAI Press.

Restall, Matthew, and John F. Chuchiak, IV. 2002. "A Reevaluation of the Authenticity of Fray Diego de Landa's *Relación de las cosas de Yucatán*." *Ethnohistory (Columbus, Ohio)* 49(3):651–669. https://doi.org/10.1215/00141801-49-3-651.

Reyna, Ruben E. 1962. "The Ritual of the Skull in Peten, Guatemala." *Expedition* 4(1):25–35.

Rice, Prudence M. 1999. "Rethinking Classic Lowland Maya Pottery Censers." *Ancient Mesoamerica* 10(1):25–50. https://doi.org/10.1017/S0956536199101020.

Robin, Cynthia. 2013. *Everyday Life Matters: Maya Farmers at Chan*. Gainesville: University Press of Florida. https://doi.org/10.5744/florida/9780813044996.001.0001.

Sahagún. Fray Bernardino de. 1950–1982 [1569]. *General History of the Things of New Spain (Florentine Codex)*. 13 vols. Trans. with notes by A.J.O. Anderson and C. E. Dibble. Santa Fe, NM: The School of American Research; Salt Lake City: University of Utah Press.

Sanders, William T., ed. 1986–1990. *Excavaciones en el Area Urbana de Copán*. vol. 1–3. Tegucigalpa, Honduras: Secretaría de Cultura y Turismo and Instituto Hondureño de Antropología e Historia.

Santley, Robert S., and Kenneth G. Hirth. 1992. *Prehispanic Domestic Units in Western Mesoamerica: Studies of the Household, Compound, and Residence*. Boca Raton, FL: CRC Press.

Schele, Linda, and Mary Ellen Miller. 1986. *The Blood of Kings: Dynasty and Ritual in Maya Art*. New York, Fort Worth, TX: G. Braziller and Kimbell Art Museum.

Schwake, S. 1999. "On the Road: Excavation Along the Maya Sacbe at X-Ual-Canil, Cayo District, Belize." MA Thesis, Trent University, Peterborough, ON.

Sharer, Robert J., Loa P. Traxler, David W. Sedat, Ellen Bell, Marcello Canuto, and Christopher Powell. 1999. "Early Classic Architecture Beneath the Copan Acropolis: A Research Update." *Ancient Mesoamerica* 10(1):3–23. https://doi.org/10.1017/S0956536199101056.

Shaw, Justine M. 2001. "Maya Sacbeob." *Ancient Mesoamerica* 12(2):261–272. https://doi.org/10.1017/S0956536101121048.

Sheets, Payson, ed. 2002. *Before the Volcano Erupted: The Ancient Cerén Village in Central America*. Austin: University of Texas Press.

Sheets, Payson. 2006. *The Cerén Site: An Ancient Village Buried by Volcanic Ash in Central America*. 2nd ed. Belmont, CA: Thomson Wadsworth.

Sheets, Payson. 2012. "Responses to Explosive Volcanic Eruptions by Small to Complex Societies in Ancient Mexico and Central America." In *Surviving Sudden Environmental Change: Answers from Archaeology*, ed. Jago Cooper and Payson Sheets, 43–65. Boulder: University Press of Colorado.

Sheets, Payson, Christine C. Dixon, David Lentz, Rachel Egan, Alexandria Halmbacher, Venicia Slotten, Rocío Herrera, and Celine Lamb. 2015. "The Sociopolitical Economy of an Ancient Maya Village: Cerén and its Sacbe." *Latin American Antiquity* 26(3):341–361. https://doi.org/10.7183/1045-6635.26.3.341.

Shields, F. Douglas, and Henry E. Bass. 1977. "Atmospheric Absorption of High Frequency Noise and Application to Fractional-Octave Band." NASA Contractor Report 2760.

Slotten, Venicia. 2017. "Mesoamerican Plants of the Night: A Paleoethnobotanical Perspective." Paper presented at the 82nd Annual Meeting of the Society for American Archaeology meetings, Vancouver, British Columbia, Canada, March 29–April 2.

Smith, Michael E. 2016. *At Home with the Aztecs: An Archaeologist Uncovers their Daily Life*. New York: Routledge.

Solar Illumination: Seasonal and Diurnal Patterns. 2016. Accessed July 21, 2016. http://science.
jrank.org/pages/6261/Solar-Illumination-Seasonal-Diurnal-Patterns.html.

Stomper, Jeffrey Alan. 2001. "A Model for Late Classic Community Structure at Copán,
Honduras." In *Landscape and Power in Ancient Mesoamerica*, ed. Rex Koontz, Kathryn
Reese-Taylor, and Annabeth Headrick, 197–230. Boulder: Westview Press.

Stone, Andrea, and Marc Zender. 2011. *Reading Maya Art: A Hieroglyphic Guide to Ancient
Maya Painting and Sculpture*. London: Thames & Hudson.

Stuart, David. 2011. *The Order of Days: The Maya World and the Truth about 2012*. New York:
Harmony Books.

Sugiyama, Nawa. 2016. "La noche y el día en Teotihuacan." *Artes de Mexico* 121:30–35.

Taube, Karl A. 1998. "The Jade Hearth: Centrality, Rulership, and the Classic Maya Temple." In
Function and Meaning in Classic Maya Architecture, ed. Stephen D. Houston, 427–478.
Washington, DC: Dumbarton Oaks Research Library and Collection.

Tedlock, Barbara, ed. 1992. *Dreaming: Anthropological and Psychological Interpretations*.
Santa Fe, NM: School of American Research Advanced Seminar Series.

Tokovinine, Alexandre. 2016. "'It Is His Image with Pulque': Drinks, Gifts, and Political
Networking in Classic Maya Texts and Images." *Ancient Mesoamerica* 27(1):13–29. https://
doi.org/10.1017/S0956536116000043.

Vivó Escoto, Jorge A. 1971. "Weather and Climate of Mexico and Central America." In
Handbook of Middle American Indians, Volume 1, *Natural Environment and Early
Cultures*, ed. Robert C. West, general ed., Robert Wauchope, 187–215. Austin: University of
Texas Press.

Wagner, Elisabeth. 2000. "An Alternative View of the Meaning and Runction of Structure 10L-
22a, Copán, Honduras." In *The Sacred and the Profane: Architecture and Identity in the
Maya Lowlands*, ed. Pierre Robert Colas, Kai Delvendahl, Marcus Kuhnert, and Annette
Schubart, 25–49. European Maya Conference, University of Hamburg, November 1998. *Acta
Mesoamericana*, Vol. 10. Markt Schwaben, Germany: Verlag Anton Sauerwein.

Wagner, Elisabeth. 2006. "Ranked Spaces, Ranked Identities: Local Hierarchies, Community
Boundaries and an Emic Notion of the Maya Cultural Sphere at Late Classic Copán." In
Maya Ethnicity: The Construction of Ethnic Identity from Preclassic to Modern Times,
ed. Frauke Sachse, 143–164. Proceedings of the Ninth European Maya Conference, Bonn,
December 10–12. *Acta Mesoamericana*, Vol. 19. Markt Schwaben, Germany: Verlag Anton
Sauerwein.

Webster, David, ed. 1989. *The House of the Bacabs, Copan, Honduras*. Studies in Precolumbian
Art and Archaeology, No. 29. Washington, DC: Dumbarton Oaks.

Webster, David. 2014. "Maya Drought and Niche Inheritance." In *The Great Maya Droughts in*

Cultural Context: Case Studies in Resilience and Vulnerability, ed. Gyles Iannone, 333–358. Boulder: University Press of Colorado.

Webster, David. n.d. "The Skyband Bench." Manuscript in possession of author.

Webster, David, Barbara Fash, Randolph Widmer, and Scott Zeleznik. 1998. "The Skyband Group: Investigation of a Classic Maya Elite Residential Complex at Copán, Honduras." *Journal of Field Archaeology* 25(3):319–343.

Webster, David. AnnCorinne Freter, and Nancy Gonlin. 2000. *Copán: The Rise and Fall of an Ancient Maya Kingdom*. Fort Worth, TX: Harcourt College Publishers.

Webster, David, Nancy Gonlin, and Payson Sheets. 1997. "Copan and Ceren: Two Perspectives on Ancient Mesoamerican Households." *Ancient Mesoamerica* 8(1):43–61. https://doi.org/10.1017/S0956536100001565.

Widmer, Randolph J. 2009. "Elite Household Multicrafting Specialization at 9N–8, Patio H, Copán." In *Housework: Craft Production and Domestic Economy in Ancient Mesoamerica*, ed. Kenneth G. Hirth, 174–204. Archaeological Papers of the American Anthropological Association, No. 19. Hoboken: Wiley.

Wiessner, Polly W. 2014. "Embers of Society: Firelight Talk among the Ju/'hoansi Bushmen." *Proceedings of the National Academy of Sciences of the United States of America* 111(39): 14027–14035. https://doi.org/10.1073/pnas.1404212111.

Wilk, Richard R., and Wendy Ashmore, eds. 1988. *Household and Community in the Mesoamerican Past*. Albuquerque: University of New Mexico Press.

Willey, Gordon R., and Richard M. Leventhal. 1979. "Prehistoric Settlement at Copan." In *Maya Archaeology and Ethnohistory*, ed. Norman Hammond and Gordon R. Willey, 75–102. Austin: University of Texas Press.

Willey, Gordon R., Richard M. Leventhal, Arthur A. Demarest, and William L. Fash, Jr. 1994. *Ceramics and Artifacts from Excavations in the Copan Residential Zone*. Papers of the Peabody Museum of Archaeology and Ethnology, vol. 80. Cambridge, MA: Harvard University.

Wingard, John D. 2016. "Complementary and Synergy: Stones, Bones, Soil, and Toil in the Copan Valley, Honduras." In *Human Adaptation in Ancient Mesoamerica: Empirical Approaches to Mesoamerican Archaeology*, ed. Nancy Gonlin and Kirk D. French, 73–93. Boulder: University Press of Colorado.

Wisdom, Charles. 1941. *The Chorti Indians of Guatemala*. Chicago: University of Chicago Press.

Wolfram Alpha computational knowledge engine. Accessed April 2, 2016. http://www.wolframalpha.com/input/?i=moon+phase+October+24,+AD+709.

第四章

夜晚是不同的

古代亚利桑那的感官景观和环境赋使

凯瑟琳·坎普、约翰·惠特克

随着夜幕降临，天光慢慢暗了下来。伴随着温度下降和风的变化，空气中的味道和湿度也发生了变化。有些花开了，而有些却谢了；多种多样的哺乳动物、鸟和昆虫现身于夜色中。随着人的视线彻底变化，声音、气味和触觉成为新的感官来源，但同时也出现了一系列新的真实存在的或想象中的障碍。因此，人类行动的潜力发生了变化。人类是通过生物和文化的视角感知夜晚的。虽然夜晚的感官景观会影响人类的行为，并赋予其文化含义，但是人类也会通过改变人造环境来控制和改变自己在夜晚获得的体验。考古学家，甚至文化人类学家都倾向于将学术讨论聚焦于白天的研究，忽略了夜晚；或者将夜晚与白天放在一起讨论。这种研究最多只能描绘出不完整的人类生活。

在亚利桑那州北部耀眼的阳光下，我们进行了发掘和实地调查。在研究西纳瓜人——这些曾在现今的弗拉格斯塔夫地区耕种、狩猎和群居的居民时，我们也有考古学上常见的对于昼夜的偏见。西纳瓜是现今普韦布洛部落的众多区域考古"文化"的祖先之一。西纳瓜的北部包括圣佛朗西斯科峰和日落火山口周围的火山土壤和火山渣锥区域，位于现今亚利桑那州弗拉格斯塔夫的南部和东部。该区域人口少，居民依靠零星的肥沃土壤生存。他们的生计以玉米、豆类、南瓜和棉花等旱作作物为基础，严重依赖采集野生植物和狩猎动物，主要是兔子和鹿。在西纳瓜史前的大部分时间，也就是从公元1000年的后期，日落火山口爆发之前，到公元1300年左右居民从该地区迁出这段时间，大多数人居住在分散的小型农庄和村子里，大村庄数量很少。该地区的特色建筑是地穴式房屋，尤其在早期的时候。随着时间的流逝，石砌房屋变得越来越典型。当我们意识到夜晚对于西纳瓜这片土地的重要性，就意味着我们要重新考虑各种人类活动的结构，群体和个人身份的意义及其构建方式，以及人造环境的构造。

夜晚可以被看作同时有分裂和团结的作用。如果人们因为受到精神上、动物或其他人的威胁，或者由于地形本身像西纳瓜地区一样充满着危险，而觉得夜晚比白天更加危险，那么某些人，甚至所有人的行动力可能会受到限制。虽然夜晚强加而来的边界增强了空间的隔离感，并可能进一步将其转变为社交距离，但是通过对社会或自然环境的改造，人类同样也会减少或加剧这些影响。那些晚上聚在一起，但又与其他人群分开的人会经历一种共同孤立的感觉，从而增强了他们之间的社会认同感；因此，基于居住地的更强的群体认同感可能来自夜晚的各种限制。同样，性别、年龄和其他个人身份认同的发展变化也与白天和黑夜的联系和分离有关。

夜晚的环境赋使和感官景观

这个世界是如此复杂，没有人能全方位感知到它，哪怕只是在短短一瞬间内。由于人类已经进化成为具有双目视觉的昼行动物，并且人类大脑和神经大部分被用来处理视觉信息，因此，人类在世界上的经历大多是通过视觉感受到的。但是，正如地理学家段义孚（Yi-Fu Tuan 1974, 1977）所指出的，我们会同时通过所有感官来体验所在之处。因此，当我们思考昼夜这两个不同的世界时，需要根据感官景观而不只是视觉景观。我们对世界的感知是一种依赖于所有感官的具体体验。在体验某地时，踩在脚底嘎吱作响的沙粒的质地、走过草丛的牛犊、蜥蜴沙沙作响的声音、沼泽松的气味，以及烟熏火燎的味道，都和视觉景观一样重要。

我们对白天和夜晚中的世界的感知，既包括我们注意到的事物，也包括我们对它们的解读，都受到生物学与文化之间相互作用的影响。我们适应周围环境中常见的事物，过滤掉被看作无关的信息。詹姆斯·J. 吉布森（James J. Gibson 1986）是生态心理学领域的先驱，他认为，当我们与世界相遇时，我们会同时不断评估周围环境的潜力。因此，人类不仅能根据"红色"或"圆形"之类的特性来感知世界，而且还能根据诸如吉布森所说的"可食用性""可捶打性"或"易爬升性"之类的潜力来感知世界。环境赋使（affordance）取决于文化和个人因素，例如年龄、性别和体力。虽然吉布森（1986）当时主要研究的是视觉认知，不过后续研究表明，相同的原理也适用于其他感官（Gaver 1993）。一些生物学现实，诸如昼夜节律的模式和视觉生理机制，对于我们理解人类不同的体验昼夜的方式之间的差异非常重要。

视锥是视网膜的颜色受体，在高光照条件下主导视觉，但在低光照条件下，视觉主要来自视杆，而此时色觉则会丧失（要了解视觉生物学概念，请参见 Buser and Imbert 1992；McIlwain 1996）。在明亮的月夜或其他中等光照水平的夜间环境中，视觉实际上处于中间范畴，眼睛同时使用了视杆和视锥，其特性介于适应高光照和低光照之间。在正常日光下，视觉敏锐度要高于低光照的时候，不是因为对光具有相似感光度的视杆和视锥发出简单响应的结果，而是与信息的神经处理有关的多种原因造成的。视杆依靠会聚，即集合受光体的输出能力来补偿不足的光照。而视锥则往往与视网膜神经节细胞组成一对一关系，从而可以更好地感知细节。在高光照度下，感光细胞表现出一种被称为侧抑制的特性：如果同时刺激相邻的神经元，视觉神经元的反应就会减少，从而增强了边缘的清晰度。在低光照度下，侧抑制减弱。因此，夜视不仅缺乏色彩感知能力，而且并不那么敏锐。由于视锥集中在视网膜的中心，而视杆则在视网膜的外围，最佳焦点区域在黑暗中就会发生变化。因此在晚上，我们看我们视野周围的物体可能会更清楚。

人类学家对声音景观的研究较少（Day 2013；Samuels et al. 2010），但是像视觉景观一样，它们受地球物理因素，例如地形、地层和天气等，生物特性，例如动物种群和植被等，以及人为因素，例如人口分散程度和人类活动等的影响。不同景观中的声音记录已经证明了声音在局部地区的变化，并揭示出其具有季节性模式和日常模式（Pijanowski et al. 2011）。在寒冷气候下生活的人们熟知一种现象：在降雪期间或降雪之后，因为雪会吸收声音，所以整个世界似乎异常的安静。由于声音本身会随温度、湿度、风向和风速而变化，因此夜晚的声音可能会随着这些变量以及人类活动的变化而产生系统性的差异（Pijanowski et al. 2011）。

尽管最近考古学家已经开始考虑日常活动对声音景观的影响（Boivin et al. 2007；King and Santiago 2011），但大多数研究只涉及仪式中的考古声音景观（Boivin et al. 2007；Sanchez 2007）。与视觉景观一样，人对声音景观的感知会过滤掉某些内容，而突出某些内容。这种有选择性的专注力遵循惯常的物理原理，但也应该考虑到环境赋使。换句话说，人类是通过基于其文化理解和能力的过滤装置听到并理解声音的。人的注意力集中在环境赋使，即那些有意义和有用的东西上面。

在许多方面，声音景观中可以感知到的特性与视觉景观不同。当然，这种差异来自视觉和听觉之间的物理区别，但并非所有可能发生的结果都是显而易见的（Gaver 1993）。在大多数情况下，人类能看到的比能听到的远。然而，自相矛盾的是，一些距离近的东西可能在视觉上被障碍物遮挡，但它们可以被听到。通常，人类视觉的特性使其优于听觉，但在感知范围方面却并非如此。视野只覆盖前方大约170度的弧形范围，而听觉范围却是完整的360度，人类无须扭动头部或身体即可获得信息。在某种程度上，因为人类发现与视觉相比，声音更难以定位，所以听觉的这种优势可能会减弱。区分声音是来自后面还是前面，比区分声音是来自左边还是右边要困难得多。我们的听觉优势（尤其是在夜间）在于，如果夜晚相对安静，且周围的环境噪音比白天少，它不会受到黑暗的影响，甚至会有所增强。声音中的一些模糊和含混之处，例如难以识别和定位，反而可能会增加人们对声音的注意力，尤其是在视力受到影响时。实际上，眼睛和耳朵通常一起工作。人可能更容易识别文化上有重要意义的或熟悉的声音，但是如果没有伴随视觉提示，人可能很难理解不太熟悉的声音。

触摸、气味和味道也是感官景观的一部分。到了晚上，我们可能会感觉到温度下降，风来自或吹向不同方向，并出现了与花朵开放、烹调炖菜或点燃新火有关的新气味。触觉在夜里并没有大的变化，但我们可能会更加依赖它，并且会注意到白天看起来无关紧要的线索。在夜晚的低光照下，视力变得不那么敏锐和可靠，因此其他感官变得更加重要了。通常，人们认为随着视力的降低，其他感官会在夜间变得更敏锐，但是这种想法是不正确的。仅仅是因为人们会更仔细地运用这些感官，所以它们对于人整体感知周围的环境才更加重要。因此，我们在夜间会更注意我们身后和周边的事物，以及那些在白天可能被忽略的声音和触觉。

恐惧和夜晚：更依赖于非主要感官

上面讨论的感知变化表明，对于像人类这样以视觉为主的动物，整个感官景观在漆黑的夜晚变得更加模糊，可能带来的后果之一就是更容易感觉到危险。到了晚上，视觉世界呈现出新的形态，白天的现实发生了彻底变化。彩色图像变成了黑白；白天锐利的细节也变得模糊；物体呈剪影状；眼睛看到周围都是成像很差且充满危险的图像。随着意识对非视觉世界更加警觉，白天那些被忽略的感觉可能会恢复回来。声音是来自各个方向的，很难被准确定位。熟悉的声音对人不构成问题，但是不熟悉的声音可以被视为威胁。对于视觉导向的人类，依赖于视觉以外的其他感觉可能并不可靠，而且大家可能也是这么认为的。因此，仅仅由于感知上存在差异，人们就可能觉得夜晚比白天更危险。清晰的事物变得模棱两可，熟悉的事物变得奇怪，而陌生的事物意味着危险。世界各地的文化都普遍把夜晚看作一种威胁，是未知世界，是有所隐藏，甚至是不可知的（Schnepel and Ben-Ari 2005；Tuan 1979）。

人们在动物界看到的环境赋使在晚上（以及不同季节）发生变化，不过是会产生危害的变化。除了熊和美洲狮（Beaglehole 1936：3），史前时期美国西南部地区的人可能并不需要担心捕食类动物。虽然被蛇咬可能是危险的，但是人和蛇都很机警，双方会尽力避免相互遇到，这可能就是爬行动物进化出了听觉预警系统的原因。今天，在西纳瓜北部地区很少见到响尾蛇，但在温暖的夜晚，它们很可能会待在室外，而此时人和蛇并不像白天那样容易相互避开。与被蛇咬到的危害和被昆虫叮咬的轻微打扰相比，西纳瓜人很可能更加关注夜行动物在精神方面的属性。在民族志研究中，大多数北美洲原住民文化都认为猫头鹰是不幸的使者，而蛇则是在阳间和阴间之间旅行的生物，应该谨慎对待它们。

民族志中普韦布洛人流传故事中的许多危险事件，例如土狼之类的骗子，或像马萨乌（Maasaw）之类的险恶神灵，都涉及变形的和模糊的感知，而这种情况并非偶然（Malotki and Lomatuway'ma 1984，1990）。生物披挂着伪装，女巫化身为动物形态旅行，夜晚的大火揭示了人们不愿意看到的东西，而美丽的少女可能变成了巫婆。在普韦布洛的一些故事中，夜晚人们看到的景象在白天被证明是错误的（Tyler 1964）。例如，少女 Huru'ing Wuhti（坚硬物质女神，是与绿松石和贝壳等物品相关联的大地女神——译者）从夜晚年轻美丽的状态转变为白天的丑陋样貌。弗兰克·库欣（Frank Cushing）的《祖尼民间故事》（Zuni Folk Tales，1901：428）记录了一个年轻人的故事。他爱上了一只雌鹰，并发现了一个仅在夜间有动静的死者之城。虽然我们不知道西纳瓜人关于黑夜的信仰的细节，不过即使不是完全恐惧，其中很有可能也包括一丝的不信任。

夜晚的环境赋使和西纳瓜

夜晚感官景观的各种环境赋使以复杂的方式交织在一起。在白天被认为是安全的地方，在黑暗中可能会被认为不太安全，同样地，可理解的事物也可能会变得不太能被理解。一些东西可能更容易隐藏起来，而找到隐藏的东西则更难。黄昏活动的动物会代替昼行动物，而之后夜行动物则会代替前者。当然，这些环境赋使的变化在不同程度上取决于个体特点。环境赋使的变化意味着人类活动的方式发生了变化，而且意味着新的，可能是由年龄和性别因素定义的位置和空间。在考古遗址中，我们应该通过人造环境的改变和专门为满足夜晚需求而建造的新设施来直接观察夜晚对人的影响。

不论是旅途中的困难或对黑暗的恐惧，社会和经济因素都可能鼓励西纳瓜人晚上出门。西纳瓜社会趋于分散，一些相互关联的小规模遗址可以被看作不同的社区。甚至一些较大的遗址也是依据此原理进行组织的，从而要求居民在分散的居住区之间移动。笔者参与发掘的三个西纳瓜遗址——蜥蜴人村（Lizard Man Village [Kamp 1998；Kamp and Whittaker 1999]），堡垒山村（Fortress Hills Pueblo）和新山洞村（New Caves Pueblo [Kamp and Whittaker 2009；Whittaker and Kamp 2012]，图4.1）在埃尔登（Elden）时期和随后的火鸡山（Turkey Hill）时期，也就是大约公元1150年至公元1300年都有人居住——它们是我们接下来讨论的重点。

蜥蜴人村和堡垒山村是这一时期的早期许多中小型村庄的两个代表。少数家庭居住在由连续的平顶石砌房间组成的房间区块里。大部分房间都建在地上，但地穴或半地穴式房间也并不罕见，尤其是在这些房间区块的东侧。堡垒山村的核心区域是一个由五到六个房间组成的小型房间区块，可能曾经居住着一个大家庭。而同期的蜥蜴人村有两个类似的房间区块。蜥蜴人村有两个带长椅的地穴式房间，在西纳瓜地区，类似的房间被解释为相当于霍皮语中的基瓦会堂（kivas，美国印第安人举行宗教仪式、开会、工作、休息等用的大圆屋——译者）。从民族志角度来看，基瓦会堂负责仪式的举行，但也供单身和来访男性睡觉，并成为只有男性参与的手工艺品生产活动和其他一些只有男性参与的活动的场所（Dozier 1970；Hill 1970）。因此，相对于以女性为主的家庭空间，这种房间是属于男性的同性质场所。

新山洞村的各部分散布在奥尼尔火山口（O'Neill Crater）火山渣锥的顶部，包括小型房间区块、成群的半地穴石砌房，以及在火山渣锥东壁上的一排空洞（经过改造的悬崖和洞穴）。许多房间群组都设有基瓦会堂，这意味着这种房间类型分散在整个遗址中。这些房间群组可能与较小的遗址（如蜥蜴人村和堡垒山村）具有类似的社会性质，可能属于一些比较大的遗址，如火鸡山、埃尔登村、旧山洞（Old Caves）

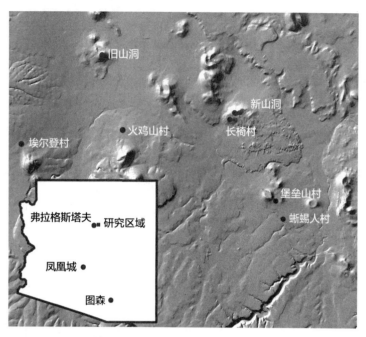

图4.1 亚利桑那州：本章提到的西纳瓜各个遗址位置。套图显示
与研究区域相关的现代城市位置

和包括长椅村（Bench Pueblo）在内的新山洞居住群迁出的一部分。
新山洞村在初期时与其他两个遗址时代相同，之后它继续存在，直到
西纳瓜人从整个弗拉格斯塔夫地区迁移至其他地区，例如安德森梅萨
（Anderson Mesa）。

　　我们思考西纳瓜社区内的流动可能性会很有启发意义。如上所述，
堡垒山村和蜥蜴人村都很小。新山洞村虽然大得多，但任何房间区块与
其最近的建筑之间的距离通常为数十米（图4.2）。然而，从一个区域
移动到另一个区域并不总是像想象中那么简单。如今，即使在白天，奥
尼尔火山口顶部的地形也十分崎岖。这里，地表主要由小而松散的火山
岩组成。在由较大的稳定岩块构成的火山渣锥"基岩"的突出处，它们

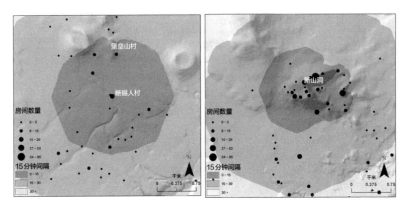

图4.2 蜥蜴人村（左图）和新山洞村（右图）附近的房间区块群和遗址。同心圆分别代表距蜥蜴人村中心或距新山洞村公共房间步行15分钟的距离

既锋利又坚硬。频繁的阵风使人们更难保持平衡。在更大范围内，人可以看到或听到的房屋，例如，在火山口对面清晰可见的房屋，并非总是能快速走到。

我们可以预想古人曾通过改造地形来让自己在常用路线上的旅行更加轻松。我们知道美国西南部的居民经常使用梯子和绳索，而其中一些普通而易坏的文物在其他遗址仍然有保存（例如 Lister and Lister 1987：50）。悬崖上还有许多手抓点和立足点。我们可以预期人类修建的走道是会保存下来的遗迹，至少有一部分应该以某种形式保存下来（Snead 2008）。如今，奥尼尔火山口表面上明显而且经常使用的线路可能在史前时期已经被利用起来了，而短期的维护，例如清理树丛，会使它们看起来更加明显。从下面的平原向上走的小径穿过一个有围墙的广场，很可能与史前时期道路的位置相近。这条路可能就是斯尼德（Snead 2008）所称的"出入口小径"，它是社区象征性的边界和定义的"主要"入口。尽管在新山洞村中的石砌房、边墙和梯田中都没有看到石砌的台阶，但我们在西纳瓜南部一些位于峡谷的定居点中发现有记录。在奥尼尔火山口变化不定的地表，岩洞房间的正墙和悬崖面本体已经坍塌了700年。在这里，大部分为该定居点修建的壁架小路已经消失，现在的小路只能让人在碎石上攀爬。虽然从火山口的内部攀登到松散的如脚背形状的火山斜坡上，再到悬崖房间和社区的其他地方不是不可能完成的任务，但是很困难。山对面较平缓的斜坡被一堵高墙阻断。第二条合理的路线是沿着向东倾斜的山脊行进，那里的房间群沿着山脊分布。在这些房间有人居住的时候，人们无须去攀爬那些跌落下来的岩石，而且步道也是清晰和熟悉的。

在夜晚，当不同的感官影响人类活动时，步道的可见性和熟悉度都变得更加重要。当粗糙路面上的碎石被清理后，踩在脚下的声音听起来会有些不同，尤其是当人赤脚，或穿着西纳瓜人可能穿的系带凉鞋时，感觉也会不同（Teague and Washburn 2013）。这种步道让旅行者能一直沿着正确的路行进。清理小径旁边的树丛可以防止人们在夜间突然撞到尖锐的树枝。虽然各种小路可能促进了人的活动，但新山洞村本身大而分散的特质、崎岖的地形，以及存在多个互相分隔的房间群（其中许多都有基瓦会堂）的事实可能说明，在晚上，大多数人仍然会选择待在他们的住宅中。

白天，邻近社区之间的人员流动很常见。甚至在西纳瓜社区不断合并，村庄变得越来越少之前，小村庄之间的距离通常就很近。白天时走访其他地区无疑是很容易的。举例来说，一个体力好的人从蜥蜴人村开始步行，不到一天，就可以到达沃尔纳特峡谷（Walnut Canyon）中的更大的社区，比乌鸦的飞行距离只少5英里（8公里，1英里约等于1.6公里——译者），当然步行的时间更长一些。从蜥蜴人村到新山洞村的顶部只有几个小时的路程，尽管走完这条徒步线路需要有良好的运动能力。在山顶的新山洞村中，目之所及，可以看到我们现在称为西纳瓜北部文化地区的大部分。我们的可可尼诺国家森林项目和其他项目的田野调查显示，该景观中的大多数遗址距离其他几个遗址都很近（图4.2）。距蜥蜴人村短短15分钟步行范围里有大概14个同时代的遗址（考古测年的范围内）。到最近遗址的平均距离是273米，并且所有遗址都距离最近的相邻遗址不到半公里。访问沃尔纳特峡谷社区需要途经蜥蜴人村同时期可能有人居住的其他几个村庄。在新山洞村中，因为火山渣锥上有多个房间群（历史上存在复杂的遗址编号分配方式），所以距离的计算更为复杂。我们在距新山洞社区公共房间的15分钟路程内确认了24个房间群，不过这个数字不一定必须被解释为25个不同的社区。这里的平均间隔距离只有123米。

作为农民，西纳瓜人肯定非常熟悉他们的田地和田地的位置。许多重要的可食用动物，例如鹿和兔子，都属于黄昏时活动的动物，基本只在黄昏和黎明时觅食和活动。动物行为造成的环境赋使变化意味着，西纳瓜猎人，大概率是男性，会在黎明前频繁出没，并经常在刚刚入夜时回家。黎明和黄昏也是农作物最需要保护的时间段。部分来自民族志的对照，笔者在其他文章里（Kamp 2002, 2012）也曾提出，孩童的一项主要任务就是在田里追捕害虫，所以他们在黄昏或黎明的时候也可能在室外。解决在黑暗中旅行问题的一种方法可能是住在田间地头的房子里，类似于现代普韦布洛人的做法。这些房子是有少许居住痕迹的小单间或窝棚。它们通常可能位于田地区域附近，有时与主要居住地相距甚远，并且可能也是少数从事农业耕作的人偶尔或季节性停留的地方。

正如我们对新山洞村遗址的描述所暗示出的那样，西纳瓜人生活的自然环境中，地形多崎岖不平，有山脉、峡谷、火山熔岩流和火山渣锥，间或分布有平缓的地面。到了晚上，地形变得更加难以行走，良好的小径系统，比如斯尼德（2008）记录的那些在塔帕姆维尼（Tapamveni，霍皮语中"捶打记号"的意思）周围的路线，当时很可能已经存在，但现在无法辨认了。刘易斯（Lewis 1976）与澳大利亚土著一起研究，发现他们在只有细微差别的景观中旅行时，可以记住海量的信息。他在当地的消息提供者们在旅行时会依靠不断更新的"脑中动态地图"。对于他们来说，"没有毫无特色的景观"。这不仅因为他们可以辨认出各种记号，也因为人造景观中充满了不同的含义。每条路线和特征都与神圣的祖先之梦的道路相关。即使在人类从未去过的地区，唱出这些传说故事也能作为一种助记符。西纳瓜景观肯定也为他们标记了现已消失的含义，就像为美国西南民族的所有群体都标记了一样（Basso 1996；Ferguson and Hart 1985；Ortiz 1972）。

在晚上眺望另外一个社区

视觉联系也可能是西纳瓜身份认知的组成部分。假定建筑为2米高，做其视域分析（图4.3），显示出可以从该建筑上看到从蜥蜴人村步行15分钟以内的所有遗址。现今，由于树木茂密，这种能见度已不复存在。虽然我们并不知道过去的植被如何，但是，由于附近种植了农作物，并且有木材被用来建房和烧火，因此树林的覆盖面积可能比现在少。不过至少可以看到白天附近村庄燃烧冒出的烟。

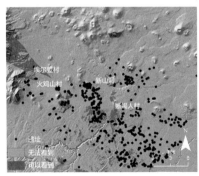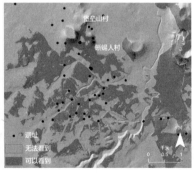

图4.3 从蜥蜴人村可以看到的遗址：整体分布图（左）和邻近区域的特写图（右）

新山洞村陡峭的地形导致该遗址中相邻房屋的视野差异很大，但该遗址的高度通常可提供绝佳的视野（图4.4）。虽然从某些建筑上可以看到火山口上的所有住所，但没有一个地方可以看到整个遗址。对于蜥蜴人村和新山洞村来说，除非外面有熊熊大火燃烧，否则晚上很难看到其他村庄。我们从考古证据中得知这种大火的确发生过。虽然它们规模一般很小，但偶尔也会有大火燃烧。例如，在蜥蜴人村，我们发掘了一个有浅灰泥衬砌的地穴房屋，该房屋的中心有一个巨大的燃烧遗迹。从远处，尤其是在夜间看去，这种火焰一定是醒目的。虽然我们发现了夜间生火，但其意义尚且不明。当人们看到另一个社区点起来的火，有可能会激发群体归属感和居住感，但也可能增强了人们其他的一些想法。

照明和用火遗迹

火是西纳瓜唯一已知的晚间人造光源来源。在白天和明亮的月夜，烟孔和门口会提供室内照明。在日常活动中，火能将村民吸引到特定位置，并促进相邻居民的互动。火本身和围绕着火的活动的性质对社会团体和身份认知的性质产生了深远影响。

在新山洞村、堡垒山村、蜥蜴人村和西纳瓜的其他遗址内，建筑物内部和外部区域都有用火遗迹。取暖、烹饪以及采光都需要用到火，并且在对普韦布洛式房间功能的大多数解释中，尽管其他类型的房间不一定有，但用火遗迹被视为起居室和基瓦会堂的基础配置（Hill 1970；Kamp Whittaker 1999: 28；Lowell 1999；Stone 2009）。我们的西纳瓜遗址（表4.1）中室内用火遗迹的规模相对适中，这不仅在木制建筑内部的用火安全方面，而且在木材可能变得越来越稀缺的居住环境中也显得十分合理。一些证据（Sobolik et al. 1997）表明，燃烧时间更长，产生烟雾较少的坚硬木材被倾向于用于室内用火，而其结果

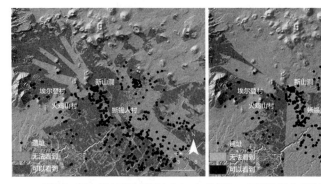

图4.4 新山洞山顶的视域（左），与其相比，下层社区公共房间的视域（右）更为狭窄

是室内用火只能提供有限度的照明。

虽然新山洞村中确实有一个位于该遗址中心位置的公共房间建筑，但我们的发掘未发现其中有用火遗迹，在填土中也未发现大量灰烬。西纳瓜的公共房间是规模大、有围墙的建筑，通常呈矩形，不一定有屋顶。它们被看作是社交和仪式聚会的场所，地位也许相当于美国西南其他地区的基瓦会堂。在新山洞村，毗邻的广场尚未被发掘，因此我们不知道那里是否有用火遗迹。但是，公共房间没有用火遗迹这一点也确实引发了一个问题，即新山洞社区的居民在夜间会有多少人聚集于室内。

无疑，在我们的发掘中，室外用火遗迹没有得到充分发掘，这更凸显了我们对房间区域的探索，这在美国西南考古中很常见。另外，我们也不可能辨认出用火遗迹是出现在白天还是晚上。我们发掘的12个室外用火遗迹的平均面积比室内用火遗迹要大。后者规模也没有特别小（表4.1）。无论是在室内还是室外，在夜晚的低光照度下，即使在某种程度上可以通过更多的依赖诸如触觉之类的其他感觉来补偿视力，进行像手工艺品生产之类的活动都不太可行（Dawson et al. 2007）。因此，照明的程度以及由此产生的人类活动分布将影响社区的声音、气味和整个景观。

火会形成"舞台上"和"舞台下"的区域，靠近火的区域会被照亮，而外围区域则不可见。但是，即使不在舞台上的人们也能够听到和被人听到，从而产生了不同程度和类型的参与度。当照明虽然稀少但集中的时候，会形成光明与黑暗的模式。在被火照亮的住宅中，距离火最近的人比远处的人得到更好的照明。在社交互动中，照明可能是确定谁在舞台上而谁不在舞台上的关键之处。因此，弗兰克·库欣被告知，在他进入祖尼举行仪式的房间并与小丑互动时，他应该在重复祖尼语中的特定短语之前进入火能照到的地方（Green 1979：82，初版出版于1882年和1883年）。小规模的用火还会使聚在周围的人们不得不紧靠在一起，制造出一个通过触觉、嗅觉，甚至是亲密的呼吸声而产生的人类共同社区的感官景观。

尽管我们无法重建所有夜间发生在火周围的活动，但可以肯定的是，的确发生了一些烹饪和饮食活动。这些活动对感官影响很大，因为在情感上，味道和气味都令人回味无穷。就像在火边的亲密聚会一样，晚上在火边分享食物会产生团结和认同感。因此，我们有必要思考究竟是哪些人可能参加了这些公共活动。这些团体中只有家族成员，还是也包括邻居？是否有陌生人参与？他们是不同年龄和／或不同代人吗？男女都有吗？

表4.1 三个西纳瓜遗址室内用火遗迹的规模

火堆种类	数量（处）	直径平均值或者最大直径（厘米）	深度平均值（厘米）
石圈（外部）	6	2432	7.8
石板制有围边	5	836	25.6
陶制有围边	30	716	15.1
陶制无围边	11	800	11.9

对于毫无疑问是围绕着火发生的故事讲述和仪式活动来说，这类问题尤为重要。帕莉·维斯那（2014）做过为数不多的关于夜间行为的民族志研究。她发现她所研究的卡拉哈里民谣中，围绕着火的主题主要包括故事和社会关系，而不再是白天谈论的经济话题。有人认为这种模式是适用于各种文化的。一些重要的社会事务只能在晚上进行。在美国西南部的民族志中记载，人们在当时精心制作祭品，与夜间活动的神灵进行交流。而且，某些普韦布洛舞蹈和其他仪式必须在晚上进行。黑暗带来的表演性是显而易见的。在夜晚，如果白天的一些普通活动暂停，人们围在火堆旁闲聊，聆听长者教授智慧，尤其是讲故事，那么聚在火周围群体的构成会极大地影响知识传播的通道。从某种意义上说，基瓦会堂不仅在举行仪式方面很重要，而且它也是专门供男人聚会的场所，这就意味着夜晚的某些互动是区分性别的，并且某些夜间的知识也分性别而传播。如果像一些跨文化证据所表明的那样，年龄小的孩子不分男女都更有可能与女性在一起，那便意味着女性是培育孩子的主力。

睡　眠

如果我们想了解西纳瓜人在哪里睡觉，我们就会遇到一个更加棘手的问题，虽然我们掌握很多零零碎碎的信息，但几乎没有真正的证据。人们在睡眠时普遍都比较脆弱。他们在黑暗中闭着眼睛，可以说这是一种"双倍致盲"（double blindness [Musharbash 2013]）。亚斯明·穆沙尔巴什（Yasmine Musharbash）在澳大利亚的研究表明有两种解决该问题的方法，它们并不互相排斥。尽管受欧洲文化影响的澳大利亚人倾向于在房屋内"防卫"自己，并要求有个人隐私，但她的瓦尔皮里族（Warlpiri）消息提供者更喜欢在室外睡觉，即使他们已定居在政府提供的住房。他们以被称为"yunta"的形式并排睡在一起，未婚妇女睡在西面，男性睡在东面，夫妻睡在中间一排。瓦尔皮里人惧怕黑夜及其带来的感官限制。在夜里，很难看到蛇、蝎子、库尔代查（Kurdaitcha，复仇者，指澳大利亚中部某些土著部落中为本部落成员的死亡而复仇的人——编者）、邪灵，以及敌人、醉汉和斗犬向自己靠近。因此，团体中的某些资深成员（不一定是年龄最大的人）睡在末端，随时保持清醒和意识来保护睡在中间的人。穆沙尔巴什写到睡眠的安全感和舒适感，并指出有一些人和一些家庭有时会专门一起活动或露营，以便他们可以与能提供这种感觉的人睡在一起。

西纳瓜人也可能在室内睡觉，或者他们的睡眠方式可能随季节而变化。虽然冬天的雪和寒冷会迫使人们在室内睡觉，但在炎热的天气下，在室外睡觉会更舒适。但在隐私性、亲戚关系、性行为等方面，采取何种适当的应对措施会使这个问题复杂化。也许邻近的房屋足以给人提供一种保护感。

了解哪些人通常睡在一起，与知道人们睡在哪里一样重要。男人们是否经常睡在一起？也许他们会睡在我们解释为基瓦会堂的房间里，而不是在家里？未婚的年轻男性是否经常聚在那里交谈，然后入睡呢？那孩子呢？他们是随处睡觉，还是被要求在晚上回家睡觉？女人呢？她们是不是可以灵活选择在哪里睡觉？

联合 / 分隔：视觉和听觉

要理解夜晚，一个需要考虑到的重要因素是它能在何种程度上把人群分隔开。我们已提到围绕着火聚集在一起的行为能让人趋于联合。声音在夜间会把邻居团结起来。那些在火光照耀之外的人可以听到和被听到。但目前尚不清楚西纳瓜村的听觉范围是多大。我们需要对西纳瓜和其他普韦布洛群体住宅的声学特性做更多更好的研究，以便能够了解从外部或邻近住宅能否听到些声音，包括各种类型的地穴式房屋和普韦布洛式房间。

结论：村庄的感官景观

夜晚会给西纳瓜村庄带来明显的视觉变化，但其余的感官景观也发生了变化。在晚上，白天可以听到的某些声音会消失，因为它们所代表的活动无法在低光照度下有效完成。捶打石器特有的碎裂的声音和制作磨盘时有节奏的拍打声极有可能会完全消失。霍皮族妇女会在白天种玉米；实际上，有一些禁忌提到禁止人们在晚上进行这个及其他一些活动（Malotki and Lomatuway'ma 1990: 89-98）。例如在晚上，吹口哨的欢快声也很危险。

考虑到西纳瓜可能会经历的季节性变化，夜晚的景观并非一成不变。冬天的雪与夏天宜人的温暖天气形成对比；干燥的时节中也夹杂着季节性的雨季。尤其是在新山洞村的高海拔地区可能会有强风。具体来说，在寒冷的冬季，许多夜间的活动可能在室内进行；而在夏季，睡觉、进食或聚会，在户外进行可能会更愉快一些。

白天和黑夜的世界都不仅仅是物质的，也属于文化范畴，因为所有经验都由文化过滤，它规定了什么活动是合适的，并对人们的信仰和态度产生影响。人类活动会随着夜幕降临而变化，通常以受年龄、性别和团体成员等社会变量影响的方式发生变化，进而影响社会认同感。人们在自己周围创造的"人造环境"必须始终包括用于夜间活动的设施，正如包括用于昼间活动的设施一样。当今，一些理论家建议我们采用现象学方法（Hegmon 2013），这个方法明智地鼓励我们将自己作为居住在遗址的一分子来体验当地生活。从这个角度，我们应该开始思考看起来明显的，之前却被忽略的问题，例如夜间的生活。夜间生活就像昼间生活一样，是通过文化定义和有规律的活动进行的，因此它一定留下了适用于考古研究并可以解释的模式。

参考文献

Basso, Keith. 1996. *Wisdom Sits in Places: Landscape and Language among the Western Apache*. Albuquerque: University of New Mexico Press.

Beaglehole, Ernest. 1936. *Hopi Hunting and Hunting Ritual*. Yale University Publications in Anthropology No. 4. New Haven, CT: Yale University Press.

Boivin, Nicole, Adam Brumm, Helen Lewis, Dave Robinson, and Ravi Korisettar. 2007. "Sensual, Material, and Technological Understanding: Exploring Prehistoric Soundscapes in South India." *Journal of the Royal Anthropological Institute* 13(2):267–294. https://doi.org/10.1111/j.1467-9655.2007.00428.x.

Buser, Pierre, and Michel Imbert. 1992. *Vision*. Cambridge, MA: The MIT Press.

Cushing, Frank Hamilton. 1901. *Zuñi Folk Tales*. New York: G. P. Putnam's Sons.

Dawson, Peter, Richard Levy, Don Gardner, and Matthew Walls. 2007. "Simulating the Behaviour of Light inside Arctic Dwellings: Implications for Assessing the Role of Vision in Task Performance." *World Archaeology* 39(1):17–35. https://doi.org/10.1080/00438240601136397.

Day, Jo, ed. 2013. *Making Senses of the Past: Toward a Sensory Archaeology*. Center for Archaeological Investigations Occasional Paper No. 40. Carbondale: Southern Illinois University Press.

Dozier, Edward P. 1970. "Making Inferences from the Present to the Past." In *Reconstructing Prehistoric Pueblo Societies*, ed. William A. Longacre, 202–213. Albuquerque: University of New Mexico Press.

Ferguson, T. J., and E. R. Hart. 1985. *A Zuni Atlas*. Norman: University of Oklahoma Press.

Gaver, William W. 1993. "What in the World Do We Hear?: An Ecological Approach to Auditory Event Perception." *Ecological Psychology* 5(1):1–29. https://doi.org/10.1207/s15326969eco0501_1.

Gibson, James J. 1986. *The Ecological Approach to Visual Perception*. Boston: Houghton Mifflin.

Green, Jesse. 1979. *Zuñi: Selected Writings of Frank Hamilton Cushing*. Lincoln: University of Nebraska Press.

Hegmon, Michelle. 2013. "The Archaeology of the Human Experience." *SAA Archaeological Record* 13(5):16–19.

Hill, James N. 1970. *Broken K Pueblo: Prehistoric Social Organization in the American Southwest*. Anthropological Papers No. 18. Tucson: University of Arizona Press.

Kamp, Kathryn. 1998. *Life in the Pueblo: Understanding the Past Through Archaeology*. Prospect Heights, IL: Waveland Press.

Kamp, Kathryn. 2002. "Working for a Living: Childhood in the Prehistoric Puebloan Southwest." In *Children in the Prehistoric Puebloan Southwest*, ed. Kathryn A. Kamp, 71–89. Salt Lake City: University of Utah Press.

Kamp, Kathryn. 2012. "Children of the Sierra Sin Agua." In *Hisatsinom: People of the Land without Water*, ed. Chris Downum, 89–95. Santa Fe, NM: School of American Research.

Kamp, Kathryn, and John Whittaker. 1999. *Surviving Adversity: The Sinagua of Lizard Man Village*. University of Utah Anthropological Papers No. 120. Salt Lake City: School of American Research Press.

Kamp, Kathryn, and John Whittaker. 2009. "A Sinagua Acropolis: Architectural Adaptation at New Caves, Arizona." *Kiva* 74(3):281–304. https://doi.org/10.1179/kiv.2009.74.3.002.

King, Stacie M., and Gonzalo Sánchez Santiago. 2011. "Soundscapes of the Everyday in Ancient Oaxaca, Mexico." *Archaeologies* 7(2):387–422. https://doi.org/10.1007/s11759-011-9171-y.

Lewis, David. 1976. "Observations on Route Finding and Spatial Orientation among the Aboriginal peoples of the Western Desert Region of Central Australia." *Oceania* 46(4):249–282. https://doi.org/10.1002/j.1834-4461.1976.tb01254.x.

Lister, Robert H., and Florence C. Lister. 1987. *Aztec Ruins on the Animas: Excavated, Preserved, and Interpreted*. Albuquerque: University of New Mexico Press.

Lowell, Julia C. 1999. "The Fires of Grasshopper: Enlightening Transformations in Subsistence Practices through Fire-Feature Analysis." *Journal of Anthropological Archaeology* 18(4):441–470. https://doi.org/10.1006/jaar.1999.0338.

Malotki, Ekkehart, and Michael Lomatuway'ma. 1984. *Hopi Coyote Tales: Istutuwutsi*. Lincoln: University of Nebraska Press.

Malotki, Ekkehart, and Michael Lomatuway'ma. 1990. *Maasaw: Profile of a Hopi God*. Lincoln: University of Nebraska Press.

McIlwain, James T. 1996. *An Introduction to the Biology of Vision*. Cambridge, UK: Cambridge University Press. https://doi.org/10.1017/CBO9781139174473.

Musharbash, Yasmine. 2013. "Night, Sleep, and Feeling Safe: An Exploration of Aspects of Warlpiri and Western Sleep." *Australian Journal of Anthropology* 24(1):48–63. https://doi.org/10.1111/taja.12021.

Ortiz, Alfonso. 1972. *The Tewa World: Space, Time, Being, and Becoming in a Pueblo Society.* Chicago: University of Chicago Press.

Pijanowski, Bryan C., Luis J. Villanueva-Rivera, Sarah L. Dumyahn, Almo Farina, Bernie L. Krause, Brian M. Napoletano, Stuart H. Gage, and Nadia Pieretti. 2011. "Soundscape Ecology: The Science of Sound in the Landscape." *Bioscience* 61(3):203–216. https://doi.org/10.1525/bio.2011.61.3.6.

Samuels, David W., Louise Meintjes, Ana Maria Ochoa, and Thomas Porcello. 2010. "Soundscapes: Toward a Sounded Anthropology." *Annual Review of Anthropology* 39(1):329–345. https://doi.org/10.1146/annurev-anthro-022510-132230.

Sanchez, Julia L. J. 2007. "Procession and Performance: Recreating Soundscapes among the Ancient Maya." *World of Music* 49(2):35–44.

Schnepel, Burkhard, and Eyal Ben-Ari. 2005. "Introduction: 'When Darkness Comes . . .': Steps toward an Anthropology of the Night." *Paideuma: Mitteilungen zur Kulturkunde* 51:153–163.

Snead, James E. 2008. *Ancestral Landscapes of the Pueblo World.* Tucson: University of Arizona Press.

Sobolik, Kristen D., Laurie S. Zimmerman, and Brooke Manross Guilfoyl. 1997. "Indoor versus Outdoor Firepit Usage: A Case Study from the Mimbres." *Kiva* 62(3):283–300. https://doi.org/10.1080/00231940.1997.11758336.

Stone, Tammy. 2009. "Room Function and Room Suites in Late Mogollon Pueblo Sites." *Kiva* 75(1):63–86. https://doi.org/10.1179/kiv.2009.75.1.004.

Teague, Lynn Shuler, and Dorothy K. Washburn. 2013. *Sandals of the Basketmaker and Pueblo Peoples: Fabric Structure and Color Symmetry.* Albuquerque: University of New Mexico Press.

Tuan, Yi-Fu. 1974. *Topophilia: A Study of Environmental Perception, Attitudes, and Values.* Englewood Cliffs, NJ: Prentice Hall.

Tuan, Yi-Fu. 1977. *Space and Place: The Perspective of Experience.* Minneapolis: University of Minnesota Press.

Tuan, Yi-Fu. 1979. *Landscapes of Fear.* Minneapolis: University of Minnesota Press.

Tyler, Hamilton. 1964. *Pueblo Gods and Myths.* Norman: University of Oklahoma Press.

Whittaker, John C., and Kathryn Kamp. 2012. "'The Troubled End of Pueblo Life in the Sierra Sin Agua: Evidence from the Site of New Caves." In *Hisat'sinom: Ancient Peoples in a Land without Water*, ed. Christian E. Downum, 148–154. Santa Fe, NM: School for Advanced Research Press.

Wiessner, Polly W. 2014. "Embers of Society: Firelight Talk among the Ju/'hoansi Bushmen." *Proceedings of the National Academy of Sciences of the United States of America* 111(39):14027–14035. https://doi.org/10.1073/pnas.1404212111.

第五章

"油灯很伤心"

科罗拉多—新墨西哥边境地区的夜晚、社区和回忆

米内特·C. 丘奇

今晚天气预报：黑暗。黑暗将持续一整夜，清晨会有点点光明。

——乔治·卡林（George Carlin）

思考人类行为中专门发生在夜间的活动并不是什么新鲜事。奇怪的是，这对于考古学家来说仍然是罕见的，尽管黑夜在这个世界上一直存在。对于民族志学家和历史学家而言，情况可能并非如此（Ekirch 2006；Glassie 1982）。民俗学家亨利·格拉西（Henry Glassie）回味无穷地写到社区营建和建筑位置设计的聚会（ceilies），或晚间在巴利马农（Ballymenone）分散的乌尔斯特（Ulster）乡村社区举行的深夜社交"娱乐活动"："当茶水出现，人们开始交谈时，当邻居们在深夜里送来一点幸福的同时，重申了这种远亲不如近邻的关系"（Glassie 1982：77）。相比之下，考古学家倾向于将注意力集中在夜晚的照明技术上：他们更注意灯具，不甚关心茶杯碎片。而在研究的另一个极端，考古天文学家勾勒出高度象征性和仪式化的夜晚和景观的交汇点。

最近流行的历史研究（Ekirch 2006）已将夜晚视为违反规则、有不当行为和异国情调的社会环境中的特殊时间，而不是举办重复的，有时甚至是平淡的活动的时间。在这里，笔者专注于夜间考古学，因其在社会性方面更适合使用在记忆和日常活动上，而没有那么特殊和有纪念意义。与非同寻常的行为发生时间和"夜间专属许可证"（Ekirch 2006）相比，我把夜晚和不同的照明技术视为"每晚"而不是每日活动所使用的零碎物品的大环境。

在19世纪的科罗拉多边境地区，夜晚既是工作和旅行时间，也是通过讲述故事和社交活动来构筑社会记忆的时间，而这些活动并非总能被分割开来。相反，到20世纪中叶，这种社会环境发生了变化，此时电灯泡代替了油灯，晶体管收音机代替了小提琴和口琴。上一代人的时候，社区建设和场所营造主要是靠晚上的火光和油灯照明，这在定居点分散并位于农村、边界变化大、相互竞争激烈的地区至关重要。社区成员的资格必须反复地、心照不宣地在邻居之间被定义和维持。因此，夜间活动，无论是独处的还是社交的，都充斥在我们在看似孤立的农庄地区发现的建筑、景观和遗迹，以及它们之间经常被忽视的关联地带中间。在科罗拉多—新墨西哥南部边境地区的普加托阿（Purgatoire）河上，以及在格拉西所记录的乌尔斯特有争议的边界上，宗教仪式及其意义、阶级、国籍和性别等意识形态纠缠在一起，一同构成了夜间活动，甚至更多活动，因为在这些乡村地带曾存在政治竞争、种族竞争，当时甚至有暴力竞争。现在是时候开始研究这片土地上的遗物、建筑和遗迹了，我们要抛开对它们白天功能的臆断。

几十年来，考古学家声称自己在进行"性别中立"的考古工作，实际上并不包括研究女性（Claassen and Conkey 1991；Gero and Conkey 1991）。关于两性之外的性别（Schmidt and Voss 2005），老年人和儿童的考古学研究也同样如此。在另一个例子中，即使考古学家最终承认我们应该研究美国奴工的生活和人造环境，我们也常常从他们的"宿舍"入手，花了数十年的时间才承认"大房子"——比如蒙蒂塞洛（Monticello，曾经是美国第三任总统托马斯·杰斐逊的住所——译者）或白宫——连同整个历史经济，都是由奴工和签有卖身契的人打造的。这些古迹代表了他们的生活和成就的物质遗存（Allen 2005；Battle-Baptiste 2011）。当我们寻找夜间活动的物质特征时，很明显，我们不应该从寻找"夜间的遗物"或空间开始。寻找某种标志性的"女性的遗物"或"非裔美国人的遗物"使我们无视这样一个事实，即任何特定遗址上的绝大部分遗物都是每个人都使用过的。哪怕它们并不是被每个人，而是被特定性别或特定种族的人使用过的，这其中的文化逻辑往往与现在大多数研究人员的逻辑不同。

当然，认识夜间活动通常不像其他一些研究人员带有偏见的例子那样具有任何社会公正性。尽管如此，其中解读方面的错误还是相似的。人们白天行事，而在晚上休息，这一直以来是我们约定俗成或"中立"的立场。仅仅因为是现代社会的常态（至少是理想状态），所以这种观点被我们作为默认的解读立场，这是不应该的。当遇到建筑空间、景观遗迹和遗物时，我们不应对其所代表的活动在何时发生做出任何先验假设。

专注于研究"日常"生活的考古学家和历史学家们忽略了这样一个事实，即我们的研究对象生活在夜晚的时间与白天一样长。直到1848年，科罗拉多南部一直是美国与墨西哥共和国的边境地带。这里的考古学基本研究内容包括广场和居址建筑空间、教堂，以及被小径、道路、围墙和灌溉沟渠分隔的景观。所有这些都是随着铁路的到来和诸如西尔斯罗巴克公司（Sears, Roebuck and Co.）等商家的出现而不断变化的物质文化的大背景。我们很少在夜间这个大背景下探索这些"日常"物质痕迹。

讨 论

撰写有时被称为"大天际地区（Big Sky Country）"的科罗拉多平原的景观考古学文章时，我们必须承认，就"视域"而言，天空很容易就占到可感知景观的60%或更多。作为从事考古天文学工作的学者，莱昂内尔·西姆斯（Lionel Sims 2009：389）建议考古学家扩大对景观的定义，将天空景观包括进来。尽管很明显，但天空大约有一半的时间是黑暗的（取决于其所在纬度），由星星和周期性出现的月亮提供照明，不专门研究考古天文学的人并不总是像我们应该做的那样来研究夜间的文化天空景观。相比之下，我们研究平原上的定居点时，发现19世纪的回忆录中很大的篇幅都是关于天空，以及从天空掉落、飞过或从没有从天空落下的东西，包括让人开心的谚语，例如"下雨前，沟渠和肥料堆的气味更浓"（Book Committee 1993），而这样的发现一点都不奇怪。蒂姆·英戈尔德（Tim Ingold 2007：20）曾写过一篇标题为《地球、天空、风和天气》的论文。他指出，全天或一部分时间"露天"生活的人并不是生活在地面上和天空下，而是与"天空的风、光和湿气"交融，与"不断寻找通路，希望能穿过构成大地的缠绕在一起的生命线的土壤中的物质结合在一起"。

在学校里，当大学教员们像巨魔一样眨着眼睛出现，进入停车场回家时，天气如何，是否还有天光对他们毫无影响。城市的灯光掩盖了星星，我们不需要通过星星来导航，乘坐篷盖大马车（科内斯托加式篷车，Conestoga wagon）或用牛拉的圣塔菲马车（Santa Fé carreta）一类的木质交通工具回家。根据英戈尔德（2007：S32）所写，这种室内和有人工照明的研究环境会影响我们所做的调查：

> 我已经建议过，因为我们通常在室内思考和写作，所以我们描述

的世界是经过我们想象改造的世界，就好像它已经存在于一个封闭的内部空间中一样。这个想象中的世界仅由人和物体构成，我们所经历的那些不断变化的媒介，如风雨、阳光、雾气、霜雪等，简直不可能会存在于那个世界。我认为，这就是为什么有关人类与物质世界之间关系的所有讨论中没有这些元素。

考古田野工作是另一回事。在本文讨论的其中一个遗址工作时，学生们睡在搭建于迷宫般的峡谷的帐篷里。最近的城镇需要经过狭窄的碎石路，步行需一个多小时。在21世纪的巨大的牧场之间，美国国家森林局和邻近的军用土地上，孤独感非常强烈。但是，从回忆录和报纸上我们得知，一个世纪以前，农村社区的意识强烈，因为它既分散，有时候又存在竞争。

我们在这里生活了几天。在高海拔平原六月份无休止的阳光下，到中午时分，气温很容易达到100℉（约37.78℃——译者）。这种天气迫使大家中午要在阴凉处小憩，而且学生们经常在半小时的午餐时间打瞌睡。考古学家通常认为工作是在白天进行的，晚上是用来睡觉的。但是，晚上不仅是用来休息的，我们还了解到建造我们正在探索的遗址的女族长洛蕾塔·洛佩兹（Loretta Lopez）每天都会按照传统午睡（siesta），正如她的女儿茱莉亚（胡安妮塔）（Julia [Juanita]）在回忆录中所强调的那样：孩子如果在母亲睡觉时跑出去太远，灾祸和"柳树条"惩罚会降临在他/她身上。学生很快就学会了在刚有天光的情况下就出门工作，在午后早早回到营地，躲在这座被用作田野实验室的于19世纪建造的牧场住宅周围，它厚厚的土坯墙提供了相对凉爽的庇护。与白天相对的是，干旱高原地区的夜晚降温很快，学生们利用柴火或科尔曼牌（Coleman，美国廉价户外用品品牌——译者）夜灯在室外度过夜晚，在明亮的银河下听土狼和夜鹰的叫声。有时我们会讨论期刊文章，或将地图数据输入笔记本电脑；不过我们也经常计划第二天的工作策略，讲述故事，并开始用乐器演奏音乐。

事实证明，田野考古学的这些昼夜节律在许多方面都与我们在沿河峡谷探索的遗址的居民的昼夜节律相似。在回忆录和访谈中，人们谈论到了持续几乎整夜的舞蹈活动。在这些社区活动中，有些人遇到了未来的伴侣。在田野发掘学校，即使我们趁早晨的凉爽起床来到野外，在天黑后也不睡觉，而是进行访问、演奏音乐和修补设备的工作。但实际上，我们当时并没有考虑太多这些夜间活动的考古特征或意义。

照明技术与其变化

有一类遗物和遗迹是与照明技术相关的，我们可以相对安全地把它们分配给夜间，例如灯笼部件或火坑（请参阅本书中诺埃尔，第2章；斯特朗，第12章；麦奎尔，第13章）。作为考古学家，我们喜欢研究技术。技术留下了肉眼可见并且相对容易解释的点滴证据；我们可以对它们进行计数、测量、在空间中定位、精确地测年、量化它们相对于其他对象的普及程度，以及分配给它们基本功能。在美国西部，几乎每一个19世纪的遗址中，都会有一种与夜晚密切相关的技术。加拿大公园管理局（Parks Canada）曾出版过一本非常实用的书（Woodhead et al. 1984），专门论述了各种历史时期照明设备的考古证据的断代和类型学。在此帮助下，考古学家擅长对烛台和煤油灯扩散器进行识别和断代。

但是，还有很多有新意的研究问题，比如人们在蜡烛和煤油灯的光照下做什么事情，以及随着时间的推移，围绕着照明技术的变化会促使，或者阻碍他们去做哪些事。格拉西（Glassie 1982）在讨论爱尔兰乌尔斯特的背景时指出，到20世纪下半叶，广播以及后来出现的电视有时会扰乱乡村家庭夜间舞会"娱乐活动"和讲述故事的文化。更具体地说，本章关于科罗拉多州的讨论将聚焦在广播和电视出现之前的数十年，关注每一项新的照明创新在普及之后，什么出现了，什么消失了。新的照明技术在19世纪的最后几年改变了人们的生活，直到现在仍然如此。因此，夜间活动的考古学解释必须加以改变来研究灯笼和灯泡周围的大环境是如何随时间变化的。

如果要把现象学方法用于分析位置和景观体现出的感觉，就要求我们将这些大环境和技术的变化看作是交织在一起的（Johnson 1999；Sims 2009）。以钨丝灯为例，紧凑型荧光灯和LED灯几乎完全取代了钨丝灯。这些不仅是更新、更高效的技术，它们还有效地改变了光照的质量，使我们得以把大把时间花在夜里，而且光的总数也在增加。人造光正变得无法逃避。国际暗天协会在其网站上发表了一个醒目的声明："数百万儿童将永远不会看到银河系"（http://darksky.org/，2016年7月访问结果）。随着每种新技术的采用，人们可以在太阳落山后继续获得生产时间。但人们失去了与夜空的亲密关系，以及如何用夜空来分辨时间或导航的知识。"现在，[夜晚]不再被看作是神秘和不可思议的，而被认为是光线暂时消失或被中止，并且应尽快悄无声息度过的一段时间。"（Helms 2004：179）在夜间工作要付出高昂的代价（Ekirch 2006）；我们失去了邻居探访的亲密感和他们带来的社区感。人们会忘记在昏暗的星光下讲述的故事，而将其替换为电视上的"黄金时段"（即夜间）闪烁的蓝光。通过结合关于夜间活动的现存文献证据与我们在考古学中发现的遗物，我们可以使用多元交叉法分析关于农村电气化之前晚上发生的各种活动的数据，包括从平淡无奇的活动到神圣的活动，以及现代化带来的变化。

月光、星光、火光和灯笼光

从旧石器时代开始，某些活动中就已经开始使用火光这种最基本、最实用的照明方法了（请参阅诺埃尔，本书第2章）。我们知道，对于我们的祖先，火可以煮熟肉，烤硬矛，温暖身体，阻止夜间掠食的动物靠近。火可能完成了更多的任务；托马斯·温（Thomas Wynn 2012）最近在《史密森尼杂志》（Smithsonian Magazine）中写道，人盯着篝火，被闪烁的火光迷住，这很可能在人类早期认知进化中发挥了作用。对有关19世纪的研究，我们做出的解释可能不那么宏大和有进化意义，或者说至少更直接和性别化。我们发现，家里的木质壁炉或火炉是女人永远干不完的工作的一部分。在科罗拉多州东南部的洛佩兹农庄，一串笔直的大头针散布在主体房屋壁炉前已经氧化的土层上（图5.1）。

> 在这些小牧场，收割季节时人们聚集在某个邻居的家中，那里有剥好皮的玉米。妇女将其磨碎，并将叶子放在一边，用于卷烟。无论男女都吸烟。这项工作已经完成……不过是在松木火堆的照明之下。这种沥青木材既作为燃料又可以作为灯来使用。（Otero Warren 1936）

在乌尔斯特，"如果邻居进入厨房，即房屋的第一个中央空间，舞会可能会开始，但如果没有人出现，这个场景仅仅是在'炉边'发生。它的参与者不是跳舞的人，而是家庭成员"（Glassie 1982：77）。虽然洛佩兹一家人的一些社交活动是在蜡烛或煤油灯下进行的，但火光既能供热又能供光，而蜡烛和灯油则价格昂贵。

洛佩兹广场遗址的研究重点之一是关于科罗拉多—新墨西哥边境地区的人是怎样抚养子女的考古研究。这项研究注重不同时间人们抚养子女方式的变化，证据来自两个洛佩兹家族的孩子所写的回忆录中截然相反的内容。他们俩在普加托河边长大，但是出生时间相隔16年。这

图 5.1 马格罗维亚·洛佩兹（Maclovia Lopez，据作者所知与洛佩兹农庄没有亲属关系），沟渠管理者的妻子，在火光边纺羊毛。照片拍摄于新墨西哥州汤帕斯（约翰·科利尔 [John Collier]，1943 年；美国国会图书馆照片处，FSA / OWI 收藏 LC-DIG-fsa-8d38302）

些文献数据得到了他们居住过的遗址的考古数据的补充并经过核查。埃尔菲多（Elfido）是 12 个健在的孩子中的长子，出生于 1869 年。年龄第二小的茱莉亚（胡安妮塔）出生于 16 年后的 1885 年。虽然埃尔菲多在科罗拉多州的拉斯阿尼马斯（Las Animas）村度过了几年童年时光，但大多数时间，他们俩都是在父母身边长大的。然而，在许多方面，他们的童年都很不同。埃尔菲多于 1870 年代长大，当时他父亲多马西奥（Domacio），一个圣塔菲的商人，在普加托阿河中失去了自己的牛车。

多马西奥必须通过在托皮卡艾奇逊的工程，和穿过新建的西拉斯阿尼马斯镇的圣塔菲铁路做工来重新赚钱；而七岁的小埃尔菲多则在西拉斯阿尼马斯镇放牛。相比之下，在1890年代茱莉亚长大的时候，多马西奥先生在家中经营邮局和杂货店。茱莉亚写道："到1885年我出生时，爸爸已经有钱了。"（Hudson 1987a）当然，这些不同的情况对其所产生的考古记录，以及他们兄妹各自生活的物质环境产生了深远的影响。

兄妹两人都描述了与父母一起到科罗拉多州特立尼达（Trinidad）露营的旅行，他们的描述能说明不少问题。埃尔菲多记录与父亲一起去城里磨小麦的路上，他写道：

> 夜幕降临之后，特立尼达和埃尔莫罗（El Moro）之间的路上有许多轻便马车。这些马车的各个边角上有灯，马也在小跑着。我当时认为这是我见到过的最漂亮的景象。我觉得我几乎没有睡着过。这景象对我来说确实不错。（Lopez 1998：28）

在那个时代的遗址中，货车零件和与货车相关的牲畜鞍辔到处都有；另外，步道、马车道和大路也随处可见。然而，在有关圣塔菲道路的货运、国际贸易和旅行的所有学术研究中，很少有人讨论黑暗降临、温度变低时的运输问题。在夏季，美国南部平原和西南地区白天气温会变得酷热。像埃尔菲多这样的例子可以让考古学家和历史学家了解这种夜间的旅行。

之所以到现在为止很少有人描述这种夜间旅行，可能与美国学者相当依赖盎格鲁裔美国旅行者用英文写成的报道，而不是西班牙语的报道有关。在熟悉的空间或家园中旅行得到的体验与在新鲜而陌生的环境中，遇到不熟悉有时甚至有敌对情绪的居民的旅行体验当然有所不同。（Sunseri 2015）在讲英语的来自美国东海岸居民的旅行日记中，没有什么人会提到在夜间旅行；在黑夜到来时，马车常常会围成一圈，以抵御潜在的印第安人的袭击，无论是真实会发生的还是想象中的。然而，在边疆地区出生和长大的非印第安人与印第安人之间的关系则有所不同。他们有时是敌人，但大多数时间里是邻居（vecinos）、朋友和家人关系。（Frank 2007）

苏珊·玛格芬（Susan Magoffin 1962）来自美国东海岸，她嫁给了一位爱尔兰裔美国商人。因为她详细的日记保留至今，所以她可能是19世纪沿圣塔菲小径旅行的最著名的盎格鲁裔美国妇女。1846年，她从圣塔菲向南骑行到墨西哥奇瓦瓦（Chihuahua）。让她感到不安的是，伴随她这段旅程的来自边境地区的商人们为了避开白天的高温，宁愿在夜间旅行。

> 月亮（La Luna）在大约10点的时候升起，并为我们的旅程提供了美丽的光源：道路是坚硬和平坦的，我们取得了良好的进展，行走了25英里（约40公里——译者），于今天凌晨2点钟到达这个地方……不过我并不支持在晚上旅行，因为我不得不在车厢里闭上嘴，行进在一条我一无所知的路上，而车夫一直在点头打瞌睡，任由手中的缰绳垂落，把控制权完全交给了驴子。我整夜都在发烧，尽管每个人都在狠狠地抱怨寒冷。（Magoffin 1962：199）

她用这种方式描述了他们是怎样穿越"死者的一日游（Jornada del Muerto）"，这段属于圣塔菲和奇瓦瓦之间的皇家之路（El Camino Real）。旅行者在这段路上几乎，甚至完全找不到水源。像大多数沙漠一样，白天可能会酷热难耐，晚上则比较寒冷。在这种情况下，点燃灯笼，如埃尔菲多小时候所看到的那样，让牛和其他牲畜在夜间旅行就容易多了。

显然，像玛格芬这样的旅行者穿越这个月光照亮的地区的体验，与昏昏欲睡的车夫那样的当地人所经历的截然不同。虽然星光在大平原广阔的地区是很重要的，但是在云少的天气下，在夜里四分之三的时间，月亮提供了特别清晰的光。道路两旁有排好的岩石，树丛都已被清理，有堆石标做好了记号，或干脆压出了有两条车辙的马车道路，使人或牛在夜间几乎不需要导航就可以行走。重要的是要做到离开遗址和遗物这一考古学家的舒适区域，到边境地区月光下的道路、栅栏、堆石标和人行道路的景观里去："随着时间的推移，空间中感官和目的性体验的增长会将累加的记忆填充到一种对具体地方产生的感觉中。"（Sims 2009：386）

在埃尔菲多和父亲一起旅行并露营的十多年后，茱莉亚描述了与她哥哥类似的过夜露营之旅，但是这次她是跟父母，以及一两个兄弟姐妹一起旅行的：

> 爸爸和妈妈曾偶尔去特立尼达（科罗拉多州）旅行并购物，当我们两个或三个最小的孩子被允许跟着他们旅行时，这是一种极大的享受。我们总是坐着由一群大马拉的马车，总是在第一夜就扎营。在篝火旁，爸爸会告诉我们有关之前定居者和早期拓荒者们的激动人心的故事。篝火一直燃烧到深夜。我们最终会在狼和郊狼的嚎叫声中睡着。我们一点都不感到恐惧；这是我们成长经历的一部分。我们知道上帝会照料我们。（Hudson 1987a：5）

在给她孙子的信中，她详细写道：

> 睡在星空下的感觉真是好极了。让我想起了那时爸爸和妈妈……驾着大马车去特立尼达购物。我们睡在老本特堡垒（Old Bent's Fort）的废墟上。我们觉得这是一种绝佳的享受。这是一段85英里（约136公里——译者）长的旅程，花了我们两天时间才走完。我们喜欢露营，醒着时听爸爸讲述他们早年做农庄主的经历。也有关于抢劫别人的印第安人的故事。（Hudson 1987b：58）

这个例子正是只在这类被火光点亮的夜晚才会出现的社会再生产和记忆。晚上露营在威廉·本特（William Bent）的旧贸易堡垒的废墟上，这些关于家庭和地区历史的故事并不是被偶然提及，事实上，茱莉亚在她的回忆录中两次提起这件事："正是在这些时刻，当个人从日常经验的流程中脱离，并把自我意识放置到某地——此时他们停下来并积极地感受这些地方——他们与地理空间的关系最为清晰可见，也会被人感受到。"（Basso 1996：54）"历史和土地同在。地理学以很自然的方式将不同的讲述者和故事带入了审美和社会的融合。"（Glassie 1982：111）在这个大背景下，历史对于茱莉亚来说不是抽象的，而成了她孩童时期个人和社会的自我意识的基础。"参与其中的人也可能会沉迷于有关自己的各个方面，沉迷于自己不断发展的身份的边边角角。"（Basso 1996：55）当她在星空下将这些篝火故事记在心底时，茱莉亚的家庭历史和身份认知，尤其是她觉得"抢劫别人的印第安人"带来了危险的感觉，明显不同于她哥哥对这些人的回忆。在哥哥眼里，美国原住民是父亲一辈的亲戚。他在回忆录中还提到与一个犹特族（Ute）孩子一起玩要。（Lopez 1937）

除了照明技术的变化，很明显，埃尔菲多和茱莉亚的叙述中还描述了与照明相关的记忆和社会环境的变化。在埃尔菲多1870年代和茱莉亚1890年代的经历之间，由于与印第安人之间的关系、性别角色，以及每个孩子都熟悉的照明技术的变化，人们对夜空的感知也随之发生了转变。在埃尔菲多的叙述中，他压根没有提到星星。他7岁起就独自放牛，夜空对他来说无疑是熟悉的。许多早期的旅行者将大平原描述为一片海洋。"在阿拉伯世界，星星被用来在海上和沙漠中导航。"（Agius 2005：156-157；Varisco 1997；在 Nash 2007：162 中均引用）埃尔菲多的父亲多马西奥·洛佩兹形容1870年的草丛是如此之高，以至于当他的牛躺在蓝茎草上时，他是找不到它们的。（Lopez

1998: 28）当跟随着牛群穿过河流到达开阔大草原"平地"上的草丛时，对于负责放牧的男孩和男人们来说，星星就是天黑后导航的重要工具（图5.2）。长大一些后，埃尔菲多去为当地牧场主放牛，并在外面度过了几个月。"我们确实努力地工作。我们会在天黑后上床睡觉，起床后在火光下吃早餐，然后在天亮前就上马。我认为我们每天工作15到16个小时，因为我们晚上还必须起床并站（值守）两个小时。"(Lopez 1998: 34）

除了养牛，洛佩兹一家还要干农活。曾经，一条灌溉沟渠负责供水给他们沿普加托阿山谷分布的房屋、苜蓿田、果园和厨房花园。在新墨西哥的村庄以及牧场中，男孩和男人主要负责管理农田的灌溉沟渠，有时甚至是在晚上管理（见内森，本书第16章）。大型的主要灌溉沟渠（Acequias）和分支灌溉沟渠沿着美国边疆地区的河流分布，之间相隔一定的距离，穿越当地的自然景观。考古学家也记录了旧的闸门和沟渠的遗存，其中一些仍然可使用。我们很少将这些精心管理的水道看作既是白天，也是晚上进行的人类活动的具体指示。但是，在干旱时期，灌

图5.2 日落和南部大平原上空的云（拍摄：米内特·丘奇）

溉分配确是24小时都会进行的。因此，必须有人保持清醒状态以监视沟渠，并在夜里适时打开或关闭水闸。新墨西哥州当地词语"acequia"起源于阿拉伯语，经西班牙和墨西哥改动后传入。在哈里特·纳什（Harriet Nash 2007）在阿曼的一个案例研究中，男人和男孩们即使有手表，也会用星星来对灌溉计时。

> 看来，对星星的使用主要仍存在于较小的居住区，这些地区仍然依靠农业为生，那里的光污染不如城镇里严重，而且社区倾向于遵循传统方法。许多星星的名称与文献中星星的阿拉伯语名称不同，用于灌溉计时的星星在不同村庄之间也有所不同。不同村庄的观星方式也各不相同：在某些村庄，星星从地平线上升起后开始观测，而在其他一些村庄，时间是通过星星位于人造标记的上方或下方，或星星到达天顶时而得知的。（Nash 2007：157）

在干旱的科罗拉多州边境地区，村里的男人和男孩也应该以同样的方式用星星来指示夜间配水时间何时开始和结束，就像牛仔可能会使用星星来辨认他们两小时的守夜时间应该在何时结束一样。他们可能没有绝对的时间感觉；随着季节的变化，夜晚时间会延长或缩短，星星在天空中的相对位置对于陆地景观也会发生变化。在这种情况下，就像在阿曼一样，水的分配量是按允许流入田间的时间长短来衡量的，而不是按绝对水量。这就意味着在干旱时期，每个人都要承担缺水的痛苦。

> 根据情况要求，供水管理员负责启动和施行严格的轮流供水制度……由于人的身体条件所限，常常需要在24小时基础上进行轮作。由于很少有农民喜欢在夜间灌溉田地，因此灌溉时间是抽签决定的。（Meyer 1996：65）

一方面，在干旱的环境中，夜间蒸发率低，农民在单位时间内会获得更多的水分，但另一方面，夜间灌溉意味着没有蒸发冷却效应来缓解白天高温造成的枯萎影响。"当水稀缺时，全家人可能整夜都在灌溉小块的土地，这是因为水可能被引到沟渠里的时间只有24个小时，他们必须做到物尽其用。"（Otero Warren 1936：62）在西班牙和墨西哥殖民地边境的早期，人们维护沟渠时，对于敌人、印第安人或者其他威胁并没有防御能力。（Jun Senseri，个人信件交流，2016年8月）对于邻里之间发生的冲突也没有防御能力。

在这种稀缺资源的管理中，各社区可以团结一致，也可能四分五裂。所有这些形式、等级制度以及有时围绕灌溉和水资源的政治立场（Crawford 1988；Meyer 1996；Rodríguez 2006）都源于这样一个事实，即在干旱的西南部，围绕着水的获取而产生的冲突，就像养牛的牧场主和养羊的牧场主之间发生的冲突（后者通常是西班牙裔，前者通常是盎格鲁裔美国人），以及牧场主和农庄主之间发生的冲突。与这些冲突相关的破坏行为，比如围栏切割和水闸破坏（Rodríguez 2006）会在夜间发生。"在严重的干旱时期，冲突经常被诉诸法院，配水问题甚至会导致杀戮行为。"（Otero Warren 1936：62）系统性地委派水渠法官、本地民选官员（mayordomos）和其他官员来管理这个问题是必不可少的。连同现存已被弃用的灌溉沟渠和水闸遗存，考古学家记录了围栏的界线，农耕者用这个有争议的方式将"开阔的大草原"分割开来。边界以平原上纵横交错布置的腐烂的木材做成的木桩或倾斜的石灰石作为标记。所有这些景观遗迹都标出了可以被解读为冲突景观的地区（Shackel 2003）。而大部分冲突可能是在夜间发生的。

颠覆性的夜间活动反映了19世纪农村社区不同身份的分裂。面对社会分歧和新出现的不平等现象，裂痕产生了，例如，相对于上游其他社区，位于水渠末端的家庭为长期缺水所困扰。西班牙裔牧羊者和盎格鲁裔美国养牛人之间出现了紧张局面。在1880年代，由于新的公司雇用的非自住的养牛工人声称对之前开放的草原有拥有权并将其封闭起来，有些人产生了负面情绪，也造成了紧张局面（Reed and Horn 1995）。

事实是，在农场和牧场劳动意味着男人和男孩生活中很大一部分时间都待在室外，无论是白天还是晚上。因此，埃尔菲多对他与父亲一起露营时看到的熟悉的星星并无评价，而是被经过的马车上的蜡烛灯笼吸引。当时他的父亲和其他家庭正在用木铲挖灌溉沟渠，并用木犁耕作。在12位沿着普加托阿河开挖主要灌溉沟渠的男子中，只有6人买得起金属铲子（Lopez 1998）。我们发现的任何可能有考古学意义的产品，例如灯和灯油瓶，早在铁路运输到来之前就已通过中间商的载人或运货马车运来，导致成本上升。到了茱莉亚小时候，沿着艾奇逊、托皮卡和圣塔菲铁路一线的货物运输加快了此类货物到达她父亲的邮局和综合商店的速度。

茱莉亚特别提到她离开家在外露营时看到的星星，这不仅说明在她小时候，她的父母晚上在家可以更方便地使用油灯这一事实，而且还谈到了关于农庄性别化地理的社会事实。在日常训练中被她称为"caballeros"（绅士、牧马人和牧牛人）的男孩睡在牲畜广场周围的房间里，在两名普埃布洛陶斯人（Taos）雇工的房间附近。根据她的描述，这两名雇工干的是低级别的农活。女孩们则总是睡在正屋里。在夜空下睡觉（或醒着）对她来说很新奇，而对大她很多的哥哥而言却没什么新意，其中复杂的原因不仅涉及新的、实惠的照明技术，而且也涉及家庭的社会流动性以及性别化的家庭实践活动和职业选择。

另一个叙述展示出了科罗拉多—新墨西哥边境地区的本地人对夜间旅行的熟悉程度，以及考古学家应如何适当地看待道路和步道这些交通地形。阿德丽娜（尼娜）·奥特罗·沃伦（Adelina [Nina] Otero Warren）讲述了一个关于夜间旅行的迷人的故事。阿德丽娜女士是美国西南地区本地人，也是主张扩大选举权者和圣塔菲地区教育局局长。

她出生于1881年，仅比茱莉亚·洛佩兹早出生4年。她当时在巡回检查从新墨西哥州一直延伸到科罗拉多州南部的乡村学校。

在高高的山上，黑暗突然降临，就像帘子降下来遮掩住我们的眼睛一样，不过是以一种更壮丽的形式，但是我们是幸运的。月亮从山脉后升起，皎洁的月光照亮了乡村地带。微风拂过松树，它们散发出芬芳的气味，使峡谷中的宾客感到一阵清新——这就是夜晚的清新味道（el refresco de la noche）。突然我听到一个男人在唱歌。我回头看，发现他骑在马上跟着我们。他是特奥菲洛（Teófilo），我辖区的一位校长。

我问他："特奥菲洛，都这个时间了，您要去哪里?"

"去圣塔菲，夫人。"

"去圣塔菲啊! 那可是30英里（约48公里——译者）的路啊。您要很晚才能到那里。我可以帮您去办事吗?"

"不用，女士。请不要为我担心（No tenga pensa [miento]）。"

我们继续前进。队伍里的印第安男孩自始至终都一言不发。特奥菲洛只是在我们视线范围内跟着。月亮渐渐升高，给我们带来越来越亮的月光。起初，高大的松树看起来像是不敢靠近我们的哨兵，但渐渐地，它们变得更加友好，此时特奥菲洛开始唱："在此处森林里，我能听到自己悲伤的想法（Alli en un bosque donde yo me —— solo se [oye] mi triste penar）。"

它的旋律，它的感染力，"我能听到自己悲伤的想法!"

小西班牙裔社区、山、月亮、特奥菲洛的声音打破了沉默。夜晚的美景（La hermosura de la noche）! 我们终于到达了南贝（Nambé），当我谢过并付完钱给那个印第安男孩，正要上车时，我注意到特奥菲洛仍在跟着我们。他追上来对我说：

"您还好吗，阿德丽娜女士?"

"我还好，谢谢。"

"您确定您的车不会出故障吗?"

"我想不会的。"

"那么，祝您晚安，愿上帝与您同在（buenas noches, y Dios la cuide）。我这就回昆迪约（Cundiyo）。但是我想先问您一下，是否愿意到了圣塔菲之后帮我寄一下这封信？"

"难道您自己不去那里？！"

特奥菲洛笑了笑，鞠了一躬，披上他的外套，渐渐消失在夜色中。他已经跟着我们走了10英里（约16公里——译者），只是为了确认我们没有在山区迷路。这就是我的乡亲们。（Otero 1931：149-151）

"这就是我的乡亲们。"这句话显然是指在这个以景观、社区和夜间为基础的故事中所蕴含的身份认同和社会记忆（cf. Basso 1996）。正如格拉西在乌尔斯特所指出的那样，"确保来访的邻居可以找到房主知道的最佳行进路线，是待客之道"。

这片土地泥泞不堪，在棘手的树篱迷宫中遍布着复杂的路线……安全到家，亨利。上帝保佑，彼得。一切顺利。安全到家。上帝保佑。我继续以对话的音调说着单词，直到我从小道走出来，到了大路才停止。狭窄的小路围满了树木，外面就是沼泽和田野，天空就是一片漆黑。没有光，也完全没有任何声音。（Glassie 107：108）

这些故事每一个都是关于人的，特奥菲洛和彼得·弗拉纳根（Peter Flanagan），他们沿着道路和小径，积极地帮助访客——教育局局长和民俗学家——融入当地社区。虽然发掘数据中的类似煤油灯、破损的茶杯或蜡烛灯笼等奇怪的东西可以定义作为晚上家庭活动的社区活动，但是我们也应该以一种新的方式观察周围的景观。根据这些描述，可以重新解释道路和小径，马鞍和院子空间等遗存。

茱莉亚和她的同时代人指出，正是在凉爽的夏夜或温暖的冬夜，他们聆听着长辈们的叙述，了解了历史、身份认同和神话。这种文化教育包括学习歌曲和演奏音乐。阿德丽娜女士继续描述着她学区里的典型家庭：

> 在漫长的冬夜里，我可能会看到同样一个家庭，他们坐在开放式壁炉前，父亲弹吉他，孩子们吹笛子或口琴，其余的人则开心地唱着歌加入其中。(Otero 1931：149-151)

较长的冬季夜晚应该为此类聚会提供了大部分时间。洛佩兹家的男孩很可能在白天长时间的放牛工作中用口琴演奏音乐，但是我们在洛佩兹家遗址发现的手风琴、六角琴或口琴（图5.3）也很有可能主要用于晚间聚会，无论是在集体跳舞还是与家人聚会中。茱莉亚还写到了他们家里的社交之夜：

> 附近的邻居约翰·利特尔顿（John Littleton）以前会在晚上过来。我和梅拉（Mela）都很崇拜他，因为他是大学毕业生。他通常带书过来。我很清楚地记得有一位老师，比斯利（Beasley）小姐，因为她待的时间最长。在星期五和星期六晚上，大人们经常会去打牌。他们喜欢玩一种叫作"红心大战"（Hearts）的牌局。梅拉和我还太小，没法参加，所以我们只是看着大人们玩，或者一直看书，直到睡觉时间。(Hudson 1987b：47)

因为有油灯的存在，这种消遣活动才可能发生，比如看书直到睡觉时间，以及成年的邻居成为亲密的朋友后的共同消遣。而在16年前，油灯是她的大哥无法负担的；他一直不识字，直到他未来的妻子把识字作为追求她的基本要求时，他才学会（Lopez 1937）。他们的母亲也不识字；像她那代新墨西哥女性中的大多数一样，即使她的出身不俗，洛蕾塔·达西娅·洛佩兹（Loretta d'Arcia Lopez）也并不识字。在1870年领土人口普查（US Bureau of the Census 1870）中，她

图5.3 洛佩兹广场遗址出土的口琴簧片（拍摄：米内特·丘奇）

被标注为文盲，她的儿子也确认这一点（Lopez 1998）。一般而言，阅读、写作和簿记通常是那一代人中属于男人的夜间活动，通常用蜡烛或油灯作为照明。

宗教和社区

夜间活动的意义，以及对这些空间和遗物的考古学解释，会把社会活动和仪式活动联系起来。晚上在人们家中进行的世俗社区活动有时会与依照天主教会日历举行的聚会融为一体。夜间一直是天主教会的仪式时间：按照小时进行的礼拜仪式包括晚祷（下午6点），睡前祷（晚上9点），夜祷（通常是午夜）和黎明祷。玛丽·赫姆斯（Mary Helms 2004：178）指出："关于修道院生活的详细学术讨论通常更强调白天的活动；对夜间精神性做更深层次的、意识形态方面的解读尚属空白。"与其相对的是，她认为欧洲早期的修士"是典型的生活在黑暗中的人，因为午夜祷（或前夜祷，vigil）是他们持续时间最长的礼拜仪式，每晚都在几乎没有照明的黑暗的教堂中进行"（2004：177）。茱莉亚·洛佩兹·哈德森（Julia Lopez Hudson）在给儿子的一封信中写道："我喜欢晚上祈祷上帝为我的孩子们祝福后的安静时光。"（Hudson 1987b：47）

阿德丽娜女士描写了她在巡视中遇到的住在科罗拉多南部的一家人，这为有兴趣定义居址空间和天主教仪式的考古学家提供了一些解释性帮助：

> 一间房间被专设为圣殿或小礼拜堂，在此处，蜡烛在圣徒和上帝像前燃烧着。一家人每天晚上聚在这里，点燃蜡烛，然后做晚间祈祷。一个虔诚的宗教人士，其所奉宗教会渗透到每一个想法和行动中。当这些人看着桑格雷－德克里斯托（Sangre de Cristo）山脉上的积雪时，他们会感到这是上帝的旨意，表明小溪里会有可以用于庄稼灌溉的水。"为什么我们是天主教徒？ 因为我们是西班牙人。"有的居民这样说道。（Otero 1931：149–151）

这个时期的房屋虽然不大，却容纳了整个大家庭。将一个房间，哪怕是暂时专门用作礼拜堂，是对主要（如果不是专门）在晚上进行的活动提供场地而做出的重大奉献。

许多边境地区的家庭仅由巡回牧师提供服务，因此常规的天主教仪式由各个家庭举行，在这些家庭中，宗教活动经常与生活中对水的忧虑结合在一起。

> 是的，在聚会开始的前九天，我们每晚都要进行这个连续九天的祈祷式（novena）。我们在不同的房子里聚会，每间房子待一晚。他们为仪式提供房屋。然后我们去不同的房子。（Rodríguez 2006：85）

各社区时不时地排起长队访问当地的灌溉遗址，以纪念圣徒，祝福主要沟渠（acequia），并对最稀缺的水源表示感谢（Rodríguez 2006：85）："在我丈夫去世前，我和他已经连续进行了12年的'九天祈祷仪式'。

图5.4 洛佩兹夫妇建造的多洛雷斯教堂遗址（拍摄：米内特·丘奇）

我们会去拜访沟渠管理者（mayordomos）。"在此类活动中，白天和黑夜举行的天主教仪式被用来赞美或祝福历任的沟渠管理者。

洛佩兹夫妇在他们的土地上修建了一座被称为"visita"的小型建筑（没有常驻牧师的小教堂，图5.4），称为多洛雷斯教堂（Mission Dolores），并通过邀请居住在峡谷、信仰任何教义的居民来建立一个社区（Hudson 1987b）。在整个边境地区类似的教堂中，各社区在晚上聚集起来，敬拜诸位守护圣徒和站在新月上、身披布满星星的斗篷的各种版本的"圣母玛利亚"（Our Lady，图5.5）。

> 我们在教堂聚会，然后在圣伊西德罗耕农节（San Isidro）前夜与圣人像一起游行……也许花大约半个小时祈祷、唱歌和做别的事情，然后我们要求代祷。我们要求上帝保佑向此活动提供房屋的人，我们求上帝保佑所有逝者和做类似的事情。然后他们唱圣伊西德罗耕农节的歌曲，之后就结束了。最后，我们在一起聚会，吃饭。有些房子他们都会进去，比别的房子人多。（Rodríguez 2006：86）

图 5.5 新墨西哥州特拉姆帕斯的沟渠管理者将神龛里的圣人像归位。该像之前被3 英里（约 4.8 公里——译者）外的小教堂借出一晚进行礼拜活动（约翰·科利尔 [John Collier] 1943；美国国会图书馆，印刷品和照片部，FSA / OWI 收藏第 LC-USW3-T01-015215-C 号）

这样的聚会可能牵涉茱莉亚记忆中的她母亲制作和储存在瓷罐中的接骨木果酒（图 5.6），其中有些瓷罐碎片遍布在洛佩兹遗址上（Hudson 1987a）。人们不大可能在工作日喝酒。

奥特罗·沃伦描述自己是参与在拉斯·赫曼诺斯·德·拉·弗拉滕尼达德·皮尤卡·德·纽斯特罗·帕德雷·耶苏斯·纳扎雷诺（Los Hermanos de la Fraternidad Piadosa de Nuestro Padre Jesús Nazareno），通常被人们称为佩尼滕特兄弟会（Penitente

图5.6 洛佩兹广场遗址的瓷器碎片（拍摄：米内特·丘奇）

Brotherhood）所建造的礼拜堂（morada）举行的仪式中唯一的女性。礼拜堂遗存分布在科罗拉多—新墨西哥的边境地区景观中，并总是与一条标有耶稣受难像（Station of the Cross）的旧的游行小径有关系。考古学家西姆斯（Sims 2009：391）提出："如果我们要按照建造者的意愿重新体验这些古迹，那么我们至少要按照规定走一遍。"阿德丽娜女士以其特有的风格，用非常实际的、基于自己经验的语言描述了这一仪式：

> 我们都起来了，离开了教堂。两名带灯笼的男子带领游行队伍……现在已经很黑了，虽然星星出现并能照亮部分天空……路径上的灌木丛（chamiza）已经被清除了，但道路崎岖不平，满是沙子……突然，灯笼的光反射出了一个物体——耶稣受难像（Calvario）。我周围的场景变得与众不同……我们慢慢沿着脚印退回，做最后的祈祷……一阵风熄灭了蜡烛，我在满月的光照下走进了夜色中。（Otero 1936：82）

在巡回牧师的访问间隔中，本地家庭在没有神职人员的监督下聚集在一起参加这种仪式，他们还建造了小教堂来专门举行佩尼滕特兄弟会的活动，并远离了相对正式的小教堂。小教堂通过小径与定居点相连，并与正式的游行路线相关联。这些路线在夜间必须是可视的。在圣诞节前后的神圣日子里，人们在夜间探访不同的房子仍然用小蜡烛灯（farolitos）照明。一些灯是用回收的破罐子提炼的锡制成的，遗存在考古工作中被发现。洛佩兹遗址上的一条小路铺满了白色石灰石，它们可能会反射任何弱光线。回忆录指出，要定期清除树丛和过度生长的植物，使其远离游行和交流的路线。

同样，社区的分裂与社区的创建一样活跃，并且可以在宗教术语中以夜间不祥的活动来设定。巫术和预言是传统故事（cuentas）中的常见主题，并出现在民族志叙述中。

> 村里的一个人报告说，他有一天晚上听到一只猫头鹰在他家后院的一棵树上叫。他当时出去射击这只猫头鹰。受伤的猫头鹰飞走了。第二天早晨，一位亲戚探视了一个住在附近的老妇人。据说那个老妇人受伤了。这个人肯定以为她就是他开枪打过的猫头鹰，而且他也是这样跟别人讲的。（Valdez and Valdez de Pong 2005：175）

美国西南部传说中的预示灾难的动物是猫头鹰。变形和巫术的故事，例如切割围栏和纵火的故事，几乎总是被设定在晚上发生。这样的故事说明了格拉西和巴索（Basso）描绘的故事是如何成为社区中与人为善画面的反面；也可以将某些人定义为超越界限，甚至是被社会抛弃的人。（Darling 1998; Walker 1998）

结 论

本章讨论的重点不在于寻找夜间活动的考古学特征，而在于把寻常的考古发现和景观遗迹置于夜晚的大环境中。从不断变化的照明技术开始，到洛佩兹广场有人居住的时期（1870年至1903年），解读范围扩大到了包括为了工作或礼拜目的而反复在晚上举行的社区聚会而完成的社会再生产，以及在这种大环境下，重复记叙的阶级出身和身份认同。无论是在家庭还是社区范围内，这种社会记忆和身份创造的行为都会随着每次重新讲述时细节的添加、删除或更改而改变（Halbwachs 1992；Hobsbawm and Ranger 1983；Glassie 1982；Shackel 2003）。此类活动举行的场所和机会也会随着新技术的发展而变化，这些新技术会影响人们在夜间的互动方式，不论是在家中还是在整个地区。我们不断变化的由照明带来的体验，从火，到蜡烛，油灯，气灯，钨灯，再到荧光灯，LED 灯，这些体验影响着家庭的日常活动、故事讲述、旅行、个人和集体举行的仪式，并且已经开始影响我们体验夜空的能力。在 2016 年，我们已不能再按照西姆斯（2009：391）的建议，像尼娜·奥特罗·沃伦在 20 世纪初所做的那样，走进一个没有任何干扰的夜晚，"以建造者的意图重新体验这些古迹"。

1970 年代，当民族志学家保罗·库切尔（Paul Kutsche）和约翰·R. 范·内斯（John R. Van Ness）探访新墨西哥州北部峡谷城（Cañones）一带的居民时，当地一些老人从 1950 年代初期就开始抵制农村电气化（Kutsche and Van Ness 1988）。这些老人，也被称为 viejos，争辩说，油灯和煤油灯发出的柔和光线对他们来说更为舒适。一个叫安东尼奥·塞拉诺（Antonio Serrano）的年轻人的话总结了不同年代的人的态度差异："油灯使人悲伤。"（la luz de aceite es triste.）年长的居民珍视伴随他们一生的故事和回忆，这些故事和回忆主要由火、油灯、烛光甚至星光提供照明。他们对历史和身份认同的感觉，以及邻里之间的情感，被蜡烛和油灯发出的亮光所包裹，这与后来供他们选择的钨丝灯和随之而来的晶体管、无线电在质上就有所不同。相对于生活在1970年代的年轻的安东尼奥，毫无疑问，生活在19世纪到20世纪初美国西南边境地区的村民们会觉得夜晚并不是那么陌生和危机四伏，而蜡烛和油灯的光更是让人感觉熟悉。

将夜晚重新定位为人类活动的大背景，需要我们在夜间的室内和室外活动的背景下重新思考社会记忆和社区的建立过程。白天，在农场或牧场上，人们耕种或放牧。这些任务通常是可以独自完成的，这就将父母和孩子，以及兄弟姐妹之间按不同年龄和性别进行分配。在晚间的聚会或旅行时，传统才会被反复践行和讲述，且受到每次反复讲述时的新环境带来的影响。正如格拉西（1982：77）对乌尔斯特农场做出的注释："明天他们将成为邻居，遇到困难时，一起工作的人们会相互依靠。"对于1950年代在峡谷城抵制使用电力照明的老年人而言，夜晚承载的意义不仅仅限于照明所带来的实用技术的挑战。像尼娜·奥特罗（Nina Otero 1931）一样，他们不仅没有从昏暗的油灯和星光中体会出悲伤，反而从"晚间的苏打水"(el refresco de la noche)中找到了精神寄托。

致 谢

衷心感谢南希·贡琳和阿普里尔·诺埃尔，让我有机会参与对物质性和夜晚的探索，这个探索不仅硕果累累，而且充满乐趣。感谢她们仔细阅读拙作并反馈给我有帮助的评语和建议。还要衷心感谢汤姆·温（Tom Wynn）、奥德丽·霍宁（Audrey Horning）和马克·加德纳（Mark Gardiner）——他们分别是旧石器时代考古、后中世纪时代考古和中世纪时代考古方面的专家，感谢他们对本章草稿的深思熟虑的

阅读和评论。在这些帮助下，本章得以改进和深入。难免仍有不恰当之
处，由作者一人负责。

参考文献

Agius, Dionisius A. 2005. *Seafaring in the Arabian Gulf and Oman: The People of the Dhow*.
London/Bahrain: Kegan Paul Arabian Library.

Allen, William C. 2005. *History of Slave Laborers in the Construction of the United States
Capital*. Washington, DC: Office of the Architect of the Capitol.

Basso, Keith H. 1996. *Wisdom Sits in Places: Landscape and Language among the Western
Apache*. Albuquerque: University of New Mexico Press.

Battle-Baptiste, Whitney. 2011. *Black Feminist Archaeology*. Walnut Creek, CA: Left Coast
Press.

Book Committee. 1993. *Bent County (Colorado) History*. Las Animas, CO: Book Committee.

Claassen, Cheryl, and Margaret W. Conkey, eds. 1991. *Exploring Gender through Archaeology:
Selected Papers from the 1991 Boone Conference*. Monographs in World Archaeology
No. 11. Madison, WI: Prehistory Press.

Crawford, Stanley G. 1988. *Mayordomo: Chronicle of an Acequia in Northern New Mexico*.
Albuquerque: University of New Mexico Press.

Darling, J. Andrew. 1998. "Mass Inhumation and the Execution of Witches in the American
Southwest." *American Anthropologist* 100(3):732–752. https://doi.org/10.1525/aa.1998.100.3.732.

Ekirch, A. Roger. 2006. *At Day's Close: Night in Times Past*. New York: W. W. Norton.

Frank, Ross. 2007. *From Settler to Citizen: New Mexican Economic Development and the
Creation of Vecino Society, 1750–1820*. Berkeley: University of California Press.

Gero, Joan M., and Margaret W. Conkey, eds. 1991. *Engendering Archaeology: Women and
Prehistory*. Malden, MA: Blackwell Publishers.

Glassie, Henry H. 1982. *Passing the Time in Ballymenone: Culture and History of an Ulster
Community*. Publications of the American Folklore Society, New Series. Philadelphia:
University of Pennsylvania Press.

Halbwachs, Maurice, ed. 1992. *On Collective Memory*. Trans. Lewis A. Coser. Chicago:
University of Chicago Press.

Helms, Mary W. 2004. "Before the Dawn. Monks and the Night in Late Antiquity and Early
Medieval Europe." *Anthropos*, Bd. 99, H. 1:177–191.

Hobsbawm, Eric J., and Terence O. Ranger. 1983. *The Invention of Tradition*. Cambridge, UK: Cambridge University Press.

Hudson, Julia. 1987a. Excerpts from the *Ranch Journal of Julia L. Hudson* and *Reminiscences of Her Early Life on a Cattle Ranch in Southeastern Colorado (on the Purgatoire River) 1885–1903*, edited by J. Paul Hudson. Manuscript in possession of USFS Office, 1420 E 3rd St, La Junta, CO 81050.

Hudson, Julia. 1987b. *Appendix I: Julia Hudson's Ranch Journal*. Manuscript in possession of USFS Office, 1420 E 3rd St., La Junta CO 81050.

Ingold, Tim. 2007. "Earth, Sky, Wind, and Weather." *Journal of the Royal Anthropological Institute* 13(s1):S19–S38. https://doi.org/10.1111/j.1467-9655.2007.00401.x.

Johnson, Matthew. 1999. *Archaeological Theory: An Introduction*. Oxford: Blackwell.

Kutsche, Paul, and John R. Van Ness. 1988. *Cañones: Values, Crisis, and Survival in a Northern New Mexico Village*. Salem, WI: Sheffield Publishing Company.

Lopez, Elfido. 1937. *Some Memories from My Life*. Elfido Lopez, Sr. Collection (MSS #813). Denver, CO: History Colorado.

Lopez, Elfido. 1998. "Some Memories from My Life, as Written by Elfido Lopez, Sr." Ed. and annotated by Richard Louden. In *La Gente: Hispano History and Life in Colorado*, ed. Vincent C. De Baca, 21–44. Denver: Colorado Historical Society.

Magoffin, Susan S. 1962. *Down the Santa Fe Trail and into Mexico: The Diary of Susan Shelby Magoffin, 1846–1847*. New Haven, CT: Yale University Press.

Meyer, Michael C. 1996. *Water in the Hispanic Southwest: A Social and Legal History, 1550–1850*. Tucson: University of Arizona Press.

Nash, Harriet. 2007. "Stargazing in Traditional Water Management: A Case Study in Northern Oman." *Proceedings of the Seminar for Arabian Studies,* Papers from the fortieth meeting of the Seminar for Arabian Studies held in London, July 27–29, 2006, 37:157–170. Oxford: Archaeopress Publishing Ltd.

Otero, Adelina. 1931. "My People." *Survey Graphic* (May): 139–151.

Otero Warren, Adelina. 1936. *Old Spain in Our Southwest*. Chicago: Rio Grande Press.

Reed, A. D., and C. Jonathan Horn. 1995. *Cultural Resource Inventory of a Portion of the Picketwire Canyonlands, Comanche National Grassland, Las Animas and Otero Counties, Colorado*. Report for the Pike and San Isabel National Forests Cimarron and Comanche National Grasslands by Alpine Archaeological Consultants, Inc. Denver: Office of Archaeology and Historic Preservation.

Rodríguez, Sylvia. 2006. *Acequia: Water Sharing, Sanctity, and Place*. Santa Fe, NM: School for

Advanced Research Press.

Schmidt, Robert A., and Barbara L. Voss. 2005. *Archaeologies of Sexuality*. London: Routledge.

Shackel, Paul A. 2003. "Archaeology, Memory, and Landscapes of Conflict." *Historical Archaeology* 37(3):3–13. https://doi.org/10.1007/BF03376607.

Sims, Lionel. 2009. "Entering, and Returning from, the Underworld: Reconstituting Silbury Hill by Combining a Quantified Landscape Phenomenology with Archaeoastronomy." *Journal of the Royal Anthropological Institute* 15(2):386–408.https://doi.org/10.1111/j.1467-9655.2009.01559.x.

Sunseri, Jun Ueno. 2015. "A Horse-Travel Approach to Landscape Archaeology." *Historical Archaeology* 49(2):72–92.

US Bureau of the Census. 1870. *Colorado Territory, Schedule 1: Las Animas County, Purgatory River East of Trinidad*. Washington, DC: National Archives and Records Service, General Services Administration.

Valdez, Olivama Salazar de, and D. Valdez de Pong. 2005. *Life in Los Sauces*. Monte Vista, CO: Adobe Village Press.

Varisco, Daniel M. 1997. *Medieval Folk Astronomy and Agriculture in Arabia and the Yemen*. Variorum Collected Studies Series, C8585. Aldershot/Brookfield: Ashgate Publishing.

Walker, William H. 1998. "Where Are the Witches of Prehistory?" *Journal of Archaeological Method and Theory* 5(3):245–308. https://doi.org/10.1007/BF02428071.

Woodhead, Eileen I., Catherine Sullivan, and Gérard Gusset. 1984. *Lighting Devices in the National Reference Collection, Parks Canada*. Studies in Archaeology, Architecture, and History. National Historic Parks and Sites Branch, Parks Canada. Ottawa, ON: National Historic Parks and Sites Branch, Parks Canada, Environment Canada.

Wynn, Thomas. 2012. "Spark of Genius: Did Fire Influence the Evolution of the Human Mind?" *Smithsonian* (December):16.

第 三 部 分

夜　空

第六章

安第斯山脉的夜空和早期城市化

形成时期和蒂瓦纳科时期的的喀喀湖盆地南部的建筑与仪式

阿列克谢·弗兰尼奇、斯科特·C.史密斯

美洲的天文学和社会复杂性

仪式性政治舞台在复杂社会发展中的作用已有充分记录（例如，Inomata and Coben 2006；Swenson 2011）。在可能充满戏剧性的公共事件中，对夏至、冬至的庆祝活动在大众的想象和学术研究中都会显现出来。传统上认为，农业的产生是文明发展的主要转折点。为了有效地管理和扩展这种可持续的生存措施，精英阶层逐渐精通于测算太阳的周期运行规律，并用令人敬畏和戏剧化的方式展示出关键的结果（Aveni 2001）。随着时间的流逝，在太阳运行周期关键节点举行的这些戏剧性仪式将社会等级与宇宙亘古不变的真理联系起来，激励人们团结一致工作，得以完成建造金字塔和征服领土等各种任务。与将成千上万的人推向集体狂热的与太阳有关的仪式相反，对星座的观测则普遍传达出这是一种更孤独和更深奥的追求的印象。它类似旧大陆上的数学和哲学研究，是一种当国家体制成熟就会发展起来的美洲本土化版本。这种特殊的知识只有少数人能够见识和理解，这使得只有类似神职人员一样的精英们才能够预测，并向易受影响的大众展示例如日食这般令人敬畏的事件。长期以来，比起对于星相观测，研究框架把对太阳的观测放在更优先的位置（参见贡琳和诺埃尔，本书第1章）。本章将介绍对此框架提出质疑的几个考古学研究，并阐述了解释社会复杂性发展的观点。

在本章中，我们将通过一个坐落于南美安第斯山脉高地的的的喀喀盆地、哥伦布到达美洲前的社会的案例研究，提出了与优先考虑太阳周期重要性的传统观念相反的例子。的的喀喀湖横跨秘鲁和玻利维亚边界，海拔3810米。该地区位于被称为高原（altiplano）的广阔高地的北端，东部是科迪勒拉布兰卡山（Cordillera Blanca）的顶峰，而西部则是科迪勒拉内格拉山（Cordillera Negra）。我们的讨论集中在的的喀喀盆地的南端；我们会着重讨论两个相邻河谷中被基姆萨查塔－赤拉（Quimsachata-Chilla）山脉的低丘隔开的考古遗址。北部的蒂瓦纳科河谷被威拉贾维拉河（Wila Jawira）一分为二，这条河汇入的的喀喀湖。南部的上德萨瓜德罗（Upper Desaguadero）河谷包含德萨瓜德罗河，这里是的的喀喀湖的唯一出水口。德萨瓜德罗河向南奔流约390公里，最终汇入现玻利维亚奥鲁罗（Oruro）城附近的普波湖（Lake Poopó）。

公元前1500年至公元1000年之间，的的喀喀盆地发生了一系列剧烈的社会变化。在形成时期（公元前1500年至公元500年），一个礼仪中心网络在该地区发展了起来，其特征是带有下沉式庭园的巨大土建平台。公元500年左右，这些仪式中心之一的蒂瓦纳科的纪念性和影响力开始不断发展。随着建设的加速，该地成了影响安第斯山中南部大部分地区的重要中心。以"太阳神殿"（Temple of the Sun）、"太阳门户"（Gateway of the Sun）和受欢迎的冬至节而闻名，长期以来，蒂瓦纳科一直与太阳观测联系在一起（Posnansky 1945）。结合高海拔地区集约化农业的创新耕作形式（Erickson 1996），考古学家经常将蒂瓦纳科的社会复杂性发展归功于早期精英阶层的能力。他们计划并管理了集约的、以农业为基础的生机勃勃的经济（Posnansky 1945；Kolata 1993）。但是，近年来，考古天文学研究（Benítez 2013）记录了大量知名的天文学观测活动，包括该地区社会复杂性发展初期对月亮和夜空的重视。此外，的的喀喀盆地早期定居时代一直受到更严格的审视（Hastorf 1999；Janusek 2015），显示出在远早于蒂瓦纳科建造更壮观的古迹时，其社会已经高度复杂，并强调了初期发展对于后来社会复杂性的进一步发展，以及流动人口、区域贸易、移动放牧和驼类畜牧业与的的喀喀盆地社会发展轨迹的关系的重要性。最初的定居点是在水源、动物饲料以及夜空与圣山排成一线之处等多重变量的共同影响下发展起来的。早期的公共建筑是相对分散的定居者与移动放牧群体之间进行有组织会面的场所，后来这些场所逐渐发展成我们通常称为"城市"的形式。

的的喀喀盆地景观

该盆地的主要特征体现在的的喀喀湖之上。这片神圣的水域被印加人（1200年至1534年）认为是安第斯山脉所有水的源头（Sherbondy 1982），它被神圣的安第斯景观中所有要素以戏剧化的方式环绕着：赋予生命的白雪皑皑的山脉是祖先和众神居住的地方，天然泉水标出了神圣的创世地，裸露的岩石如栖息在高原上的家畜和野生动物一样栩栩如生。当地朝圣路线沿途的神圣故事赋予了这片景观活力，它被视为有生命，并且与人类和美洲驼的神话渊源紧密相关（Smith 2012）。在西班牙殖民时代早期，许多西班牙观察家（Albornoz 1989；Molina 1989；Sarmiento de Gamboa 1942）记录了可以追溯到山洞、泉水和河流的人和动物——特别是美洲驼起源的原始神话。实际上，他们感到惊讶甚至震惊，因为在相当程度上，当地自然界中几乎所有事物都是神圣叙事的一部分，与天主教信仰相对立。

除了其神圣的内涵，山脉、河流、溪流和泉水与该地区早期定居点密不可分，是当地农牧民季节性移动的关键地点。面对当地分布广袤的多刺草丛，现今西方游客可能会发现，很难想象的的喀喀盆地是哥伦布到达美洲之前安第斯山脉最富饶、生产力最高的地区之一。直到现代，蜿蜒漫长的美洲驼商队曾一直作为交换高地产品的方式，这些产品包括土豆和干肉，以及来自更偏远温带地区的产品或食物，例如用于制备奇恰酒（chicha）的玉米。奇恰酒是一种发酵饮料，在当地不论是小规模还是大规模的社会经济和礼仪生活中都发挥着核心作用（Morris 1979）。由于这种强大的贸易体系的存在，的的喀喀盆地的各个族群都影响到了安第斯山脉南部大部分地区。如今，高原地区的艾马拉人（Aymara）农牧民在畜群的迁移与农业周期之间取得了平衡。他们在7、8、9月耕种田地，并在9月至11月的干旱季节末期播种（Bruno 2011：227-228）。在这几个月里，他们在位于海拔较低的草原（pampas）和山脉下的山麓小丘的田野附近放牧。播种完成后，随着9月至11月降雨的增加，牲畜被转移到海拔较高的牧场。牧民在这些地区拥有第二住所，通常位于山区小溪和河流附近（Gladwell 2007：26；Tomka 2001）。驼类交配行为通常发生在这些较高海拔地区；而分娩期则贯穿了雨季的大部分时间（Flores Ochoa 1979；Tomka 2001：149-152）。这些畜牧业实践活动加强了山间溪流与骆驼的繁殖力之间在概念上的联系（Smith 2016）。

夜 空

　　夜空是这个世界上独一无二地区的另一个戏剧性的方面。在海拔13000英尺（约3962米——译者）处，稀薄的空气创造出理想的天体观测条件，现代的萨满巫师知道当地景观中的最佳位置，可以看到星星彼此"嬉戏"以及地平线上的神圣山脉。这里的星星是如此之多，璀璨夺目，难怪安第斯人民在黑暗的区域中发现了更深一层的含义，眼中出现了神圣的动物——蛇、美洲驼、鹧鸪、狐狸和青蛙（Urton 1981, 1985）。南天极（Southern Celestial Pole）不像北半球那样有一颗北极星作为标识，却只有一个阴暗的空间。当银河绕着南天极旋转时，这些拟人化的"暗云"星座——在盖丘亚语中被称为"yana phuyu"——与神圣景观的地平线相互作用（图6.1）。瓦罗奇里（Huarochiri）手稿是一份写于1598年左右的殖民时期文献（Salomon and Urioste 1991），讲述了一个名为亚卡纳（Yacana）的暗云星座的故事。亚卡纳是一只美洲驼，半人马座阿尔法星（Alpha Centauri，即南门二——译者）和贝塔星（Beta Centauri，即马腹一——译者）是它的眼睛。亚卡纳位于银河中，而银河被称为玛育（Mayu），并被概念化为广阔的天河。神话记载，在干旱季节，亚卡纳降临到太平洋喝水，然后在雨季开始时返回高地，以便在山上蓄水，来补充高地的溪流和河流。

　　在雨季，暗云星座尤为常见，根据瓦罗奇里手稿，亚卡纳与雨季的开始紧紧联系在一起（Salomon and Urioste 1991: 132-133; Urton 1981: 111）。神话暗示，美洲驼和羊驼与山间溪流和河流之间有隐喻的联系。此外，亚卡纳身边伴有一头尚在哺乳期的小美洲驼，加强了它与驼类分娩期之间的联系，该分娩期始于亚卡纳首次出现在夜空，雨季开始的时候（Smith 2016）。

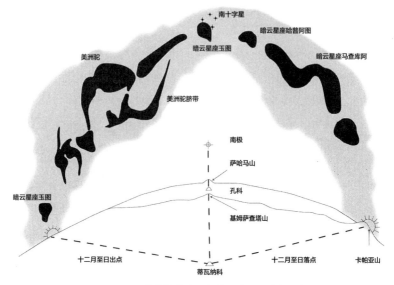

图6.1 安第斯夜空里与宇宙有关的动物形象

复杂性的初期发展

人们能够在垂直方向生态多样化的安第斯山脉景观中运送大量货物的能力，让我们从另外的角度思考安第斯中南部复杂性的发展。布劳曼（Browman 1978, 1981）认为，像蒂瓦纳科这样的中心起着手工制品专业化生产和交换枢纽的作用。商队从其他地区，包括从海拔较低的区域运出资源，并用这些物品交换高原地区生产的货物。努涅兹·阿滕西奥（Núñez Atencio）和迪里黑（Dillehay and Núñez Atencio 1988；Núñez Atencio 1996；Núñez Atencio and Dillehay 1995）提出了一个模式，通常称为"巡回移动模式"（circuit mobility model）。该模式强调了巡回的商队在区域发展轨迹上对社会的影响，并构想了各种巡回商队到处穿行的景观样貌。之后，早期的中心发展成了轴心定居点，这些定居点成了特别有影响力的商队的活动中心。

其他一些学者完善了这些构想，将重点从中心或轴心定居点转移到商旅路线上的地区，这些地区有时被称为"节间"（internodes [Berenguer Rodríguez 2004；Nielsen 2006，2013]）。他们认为，通过"将精英连接到一个专注于交换带有宗教信仰的商品的复杂互动网络中"，节间刺激了社会政治变革（Smith and Janusek 2014：686；另见 Llagostera 1996）。实际上，商队与定居者之间的关系逐渐变为相互支持，并通过建立亲属关系得到了进一步加强（Smith and Janusek 2014：695）。

这些理论最近在基姆萨查塔–赤拉山脉以南，蒂瓦纳科南部的上德萨瓜德罗河谷中得到了测试（Janusek 2013，2015；Smith 2016；Smith and Janusek 2014）。对该地区几个遗址的定居点调查和选择性发掘表明，商队巡回路线的变动对于该地区早期政治宗教中心的发展至关重要。这些巡回路线将高原与东南部的温带河谷连接起来，并促进了这些地区之间包括玉米在内的资源的流动（Berryman 2010）。由此，早期中心的命运在某种程度上与这些不断变化的商队路线的影响有关。随着某些"领先的"商队巡回路线的力量越来越强大，与这些路线紧密联系的早期中心的影响力也随之增加。人、动物、商品和思想的移动在这些中心结合在一起，形成了强大的政治–宗教场所。

有一条颇具影响力的商队路线似乎是沿着德萨瓜德罗河形成的，该河将的的喀喀湖与南部150公里远的中央高原相连。该地区的早期定居点集中在沿河地区，靠近丰富的水源和饲料资源。在形成时期中期（公元前800年至公元前200年），位于上德萨瓜德罗河谷最重要的定居点伊鲁希多（Iruhito）和塞罗济查（Cerro Chijcha）都是沿河分布的。相比之下，卡洛斯·莱穆兹·阿奎尔（Carlos Lémuz Aguirre 2011）对稍后位于内陆纪念性质的孔科万卡内（Khonkho Wankane）遗址周围44平方公里的内陆地区的定居点进行了调查，发现属于早期的遗存很少。人类一直在伊鲁希多和塞罗济查沿河区域居住到形成期后期（公元前200年至公元500年），据称沿河的调查表明，遗址的数量和总面积均有所增加。同时，以前很少有人居住的内陆地区也有了新的遗址。例如，孔科万卡内建立于公元50年左右，并迅速发展成为一个颇具影响力的礼仪中心，拥有数个下沉式庭院。再往南，另一个内陆中心在帕查帕塔（Pajcha Pata）建立（Pärssinen 1999）。大约在同一时间，在北部的蒂瓦纳科河谷中，新的中心远离湖岸，在卡拉马卡（Kallamarka）和蒂瓦纳科本地崛起。形成期后期的降雨变化可能导致河流水位波动，这为新的内陆巡回商队和新的政治宗教中心的发展提供了机会（Smith 2016）。沿着内陆山麓行进的新巡回线路可能利用了山泉和溪流。位于上德萨瓜德罗河谷的已知最早的一些下沉式庭院就是沿着孔科万卡内这些内陆巡回线路之一发展起来的。

蒂瓦纳科

公共建筑的标志是下沉式庭院，它是一种始于公元前1800年左右，一直持续到中地平线时期（600年至1000年）结束的常见的建筑形式。下沉式庭院分布在该地区景观中，在整个盆地的总数估计高达800个。因为该地区缺乏诸如道路和堡垒之类的基础设施，加上建筑形式和共享形象的相似性，使得学者形成了一种共识，即这些属于形成时期的社区有共同的宗教传统，但并没有成为诸如国家一类的大型组织的一部分（K. L. M. Chávez 1988; S. J. Chávez and Chávez 1975）。规模最大、最精巧的下沉式庭院建在蒂瓦纳科南部海岸一个相对缺乏记录的地区，距海岸15公里（图6.2，图上半部分）。在接下来的一千年里，南部盆地的其他纪念性遗址慢慢衰落，而安第斯地区有史以来最大的一些建筑物将围绕蒂瓦纳科的下沉式庭院周围崛起。在这样一个充满动荡和混乱的环境中,我们很难重构最早的蒂瓦纳科形式,但下沉式庭院似乎是被有意保存下来,并且在将近一千年的时间里一直被使用,而遗址的其余部分则在此期间进行了多次改建和重建。蒂瓦纳科时期之后几百年,环境侵蚀掩埋了这个建筑,这可能是其从西班牙殖民时期(始于1532年)到1903年被发掘之前一直不为人所知的原因。

这个下沉式庭院的形式遵循了常见的下沉式庭院形式,尽管其尺寸

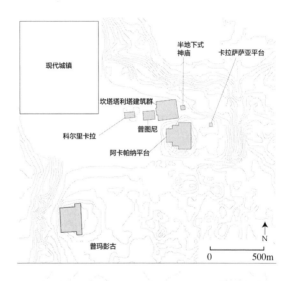

图6.2 蒂瓦纳科(图上半部分)和孔科万卡内(图下半部分)的主要礼仪建筑(上半部分地图由阿列克谢·弗兰尼奇制作;下半部分地图由斯科特·C.史密斯制作)

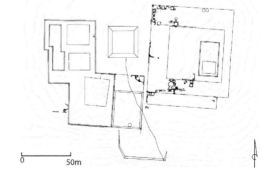

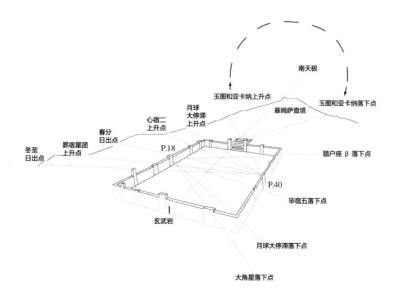

图6.3 蒂瓦纳科的半地下式神庙的天文考古相关各个位置。P.40号和P.18号是仅有的刻有画像的柱子（贝尼特斯 [Benítez 2013]，阿列克谢·弗拉尼奇重新绘制）

（28米 ×26米，深2米）使其成为的的喀喀盆地此类建筑中最大的一个（图6.3）。墙壁由57根大的垂直支柱组成，其间填充有较小的切石和雕刻的榫头。柱子的高度是不一致的；有几根柱子高出了后来重建的墙的高度。东墙和西墙在大约中心位置的柱子显示出被严重侵蚀的、不甚明显的雕刻画像。在此建筑中乃至整个蒂瓦纳科建筑中发现的唯一一块黑色玄武岩石板被安装在北墙大致中心的位置。在那块玄武岩板的对面，下沉式庭院的南侧，放置着宽阔的叠放在一起的砂岩板，成为位于该建筑中最大的柱子两侧的阶梯。这个巨大的入口似乎位于南墙的中间，然而实际上它离中心位置还有一米距离。在蒂瓦纳科，人们倾向于且有能力按照严格而精确的数学线条营造建筑，精度可以达到毫米级。（Protzen and Nair 2013）在这种建筑传统的背景下，入口偏离中心位置不是建筑营造不精确的结果，而应被视为故意而为之。

尽管通常被看作专门供精英阶层使用的小型空间，让他们可以像使用甲骨文的形式一样用仪式雕塑预测前途（Kolata 1993），但我们还是认为下沉式庭院是一个供人站在里面向外看，而不是站在外面向里看的地方。向观众展示周围景色的最常见的方法是将建筑抬升或放置在高地上，方便人们欣赏景色，例如在现代，人们在位于高处阳台上可以看到城市天际线的景色，或者可以在高速公路休息处俯瞰自然景观的绝妙景色。通过将地板设置在足够深的地方，下沉式庭院把大部分自然的地平线都隐藏在了其各个边缘的后面，从而呈现出有选择性的景观视图。东面和西面的地平线被遮挡，被下沉式庭院的边缘所取代，作为带有立柱的建筑地平线使用（图6.3）；北部是被平缓的草丛覆盖的塔拉科山（Taraco Mountain）。在公元600年之前，当人们在该中心修建其他纪念建筑时，下沉式庭院内的任何位置都会引起他们对遥远的基姆萨查塔山（Quimsachata Mountain）的关注。庭院怪异入口的几根柱子将山景置于其中。对于站在北壁玄武岩石上的人来说，偏离中心的入口偏斜的角度将南天极——在天空中，银河系绕着旋转的的点——直接放在了基姆萨查塔山最高峰的正上方。

入口的柱子中带有画像的柱子（图6.3中的P.40和P.18）标记了可以观察到明亮的半人马座阿尔法星和贝塔星的升起和落下的位置——也就是美洲驼的眼睛（图6.4）。这些天体事件对应于在高地和低地牧场之间移动牲畜的关键时期。另一个值得注意的对齐位置是沿着西墙，下沉式庭院的角落标记了18年里月亮停滞周期的任一端的位置（有关月亮停滞的更多信息，请参见阿尔特，本书第11章）。总体而言，大多数对齐位置与星相和月球观测有关。柱子还标出了春秋分时观看日出和日落的位置；尽管如此，大多数对齐位置还是与夜空有关。

下沉式庭院和南天极的对齐位置形成了一条穿过基姆萨查塔山的路线，该路线直接通向孔科万卡内遗址处的下沉式庭院入口（图6.2，图下半部分）。这条对齐位置在70公里的距离上形成了大约50米的误差范围，显示出这些早期公共仪式建筑位置之间是有意被联系起来的。此外，在同时期孔科万卡内遗址的下沉式庭院建筑中，上述几种天文景观的对齐位置也很明显。这个下沉式庭院是该遗址还在使用期间修建的至少三个同类建筑中的第一个，呈梯形，深约1米。北墙长26米，南墙21米，西墙27.1米，东墙26米（Smith 2016: 69）。该庭院与蒂瓦纳科的庭院一样，也是由垂直放置的砂岩柱子和其间分布着的砂岩和石灰石块构建的。但是，孔科万卡内遗址的下沉式庭院的每堵墙都有一个入口。最南端的入口是整个庭院中最精巧的入口，由两根垂直的柱子组成，形成一个彩色楼梯，包括一级红色的砂岩台阶，一级白色的石灰石台阶和一级灰绿色的安山岩台阶。虽然此入口位于墙的中央位置，但庭院的其他三个入口均略偏离中心位置，类似上面提到的蒂瓦纳科遗址庭院的入口。对建筑中明显的景观和天体对齐位置的调查表明，这里的模式与蒂瓦纳科遗址庭院相似（Benítez 2013）。位于中央的南部入口框住了著名的白雪皑皑的南部山峰萨哈马（Sajama），而站在北部入口处的人可以看到塞罗济查山，它本身是重要的考古遗址，通过庭院西部入口可窥其景。就像蒂瓦纳科遗址在南部入口可以看到美洲驼亚卡纳一样，站在西门槛处的观察者可以观察到半人马座阿尔法星和贝塔星在由砂岩柱子环绕的五彩台阶上升起的情景（Benítez 2013: 94 - 95）。

讨 论

选择水源和饲料来源附近的地点作为定居点，并找到能观察夜空中星座和月亮运动的合适位置，揭示出了牧民所需的生存条件。一开始，普通的公共建筑为游牧群体和分散定居的群体之间有组织的会面创造了条件。大多数仍是小型建筑范围内的周期性社区聚会地点。在极少数情

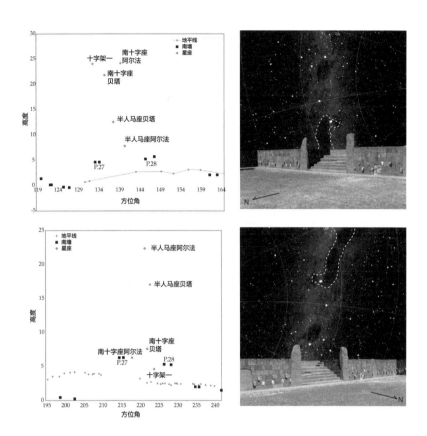

图6.4 形成时期和阿卡帕纳（Akapana）平台建造之前，从半地下式神庙中的 P.40 和 P.18 柱子对亚卡纳星座的视图进行的虚拟重建（摘自 Benítez 2013：99, figure 8.8）

况下，这些地点中有一些成为纪念性定居点的核心。公元500年后，孔科万卡内基本上被废弃，但蒂瓦纳科开始在的的喀喀盆地中扩大影响。一个重要的问题是：为什么蒂瓦纳科会取代整个盆地中其他大概800个下沉式庭院，成为一个主要城市和国家的遗址？

这里面一定有多个因素，但是从天文学角度来看，蒂瓦纳科地理位置优越，可以充分利用白天和夜晚天空的主要特征。西面是卡帕亚

（Ccapia）庞大而神圣的死火山，其最高峰与冬至这一天日落位置重合。虽然似乎没有任何柱子标记此对齐位置，但仅在距离下沉式庭院南边和北边122米处就能欣赏到这个火山／天文现象的对齐线路。在从北到南横跨15公里的蒂瓦纳科河谷里，大约只有2%的机会可以随机从某处观察到这条对齐线路。而下沉式庭院内的所有人，以及站在距场地两侧均为210米的人都能看到基姆萨查塔／南天极的对齐线路。根据蒂瓦纳科河谷东西向的距离（32公里），只有大约1%的可能性可以随机从某处观察到这条对齐线路。结合基姆萨查塔／南天极和卡帕亚／冬至对齐线路的可能性，下沉式庭院的位置是基于可以正好观察这两条地形／天文对齐线路而选择的。

蒂瓦纳科的另一座纪念性建筑是大型的卡拉萨萨亚（Kalasasaya）平台，其结构与日光明显对齐，并且在过去的几个世纪中，为了欣赏日光对齐现象，不论是建筑面积和观察手段，都被当时的人通过使用铺装好的广场和精巧的安山岩构造进行了扩展（图6.3）。坎塔塔利塔（Kantatallita）建筑群——艾马拉语中"太阳升起的地方"的意思——建在该遗址的东部边缘。尽管太阳的重要性显而易见，但如果说随着国家更加成熟，对太阳的盲目崇拜取代了对星座或月亮的盲目崇拜，那就过于简单了。在一个研究案例中有证据表明，人们不但在继续欣赏特定的夜景，而且还付出了巨大代价做出了一些改变。阿卡帕纳平台历经数百年的劫掠，如今已大大缩减。它是在下沉式庭院建成之后近一千年建好的。不管其大小如何，经过仔细查看，它是相当草率建造的工程，完全由重复利用的方石构成（Vranich 2001）。这个蒂瓦纳科最大的纪念性建筑的建造目的仍然是个谜，不幸的是，它已经被严重破坏，以至于难以确定其天文方面的目的。但是，下沉式庭院的视野充分说明了蒂瓦纳科人是如何看待自己的世界，以及如何看待自己的（图6.5）。如上所述，从下沉式庭院朝南的视野将南天极置于当地圣山的正上方。经

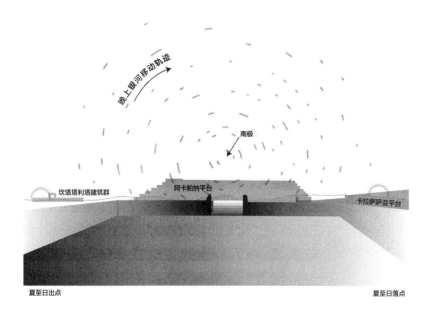

图6.5 形成时期的半地下式神庙的视野，与蒂瓦纳科政体后期（公元700年至1000年）的建筑相叠加（插图由阿列克谢·弗兰尼奇绘制）

过近一千年，平台被建造到一定高度，刚好足以用其自身代替山的位置，并置南天极于其上。这个出色的实践所制造出来的人类感知将圣山和宇宙旋转点都带入了该遗址（Benítez 2013；Vranich 2016）。这还表明进行夜间观察是建筑设置和早期复杂性发展的主要变量之一，它仍然是该主要城市和国家后来成熟阶段设计思想的核心。

结　论

　　的的喀喀湖盆地是一个有牧民和商队活动印记的地区，物品、思想、人和动物沿着连接遥远地区的动态巡回线路移动，来自遥远区域和附近地区的资源沿这些路线运输，包括来自的的喀喀湖南部湖岸的卡帕亚的安山岩，来自东南300公里的普波湖附近基姆萨查塔的玄武岩，来自至少5个不同来源的黑曜岩，以及来自的的喀喀湖东南部的科恰班巴（Cochabamba）地区和西部的莫克瓜（Moquegua）山谷的玉米（Berryman 2010；Giesso 2003, 2006；Janusek 2004, 2008；Smith 2016；Wright, Hastorf and Lennstrom 2003）。这也是一个充满含义的景观，被概念化为拟人的形式，并与人类和美洲驼的神话渊源紧密相关（Smith 2012）。农牧民在干旱季节将畜群移动到海拔较低的草原和山麓地带，在雨季把它们移动到海拔较高的第二住所。骆驼科动物通常是在这些位于山间溪流和河流附近的第二住所中分娩的。西班牙殖民时期的西班牙观察者注意到山区溪流、河流以及畜群的繁殖力之间的概念联系，这种联系在今天的当地农村地区一直延续下来。考古学和图像学证据表明，当地早期居民持有相似的信仰（Smith 2012）。在蒂瓦纳科和形成时期的礼仪中心的建筑环境中刻有人们对山区景观生产能力的看法。建成的平台和下沉式庭院是强大的拟人化的山脉和小溪的物质反映。一些平台土丘和下沉式庭院建筑群，包括孔科万卡内遗址和蒂瓦纳科遗址的类似建筑，被集成在过度设计的纪念性运河系统中，它们在雨季时会排出大量的水。值得注意的是，在孔科万卡内和蒂瓦纳科遗址，下沉式庭院被设计为在雨季开始时凸显出亚卡纳和它身边小美洲驼的升起，预示着降雨的到来，以及农牧民和畜群在动物分娩季节向位于高海拔的第二住宅的迁移。后来的蒂瓦纳科政体优先考虑农业生产，这反映在人们付出更大努力，建造了戏剧性的纪念建筑来观察太阳。然而，蒂瓦纳科的最初位置，及其在为牧民和农民之间交流创建地点方面的不断成功，可以归因于基于对夜空的观察而形成的生命周期。

参考文献

Albornoz, Cristóbal de. 1989 [1581/1585]. "Instrucción para descubrir todas las huacas del Pirú y sus camayos y haziendas." In *C. de Molina and C. de Albornoz, Fábulas y mitos de los incas*, ed. Henrique Urbano and Pierre Duviols, 135–198. Crónicas de America, vol. 48. Madrid: Historia 16.

Aveni, Anthony. 2001. *Skywatchers*. Austin: University of Texas Press.

Benítez, Leonardo. 2013. "What Would Celebrants See? Sky, Landscape, and Settlement Planning in the Late Formative Southern Titicaca Basin." In *Advances in Titicaca Basin Archaeology II*, ed. Alexei Vranich and Abigail R. Levine, 89–104. Los Angeles: Cotsen Institute of Archaeology at UCLA.

Berenguer Rodríguez, José. 2004. *Caravanas, Interacción y Cambio en el Desierto de Atacama*. Santiago: Ediciones Sirawi.

Berryman, Carrie Anne. 2010. "Food, Feasts, and the Construction of Identity and Power in Ancient Tiwanaku: A Bioarchaeological Perspective." PhD diss., Vanderbilt University.

Browman, David L. 1978. "Toward the Development of the Tiahuanaco (Tiwanaku) State." In *Advances in Andean Archaeology*, ed. David L. Browman, 327–349. The Hague: Mouton Publishers. https://doi.org/10.1515/9783110810011.327.

Browman, David L. 1981. "New Light on Andean Tiwanaku." *American Scientist* 69(4):408–419.

Bruno, Maria. 2011. "Farmers' Experience and Knowledge: Utilizing Soil Diversity to Mitigate Rainfall Variability on the Taraco Peninsula, Bolivia." In *Sustainable Lifeways: Cultural Persistence in an Ever-changing Environment*, ed. Naomi F. Miller, Katherine M. Moore, and Kathleen Ryan, 212–243. Philadelphia: University of Pennsylvania Museum of Archaeology and Anthropology. https://doi.org/10.9783/9781934536322.212.

Chávez, Karen L. Mohr. 1988. "The Significance of Chiripa in Lake Titicaca Basin Developments." *Expedition* 30(3):17–26.

Chávez, Sergio J., and Karen L. M. Chávez. 1975. "A Carved Stela from Taraco, Puno, Peru and the Definition of an Early Style of Stone Sculpture from the Altiplano of Peru and Bolivia." *Nawpa Pacha* 13(1):45–83. https://doi.org/10.1179/naw.1975.13.1.005.

Dillehay, Tom D., and Lautaro Núñez Atencio. 1988. "Camelids, Caravans, and Complex Societies in the South-Central Andes." In *Recent Studies in Pre-Columbian Archaeology*, British Archaeological Reports International Series 421 (Part ii), ed. Nicholas J. Saunders and Olivier de Montmollin, 603–634. Oxford: British Archaeological Reports.

Erickson, Clark. 1996. *Investigación Arqueológica del Sistema Agrícola de los Camelloens en la Cuenca del Lago Titicaca del Perú*. La Paz, Bolivia: Programa Interinstitucional de Waru Waru and Centro para Información para el Desarrollo.

Flores Ochoa, Jorge A. 1979. *Pastoralists of the Andes: The Alpaca Herders of Paratía*. Trans. Ralph Bolton. Philadelphia: Institute for the Study of Human Issues.

Giesso, Martin. 2003. "Stone Tool Production in the Tiwanaku Heartland." In *Tiwanaku and Its Hinterland: Archaeology and Paleoecology of an Andean Civilization*. Volume 2, *Urban and Rural Archaeology*, ed. Alan L. Kolata, 363–383. Washington, DC: Smithsonian Institution Press.

Giesso, Martin. 2006. "Algunos Resultados del Análisis de Material Lítico de Khonkho Wankane." In *Khonkho Wankane: Segundo Informe Preliminar del Proyecto Arqueológico Jach'a Machaca*, ed. John W. Janusek and Victor Plaza Martinez, 204–206. Report submitted to the Unidad Nacional de Arqueología de Bolivia.

Gladwell, Randi. 2007. "El Rango de Machaca (Quimsachata) como Zona de Producción Pastoral: Implicaciones históricas para comprender Paisajes del Pasado." In *Khonkho e Iruhito: Tercer Informe Preliminar del Proyecto Jach'a Machaca (Investigaciones en 2006)*, ed. John W. Janusek and Victor Plaza Martínez, 22–65. Report submitted to the Unidad Nacional de Arqueología de Bolivia.

Hastorf, Christine. 1999. *Early Settlement at Chiripa, Bolivia: Research of the Taraco Archaeological Project*. Berkeley: Archaeological Research Facility, University of California at Berkeley.

Inomata, Takeshi, and Lawrence Coben, eds. 2006. *Archaeology of Performance: Theaters of Power, Community, and Politics*. New York: Altamira.

Janusek, John W. 2004. *Identity and Power in the Ancient Andes: Tiwanaku Cities through Time*. New York: Routledge. https://doi.org/10.4324/9780203324615.

Janusek, John W. 2008. *Ancient Tiwanaku*. Cambridge: Cambridge University Press.

Janusek, John W. 2013. "Jesús de Machaca before and after Tiwanaku: A Background to Recent Archaeology at Khonkho Wankane and Pukara de Khonkho." In *Advances in Titicaca Basin Archaeology II*, Alexei Vranich and Abigail R. Levine, 7–22. Los Angeles: Cotsen Institute of Archaeology.

Janusek, John W. 2015. "Incipient Urbanism at the Early Andean center of Khonkho Wankane, Bolivia." *Journal of Field Archaeology* 40(2):127–143. https://doi.org/10.1179/00934690 14Z.000000000105.

Kolata, Alan. 1993. *The Tiwanaku*. Oxford: Basil Blackwell.

Lémuz Aguirre, Carlos. 2011. "Patrones de asentamiento arqueológico en el área de influencia del sitio de Khonkho Wankane." *Nuevos Aportes* 5:31–70.

Llagostera, M. Agustín. 1996. "San Pedro de Atacama: Nodo de complementariedad reticular." In *La integración sur andina cinco siglos después*, ed. Xavier Albó, María Inés Arratia, Jorge

Hidalgo, Lautaro Núñez, Augustín Llagostera, María Isabel Remy and Bruno Revesz, 17–42. Cuzco: Centro de Estudios Regionales Andinos "Bartolomé de Las Casas."

Molina, Cristóbal de. 1989 [1576]. "Relación de las Fábulas y Ritos de los Incas." In *C. de Molina and C. de Albornoz, Fabulas y mitos de los incas*, ed. Henrique Urbano and Pierre Duviols, 135–198. Madrid: Crónicas de América.

Morris, Craig. 1979. "Maize Beer in the Economics, Politics, and Religion of the Inca Empire." In *Fermented Food Beverages in Nutrition*, ed. Clifford F. Gastineau, William J. Darby, and Thomas B. Turner, 21–34. New York: Academic Press. https://doi.org/10.1016/B978-0-12-277050-0.50008-2.

Nielsen, Axel E. 2006. "Estudios internodales e interacción interregional en los Andes circumpuneños: Teoría, método y ejemplos de aplicación." In *Esferas de interacción prehistóricas y fronteras nacionales modernas: Los Andes sur centrales*, ed. Heather Lechtman, 29–62. Lima: Instituto de Estudios Peruanos—Institute of Andean Research.

Nielsen, Axel E. 2013. "Circulating Objects and the Constitution of South Andean Society (500 BC–AD 1550)." In *Merchants, Markets, and Exchange in the Pre-Columbian World*, ed. Kenneth G. Hirth and Joanne Pillsbury, 389–418. Washington, DC: Dumbarton Oaks Research Library and Collection.

Núñez Atencio, Lautaro. 1996. "Movilidad Caravánica en el Área Centro Sur Andina: Reflexiones y Expectativas." In *La Integración Sur Andina Cinco Siglos Después*, ed. Xavier Albó, María Inés Arratia, Jorge Hidalgo, Lautaro Núñez, Augustín Llagostera, María Isabel Remy, and Bruno Revesz, 43–61. Cuzco: Centro de Estudios Regionales Andinos "Bartolomé de Las Casas."

Núñez Atencio, Lautaro, and Tom D. Dillehay. 1995 [1979]. *Movilidad giratoria, armonía social y desarrollo en los Andes meridionales: patrones de tráfico e interacción económica*. Antofagasto, Chile: Universidad Católica del Norte.

Pärssinen, Martti. 1999. "Pajcha Pata de Caquiaviri. Evidencias sobre el nuevo complejo arqueológico de Alto Formativo en la Provincia de Pacajes, Bolivia (0–375 d.C.)." *Revista Espanola de Antropologia Americana* 29:159–205.

Posnansky, Arthur. 1945. *Tihuacancu: The Cradle of the American Man*. New York: J. J. Augustín.

Protzen, Jean-Pierre, and Stella Nair. 2013. *The Stones of Tiahuanaco*. Los Angeles: Cotsen Institute of Archaeology Press.

Salomon, Frank, and George L. Urioste. 1991 [1598?]. *The Huarochiri Manuscript: A Testament of Ancient and Colonial Andean Religion*. Trans. Frank Salomon and George L. Urioste. Austin: University of Texas Press.

Sarmiento de Gamboa, Pedro. 1942 [1572]. *Historia de los Incas*. Buenos Aires, Argentina: Emecé Editores.

Sherbondy, Jeanette. 1982. "The Canal Systems of Hanan Cuzco." PhD diss., University of Illinois.

Smith, Scott C. 2012. *Generative Landscapes: The Step Mountain Motif in Tiwanaku Iconography*. Ancient America 46. Barnardsville: Boundry End Archaeology Research Center.

Smith, Scott C. 2016. *Landscape and Politics in the Ancient Andes: Biographies of Place at Khonkho Wankane*. Albuquerque: University of New Mexico Press.

Smith, Scott C., and John W. Janusek. 2014. "Political Mosaics and Networks: The Tiwanaku Expansion into the Upper Desaguadero Valley, Bolivia." *World Archaeology* 46(5):681–704. https://doi.org/10.1080/00438243.2014.953705.

Swenson, Edward. 2011. "Stagecraft and the Politics of Spectacle in Ancient Peru." *Cambridge Archaeological Journal* 21(2):283–313. https://doi.org/10.1017/S095977431100028X.

Tomka, Steve A. 2001. "'Up and Down We Move . . . ': Factors Conditioning Agro-pastoral Settlement Organization in Mountainous Settings." In *Ethnoarchaeology of Andean South America: Contributions to Archaeological Method and Theory*, ed. Lawrence A. Kuznar, 138–162. Ann Arbor, MI: International Monographs in Prehistory.

Urton, Gary. 1981. "Animals and Astronomy in the Quechua Universe." *Proceedings of the American Philosophical Society* 125(2):110–127.

Urton, Gary. 1985. "Animal Metaphors and the Life Cycle in an Andean Community." In *Animal Myths and Metaphors in South America*, ed. Gary Urton, 251–284. Salt Lake City: University of Utah Press.

Vranich, Alexei. 2001. "La Pirámide de Akapana: Reconsiderando el Centro Monumental de Tiwanaku." In *Huari y Tiwanaku: Modelos vs. Evidencias*, ed. P. Kaulicke and W. H. Isbell, 295–308. Boletín de Arqueología 5. Lima: Fondo Editorial de la Pontífica Universidad Católica del Perú.

Vranich, Alexei. 2016. "Monumental Perception of the Tiwanaku Landscape." In *Political Landscapes of Capital Cities*, ed. Jessica Joyce Christie, Jelena Bogdanovic, and Eulogio Guzmán, 181–211. Boulder: University Press of Colorado. https://doi.org/10.5876/9781607324690.c005.

Wright, Melanie F., Christine A. Hastorf, and Heidi A. Lennstrom. 2003. "Pre-Hispanic Agriculture and Plant Use at Tiwanaku: Social and Political Implications." In *Tiwanaku and Its Hinterland: Archaeology and Paleoecology of an Andean Civilization*, Vol. 2, *Urban and Rural Archaeology*, ed. Alan L. Kolata, 384–403. Washington, DC: Smithsonian Institution Press.

第七章

白昼的夜

对比古代和当代玛雅与印度文明对日全食的反应

安东尼·F. 阿维尼

现代城市文化与夜空的联系于1880年12月21日当天下午5点25分正式断开，托马斯·爱迪生（Thomas Edison）按下了一个开关，将曼哈顿第14街和第26街之间的下百老汇大街上的一长串白炽灯连接到了他附近的直流发电机上（Freidel and Israel 2010：179）。因此，他让"不夜街"（Great White Way）灯火辉煌。一瞬间，电灯泡就把黑夜变成了白天。从那以后，发达国家的人几乎从未真正把自己置身于黑暗当中。与我们的祖先不同，我们不再需要在日常生活中观察天空。谁还知道今天太阳在何时升起，或是月亮现在的相位？我们用来调整日常活动时间的时钟让我们对昼夜时间段天空中所发生的变化产生了错觉。

尽管我们可以尝试，但我们并不能真正理解古代和现代大多数其他文化中的人民的思想被天文学所吸引的程度。天堂曾经几乎触及文化的各个方面；因此，我们发现古代天文学融入了神话、宗教和占星术。人们对太阳和月亮的依赖是如此之大，以至于它们被神化了。这些发光物体的象征物点缀着寺庙，作为人们崇拜的偶像，它们也成了雕塑和其他艺术品中的主题。人们跟随太阳神活动，格外小心地注意着它的出现和消失。它回到地平线上的某个地方，提醒人们什么时候种庄稼，什么时候河水泛滥，或者什么时候季风时节到来。使用天文历可以有效地标记出节庆等重要的日子。拥有数学知识和记录方法的具有等级组织的文明，例如古代中国和中美洲等，得以完善和扩展他们对天文定位的认识。

关于夜空知识的获取在有关天文学的文献中非常丰富（有关概述和参考书目，请参阅 Aveni 2001，2008，2017）。本章的目的是强调不同文化的人对昼夜周期性异常中断，也就是日全食的反应。我首先会客观描述日全食期间发生的物理变化，然后列出一些不常发表的日食故事的简要合集，其目的是引起人类学研究领域对该现象做进一步研究。为了在有充足数据的地点进行对比研究，我将主要关注古代和当代玛雅人和印度人对于在白天出现的黑暗的印象及他们的表述。

日全食：另一种夜晚

日全食很少见。在给定的位置大约每 400 年才发生一次。从技术上讲，虽然总体上需要 100% 遮盖住太阳，不过日环食发生时，一圈光环会围绕在月盘上，也可以归为日全食一类。当太阳表面有 96% 或更高的覆盖率，光照度大约等于满月时的天空，就可以产生本章中讨论的大多数效果。当发生这种程度的日食时，除非事先得到警告，否则人们不会意识到夜幕即将降临，直到景观突然变暗，并不是那种如黎明或黄昏一样只在一个方向变暗，而是整个地平线都暗了下来。阴影迅速开始变得明显。太阳在天空中看起来与平时不同，以非常快的速度呈现出残月一般的形状。树木叶子之间的空隙在地面上投射出无数微小的新月形倒影；微风渐起，皮肤变冷。然后，就像远处黑暗中酝酿着风暴一样，月亮的阴影从西面慢慢靠近。人们大多会感受到阈限期（liminality，仪式中的过渡阶段——译者）。随着白天的光照逐渐消失，直到变成一束细小的光带，涟漪般的阴影沿着墙壁和地面迅速袭来：阴影带（shadow bands，阴影带是在日全食开始之前和结束之后，出现在素色表面可以看到的波浪状交替、平行移动的微弱光线——译者）。它们类似于游泳池底部的反射图案。突然间，一道像是镶入发光戒指中的钻石的闪光会突然出现在已变成黑色的太阳边缘（日全食中的钻石环现象——译者），微小的玫瑰色火焰装饰着外圈。然后整个世界突然陷入暗夜。

然而，这种夜间黑暗的本质是无法在普通的认识论和时间框架下进行分类的。在该框架下，现代西方国家的人们将昼夜感官体验作为前提。伴随日全食逐渐褪色的光的品质也对我们的表述带来了挑战。它是由太阳变得微弱的日冕提供光照的，这是一种不同颜色的暮色，被赋予不同的名字，如茶晶色、桃色、金属灰色、绿色、棕红色、黄棕色和硫黄色。星星突然冒出来，行星看上去像是在漆黑圆盘两侧的一条直线上穿着，平行于从太阳日冕向外延伸的微弱的流光。在我们自己的文化中，向不在场的人表达出这样非凡的感官印象已经是非常困难的。我同意乔斯林·霍兰德（Joscelyn Holland 2015）的观点，她探讨了科学客观性与西方日食历史记载中对宗教的敬畏之间的紧张关系，这基本上是语言方面的问题。

光消失之后，恐惧和迷信在不同程度上侵入了我们。我们被那诡异的黑暗所包围，而黑暗本身早已与我们内心深处的不确定性联系在一起。即使是可预见的，这种中断和破坏还是如此令人不安。日食是对每天发生的昼夜交替的嘲弄。然后就是美学的部分——即对某种崇高的事物的感觉。因为日食的黑暗与我们在生活中经历过的其他事情毫无可比性，所以一些日食目击者为了选择更恰当的词，用了"死亡"一词来作为比喻。人们可以想象这是一种非理性的恐惧，正如霍兰德在她写的一篇描述19世纪日全食经历的黑暗的译文（从德语翻译为英语）中所暗示的那样：

> 这不是如黄昏时的光线消失那样，西方天空的黄色和红色让氛围仍然保持愉悦和充满活力；它更像是一种光的熄灭，无色的灰色逐渐变暗，并且对于观察者而言，这并不会让人联想到平和地进入睡眠的画面，而是自然死亡的画面。(Holland 2015: 228, note 32)

然后，仅需几分钟，一切就结束了。时间逆转：钻石环闪烁了出来，阴影般的黑暗消退到东边，星星的光逐渐熄灭，闪烁的新月形太阳重新出现，棕褐色的暮色逐渐变亮，直到变成了一片日光。

每种生命形式都会对这一白天的短暂插曲做出回应。浮游动物——漂浮在海中的微生物或更大的生物——似乎将白昼中断视为纯粹的反射性的现象。生物学家注意到，随着黑暗的来临，层层浮游生物逐渐向海面上升，仿佛在寻找已经消失的资源来食用，直到白昼归来时才回到之前的深度（Kampa 1975；Ferrari 1976）。而昆虫和哺乳动物并不会这样。往蜂巢飞的蜜蜂会在途中变得迷失方向而且会生气，它们会去蜇养蜂人。松鼠疯狂地到处乱窜，奶牛奔向谷仓，而鸡也会随着突然变暗而变得骚动，奔向鸡舍，骚动的程度取决于鸡的种类。狗也有同样的反应（Wheeler et al. 1935）。就像浮游动物一样，黑猩猩会随着日光突然减弱而向光源（树木的顶端）移动。据报道，在黑暗开始时，一只黑猩猩直接注视着天空中的黑色圆盘，并向它做动作（Branch and Gust 1986）。我也做过同样的事情。

尽管关于各种生物对日食的反应，生物学界已有大量研究，但我们对日食的人类学了解多少呢？可惜的是，不是很多。对日食的探索属于天文学家的领域，他们会到天涯海角，将自己置于月球的阴影中。在那里，他们花时间记录这些珍贵的事件，希望能回答对他们来说很重要的问题——关于太阳的问题：什么原子成分构成了太阳大气各层？日冕光的来源是什么？该区域的温度是如何升到远远高于下方光球的温度的？对他们来说，观察同样看到了月食各个阶段的人群是无法带来任何信息的。

此处缺失的是人类学家能提出的问题：人类对日食的描述如何能告诉我们关于他们的宗教信仰、他们对来世的信仰，以及他们的社会凝聚力？在他们的物质文化中，他们如何表达自己对日食的见解和感受？他们有能力预言日食吗？如果是这样，他们为什么要预言？这如何影响他们的政治观和历史观？他们讲了什么相关故事？要回答这些问题，我们需要研究我们想了解的群体在现场和现象发生后的反应的相关物质记录——人种志和民族历史。我对前人著作的调查显示，关于日食观察的人类学是几乎完全空白的研究领域。

跨文化的日食：制造噪音

当涉及人类对日全食的反应时，人类学家做的并不比动物学家更好。他们可以询问、采访和调查目睹日食的人的后代，不过请注意这里许多报道中提到的信仰已经是受欧洲基督教教义影响过的思想。他们可以进一步探索过去和现在的文化数据之间的连续性和脱节性。例如，他们可能会寻找通过口述传统流传下来的神话中所包含的关于日食的传说，这些传说为作为迷信产物的行为提供了社会背景。可惜的是，关于日食的一般专著中很少提到日全食对人的影响。

在所有已知的对日食的反应中，制造噪音、咬人、进食或吞咽等反应脱颖而出。我们都会因为不同的原因而发出噪音：为了引起注意，为了警告同伴即将来临的危险，或为了吓跑我们在树林里遇到的动物。当代文化中也有噪音制造行为。例如，在1973年日食期间，在南苏丹，人们互相敲击锅具，而且当日食发生时，在很远的地方就可以听到祖鲁人（Zulu）拍手和哀号叹息的声音（Alcock 2014：217）。目击者说，人们必须把太阳神从睡梦中唤醒，因为他的不专心预示着巨大的灾难。就像上帝一样，人民变得呆滞：男人们都不和妻子一起睡觉，女人们停止了酿制啤酒，男人们也放弃了狩猎和宰杀，也停止了给母牛挤奶（Alcock 2014：214）。在当代玛雅人的社会中，人们在观看日食的过程中也普遍会制造噪音。他们认为蚂蚁或美洲豹正在吞食太阳，因此需要发出尽可能多的声音——甚至通过掐狗以使其嚎叫。一些玛雅人说，日食和月食是一场古老的宇宙中兄弟姐妹之间竞争的延续。这两个发光体正在因为月亮曾经告诉过太阳关于地球上的人的行为的谎言而争吵。日食时人们发出的噪音旨在引起太阳的注意，因为我们需要使太阳相信这些故事是假的（Thompson 1939）。

一些部落文化对日月互动过程中人们发出的噪音做出了性别方面的解释。两个发光体反常的相互作用引出了乱伦的主题。大平原阿拉帕霍人（Great Plains Arapaho）将日食期间日月位置的变化解释为性别角色的转变；换句话说，当两者在日食中结合在一起时，正常的性别关系——即太阳为男性，月亮为女性——被破坏了。关于阿拉帕霍人婚姻的一种神话解释是"每个月的蜜月都会被月经带来的暗月打断"（Knight 1997：133）。实际上，一个女人每月与丈夫发生性关系和与之分开的时间间隔是遵循日月交替的天象的。

奈特指出乱伦与制造噪音之间的跨文化联系，可以在与自然现象——尤其是日食、黑暗和暴风雨——相关的许多仪式中，以及一般的血液流动和不守规矩的行为中被发现。喧闹的反叛、烹饪和乱伦之间的联系出现在列维-施特劳斯（Levi-Strauss 1970：312；1981：219）关于巴西神话的叙述中，该说法与美洲印第安人的神话相比有很多共通之处。一名男子每晚都与妹妹发生性关系，但从未透露自己的身份。妹妹用栀子花类植物（genipa）的汁液弄脏了他的脸，希望能在公开场合找出他。他就去到天空生活，在那里变成了月亮。（注意到月亮脸上的那些斑点了吗？）妹妹跟着他飞向天空；他们吵了一架，她摔回了地面，发出一声巨响。另一个兄弟知道了这件事，就向月球射箭。凡人被月球的鲜血溅到了。当他们尝试将血抹掉时，衣服上的羽毛被染成同样的颜色。由于担心落下的血液会污染他们的食物，他们停止了做饭。因此，月食引发了人们对月球血液的想法（Knight 1997: 137）。

在当代的洛齐人（Lozi）看来，王朝的力量和历史的含义也与宇宙联系在一起。洛齐人是一个由50万人组成的族群，他们生活在赞比亚的赞比西河（Zambezi River）沿岸。根据艺术史学家卡伦·米尔伯恩（Karen Milbourne 2012）的说法，统治的连续性和统治者与公民之间的平衡是在观察太阳和月亮互动的基础上形成的。长老们说，起初，他们的太阳神宁贝（Nyambé）与奈丝利利（Nesilele）结合。他们一起从天而降，诞下了第一位国王，国王的后代们是统治该地区人民的天选之人，并守卫着关于天国之谜的秘密知识。每年，以第一个满月为事件标志的季节性河水泛滥后，洛齐人会庆祝朗姆伯卡（Kuomboka）盛会，以承认王朝权力的延续。朗姆伯卡的意思是"从水中走出"；它存在的意义是警告皇室成员和臣民要离开他们的房屋并到高处去。当明亮的月亮在天空中高高升起时，皇家的鼓声发出信号。在仪式上，洛齐国王带领他的人民登上一条黑白条纹的驳船，远离危险。黑色代表乌云，白色代表从乌云上落下的凉爽的雨滴。米尔伯恩认为，黑色和白色也分别代表着通过复兴和祖先来平衡死亡带来的影响；两者都是月球的象征。朗姆伯卡仪式的高潮在下一个新月到来之前（在西面可以看到的第一个新月），当驳船到达陆地时到来。在喧闹的鼓声和欢呼的人群中，国王向夕阳示意，旁观者则拍手，拉近着这两个天空神灵之间的联系。

同时，国王的随员绕鼓旋转一周，就像太阳和月亮在天空中起落一样。

朗姆伯卡仪式似乎旨在表明洛齐国王从其祖先那里获得了统治的合法性，并且他必须准确依照月亮的运行规律不断更新这个合法性。但是，正如米尔伯恩所指出的那样，其实是太阳影响了国王与人民互动的方式。拍手并不是出于恐惧，它更像是掌声。这是洛齐人行为守则的一部分，用于将太阳看作连接统治者与其人民之间纽带的上天力量。19世纪一份对这种喧闹活动的记录描写到，一群人一起在国王面前鼓掌，说："在获得他们应得的位置之前，他们双手高举过头，向王室致敬，喊道：'哟朔，哟朔，哟朔!'"（Milbourne，2012，note 27）然后，当他们继续鼓掌时，庆祝者朝地面鞠躬三下。仪式性的掌声起到了团结天与地，恢复秩序，达到平衡，并对他们的统治者表示敬意的作用。今天，这样的仪式仍然存在。

跨文化的日食：咬、吃和吞咽

月亮咬太阳是另一个经常被提到的用来比喻日食的说法。"在您的国家，人们会咬人或者吃人吗？"查姆拉玛雅人（Chamula Maya）的后裔在一次采访中问人类学家加里·戈森（Gary Gossen 1974: 29）。他得到的答案显然是："当然不会。""这里的人们会咬人或者吃人吗？"加里·戈森反问道。他得到的回答是现在不会，"但古时候的人会"。当戈森继续他的问题时，他开始意识到，就玛雅人而言，陌生人被看作生活在世界的边缘，遥远的、宇宙里的东西也只存在于远古时代。即使查姆拉人声称自己现在已经通过建立杜绝食人和杀婴行为的社会规则而变得文明，但他们仍然认为，这种异常行为可能仍会在宇宙的边缘发生，因此，当地的消息提供者问出了这样的问题。

如果善恶的竞争源头仍停留在太阳和月亮存在的宇宙中，那么日食就提醒人们，社会秩序总是处于失去平衡的危险中。查姆拉人设想中的理想社会，那个没有古代野蛮行为的混乱社会尚未实现。这与基督徒所做的与天体相关的比喻，说在最终审判之时，黑暗将笼罩在罪人身上有何不同？就像现代西方一样，这种突然而至的夜晚非但没有引起人们的担心，反而为当代玛雅人提供了沉思和讨论自然力量的平台。

预测日食：古时和当代的玛雅人

毫无疑问，当代玛雅人的祖先们试图预测可能发生的日食，因为潜在的力量失衡会对他们产生威胁。在《德累斯顿手抄本》(*Dresden Codex*) 这部幸存下来的15世纪殖民时期之前的文献中，日食表旁边描写征兆的文字讲述了可怕的预言，这些预言让我们在脑海中产生了对占星术的共鸣。玛雅文字上带有一些暗示性的图像，例如吃着象征着太阳图像的有羽毛的蛇，以及在半黑暗的背景上绘制的月亮和太阳的玛雅文字（图7.1）。在上下半页底部排列的数字表示一串重复的177天，随后是148天的间隔。这两组分别是6个月和5个月的时间段，它们是预测日食的关键（Aveni 2001：173-184）。另一组以黑色的圆点和横线表示的数字位于这些数字的上方几行。如果把某一列在较低位置的编号加到上一列在较高位置的编号上，则数字为下一列在较高位置的编号。显然，后者是在记录总数。

最近对一座9世纪玛雅城市的发掘提供的证据表明，古典时期的玛雅人与西班牙接触之前几个世纪就已经在预言日食的发生。2011年，考古学家威廉·萨图尔诺（William Saturno）在序顿（Xultun）的第10K-2号房址发掘出了一幅刻在墙上的缩微文本（高2英寸，长17英寸 [高约5厘米，长约43厘米——译者]）。该文本现在已被严重侵蚀。他和玛雅碑刻学家大卫·斯图尔特（David Stuart）得以近距离观

图 7.1　玛雅《德累斯顿手抄本》中的日食参照表：一条有羽毛的蛇（图下部中心位置）咬住了一个半昏暗的太阳（Graz: Akad. Druck–u Verlag）

察这些文字。他们在最右边的三列中识别出一种模式，这是全文中唯一可以解读的部分。抄写员精心呈现出大数字4784、4606和4429之间都有177（或178）天的间隔——也就是6个月的月相，或半年的间隔（Saturno et al. 2012，图7.2）。通过从每个连续的条目中重复减去177（或178），回溯到前几列，斯图尔特发现与尚存数字片段中的残差完全一致。该文本将162个月历月份制成一张表，排列为27列点或条状编号。

9世纪玛雅废墟翻新墙壁上的一份刻文，是如何和几个世纪以后的一本预言书联系起来的？首先，两个文本中的黑色数字几乎完全相同；其次，《德累斯顿手抄本》中黑色总数中所记录的时间长度正好是第10K-2号房址墙上刻着的半年期顺序的2.5倍。玛雅数学家对数字情有独钟——越大越好——在小整数倍的比例中，它们彼此产生了共鸣，比如405/162，或5/2的节奏，使这两个文本趋于一致。

半年期月历表与出现在古典时期的纪念性铭文中的月亮系列直接相

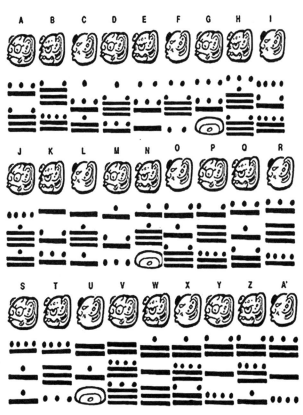

图7.2 危地马拉序顿遗址第10K-2房址墙上的微缩文字：复原的半年期月历表，可能用于设定日食预警（原图由大卫·斯图尔特绘制，显示为单行文字）

关。一开始，我们得出的结论是目前的文本中没有证据与日食预测有任何关系（Aveni et al. 2013）。例如，《德累斯顿手抄本》的表中出现的日食预报所需的148天的间隔没有出现在序顿的铭文中。但是，后来对第10K-2房址墙上的一个相邻刻文进行的分析为对此前玛雅创纪元时代出现的日食进行反向计算提供了证据。在此计算过程中，可能使用了半年期表（Bricker et al. 2014）。

尽管学者们对记录的是哪组特定的日食（以及它们是月食还是日食）看法并不一致，但大多数人相信，手抄本中的信息证明了《德累斯顿手抄本》日食表与对可能发生的日食做出的预警有关（Aveni 2001：173-184；有关尤卡坦历史上可能观测到的日月食的更多信息，请参见 Milbrath 2016）。将此文字与序顿文本联系在一起的最有说服力的证据来自《德累斯顿手抄本》表的介绍页面，该页面记录了写下序顿刻文的时间，大致有四个日期，分别是公元755年11月8日、公元755年11月23日、公元755年12月13日，以及公元818年10月8日。这些日期中的第一个日子里有月食发生，然后15天后（第二个日子），有日食发生，随后新月出现。《德累斯顿手抄本》表很可能是较早版本的修订版，或者可能是与当代农民使用的年历相似的一系列表，不断在更新，可以连续使用好几年。序顿半年期月历文字旁边的其他刻文表明，玛雅天文学家当时试图把上一个千年神话时代的日食计算方法运用到之前的玛雅创纪元时代——公元前3114年结束的那个时代（Aveni et al. 2013；Bricker et al. 2014）。

近来对第10K-2号房址生活面的发掘揭示出两名高等级身份的人遗骸上的饰品，与房间壁画上的饰品一致（Rossi et al. 2015）。墙上的场景描绘了抄写员学校的三名学员。第四个人身着华丽的衣服，似乎正在与皇家人士商量有关庆祝新年仪式的事项。图像附加的玛雅文字把两个高等级人物标识为高级和初级的塔吉（taaj），这个头衔属于具有计算和编写日历表所需知识和技能的礼仪专家。罗西（Rossi）在一具遗骸旁边发现了打树皮器和抹灰器——可以在玛雅图书制作中使用的技术工具。

当代玛雅人使用一些与被冥界的力量撕咬、吃掉或致盲有关的表述方式来描述日食期间发生的现象（有时关于日食的文字中，描写太阳神被蒙住了双眼），动因可能来自日全食附近明亮的行星，尤其是金星（Milbrath 2000）。当不在早晨或傍晚出现时，金星通常被认为是待在冥界中。在日食期间，金星突然闪亮登场，似乎在光天化日之下要明目张胆地攻击太阳。图像旁边的文字提到几天或几年的结束，在更广泛的意义上暗示了伴随黑暗来临的时间的结束——长纪历周期的结束，例如玛雅创纪元时代。每一个这样的时代都以太阳的逝去而结束，因此，通常在任何过渡时期都伴随着不稳定性。玛雅人从古到今都相信，他们的复兴仪式有助于战胜黑暗力量（Vail 2015）。

为什么古代玛雅人的天文学家如此关注精确性？知识就是力量——解码宇宙中内在节奏的能力将使他们能够探究时间，并预测未来会发生的事件。这样的信息对于任何统治者来说都是无价的。一个统治者可以追溯到的起源越早，他统治的合法性就越强。有了天国力量加持，统治者的现身将保证一个永存世界在地球和人体神圣的繁衍力量下存在，只要他们按时举行祭祀仪式，向玛雅众神还债。

预测日食、月食也有实用价值。统治序顿的这位不知名的玛雅国王想必花了很多心思寻找最专业的天文观察员、数学家作为宫廷顾问。肩负着皇室任务的抄写员使用序顿墙，就像学生使用教室的黑板或平板电脑来计算最终结果—— 一个适合手抄本的月食预警表被设计了出来。这张表可以被用来预测即将到来的天象——那些代表干旱、战争、联姻同盟等天空中出现的任何可能威胁王朝的天象——的时间。实际上，他们在墙上留下的文字对规划国家未来发展具有开创性作用。

印度的日食

在印度农村的部分地区，日食是调和传统与进步的力量（Chakrabarti 1999）。根据印度教神话，当恶魔罗睺（Rahu）吞下太阳时，日食就会发生。就像玛雅人一样，他们说古时候充满了混乱。恶魔和众神为谁能统治世界而战。在汹涌的海洋中，宇宙保护者毗湿奴神（Lord Vishnu）创造了一罐叫作阿密哩多（Amrit）的永生甘露，供参加者饮用。他化装成一个女人，然后把"魔法饮料"分发给有序落座的双方，从而掩饰了自己的身份。但是毗湿奴通过向恶魔奉上假饮料而欺骗了他们。坐在太阳神和月亮神旁边的一个聪明的恶魔意识到自己被骗了。他抓过了一杯真的阿密哩多开始饮。毗湿奴突然显出真身，当场斩首了这个恶魔，让他喝下的永生甘露没法起作用。恶魔的头目名叫罗睺，为了报仇而吞下了太阳。所以每当有机会时，罗睺都会重复他吞下太阳的行为。

一位到印度观看发生在1868年8月18日的日食的英国游客听说了关于罗睺日食的神话，他评论道："欧洲科学迄今对印度迷信群众的思想产生的影响微不足道。在目睹了8月18日日食的数百万人口中，没什么人真的不相信这是由罗睺吞噬白昼之王而造成的。"然后他补充说："虔诚的印度教教徒在日食来临之前就拿起了火把，开始搜索自己的房子，并小心地挪走所有煮熟的食物和饮用水。这种食物和水在日食时会引起'Grahama seshah'，即不洁，因此不适合食用和饮用。有些人并不在意此传统，他们声称可以通过在食物和水上放置杜巴（dharba）或库萨草（Kusa）来保护它们。"（Chambers 1904: 191‐192）

一个多世纪后，一群印度人类学家进行了一项罕见的研究：研究印度教徒对发生在1995年10月24日西孟加拉邦恒河地区的日食的反应（Chakrabarti 1999）。他们对电子媒体给诸如罗睺故事等传统信仰带来的影响特别感兴趣。在与他们一起工作的城市人口中，人类学家发现特别是妇女，会提到烹饪和饮食方面的禁忌——尤其是吞咽动作。一名家庭主妇告诉采访者她不打算做饭；另一位妇女说，她计划丢掉房屋中的饮用水，并劝阻她的家人在日食时吞咽任何东西。她那位受过良好教育、有外出旅行史的小儿子说，他会服从母亲的意愿，但并不是因为他认为吞下任何东西会对他造成伤害，而是想避免伤害他母亲的感情，或影响一家人的情绪。

另一位母亲说她打算在日食过后在恒河中沐浴，以消除罗睺残留的任何负面影响。当被问及这些信仰时，她受过良好教育的女儿坚持认为，这不是一种迷信，而已成为传统的一部分：“（我）为什么要违反这种习俗，冒破坏家庭成员福祉的风险。”（Chakrabarti 1999：26）正如我们中的一些人一样，尽管他们有更独立或世俗的个人见解，但仍可能会拒绝打破我们的家庭文化或宗教传统。年轻一代的家庭成员指出，尽管他们完全了解关于日食的科学解释，但他们选择遵循家庭习俗来维持家庭凝聚力。我们很多人在试图应对科学发现的影响时，是不是很矛盾，因为在一个庞大的物质宇宙中，我们已经与之不再亲密了。

人类学家发现，在印度农村人口中，对日食反应更加基于传统。一个部落的成员讲述了罗睺吞食太阳的故事的简化版本：简单来说，就是月神向太阳神发火，所以吞下了他。另一种说法是，月亮向太阳借了一些米，即古代的标准货币，却无力偿还，太阳出于悔恨而躲在月亮后面：这就是日食的含义（Chakrabarti 1999：42-43）。

借米故事的一个变体是太阳之所以躲在月亮后面，是因为认为月亮又回来借米。在一种从大米债务说法产生的仪式中，人们将一些大米与一枚硬币（现代货币）放在小包中，一起放在房子的茅草屋顶上。日食结束后，人们将大米留作其他神圣的仪式使用。一些印度教徒将其农具和狩猎用具以及一根铁条放在屋顶上，暴露在日食之下。铁条会成为用于制造其他家用物品的材料。如果房子里有新生儿，他们会将一些摆在外面的米放在孩子旁边，然后在夜间将米撒在房子外，以驱赶任何残留的邪恶阴影。一些非部落人士将稻米借贷者解释为较低种姓的人。实际上，他们将日食和食物变质之间的关系转移到了纯净和不洁的观念上（Chakrabarti 1999：40）。

加拿大因纽特人看到的北部日食

根深蒂固的社会和宗教的生存信念，是跨文化日食观的基础。在加拿大东北因纽特人居住的省，马克·伊詹贾格（Mark Ijjangiaq）的日食故事代表了受过良好教育的年轻一代已不再有儿时恐惧。尽管他略带风趣地讲述了故事，但他仍然从头到尾参与了这一仪式：

我和家人在内陆过暑假时，有一天下午发生了日食。当时我才九岁，确实被这次经历吓坏了。它的效果和一个人戴墨镜时一样。太阳的特征和上弦月或下弦月一样。当时我母亲还健在。我们有一个打水的地方——一条小溪，非常靠近我们的帐篷。日食结束后，母亲让我拿着一个小桶去打水。但我不想去，因为我担心一旦我走到（离帐篷）稍远的地方，可能会有另一次日食，而我是独自一人。（MacDonald 1998：136）

因纽特人说，在日食期间，所有动物和鱼类都消失了。为了使其恢复原状，猎人和渔民收集了他们食用的每种生物的样本，并将它们放在一个大麻袋中。他们背着沉重的麻袋，绕着村庄的外围转，沿太阳运行的方向行进。回到城镇中心后，他们将麻袋倒空，分发各种肉的碎片给居民食用。猎人与猎物之间的相互尊重是因纽特人文化的重要组成部分。他们告诉正在问问题的人类学家，这些生物提醒人们它们需要得到关注，在日食之后恢复狩猎的唯一方法就是让男人们进行这种仪式，以便动物们可以安全地返回。日食成了人类与野兽接触的媒介。

在巴布亚新几内亚体验日食

最后，在1960年代，巴布亚新几内亚的苏基人（Suki）告诉荷兰人类学家，发生日食的原因是人们的灵魂离开了自己的身体，将自己投向了太阳或月亮。如果灵魂无法返回自己的身体，那么灵魂拥有者将会死亡。那些负责日食的人是食火鸟（cassowary，一种大鸟）的成员，是他们自己划分的成对亲属族群之一。该族群与水、雨季、黑暗和月亮有关，而猪的族群则与土地、旱季和晴天有关；后者倾向于负责月食（van Nieuwenhuijsen and van Nieuwenhuijsen-Riedeman 1975: 115）。

当一个族群的成员越界到另一族群时，就会违反自然秩序，从而发生日食。在相当困难的情况下，人类学家终于与两位消息提供人交谈，他们多年来目睹了这种事件，并对其感到惊讶。每次日食发生时，一名由负责族群委派的部落民会爬上树，请求天神解释白天的黑暗。有一次，原因是对方部族病人的四个灵魂遮住了太阳。在另一个案例中，一个被丈夫虐待的女人被点名。她在日食后不久就死了。在第三起事件中，部落民爬到树顶，大喊："Nagaia Namagwaria, Gwauia——这是怎么回事？"预兆回应道："这里的人是图提（Tutie），我们想把他送回去，但他不听我们的。我们把他的头发剪了，这样他很快就会死去。"（van Nieuwenhuijsen and van Nieuwenhuijsen-Riedeman 1975: 116）。当图提得知自己被人指指点点时，他开始哭泣。他们说，他也是在日食后不久死去的。苏基人似乎不惜向外人隐瞒他们的日食传统，这表明他们对自己的信仰深信不疑。

结　论

　　日食故事中涉及制造噪音、吃、咬、吞的动作，让我们困惑的是神话与认知之间的明显冲突。为什么一个有生命的太阳和月亮要作为重演生命叙事的动作人物？为什么这些心理推测会继续与理性思维并存，在印度教徒对日食的反应中如此清晰可见？在我看来，将所有人联系在一起的共同点深深地交织在人类拥抱无形自然现象的欲望中，无论是无限宇宙中的黑洞，还是日全食，都试图用我们在有形世界中的经验来理解我们看到的东西。只有将熟悉的事物投射到陌生的事物上，才有希望找到意义。本章叙述的日食故事是人们将自己的社交投射到自然界的例子，特别是当现状受到侵犯时，例如生计受到威胁、家庭关系被破坏、政治不稳定等。人们创造了关于周围世界的故事，以此将那个不可预知的领域拉近到离自己更近的地方。通过发现反映在宇宙中的社会，它们变得人性化了。

　　总之，日食本身是无关紧要的；重要的是它对见证者产生的影响，进而做出的行动。对于玛雅人来说，白天的黑暗是对社会秩序的挑战的提醒，也是参与维护社会秩序的话语权的需要。印度教太阳观察者让人联想到还债的义务和家庭习俗在科技现代性面前表现的凝聚力，生计面临挑战的环境中，举行仪式以维持猎人与猎物之间的和谐。在现代西方以外的社会中，太阳和月亮并不是一个独立世界的成员—— 一个没有精神的物质世界，正如科学告诉我们的那样。在日食的宇宙戏剧中，参与的天体角色提供了一种二元论的意象，反映了日常生活中互补的社会概念：男性和女性，纯净与不洁，善与恶，白天与黑夜。来自世界各地关于日食的故事并非仅是有趣的文化遗产，而是让人们以积极的心态去参与和思考的例子，是建立人与天空之间关于人类生存意义的对话的强大媒介。它们恢复了观察天象这门艺术中已失去的道德成分，并激励我们更加关注人类的多样性。

参考文献

Alcock, Peter. 2014. *Venus Rising: South African Astronomical Beliefs, Customs and Observations*. Durban: Astronomical Society of Southern Africa.

Aveni, Anthony. 2001. *Skywatchers: A Revised, Updated Version of* Skywatchers of Ancient Mexico. Austin: University of Texas Press.

Aveni, Anthony. 2008. *People and the Sky: Our Ancestors and the Cosmos*. London: Thames and Hudson.

Aveni, Anthony. 2017. *In the Shadow of the Moon: The Culture and Science Behind the Magic, Mystery, and Fear of Eclipses*. New Haven, CT: Yale University Press.

Aveni, Anthony, William Saturno, and David Stuart. 2013. "Astronomical Implications of Maya Hieroglyphic Notations at Xultun." *Journal for the History of Astronomy* 44(1):1–16. https://doi.org/10.1177/002182861304400101.

Branch, Jane, and Deborah Gust. 1986. "Effect of Solar Eclipse on the Behavior of a Captive Group of Chimpanzees (*Pan troglodytes*)." *American Journal of Primatology* 11(4):367–373. https://doi.org/10.1002/ajp.1350110407.

Bricker, Victoria, Anthony Aveni, and Harvey Bricker. 2014. "Deciphering the Handwriting on the Wall: Some Astronomical Interpretations of the Recent Discoveries at Xultun." *Latin American Antiquity* 25(2):152–169. https://doi.org/10.7183/1045-6635.25.2.152.

Chakrabarti, S. B. 1999. *Man, Myth, and Media: An Anthropological Enquiry into the Recent Total Solar Eclipse in Eastern India*. Calcutta: Anthropological Survey of India, Ministry of Human Resource Development, Department of Culture, Government of India.

Chambers, George. 1904. *The Story of Eclipses*. New York: Appleton.

Ferrari, Frank. 1976. "The Significance of the Response of Pelagic Marine Animals to Solar Eclipses." *Deep Sea Research and Oceanographic Abstracts* 23(7):653–654. https://doi.org/10.1016/0011-7471(76)90008-5.

Freidel, Robert, and Paul Israel. 2010. *Edison's Electric Light: The Art of Invention*. Baltimore: John Hopkins University Press.

Gossen, Gary. 1974. *Chamulas in the World of the Sun: Time and Space in a Maya Oral Tradition*. Cambridge, MA: Harvard University Press.

Holland, Joscelyn. 2015. "A Natural History of Disturbance: Time and the Solar Eclipse." *Configuration* 23(2):215–233. https://doi.org/10.1353/con.2015.0016.

Kampa, Elizabeth. 1975. "Observations of a Sonic-Scattering Layer During the Total Solar Eclipse 30 June, 1973." *Deep Sea Research and Oceanographic Abstracts* 22(6):417–420. https://doi.org/10.1016/0011-7471(75)90063-7.

Knight, Chris. 1997. "The Wives of the Sun and Moon." *Journal of the Royal Anthropological Institute* 3(1):133–153. https://doi.org/10.2307/3034369.

Levi-Strauss, Claude. 1970. *The Raw and the Cooked.* London: Cape.

Levi-Strauss, Claude. 1981. *The Naked Man.* London: Cape.

MacDonald, John. 1998. *The Arctic Sky: Inuit Astronomy, Sky Lore, and Legend.* Toronto: Royal Ontario Museum.

Milbourne, Karen. 2012. "Moonlight and the Clapping of Hands." In *African Cosmos: Lozi Cosmic Arts of Barotseland (Western Zambia)*, ed. Christine Kreamer, 283–300. New York: Monacelli.

Milbrath, Susan. 2000. *Star Gods of the Maya: Astronomy in Art, Folklore, and Calendars.* Austin: University of Texas Press.

Milbrath, Susan. 2016. "La Evidencia de la Agro-astronomia entre los Antiguos Mayas." *Estudios de Cultura Maya* 47:11–29. https://doi.org/10.19130/iifl.ecm.2016.47.738.

Rossi, Franco, William Saturno, and Heather Hurst. 2015. "Maya Codex Book Production and the Politics of Expertise: Archaeology of a Classic Period Household at Xultun, Guatemala." *American Anthropologist* 117(1):116–132. https://doi.org/10.1111/aman.12167.

Saturno, William, David Stuart, Anthony Aveni, and Franco Rossi. 2012. "Ancient Maya Astronomical Tables from Xultun, Guatemala." *Science* 336(6082):714–717. https://doi.org/10.1126/science.1221444.

Thompson, John Eric S. 1939. *The Moon Goddess in Middle America with Notes on Related Deities.* Carnegie Institution of Washington Publication No. 509, Contributions to American Anthropology and History No. 29. Washington, DC: Carnegie Institute of Washington.

Vail, Gabrielle. 2015. "Iconography and Metaphorical Expressions Pertaining to Eclipses: A Perspective from Postclassic and Colonial Maya Manuscripts." In *Cosmology, Calendars, and Horizon-Based Astronomy in Ancient Mesoamerica*, ed. Anne Dowd and Susan Milbrath, 163–196. Boulder: University Press of Colorado. https://doi.org/10.5876/9781607323792.c007.

van Nieuwenhuijsen, J. W., and C. H. van Nieuwenhuijsen-Riedeman. 1975. "Eclipses as Omens of Death." In *Explorations in the Anthropology of Religion: Essays in Honour of Jan van Baal*, ed. W.E.A. van Beek and J. A. Scherer, 112–121. The Hague: Martinus Nijhoff. https://doi.org/10.1007/978-94-017-4902-2_8.

Wheeler, William, Clint MacCoy, Ludlow Griscom, Glover Allen, and Harold Coolidge, Jr. 1935. "Observations on the Behavior of Animals During the Total Solar Eclipse of August 31, 1932." *Proceedings of the American Academy of Arts and Sciences* 70(2):33–70. https://doi.org/10.2307/20023118.

第八章

在夜海中

古代波利尼西亚与黑暗

辛西娅·L.范·吉尔德

黑暗的源头，造就了黑暗

O ke kumu o ka po i po ai

夜晚的源头，造就了夜晚

O ka lipolipo, o ka lipolipo

浓烈的黑暗，深沉的黑暗

O ka lipo o ka la, o ka po

太阳的黑暗，黑夜的黑暗。

Po wale ho'i

除了夜晚，什么都没有。

Hanau ka po ...

夜晚孕育了生命……

——库姆利珀（Kumulipo）[1]，贝克维思（Beckwith,1972）

要了解古代夏威夷的夜（pō），必须从了解最初的创世开始。pō 是一个古老的波利尼西亚语单词，在大多数东波利尼西亚语和许多西波利尼西亚语中都有同源词。上面所引用的著名的库姆利珀[2]（也写作 Kumulipō——译者）创世圣歌的开场白是数千句中的第一句，概述了宇宙的生成关系，从黑夜（pō），到这个世界的植物和动物，再到夏威夷统治家族的主要祖先，最后到某个特定的婴儿。而这个版本的圣歌就是为他的出生而创作的。波利尼西亚语的 pō 指的是创世之源、大海深处、精神世界，以及每一天热带的太阳落下之后的暗夜。在本章中，笔者考虑了古波利尼西亚的"夜的人类学"（Galinier et al. 2010），尤其关注了夏威夷的情况。为此，笔者考虑了人类学三大领域（历史语言学、文化人类学和考古学）的比较数据。引入这些数据首先是为了理解与夜晚相关的传统的意义，然后是为了建立一个夜间实践活动的模型，最后是为了研究如何将该模型应用于考古分析。

Pō 的起源和表现

在书面记载缺失的情况下，比较历史语言学在了解古代波利尼西亚的文化、共同的起源和多次移民方面发挥了重要作用（例如，Kirch and Green 2001）。米歇尔·布伦（Michel Brun）和埃德加·提塔希欧图帕（Edgar Tetahiotupa）收集了关于波利尼西亚各地 pō 一词的起源和使用情况的数据。（Brun and Tetahiotupa 2005）他们从爱德华·特雷吉尔（Edward Tregear）在1891年出版的著名著作《毛利波利尼西亚比较词典》（*The Maori-Polynesian Comparative Dictionary*）中的 pō 词条摘录开始，着手研究他所记录的每种含义的内涵和历史。这都让我们得以深入了解 pō 对于受欧洲人影响前的波利尼西亚人的象征和情感价值。例如，Kumulipō 代表了 pō 的定义，即"万物之祖"[3]。（Brun and Tetahiotupa 2005：63；Tregear 1969）布伦和提塔希欧图帕认为，如果仔细研究，即使是第二个定义"夜"，在一些波利尼西亚语言中也有更复杂的用法。

在夏威夷语和其他东波利尼西亚语中，如塔希提语（Tahitian），pō一词似乎具有与英语中的"day"相当的时间功能（Brun and Tetahiotupa 2005：63；另见 Levy 1973：149）。[4] 也就是说，正如说英语的人可以用"day"一词来指代"白天"，或太阳出来之后的时间，该词也可以用来指代24小时的时间单位，如"我将在三天内收获完我的甘薯"（I will harvest my sweet potatoes in three days）这句话。因此，夏威夷人用 pō 来表示夜晚（与白天相反），但同时该词也是他们24小时时间单位的标志，这两个时间单位都被认为是以太阳落山时为标志。所以，说"我将在三个夜晚内收获完我的甘薯"（I will harvest my sweet potatoes in three nights）是合理的。显然，这种把黑夜或黑暗作为时间单位（相当于英语中的"day"）的开始的观念，对波利尼西亚人来说，既体现，也造成了他们与西方人不同的与夜晚的关系。我们（指西方人——译者）的夜晚，是向结束的过渡；夏威夷人的夜晚，会被感觉到是向开始的过渡。

Pō 也被用来指"地下世界，众生和灵魂从这里来，并回到这里"（Brun and Tetahiotupa 2005：63，也见 Tregear 1969）。因此，在波利尼西亚哲学中，pō 既是时间，也是地点；在 pō（即夜晚）中，如果不是从字面上看，而是象征性地看，人类的世界变成了精神的世界。最后，pō 还被定义为"传说中的土地，波利尼西亚人的起源"（Brun and Tetahiotupa 2005：63，也见 Tregear 1969）。这个含义再次肯定了时间／地点是如何在哲学上混合在一起的。布伦和提塔希欧图帕寻找 pō 的每一个含义的语言起源。他们在波利尼西亚祖先的音素，如"hu"和"ho"中找到了这些起源。他们追寻"白天""黑夜""超越""海洋""世界"等单个词语的变化，而这些词最后都成为包含以上这些含义的单一的同音词 pō（Brun and Tetahiotupa 2005：79-80）。

Pō 在波利尼西亚的其他用法之一是指"地平线以下，海面以下"的物体，如指航行时出现在地平线上的岛屿，视觉上从 pō 中出现（Brun and Tetahiotupa 2005：76-79）。布伦和提塔希欧图帕认为，这是在上述额外的意思浓缩到音素之前，pō 在最古老的波利尼西亚语中的意思。他们认为："许多迹象都告诉我们，波利尼西亚传说中的 pō 与一个想象中的、阴暗的黑夜世界或海底世界无关，甚至与位于活人世界之下的地狱也无关，而是更平实地指代遥远的大海，即在地平线之下可以找到的东西。"（文献引用同上）尽管如此，在与欧洲人接触之前的几个世纪里，对于一个夏威夷人来说，pō 这个词会同时引出所有这些含义，从而促进了语言的内在诗意。因此，如果我们重新考虑上面所引用的库姆利珀，每一次使用 pō 这个词都会引出以下所有的，甚至更多的含义：在夜里 / 夜里的，在海面下 / 海之外的，在古代 / 古代的，在精神领域中 / 精神领域的。

Pō 的体验

虽然夏威夷人在白天看到神或女神显灵并不稀奇，但在夜晚，即使是一个普通的灵魂也可能从他们世界的 pō 中滑落到这个世界的 pō 中。根据玛丽·卡瓦娜·普库伊的说法，死者的灵魂被认为是居住在 pō 中的，而且有一些迹象表明，未出生的人或未来的灵魂也被认为是居住在那里的（Handy and Pukui 1972）。还有一种说法是，在特定的梦境中，普通人可能会造访 pō，这意味着 pō 的边界是双向开放的（Handy and Pukui 1972：126）。同样，罗伯特·列维（Robert

Levy 1973：386）记述了对一位塔希提人的采访，此人解释说，在有些梦里"就像你的灵魂在 pō 中游荡……"[5]

在整个波利尼西亚，这种将夜晚与来自 pō 或在 pō 中的交叉联系起来的做法很常见。例如，玛格丽特·米德（Margaret Mead）多次提到，由于祖先、灵魂、"鬼魂和魔鬼"的存在，萨摩亚（Samoa）人在夜间活动时非常小心谨慎（2001：65）。在考虑这些波利尼西亚人对夜晚信仰的描述时，我们必须小心，不要把西方人觉得鬼魂和幽灵本身是可怕或有害的这种感觉投射到波利尼西亚人身上。权力和神灵（mana，马那，波利尼西亚、美拉尼西亚等地的人们信奉的一种超自然的神秘力量——编者）与世俗（noa）存在特定的结构关系，这些结构受到必须遵守的规则（kapu，卡普，夏威夷古时划分人的等级和规定男尊女卑的制度——译者）的支配。那些以"阿罗哈"(aloha，"你好"或者"再见"之意，夏威夷人的问候语或告别语——编者）的方式行事，充满敬意地履行适当权利和责任的人，很少会遇到危险。[6] 当遇到夜灵时，如果一个人在夜灵群体中没有看到任何熟悉的祖先，或者不记得适当的预防咒语，最好的办法是脱光衣服，躺下，假装睡觉，直到他们过去（Beckwith 1970：164）。

加利尼耶（Galinier）及其同事在其评论文章《夜间人类学》（2010：825）中断言："在每个社会和文化中，都存在着关于心智和知识的夜间活动之间的关系，以及在夜间获取、保存或转化知识的模式的假说。"这无疑是波利尼西亚关于 pō 的文化观念中的一个突出主题。玛丽·卡瓦娜·普库伊在她的夏威夷谚语和"谚语诗"集《奥德莱洛·诺伊乌》（'Ōlelo No'eau）中记录了多条与此相关的格言。最普遍的是，"he hō'ike na ka pō"，字面意思是"夜晚的启示"，解释为"神在梦境、异象和预兆中的启示"（Pukui 1997：68，另参见 Handy and Pukui 1972：143）。注意这里的 pō 被理解为神的境界和做梦的时间（即夜晚）。

她注意到另一个类似的表达，"mai ka pō mai ka ' oiā ' i ' o"，她将其翻译为："真理来自夜晚（由神明揭示）。"（1997：225）。这几种表达方式都没有使用表示多神或单神的字，即"akua"。[7] 在这两种表达方式中，都强调了 pō 作为媒介或交流手段的作用。[8]

E. S. 克雷格希尔·汉迪（E. S. Craighill Handy）和玛丽·卡瓦娜·普库伊在他们著名的关于夏威夷卡乌（Ka'u）生活的研究报告中列举了许多关于夜间知识的例子（Handy and Pukui 1972）。他们断言："梦境是被认真对待的，因为它们代表了生活在这个光明世界的人（ao malama）和祖先的守护者（'aumakua）以及存在于不可见领域（pō）的神（akua）之间最直接和持续的沟通方式。"（Handy and Pukui 1972：126-127）作为人类付出适当尊重和供奉的回报，pō 通常会向人们提供知识和保护。两位作者还报告说，他们遇到一些人，这些人学会了新的草裙舞或用 pō 演唱的歌，或知道了应该给新生儿起的合适的名字（Handy and Pukui 1972：99，127）。

鉴于夏威夷宗教和宇宙观中的生殖配对关系，波利尼西亚的夜晚也与性有关，这并不奇怪。首先，人们认为"an ' aumakua"，或称祖先的灵魂在 pō 期间来访，会导致一个孩子的诞生（Handy and Pukui 1972：121；Pukui et al. 1972：120-122）。[9] 玛格丽特·米德（2001）描述了多情的萨摩亚人在椰子树下的幽会，罗伯特·利维（1973）描述了塔希提人的幽会，汉迪和普库伊（1972）描述了夏威夷人的幽会。雷蒙德·弗斯（Raymond Firth 1983：55）在谈到波利尼西亚提柯皮亚岛（Tikopia）的夜晚时说："这里有调情和密谋的机会，不时会有人借着一些站不住脚的借口飘然而去，在独木舟棚或空屋里与情人会合。"

夏威夷酋长尤其以整夜沉迷于各种娱乐活动而闻名。普库伊（1997：98）引用的一种常见的表达方式是"he pō moe ko na maka'āinana，he pō ala ko na li'i"，她将其翻译为"普通人晚上睡觉，酋长保持清醒"，她解释说，这句话的意思是"普通人晚上休息是为了准备第二天的劳作；酋长们完全可以在快乐中度过夜晚，因为他们可以在白天睡觉"。值得一提的是，塞缪尔·卡玛考（Samuel Kamakau）的观点是，在卡普制度的鼎盛时期，有一些酋长是如此神圣，如果他们的影子穿过一个平民走的道路，这个平民就得作为祭品。卡玛考（1991b：10）说："他们（地位最神圣的酋长）在白天外出是不合适的；晚上才是他们与其他酋长和人民来往的恰当时间，那时不会有阴影笼罩在他们身上。"这些酋长晚上也接受贡品（猪等），因为他们就像地上的神一样（参考文献同上）。

对于萨摩亚村庄的夜晚，米德（2001：15）写下了一段可爱而令人回味的描述。"晚饭后，老人和小孩都被赶去睡觉。如果年轻人有待客需求，房子的前面就会让给他们使用。白天是老人议事和年轻人劳作的时间，晚上是做轻松事情的时间。"人们坐下来聊天，"如果有月光，成群结队的年轻人，三三两两的女性，会在村子里游荡"。可能会有音乐、舞蹈，"有时直到午夜过后很久，这些村民才会去睡觉；最后只留下海水轻柔拍打礁石的声音和恋人的窃窃私语声。村子一直会保持安静直到天亮"（参考文献同上）。同样，弗斯（1983：52）也将提柯皮亚午后到傍晚这段时间描述为"村庄生活的社交一面变得更加明显"的时候。与萨摩亚一样，"海滩上的舞蹈、游戏和交谈可以持续到任何时候；没有传统规定的散场时间，人们只在睡意来临时陆续离开"（Firth 1983：55）。基斯和安妮·钱伯斯（Anne Chambers）在对图瓦卢的一个波利尼西亚环礁上的生活进行民族志调查时，描述了类似的夜晚，因为一天的工作已经结束，取而代之的是社交和可以在群体中完成的较轻松的活动（Chambers and Chambers 2001）。

埃克奇（2006：177）在对夜晚的历史分析中（主要基于工业化前

的欧洲）写道："最重要的是，夜间通常模糊了劳动和社会交往之间的界限。相比白天的任何时候，工作和娱乐此时混合在一起。许多任务变成了集体任务，其特点是欢聚一堂和结伴而行。"萨摩亚的夜钓活动就是这种现象的完美例子。米德（2001：15）描述了夜间人们集体在礁石上捕鱼的场景："半个村子的人可能都会打着火把去捕鱼，弯弯曲曲的礁石上会闪烁着摇曳的灯光，回荡着胜利或沮丧的叫喊声。"1960年代末，芭芭拉·斯梅策（Barbara Smetzer 1969）目睹了被称为"帕洛洛之夜"（night of the palolo）的萨摩亚胜景，这是全村人都会通宵达旦参加的一年一度的活动。[10] 年轻人拿着火把涉水而行，寻找第一条蛙船虫（sea worm）的迹象。当看到蛙船虫时，人们就会大喊ua sau le palolo(palolo来了)！年轻人和老年人都拿起水桶、渔网、篮子、手电筒、灯笼和火把，笑着、喊着下水，以捕捉这种理想的美食（Smetzer 1969：65）。

并非所有波利尼西亚人的夜钓行为都涉及整个社区。弗斯（1983：52）描述了夜里渔民带着渔获物返回村庄的声音，这是他在旁人还在睡觉时所能听到的清晨最早的声音之一。基斯和安妮·钱伯斯描述了他们在1970年代生活在纳诺梅阿岛（Nanumea）时目睹的几乎每天都有的夜钓飞鱼的活动。当黄昏来临时，渔民们会组成"松散的船队"出海（Chambers and Chambers 2001：115）。独木舟灯光（在丙烷灯应用之前，人们使用椰子树枝做成的火炬）的反射会惊动哈哈维鱼（hahave）跳起来，渔民会用网把它们网住（参考文献同上）。在1973年至1974年进行的饮食调查中，钱伯斯夫妇（参考文献同上）发现，这种夜间劳动对于食物供给很重要，因为这种鱼占四分之一的饭量。而且，哈哈维鱼一旦被腌制和保存起来，就能成为防止食物短缺的重要手段。

卡玛考（1991b：239）描述了夏威夷类似的火炬独木舟捕鱼活动，

他还强调"夜间是适合捕鳗的时间"。(Kamakau 1992: 83)这意味着在大多数情况下,陷阱是在夜幕降临前设置的,一夜未关,然后在早上检查结果。然而,也有一些人用手钓鳗鱼,他们晃动手指,诱使鳗鱼从藏身的岩石中探出头来(Kamakau 1992: 86-87)。卡玛考(1992: 86)说:"在一个漆黑的夜晚,当天空中布满繁星时,捕鳗人……会说,'今晚有鱼——因为星星在闪烁'。"这个意象让人回味无穷,再次将 pō 的天空与 pō 的大海,以及大海的富足与夜空的富足联系在一起。

海洋和天空之间这种根深蒂固的关系在古代航海科学中表现得最为明显。波利尼西亚人作为远洋水手,对天空的观察对于他们的生活至关重要(Finney 1979; Finney 2004; Lewis 1994)。虽然白天的海浪模式和鸟类活动可以帮助指示陆地的方向,但实际上夜空以地平线上太阳的升起和落下为中心,给人们带来了一种位置感。在海上的夜晚时分,人知道自己在宇宙中的位置,这种确定性是白天在海洋中所不能传达的。[11]许多作者指出,对波利尼西亚人来说,他们并不认为太平洋是一望无际,间或有微小陆地安全空间的危险地带,而是一组由海洋大道(或称 pō)连接的陆地。换句话说,星星是夜海中的岛屿。

虽然从历史上看,对夏威夷的古天文学研究不多,但一旦远航终止,曾经用于太平洋航行的丰富深厚的夜空知识可能会被重新用于组织人造建筑景观,这一点都不奇怪(例如,见 Kirch et al. 2013)。这种组织已经开始在"heiau",或称寺庙的方向上显现出来(Kirch 2004)。在瓦胡岛(O'ahu),根据其天文方位、建造和使用的放射性碳同位素测年以及其他佐证的民族志细节,位于霍诺柳利区(Honouli'uli)的一个有围墙遗址被确定为玛卡希基节(Makahiki festival)集会地点(Gill et al. 2015)。最有可能的是,"Kilolani",或称天文祭司,负责读取天象,寻找建造、发动战争等活动的吉日

197

（Malo 1997：75），他们也负责解读夜空以妥善安排这些建筑的位置。

夏威夷人的基本历法是12个月历月，每个月有30个各有名字的日子，与整个月的月相对应（Malo 1997：30-36）。汉迪夫妇（1991）收集了大量关于按照传统历法种植和收获本地植物（以及捕获相关的动物）的信息。例如，对"mohalu"（第十二夜）的简短总结，揭示了它"很适合种植花卉，在这个夜晚，花卉会像月亮一样圆润完美；葫芦、土豆和芋头也会长势良好"（Handy and Handy 1991：38）。汉迪和普库伊（1972）提到，夏威夷卡乌的居民不仅围绕着月历月份，而且还围绕着月历的日／夜来安排他们的种植和收获周期。农民晚上起来检查附近的花园，或者在较远的田地里留一间papa'i，或称小房子用于休息，这种情况并不少见（Handy and Pukui 1972：13）。

除了在高处的休息和存储场所，汉迪和普库伊（1972：13-14）指出，一些家庭在海滩上保留了临时的休息场所，独木舟制造者有时会在他们的独木舟屋里堆放垫子，以便他们能在工作场所附近睡觉，而岩棚和熔岩管可以作为在温暖夜晚睡觉的凉爽、干燥之处。埃克奇（2006：299）认为，"分段睡眠"的模式是工业化前欧洲实践的特点，当时的睡眠"不像今天大多数西方社会那样局限于夜间进行"。利用历史资料，他得出结论，人们先进入第一次睡眠，然后是短暂的清醒，甚至起床完成工作任务，然后再进入第二次睡眠期的概念和经验是很普遍的（Ekirch 2006：300-301）。他（Ekirch 2006：303）还引用了尼日利亚提吾人（Tiv）的人类学描述。他们过着自给自足的农耕生活，有着适合他们自己的睡眠方式，这往往是一个早睡，清醒，然后再睡着的循环。总之，埃克奇（参考文献同上）认为，"我们完全有理由相信，像许多野生动物所表现出的那样，分段睡眠在现代之前早已成为我们睡眠的自然模式，与人类起源一样古老"。汉迪和普库伊（1972）提到的以任务为导向（如农耕、采盐、制造独木舟等）的临时睡房很可能是适应分段睡眠模式的一部分，因为月夜既是完成任务的吉时，也是方便的时间。

出于这个原因，笔者认为我们有充分的理由去想象，与欧洲文明接触前，夏威夷的夜晚是非常多变的，有灵活的时间安排，可能涉及生计活动，如根据月亮的情况来决定在夜间捕鱼、种植或收获。有些夜晚可能是在睡觉中度过的，以便为安排好的早起做好准备；有些夜晚是在完成必要的仪式中度过的；还有一些夜晚则进行舞蹈、唱歌、赌博和游戏。很可能所有这些夜晚都包含了夏威夷人最喜爱的消遣活动——"讲故事"，这是波利尼西亚文化的常态，也被民族学家弗斯、米德、列维和钱伯斯评论过。[12] 人们会觉得在晚上"'aumakua"，或称祖先们特别有存在感，而且会努力避免激怒鬼魂或其他恶灵。梦境或其他在 pō 中的经历会成为早上滔滔不绝的话题。

Pō 的物质痕迹

当我们考虑发展一种独特的夏威夷夜间考古学时，我们必须首先考虑可能进行夜间活动的空间的种类，然后考虑能够支持这些活动的物质文化种类。大多数与捕鱼有关的活动都是在独木舟上或在岸边不定的位置进行的，这些活动所用到的工具箱在考古研究上没有特别的特征。被描述为专门的夜间活动的游戏都不涉及独特的空间或多少用具，它们并不会在考古学上保存下来。当然，长途航行是在独木舟上进行的，而教授航行的活动可能会用到一个葫芦或一组交织的棍子（Chauvin 2000），这些用具只能在夏威夷气候下最干燥的岩棚中保存下来。然而，任何天黑后在房屋内进行的活动，无论是家庭活动或其他活动，都可能会产生照明的证据。这种证据很可能采用了几种我们从考古学上可以推测的形式。这些证据包括：一、提供照明和供暖的室内火堆；

二、烧油的小石灯；三、库奎（烛果内果皮，*Aleurites moluccana* endocarps）。笔者接下来会逐一考虑这些形式的证据。

显而易见，人们可以在白天和夜晚都使用火堆做饭、取暖和照明，因此，我们不能自动将火堆的存在作为一个空间主要用于夜间活动的指标。同样，对于被许多民族学家和考古学家认定为灯的小石碗，彼得·巴克（Peter Buck）提醒说："有时很难区分臼、石灯、染杯和其他石制容器。"（Buck 1993：107）巴克认为，石灯有两个特点：首先，石灯往往有较小和较浅的中心空腔（Buck 1993：108），在某些情况下，石灯的"内缘因使用而被烧焦的碳染成黑色"（1993：107）。他补充说，植物油在"石臼中被使用，灯芯是用塔帕（tapa，太平洋某些岛上居民用来做衣服的构树皮——译者）做的，[13] 通过增加灯芯来增强光亮"（1993：107）。[14] 虽然用玄武岩制作的石器易于保存，但这种灯在考古工作中并不常见。其中一个可能的原因是，这些灯是一种独特的、可重复使用的物质文化，可能是离开乡村的村民们所携带的，以及/或容易被20世纪的收藏家发现。[15]

这些灯所使用的最常见的植物油来自库奎树，作为大型植物学遗迹，这种植物的内果皮在夏威夷的考古遗址中经常被发现，有烧焦的，也有未烧焦的。石灯被称为"poho kukui"[16]，许多民族史和民族志的资料都提到燃烧库奎，以至于在许多情况下库奎可以作为光的同义词。事实上，电灯被称为"kukui uila"（Pukui and Elbert 1986：474）。巴克在他的"家用设备"讨论中专门有一节讨论"库奎-坚果蜡烛"。他说："坚果被轻轻地烘烤，硬壳裂开，油性的果核用干棕榈叶的茎穿上，形成一个原始的蜡烛。"（Buck 1993：107）长长的线可以被挂起来，缠绕在一起做成火把，或者摆成一个石灯。一个makou是一个由三个库奎坚果串组成的火把（Emerson 1909：63）。[17] 汉迪夫妇花了好几页的篇幅介绍库奎树各个部分的用途，却引用了亚伯拉罕·弗尔纳德尔（Abraham Fornander）1916—1917年的记载："火炬的制作方法是将库奎坚果串在约4英尺（约1.2米——译者）长的芦苇上，用塔帕条将其中几个捆绑在一起，然后用叫作'ti'的叶子包裹，以防止油性坚果燃烧过快。"（Handy and Handy 1991：232）有些人认为，监督和维护库奎坚果串是家里孩子们的工作，每个坚果在燃烧殆尽时都必须被挪走（Krauss 1993：59）。[18]

因此，上面提出的第三种在天黑后照明的物质证据似乎最有潜力；简而言之，追踪库奎遗存的分布和集中程度显示出其作为夏威夷夜间考古学组成部分的巨大前景。[19] 理论上，人们可能会预期，在那些曾有需要不断照明的夜间活动的遗址会发掘出更集中的库奎遗存。为了探索这种方法的潜力，笔者在这里考虑了两个来自茂宜岛背风地区的考古数据：一个来自少数居址的密集发掘，另一个来自广泛分布在整个景观中的试掘探方。

夏威夷居址是功能不同的建筑群，最常见的是由火山石（玄武岩）地基或防风墙搭建，以木头或茅草制作成的上层构造封顶。[20] 民族历史文献中描述了许多类型的哈利（hale），或称房屋建筑。一些最常被提及的类型是哈利姆阿（hale mua，成年男性吃饭和睡觉的房子，也是家庭神龛），哈利诺阿（hale noa，成年女性和孩子睡觉的房子，虽然男人也可以在这里与家人一起住），以及哈利埃那（hale'aina，女性烹饪和吃饭的房子）。除了这些核心建筑，还可能有其他建筑：例如，伊姆（imu，土灶）居所、储藏设施、独木舟屋，甚至是女性经期住房。同样明显的是，外部区域被广泛用于各种活动，包括在夜里睡觉和社交。[21]

1996年，笔者对位于茂宜岛卡希基努伊（Kahikinui）区的三个居址建筑群（考哈利，kauhale）进行了发掘。[22] 在三个主要居住区各选了一个——凯（kai，海边的）、维纳（waena，在农业／居住区中心的）和乌卡（uka，在农业区的顶部，与高地森林相邻）。在每一种情况下，从徒步调查中获得的居住模式数据都被用来识别似乎是分散的、定义明确的建筑群。广泛的居址考古式的发掘在当地进行，以便确定被认为是建筑群一部分的每个建筑的功能和使用模式。[23] 校准后放射性碳同位素测年得出的居址有人居住的时间不早于公元1470年，居住状态结束于18世纪末至19世纪初，即大约是当地人与欧洲人接触的时间。[24]

几年前，夏威夷州历史保护部考古跨机构办公室（State Historic Preservation Division Inter-Agency Office of Archaeology）的一个小组（为夏威夷家园土地部 [Department of Hawaiian Home Lands] 进行考古工作）在茂宜岛库拉区（Kula）完成了一个徒步田野调查和试掘项目（Kolb et al. 1997）。在110个独立的考古遗迹中共进行了161个探方的试掘（大小从0.25米×0.25米到1米×1米不等），包括26个被确定为"主要居址建筑群"的群落（1997: 98, 198）。库拉项目校准后放射性碳同位素测年表明，90%以上的建筑建造时间为公元1400年之后，大多数居住遗址显示它们在公元1500年开始至与欧洲人接触这段时期被频繁使用（1997: 140）。

库拉和卡希基努伊都是传统的土地单位（moku），位于哈莱亚卡拉（Haleakalā）的雨季阴影中。它们所在的高地曾经被旱地森林所覆盖，而且它们都没有多少（如果有的话）常流小溪来灌溉湿芋类作物；因此，两地主要依靠甘薯和干芋头种植。在茂宜岛的历史和政治中，两处都是有些边缘化的地区，而茂宜岛最强大的酋长所在都位于非常肥沃的迎风地区：西茂宜岛的怀卢库（Wailuku）和东茂宜岛的哈纳（Hana）。此外，这两个地区似乎在相同的三个世纪内（公元1500年至1800年）都有人类密集居住。最重要的是，这两个地区的数据集一起提供了一种猜想，那就是库奎分布/计数的信息可能会在密集的居址考古和广泛的定居模式试掘背景下产生。这两种类型的项目是夏威夷考古中常见的类型。

表8.1显示了从卡希基努伊居址发掘中发现的库奎的基本信息。维纳居址群的堆积立即脱颖而出，因为它们所含的库奎碎片比其他居址建筑里的多得多，即使考虑到维纳居址发掘面积很大。从这些堆积的埋藏深度来看，似乎很明显其中一个因素是维纳的居住密度要大得多，而且可能比其他两个居址的居住时间要长。根据民族史记载中对成年男性睡房（哈利姆阿）的描述，笔者估计这些建筑以前是夜间活动的场所，因此有大量的库奎堆积。男人的房子是家庭神龛的所在地，他们在那里向家庭祖先的灵魂提供祭品。它是处理今世和来世关系的空间，是家中的男人与祖先一起睡觉和吃饭的地方（Handy and Pukui 1972: 9）。因此，从象征意义上讲，这些建筑是这个世界和 pō 之间的接口。

表8.1 卡希基努伊的乌卡、维纳和凯居址发掘中按建筑单位出土的库奎内果皮

居址群	遗址编号	遗址描述	遗址功能	库奎数量（个）	库奎重量（克）	已发掘面积（平方米）
乌卡	44	长方形围屋	无特殊功能居住区	0	0	13
	45	带露台的条形住所	无特殊功能居住区	21	1.8	13
	46	U形围屋	成年男性房屋	0	0	7
	48	L形住所	未知	0	0	5
维纳	742	石头排列	成年男性的房屋	1109	868.6	18

表8.1（续表）卡希基努伊的乌卡、维纳和凯居址发掘中按建筑单位出土的库奎内果皮

居址群	遗址编号	遗址描述	遗址功能	库奎数量（个）	库奎重量（克）	已发掘面积（平方米）
	752-露台	带围墙露台	无特殊功能居住区	117	30.4	20
	752-浅炊坑（imu）	露台	土灶	31	19.1	3
	1011	带院子C形住所	土灶	54	20.5	8
凯	331	条形住所	成年男性的房屋	0	0	4
	334	长方形围屋	与欧洲接触后的房屋	5	1.3	3
	335	长方形围屋	无特殊功能居住区	17	6.4	4

然而这种库奎模式并没有得到证实，这就向我们提供了一个重新思考，哈利姆阿何时以及如何被实际使用，或者重新思考我们目前在考古记录中如何识别它们的机会。在乌卡群落中，我们认为46号遗址可能是一处哈利姆阿，这里没有出土库奎碎片。在凯群落中，我们认为331号遗址是一处哈利姆阿，它也没有任何库奎碎片。对于46号遗址的情况，我们的解释更多的是倾向于否定。我们通过民族史和民族志资料以及以前的发掘推测，哈利姆阿很可能会被安置在居址群中海拔最高的地方，以尊重波利尼西亚人对社会地位和高度关系的想法。该建筑没有任何地方与这种解释相矛盾。事实上，它内部部分区域铺设有石板这点也证明了该建筑是经过特殊处理的。331号遗址的海拔也高于其他

居址群，但此外，它还出土了许多猪骨，而猪是专供男人和神灵食用的高级食物。[25] 这支持了我们对这一遗址的解释，即该遗址是男人们社交、吃饭和供奉神灵的空间。位于维纳的742号遗址（图8.1，也是该遗址群中最高的遗址），其东北角有一个造型优美的供奉龛（图8.2），在建筑结构上似乎是最有说服力的哈利姆阿，尽管该遗址没有发现任何猪的遗骸。

如表8.1中的数据所示，即使考虑到发掘的面积，742号遗址中的库奎数量也特别多。无论它是不是哈利姆阿，这个建筑显然是举行频繁的夜间活动的场所。742号遗址仅有的一层活动面包括6个小规模用火遗迹（平均面积50厘米×50厘米），或者说是集中的火烧过的石块镶嵌在浅盆形凹坑中（图8.2）。此外，还发现了两个由深色灰烬和木炭组成的遗迹，但没有与其相关的石头，这可能代表了它们是从其他小火堆扒出来的物品。这个地点似乎是一个相当依赖照明的遗址。[26]

表8.2仅显示科尔布（Kolb）及其同事（Kolb et al. 1997）在库拉调查中确定为永久居住遗址的建筑，在这些结构的试掘探方中发现了

图8.1 卡希基努伊维纳居址群742号遗址，部分已发掘（拍摄：辛西娅·范·吉尔德）

库奎。对另外65座被确定为永久居住遗址的建筑进行了试掘，但没有发现库奎。[27] 在这17座含有库奎的建筑中，只有一座（3237 E2）被指定为可能的哈利姆阿，即成年男性居住的房子。整个发掘项目区有其他5座建筑被认为可能是哈利姆阿，尽管确认的标准与分析卡希基努伊居址数据时使用的标准不同。在讨论永久性居住遗址时，科尔布等人使用以平方米为单位的比较面积作为识别成年男性房屋的主要（如果不是唯一）标准（1997：104，另见131）。他们认为面积在108平方米至195平方米范围内的居住建筑可能是成年男性房屋（1997：104）。同样，在5个被认为可能是哈利姆阿的遗址中，只有一个遗址在其试掘探方中出土了库奎。

图8.2 卡希基努伊维纳居址群带有壁龛和用火遗迹的742号遗址（拍摄：辛西娅·范·吉尔德）

表 8.2 按建筑（居住）单位出土的库奎内果皮

遗址编号	遗址描述	遗址功能	库奎数量（个）	库奎重量（克）	已发掘面积（平方米）
3200 P1	平台（土质）	无特殊功能居住区	1	0.6	0.25
3217 WT1	有围墙露台（多层）	多个建筑	1	0.4	0.25
3218 P1	平台（石头铺面）	无特殊功能居住区	1	2.1	0.25
3220 WT1	有围墙露台	无特殊功能居住区	2	5.0	?
3223 WT3	有围墙露台	无特殊功能居住区	25	6.8	10.00
3225 WT1	有围墙露台	无特殊功能居住区	1	0.8	0.25
3237 E2	长方形围屋	成年男性房屋	12	1.1	2.50
WT1	有围墙露台	无特殊功能居住区	43	18.5	1.25
3247 WT1	有围墙露台	无特殊功能居住区	1	0.3	0.25
3259 WT1	有围墙露台	无特殊功能居住区	31	12.2	0.25
3261 WT1	有围墙露台	无特殊功能居住区	1	2.4	0.25
3262 E2	长方形围屋	无特殊功能居住区	6	3.9	0.50
3273 E3	围屋	无特殊功能居住区	1	0.2	?
3275 T1	L 形露台	无特殊功能居住区	45	20.6	0.25
3324 WT1	有围墙露台	无特殊功能居住区	1	0.5	0.25
3376 E1	长方形围屋，有 C 形住所	多个建筑	4	2.7	0.25
3200 WT2	有围墙露台	与欧洲接触后的房屋	1	0.8	?
WT3	有围墙露台	与欧洲接触后的房屋	1	0.7	?

通过对卡希基努伊案例的研究，我们考虑库奎遗存的分布可能会揭示个体考哈利（家庭）内部的夜间活动。在所考虑的三个家庭中，库奎的大量集中都与各种密布的贝冢（midden）有关。这些建筑很可能都是一种哈利姆阿，或居民的普通生活建筑，在这里，男人、女人和孩子可以自由地待在一起。可能在卡希基努伊，这些没有卡普制度约束的普通建筑是夜间活动的场所。虽然人们可能以为在哈利姆阿会出土大量的库奎堆积，但其中只有一处出土有库奎的建筑被确定为成年男性的房屋，而且是在有其他标准条件支持的情况下（742）。

库拉的研究案例让我们得以考虑库奎遗存的分布，可能会揭示出整个景观的夜间活动情况。这里证实了在人口较密集的一般居住建筑中发现库奎的模式，大多数理论上被认定是成年男性住宅的遗址并不包含库奎（尽管试掘探方样本很小）。在卡希基努伊和库拉，最常见的与库奎发现有关的遗址形态是"带墙的露台"。在与欧洲人接触之前，这种构造的建筑通常与整个茂宜岛的居住遗址有关。值得注意的是，在库拉试掘的16个农业遗迹中，没有一个在其试掘探方中包含库奎。表8.3显示了从庙宇或神庙遗址中出土的库奎。[28] 在8个抽样的遗址中，有4个出土了库奎。有民族历史记录表明，在寺庙中举行的夜间仪式是用火把照亮的（Malo 1997，Kamakau 1991a），可以想象，在未来，比较库奎的聚集程度可能是确定寺庙类型或神庙内活动区域的一种方法。

表8.3 从库拉仪式遗址中出土的库奎内果皮

遗址编号	遗址描述	遗址功能	库奎数量（个）	库奎重量（克）	已发掘面积（平方米）
1038	有缺口的，有围墙露台	庙宇	2	0.2	4.00
1039	有缺口的围屋	庙宇	2	0.4	1.25
1040	有缺口的围屋	庙宇	18	2.9	6.25
3332	有缺口的围屋	庙宇	2	3.8	3.00

结 论

　　波利尼西亚丰富的民族史和民族志资料向我们提供了关于夜间习俗、意义和联系的记录。对这些岛民来说，夜晚的经历与他们对海洋和精神世界的概念有着密不可分的联系。这些地方充斥着权力、危险和潜力，通常由月亮和星光导航。波利尼西亚人刻意地从事各种夜间活动，这些活动既有世俗的，也有神圣的，从种植到收获、捕鱼、游戏和宗教仪式。夜晚定义了"日子"，而且和其他非工业社会一样，古代夏威夷人对自然黑暗的容忍度大概比现代西方人高得多。尽管如此，这次对夜晚考古学的初步探索中最令人惊讶的结果之一是，在被发掘的生活空间内，总体上并没有发现比别处更多的库奎，也称烛果的碎片。夏威夷人可能非常依赖与火堆和火炉有关的照明，或者在居址建筑外度过了夜里清醒着的时间。当然，还有一个时常困扰所有考古学家的疑虑：不知何故，活动面上的日常生活痕迹被清理得比我们想象的要彻底得多。无论如何，考古学的夜景都值得我们继续探寻，只有这样，我们才能更清楚地理解夏威夷人所知道的一切源头——pō。

致　谢

感谢加利福尼亚圣玛丽学院教师发展办公室（The St. Mary's College of California Office of Faculty Development）帮助支持了一次写作闭门会，笔者才得以完成本章的初稿。感谢同事凯瑟琳·玛丽亚奇（Catherine Marachi）和海尔格·莱纳特－程（Helga Lenart-Chang）对笔者的法语翻译进行了仔细检查，丹娜·赫雷拉（Dana Herrera）则提供了引文方面的帮助。感谢本书编者南希·贡琳和阿普里尔·诺埃尔给予笔者的支持和鼓励。最后，在凯特琳（Caitlyn）和戴安娜（Diana）耐心地等待时，安东尼·塔洛（Anthony Talo）在图片、格式等方面向笔者提供了帮助。在此一并致谢！

注　释

1. 笔者遵循了每个资料来源对夏威夷语中双音符的使用（或不使用）。如果是笔者自己的用词，按照普库伊和艾尔伯特（1986）的《夏威夷语词典》（*Hawaiian Dictionary*）中的拼写使用。

2. Kumu= 来源；lipō = 最深奥的 pō。

3. 除非另有说明，否则所有夏威夷语的英文译文均由笔者本人翻译。

4. 在萨摩亚和汤加（西波利尼西亚），白天（daytime）和天（day）的使用方式是这样的（ao，萨摩亚语；aho，汤加语）。（Brun and Tetahiotupa 2005: 64）

5. 即使在今天，夜间行军者（huaka'i pō）的故事在夏威夷也并不罕见。（Luomala 1983; Beckwith 1970: 22-24，164）

6. 里内金（Linnekin 1985: 40-41）写道，夏威夷的互惠规则管理着与死去的亲属以及活着的亲属的关系。

7. 在夏威夷被基督教化之后（1820年），akua与单数词"ke"一起使用，指的是基督教的神。与复数词"kau"一起，它被翻译成"神"。这两种形式都没有出现在这些表达中。

8. 这很可能也是引出 pō 作为 kumu（源头或老师）的意义。

9. 参见马洛（Malo 1977: 216-218）对 ume 和 kilu（夜间游戏，涉及接吻，有时还涉及交换性伙伴）以及 puhenehene（夜间游戏，涉及不同团队和藏一枚卵石）的描述。

10. 帕洛洛（Palolo）是一种蛀船虫（Palolo viridis，也叫 Eunice viridis），它的生命周期大部分时间都是附着在岛屿边缘礁石的石灰岩基质上。每年有一两次，在晚上，它们的后生殖部位会分离，并浮到水面上受精。当它们被烤成小蛋糕或在吐司上食用时，这些部位被认为是一种美味。

11. 最近学界在"清理"放射性碳同位素记录方面所做的努力（即只使用短寿命木种的最可靠的日期，重新测试20世纪60年代和70年代的旧样本，等等），引起了对夏威夷文化史年代学的重新思考。现在学界认为，群岛最初的殖民不早于公元1000年，大大缩短了夏威夷独有文化的发展时间，并让其文化的发展变化看起来更加剧烈（摘要见 Kirch 2011）。

12. 埃克奇（2006: 4）声称，艺术家保罗·高更（Paul Gauguin）发现塔希提女性晚上不睡觉。在笔者查阅的民族志和民族史中，找不到任何证据来证明这一说法，但笔者想知道，这是否是一个被外人误解的分段睡眠模式的例证。

13. Kapa 和 tapa 是同源词，指的是用构树（*Brousonnetia papyrifera*）的树皮捣制的布。

14. 巴克参考了威廉·T. 布里格姆（William T. Brigham）1902年的著作: "Stone Implements and Stone Work of the Ancient Hawaiians." *Memoirs of the Bernice Pauahi Bishop Museum*, vol. 1, no. 4. Honolulu, HI: Bishop Museum Press.

15. 同样，整块玄武岩捣药器在考古共存单位中也很少被发现，尽管所有迹象表明它们是一种常见的家庭用具。

16. Poho 表示中空或容器。

17. 摘自他对马洛（Malo）的 Mo'olelo Hawai'i: Hawaiian Antiquities 的注释。

18. 迪士尼动画电影《莫阿娜》（*Moana* 2016）的观众可以在多个场景中看到描绘库奎火把和灯的画面。

19. 虽然库奎偶尔也会被食用，特别是作为调味品少量食用，但更多的是用于燃烧，以产生光。在英语中，它被称为烛果。

20. 另见 Van Gilder 2001，2005.

21. 关于卡希基努伊考古项目的更多信息，见 Kirch and Van Gilder 1996；Van Gilder and Kirch 1997；Kirch 1997，Kirch 2014。

22. 这些发掘工作是与加州大学伯克利分校海洋考古实验室（Oceanic Archaeology Laboratory, University of California, Berkeley）合作完成的。

23. 由于文化敏感性的原因，没有对凯居址的两个建筑进行发掘。其中一个似乎是一个神圣的捕鱼神社，另一个似乎包括一个公元1800年后的侵入式墓葬。

24. 完整的放射性碳同位素信息，见 Van Gilder 2005和 Kirch 2014。

25. 众所周知，夏威夷人实行一种叫作"'ai kapu"的饮食禁忌。根据'ai kapu 的规定，某些食物禁止女性食用，而另一些食物则禁止男人食用。此外，男女的食物要分开烹饪（即使是红薯等非禁忌食物），并在性别隔离的食堂里食用。年幼的男孩和女孩与成年女性一起吃饭，直到男孩成年后才去与成年男性一起吃饭。在祭祀历的某些时期，禁忌被暂时解除。最著名的禁忌之一是女性吃猪肉。1819年，加休曼努（Ka'ahumanu）女王正式废除了'ai kapu 禁忌。

26. 在乌卡居址，45号遗址有两个板砌火堆，44号遗址有一个板砌火堆，而46号和48号遗址没有用火遗迹的证据。在维纳居址，742号遗址已在上文中讨论过，752-露台也有两个板砌壁炉，而752-浅炊坑和1011号遗址都有大量的土灶。在凯居址，只有331号遗址显示了涉及原地燃烧的用火遗迹的证据，但没有正式的火堆或烧过的石头。关于火堆及其对夏威夷家庭组织的意义的更多讨论，见 Van Gilder 2001，2005。

　　27. 试掘的永久性居住建筑总数为73个。(Kolb et al. 1997：87)

　　28. 该项目区域扩大到包括试掘几个历史上已知的寺庙遗址。

参考文献

Beckwith, Martha Warren. 1970. *Hawaiian Mythology*. Honolulu: University of Hawai'i Press.

Beckwith, Martha Warren. 1972 [1951]. *The Kumulipo: A Hawaiian Creation Chant*. Honolulu: University of Hawai'i Press.

Brun, Michel, and Edgar Tetahiotupa. 2005. "Réflexion sur Pō: jour et nuit." *Bulletin de la Société des Etudes Océaniennes (Polynesie Orientale)* 303/304:63–85.

Buck, Peter H. 1993 [1957]. *Arts and Crafts of Hawaii: Houses*. Honolulu, HI: Bishop Museum Press.

Chambers, Keith Stanley, and Anne Chambers. 2001. *Unity of Heart: Culture and Change in a Polynesian Atoll Society*. Long Grove, IL: Waveland Press.

Chauvin, Michael E. 2000. "Useful and Conceptual Astronomy in Ancient Hawai'i." In *Astronomy across Cultures: The History of Non-Western Astronomy*, ed. Helaine Selin and Xiaochun Sun, 91–125. Boston: Kluwer Academic. https://doi.org/10.1007/978-94-011-4179-6_4.

Ekirch, Roger A. 2006. *At Day's Close: Night in Times Past*. New York: W.W. Norton.

Emerson, Nathaniel. 1909. *Unwritten Literature of Hawaii*. Washington, DC: Government Printing Office.

Finney, Ben R. 1979. *Hokule'a: The Way to Tahiti*. New York: Dodd, Mead.

Finney, Ben R. 2004. *Sailing in the Wake of the Ancestors: Reviving Polynesian Voyaging*. Honolulu, HI: Bernice P. Bishop Museum Press.

Firth, Raymond. 1983 [1936]. *We, the Tikopia: A Sociological Study of Kinship in Primitive Polynesia*. Palo Alto, CA: Stanford University Press.

Galinier, Jacques, Aurore Monod Becquelin, Guy Bordin, Laurent Fontaine, Francine Fourmaux, Juliette Roullet Ponce, Piero Salzarulo, Philippe Simonnot, Michèle Therrien, and Iole Zilli. 2010. "Anthropology of the Night: Cross-Disciplinary Investigations." *Current Anthropology*

51(6):819–847. https://doi.org/10.1086/653691.

Gill, Timothy M., Patrick V. Kirch, Clive Ruggles, and Alexander Baer. 2015. "Ideology, Ceremony, and Calendar in Pre-Contact Hawai'i: Astronomical Alignment of a Stone Enclosure on O'ahu Suggests Ceremonial Use during the Makahiki Season." *Journal of the Polynesian Society (N. Z.)* 124(3):243–268. https://doi.org/10.15286/jps.124.3.243-268.

Handy, E. S. Craighill, and Elizabeth Green Handy. 1991 [1972]. *Native Planters in Old Hawaii: Their Life, Lore, and Environment.* Honolulu: University of Hawai'i Press.

Handy, E. S. Craighill, and Mary Kawena Pukui. 1972 [1958]. *The Polynesian Family System in Ka-'U, Hawaii.* Rutland, VT: Tuttle Publishing.

Kamakau, Samuel M. 1991a. *Tales and Traditions of the People of Old: Nā Mo'olelo a Ka Po'e Kahiko.* Trans. Mary Kawena Pukui, ed. Dorothy Barrère. Honolulu: University of Hawai'i Press.

Kamakau, Samuel M. 1991b [1964]. *The People of Old: Ka Po'e Kahiko.* Trans. Mary Kawena Pukui, ed. Dorothy B. Barrère. Honolulu: University of Hawai'i Press.

Kamakau, Samuel M. 1992 [1976]. *The Works of the People of Old: Na Hana a Ka Po'e Kahiko.* trans. Mary Kawena Pukui, ed. Dorothy B. Barrère. Honolulu: University of Hawai'i Press.

Kirch, Patrick. 2004. "Temple Sites in Kahikinui, Maui, Hawaiian Islands: Their Orientations Decoded." *Antiquity* 78(299):102–114. https://doi.org/10.1017/S0003598X00092966.

Kirch, Patrick V., ed. 1997. *Na Mea Kahiko o Kahikinui: Studies in the Archaeology of Kahikinui, Maui, Hawaiian Islands.* Oceanic Archaeological Laboratory, Special Publication No. 1. Berkeley: Archaeological Research Facility.

Kirch, Patrick V. 2011. "When Did the Polynesians Settle Hawai'i? A Review of 150 Years of Scholarly Inquiry and a Tentative Answer." *Hawaiian Archaeology* 12:1–26.

Kirch, Patrick V. 2014. *Kua'āina Kahiko: Life and Land in Ancient Kahikinui, Maui.* Honolulu: University of Hawai'i Press. https://doi.org/10.21313/hawaii/9780824839550.001.0001.

Kirch, Patrick V., and Roger C. Green. 2001. *Hawaiki, Ancestral Polynesia: An Essay in Historical Anthropology.* Cambridge: Cambridge University Press. https://doi.org/10.1017/CBO9780511613678.

Kirch, Patrick V., Clive Ruggles, and Warren D. Sharp. 2013. "The *Pānānā* or 'Sighting Wall' at Hanamauloa, Kahikinui, Maui: Archaeological Investigation of a Possible Navigational Monument." *Journal of the Polynesian Society (N. Z.)* 122(1):45–68. https://doi.org/10.15286/jps.122.1.45-68.

Kirch, Patrick V., and Cynthia L. Van Gilder. 1996. "Pre-Contact and Early Historic Cultural Landscapes in Kahikinui District, Maui: A Progress Report." *Hawaiian Archaeology* 5:38–52.

Kolb, Michael J., Patty J. Conte, and Ross Cordy, eds. 1997. *Kula: The Archaeology of Upcountry Maui in Waiohuli and Keokea*. Historic Preservation Division, Department of Land and Natural Resources. Report prepared for The Department of Hawaiian Home Lands.

Krauss, Beatrice H. 1993. *Plants in Hawaiian Culture*. Honolulu: University of Hawai'i Press.

Levy, Robert I. 1973. *Tahitians: Mind and Experience in the Society Islands*. Chicago: University of Chicago Press.

Lewis, David. 1994 [1972]. *We, the Navigators: The Ancient Art of Landfinding in the Pacific*. Honolulu: University of Hawai'i Press.

Linnekin, Jocelyn. 1985. *Children of the Land: Exchange and Status in a Hawaiian Community*. New Brunswick, NJ: Rutgers University Press.

Luomala, Katherine. 1983. "Phantom Night Marchers in the Hawaiian Islands." *Pacific Studies* 7(1):1–33.

Malo, David. 1997 [1903]. *Hawaiian Antiquities: Mo'olelo Hawai'i*. Trans. and annotated by Nathaniel B. Emerson. Honolulu: Bernice P. Bishop Museum Press.

Mead, Margaret. 2001 [1928]. *Coming of Age in Samoa: A Psychological Study of Primitive Youth for Western Civilisation*. New York: Harper Collins Publishers.

Pukui, Mary Kawena. 1997 [1983]. *Ōlelo No'Eau: Hawaiian Proverbs and Poetical Sayings*. Honolulu: University of Hawai'i Press.

Pukui, Mary Kawena, and Samuel H. Elbert, eds. 1986. *Hawaiian Dictionary: Hawaiian-English and English-Hawaiian*. Honolulu: University of Hawai'i Press.

Pukui, Mary Kawena. E. W. Haertig, and Catherine A. Lee. 1972. *Nana I Ke Kumu (Look to the Source)*, Volume I. Honolulu, HI: The Queen Lili'uokalani Children's Center.

Smetzer, Barbara. 1969. "Night of the Palolo." *Natural History* 78:64–71.

Tregear, E. 1969 [1891]. *The Maori-Polynesian Comparative Dictionary*. Netherlands: Anthropological Publications.

Van Gilder, Cynthia L. 2001. "Gender and Household Archaeology in Kahikinui, Maui." In *Proceedings of the Fifth International Conference on Easter Island and the Pacific*, ed. Christopher Stevenson, Georgia Lee, and F. J. Morin, 135–140. Los Osos, CA: Bearsville Press.

Van Gilder, Cynthia L. 2005. "Families on the Land: Archaeology and Identity in Kahikinui, Maui." PhD diss., University of California, Berkeley.

Van Gilder, Cynthia L., and Patrick Kirch. 1997. "Household Archaeology in the Ahupua'a of Kipapa and Nakaohu." In *Na Mea Kahiko o Kahikinui: Studies in the Archaeology of Kahikinui, Maui, Hawaiian Islands*, ed. Patrick V. Kirch, 45–60. Oceanic Archaeological Laboratory, Special Publication No. 1. Berkeley, CA: Archaeological Research Facility.

夜间仪式

和

意识形态

第九章

夜月仪式

黑暗和烦冗的仪式对智利马普切
参与仪式者的影响

汤姆·D. 迪里黑

近年来，考古学背景下公共仪式中的物质符号和推测含义已成为一个研究主题（例如，Bell 2007；Kyriakidis 2007；Mithen 1997；Romain 2009）。考古学家推测，某种类型的仪式行为与前工业化时期的"圣地"，以及大型建筑有关。这些建筑被用来展示精英阶层合法化权威和权力的神秘符号。还有人认为，各种各样的古代仪式与人类的祭祀、火葬、墓葬，特别是与重要人物的精美墓葬有关。毫无疑问，各种仪式构成了古代社会中重复而广泛的公共宗教和政治实践。然而，认知过去仪式行为中所包含的物质资料是一回事，但对其具体功能和意义的解释是另一回事，要困难得多：仪式的许多方面并没有明确的经验表达，它们常常产生类似于与非仪式性实践相关联的模式，如食物的准备和食用，利用开放空间进行各种非仪式性活动，以及小型的、专门的任务小组的工作。对仪式的研究在主题、方法和理论上都有很大的不同，大多数研究集中在仪式与精英阶层权力和权威的关系上，还有一些研究集中在为纪念性工程的建设集中大批劳动力上，等等。对于仪式的一些不太能进行实证的方面，如白天和夜间活动的差异，以及仪式参与过程中的情感、感官刺激和心理效应，以及它在萨满和其他人物中的象征性和表演性意义，很少有来自考古学的关注（见诺埃尔，本书第2章）。显然，这些都是以物质为导向的考古学中难以研究的课题，正如宾福德（Binford 1972：127）所指出的："考古学家在成为古心理学家方面的训练很不足。"尽管对此抱有疑问，我们仍然需要在不同的背景下，用不同的方法和概念来研究仪式。

在阐述有关古代事物的知识时，考古学必须展示具体的东西。仅仅空谈物质世界是不够的；它必须通过遗物、文本、地图、图表、插图和照片的形式直观地展示出来（例如，Frieman and Gillings 2007；Llobera 1999；Mithen 1997；Renfrew and Scarre 1998；Skeates 2010）。在考古学分析中，常见的是，这些媒介被认为与白天人类活动的物质记录有关。视野和视力是物质世界的基本特质，考古学对其他感官（如嗅觉、听觉、味觉、触觉）却兴趣不大，尤其是因为它们与夜间活动的仪式行为和意义有关。这就可以理解为什么这些历史上的人类行为中不甚明显，且不太容易探测到的特性在考古学中被忽视了。然而，诸如白天和夜间活动的差异，以及仪式对萨满和非萨满参与者的不同影响等话题，为我们提供了一个重新考虑有关一系列感官、象征意义、意识状态的改变、性别、权威、社会权力及其与考古学中古代的相关性等问题的机会。

在人类学和近年来的考古学文献中，关于宗教仪式对人，包括萨满和其他仪式领袖的神经、象征、行为、情感、感知、表演和心理等方面影响（如意识状态的改变）的研究评论越来越多（例如，Barrett and Lawson 2001；Boyer 1994；Boyer and Liénard 2006；Conan 2010；Johnson 2007；McCauley 2001；Romain 2009；

Winkelman 2002，2004）。然而，仪式的生理和认知条件对非萨满参与者的感官、情绪和行为的影响却很少受到科学关注。包括麦考利（McCauley）和劳森（Lawson 2007：237；参见 D'Aquili 1993；Laughlin 1996；Taheri 2007）在内的一些研究指出，主要的"在仪式中产生唤醒的手段是刺激参与者的感官，以激发他们的情绪，让他们参与到活动本身中来"。然而，其中绝大部分研究都集中在白天举行的仪式上。众所周知，参与白天仪式的人更多地关注视觉和听觉，而较少关注嗅觉、触觉和味觉。然而，夜间仪式往往是在不太熟悉的环境中，而且是与一群人一起进行的，这就要求在黑暗中的参与者重新学习如何通过闻和触摸附近的人（如舞伴、游行中排列的行进者）等互补性的感官参与模式，做到能够看得到和听得到。换句话说，需要其他感官来激发夜间的情感和参与感。

在本章中，笔者主要关注的是夜间仪式对南美洲安第斯地区参与者的影响。案例研究中的智利中南部的马普切人在满月下举行仪式，与重要的神灵和祖先沟通。对于女萨满来说，则是为了隐晦地重申与男性世俗领袖在政治权力上的等同性和互补性（Bacigalupo 1996，2001，2007；Dillehay 1985，2007）。虽然本章没有专门讨论女性萨满和权力，但这些变量在本章中讨论的仪式的能动性和意义中起着作用。此外，本章还简要讨论了一个考古案例：位于秘鲁北边海岸距今4000至7500年的瓦卡普列塔人工土丘遗址。在该遗址，火和火把的频繁使用所产生的密集的木炭堆积形成了遗址的主要部分，这被认为与夜间仪式有关（Dillehay et al. 2012）。在这两个案例中，笔者介绍的更多是描述性信息，而不是概念性和跨文化的见解。笔者会简要地讨论它们对考古学中的物质和仪式研究产生的更广泛的社会文化影响。

马普切人

今天，智利中南部的马普切人有七八十万，是南美洲南部最大的原住民群体（INE 2010），其中约有一半人生活在分散的"reducciones"，或称土著土地上（Faron 1962；Crow 2013；Dillehay 1985）。此外大约还有三万马普切人生活在阿根廷东部的安第斯山脉。直到1890年代末，马普切人才被智利和阿根廷军队打败，并被限制生活在这些土地上（Bengoa，2003），此后他们在那里遭受了各种暴行，丧失了各种社会和资源权利。虽然今天在乡下的马普切人与他们生活在前西班牙殖民时代末期和殖民时代的祖先不同，但他们仍然举行传统的公共仪式来解决政治和社会问题，并在那里祭祀神灵和重要的祖先。尽管在过去的几百年里，马普切人的社会发生了深刻的历史变化，但在一些地区，传统马普切人生活方式的基本特征仍然没有完全被这些变化影响，例如，亲属意识形态、土地使用和生计模式、种族认同以及宗教和宇宙学（Dillehay 2007；Trentini et al. 2010）。传统的马普切人从古到今都是居住在分散社区，性质属于父系、地方和双系继嗣的社会（Faron 1962）。在人类学文献中，历史上马普切人被人认为是混合经济学家（Mixed economists）——他们是安第斯高地矮松果（pión）采集者，智利和阿根廷安第斯山脉中部山谷和山麓，以及智利太平洋沿岸的渔民、猎人、采集者和园艺家。马普切人古代政治组织的特点是大小不等的自治"酋长制"，除了在与西班牙人和智利人的战争时期形成过更正式的半集中政体来保卫他们的土地。今天，马普切人继续通过政治示威、公共仪式和典礼来捍卫他们的土地和民族权利。

16世纪至19世纪，是从马普切人与西班牙人开始接触，到他们广泛地、有组织地抵抗的过渡时期，其特点是在罗夫（lof，地方父系社区）和雷古阿（regua，多父系社区）一级的地方政治权力集中，但在阿拉雷古阿（ayllaregua，区域范围内的多个雷古阿）和布坦马普（butanmapu，区域间范围内的多个阿拉雷古阿）一级的区域呈现非中央集权。笔者之所以认为是非中央集权，是因为在更广泛的领土层面和特定的政府中心方面，马普切人从来就不具有中央集权的政治权力，尽管他们有一个有效的各级自治制度和指定的主要军事行动区域。历史上充满战乱的马普切社会的政治权力、权威和领导权主要来自抵抗和恢复能力，并与对家园寸土不让的主张联系在一起，统治的合法性建立在父权制、祖先崇拜、宗教和大规模公共仪式的基础上。昼夜举行的公共仪式是非常重要的活动，它巩固了群体间的政治联盟，培养了世俗和神圣领袖的领导能力。

在与西班牙人和智利人的战争期间，乡村的变化迫使许多马普切人最终不得不超越自己的地方亲属网络和社区事务，来进行思考和采取行动。不断变化的人口和战争的政治条件加剧了社会分裂，改变了许多社区的人口动态。这些条件刺激了新的变革动因的迅速出现，如战争领袖阶层（quen-toqui）、战士阶层（科纳，cona）、新的仪式领袖阶层（马奇，machi，同指女性和男性巫师），以及更大规模和更频繁的公共仪式（如科延图恩 [coyantun]、尤拉图恩 [nguillatun]、卡温 [cahuin]，图9.1）。他们组织这些仪式，通过世俗首领与神圣萨满、祭司领袖的双重权威角色，以及基于新产生的、不断增长的民族意识（民族起源 [ethnogenesis] 和民族变迁 [ethnomorphosis]）和整个社会中的身份认同的广泛征兵，带来更广泛的政治团结（Boccara 1999；Leiva 1977；Bengoa 2003；Zavala Cepeda 2008；Dillehay 2016）。

由于尚不了解的原因，现代绝大多数的萨满领袖都是女性马奇。虽然所有的马奇都可以举行治疗仪式，但更受人尊敬和权威的马奇对宇宙

图 9.1 鲁卡莱科（Rucalleco）的大规模日间尤拉图恩生育仪式（拍摄：汤姆·迪里黑）

学和宗教世界应有详尽的了解，他们在仪式中运用这些知识来安抚神灵和祖先，并使用宗教和政治话术来与民众交流。这些做法为马奇提供了世俗领导人较少能掌握的外在的和独特的权力来源。

　　总之，西班牙殖民前时代末期和殖民时代的马普切人并不是一个统一的主权主体，因为他们从未有过集中的政治职能和正式的领土或国家边界。然而，他们有一个明确而连贯的计划来捍卫他们的独立、民族完整和自治体系。这个体系是一个由跨领土、超越民族和不同机构之间的领导人组成的"关系网合约"。它是一个运用了许多大规模的公共仪式来维持宗教、政治和社会凝聚力，跨越支离破碎的领土和不断变化的联盟的系统。它不断地提醒人们严格遵守祖先的风俗习惯（admapu）和马普切人的行事方式，不鼓励采用欧洲的思想、商品和技术。（例外是16世纪至19世纪这段时间，他们很快开始使用马、某些武器和粮食作物，如小麦和大麦）因此，历史上最能定义这个民族的，并不是像一些西方传统定义中认为的那样，他们不受约束的独立或合法地使用暴力来保卫自己和领土，而是那些日常的琐事、仪式、活动、决定、习俗、宗教信仰和政策，它们规范了社会意义的形成和爱国的民族主体。其中许多传统至今仍在延续，特别是在公共仪式、宗教信仰和萨满巫师的实践活动方面。

夜间仪式及其对参与者的影响

在这一节中，笔者简要总结萨满的社会和性别权力，观察到的夜间活动对仪式参与者身体感知产生的效果，这些效果如何影响人们对萨满行为的支持，以及人们对重要神灵、祖先和灵魂的信仰。这些神灵的存在规范依靠人类的行为和祭品。如上所述，马普切人为了各种目的，包括生育、安抚神灵以获得善待和福祉、社会和政治方面的团结等，继续进行白天和夜间的祭祀活动。传统上，白天的祭祀由世俗领袖（如 lonkos, nguilltufes）主持，这些人都是男性。马奇虽然参与白天的仪式，但通常是通过吟唱和舞蹈来表演。夜间仪式基本都是由萨满来领导，通常在满月或新月的照耀下进行，除非是阴天。但即使是阴天，月亮也会被提及和进行崇拜。虽然视觉上看到和提及月亮是很重要的，但女性马奇不仅借助月亮的力量，还借助大地、水、空气和火的力量。对马奇来说，月亮更容易接受人类的祈求；它是生命，它保护着人们（Bacigalupo 2001）。在传统的夜间仪式中，巫师点燃竹杖或神圣的卡尼洛树（canelo）或佛耶树（foye, *Drimys winteris*）的树枝，通常用树脂点燃，并献上燃烧的佛耶树叶。他们有时会吸食黑烟叶，以召唤月亮、火、烟以及两位生育女神"Kuyen-Kushe"和"Kuyen-Ulcha Domo"的联合力量（Bacigalupo 1996, 2007）。在这些仪式中，女性马奇作为月亮女祭司，从月亮中获得生育力和社会力量，以促进所有人的福祉。

过去40年来，笔者参与了40多个马普切人日间和夜间仪式，并进行了相关民族志和民族考古学研究，从几千人参加的大规模生育仪式（如尤拉图恩）到10至20人参加的小规模萨满入会仪式（如rucatun, machitun）。这里不讨论笔者和笔者同事们用来研究这些仪式的研究问题、跨学科方法和概念；有兴趣的读者可以参考已出版的研究成果（Dillehay 1985, 2007）。（笔者需要指出的是，这些研究大多是在1970年代末至2000年代初进行的，当时传统仪式比较多。近年来，由于受到福音派运动的影响，参与仪式的萨满和参与者越来越少，许多仪式已经变得不那么传统或已经消失。）

由于参与这些仪式，笔者看到并亲身经历了夜间仪式对人体的影响，其中包括歌舞对人的过度刺激、睡眠不足和疲劳、因吸入火堆产生的烟雾或由于其他外部刺激而昏昏欲睡。根据参与程度及其身心状况，这些刺激可能导致人感到无精打采、做白日梦和产生幻觉（Freeman 2000; Knight 2003; McCauley 1999; Taheri 2007; Tremlin 2006; Whitehouse and Martin 2004）。

阿奎利（D'Aquili）及其同事（1979）等专家断言，仪式完成了两种重要的生物功用（另见 Rappaport 1999; Turner 1987）。首先，它将仪式参与者的神经系统及其功能协调一致，以便进行群体行动。也就是说，对于大多数人类和非人类物种来说，仪式行为似乎是克服个体之间社交距离的一种方式，这样他们就可以协调彼此之间的活动，以帮助不同物种在环境、政治或生物方面更好地生存。某些动物物种之间的交配仪式是这种行为最明显的例子，但在协调一致的集体攻击或狩猎前进行仪式活动也很常见（D'Aquili 1993）。例如，狼群经过仪式性的摇尾巴和集体嚎叫，灵长类动物之间的仪式性的挑衅行为，都为可能发生的战斗建立了社会秩序和等级（Avital and Jablonka 2000）。非人类和人类群体中产生的仪式刺激的节奏性和重复性，能够通过耳朵、眼睛或身体的运动，增加个体之间的统一感。此外，它被认为会导致脑边缘系统做协调一致的唤醒或放电，会在参与者中产生一种深切的团结感（Ashbrook and Albright 1997；Grimes 1995；Joseph 2002；Lakoff 1987；Mithen 1997；Pyysiainen 2003）。仪式的第二个生物学成就是，它能引起个体有机体内部的认知发展或社会化。也就是说，仪式是"一种诱导和改造发育中的机体神经运动子系统结构的机制"（D'Aquili et al. 1979：37）。仪式教会了族群里的年轻成员什么是重要的，以及如何遵守公共行为规范。

综上所述，笔者谨慎地提出以下观点。作为一名人类学考古学家，当笔者涉足一个自己不熟悉的话题——仪式活动的生物学和神经生理学时，重要的是笔者需要意识到自己会轻易地从心智／大脑的科学描述，转向马普切民族志中的行为应用，然后再回溯。在这个案例研究中，笔者很难抵挡住这样的欲望：把自己在现场观察到的，或通过阅读与心智／大脑相关的科学了解到的东西，立即假设某些类型的仪式环境是如何刺激某类心智／大脑功能的，以及是如何产生某种信仰、神话或宗教模式和仪式表演的（D'Aquili 1993；Lawson and McCauley 1990；Laughlin 2009；McCauley 1999；McCauley and Lawson 2002，2007）。笔者尽可能不进行这种猜测。然而，笔者提出一些看法，只是试图将它们与某些变量联系起来。笔者相信这些变量揭示了夜间仪式对萨满和仪式参与者的影响，以及这种看法对考古学可能意味着什么。

萨满、参与者和仪式的影响

强大的马奇经常在公共仪式中使用轻微至轻度的意识改变状态（ASC，altered states of consciousness）来进入非正常现实，以获得信息和社会权力，并操纵生命力和精神实体（Dillehay 2007；Bacigalupo 2007）。虽然对于萨满在进行仪式中进入的"所谓"意识改变状态有不同的学术观点（Bahn 2001；Romain 2009；Tedlock 2005；Winkelman 2002），但似乎有些马奇可以真的自我诱发一种轻度到中度的属于"诊断状态"的意识改变状态，来体现他们的精神（filu）。笔者从未观察到这些状态改变是因为摄入了任何类型外服的、用来改变心智状态的东西（例如，智利茄科植物 [*Latua publiflora*]，蔓陀缴华属的某种植物 [Datura]）而引起的。具体来说，许多萨满都是45岁到60岁的年纪，他们有非凡的耐力，能够在笔者描述的身体和精神条件下，连续几个小时地吟唱、唱歌、跳舞、祈祷和带领举行仪式。马奇告诉我们，正是恍惚的状态本身能够帮助他们集中注意力，满足冗长仪式对于身心的要求，以及得到克服疲劳所需要的耐力。一旦多日的仪式结束，马奇需要独自休息好几天。

对于不属于萨满教的参与者来说，这些条件有所不同。在夜间仪式中，马普切的本地消息提供者告诉我们，在黑暗中听噪音，甚至感受寂静，就等同于听到，或想象自己听到些东西发出声音，其中一些东西因为看不到或摸不着而无法被识别出来。这个因素给仪式增添了在白天很少能体会到的强大的神秘感，甚至是虚无缥缈的感觉。当人身心俱疲，随着舞蹈、音乐和吟唱的节奏，一些背景噪音，如风声或远处火堆的噼啪声，或参与者的呼吸声，都会与现实的时间和地点的流动、意义相背。这些声音似乎是无限的、连续的、无休止的和不变的，并定义了它们自己的感知和体验。

在冗长的仪式中，睡眠不足、长时间舞蹈和站立、诵经、过量吸入烟雾（烟雾也会影响夜间拍照的质量，图像过于模糊不清，无法在这里重现当时的场景；闪光灯被严禁使用）等因素带来的精神疲惫，轻微或轻度的幻觉是真实存在的。有充分的证据表明，睡眠不足的一个常见副作用是产生幻觉，这一点在长距离游泳运动员、超长距离马拉松运动员、过于勤奋而通宵学习的大学生、通宵达旦进行仪式的人，以及其他过度劳累的人身上得到了证明，类似活动还有很多（D'Aquili 1993）。根据一项研究（Alhola and Polo-Kantola 2007），在因过度运动或睡眠不足而疲惫不堪的人中，至少有80%的人会因严重睡眠不足（"严重"是指从一个晚上只睡几个小时到几天不睡觉）而产生幻觉。鉴于这种高频率，通宵活动会诱发一些人昏昏欲睡、产生幻视，或对不存在的事物产生轻微的幻觉，这似乎是有生理基础的。在咨询两位熟悉马普切人的神经学家恩里克·爱德华兹（Enrique Edwards）和胡安·连多（Juan Liendo，私人通信，分别为1999年至2002年和2007年至2011年），以及采访马普切仪式参与者的过程中，笔者和同事了解到，长时间地进行仪式活动（一般为3天至4天），如果睡眠被打断或完全不睡，饭量减少，以及饮水过量（对某些人而言）的话，总会对人的感官带来影响，往往会有明显的疲劳、不安、幻觉，以及产生模糊的认知边界，尤其是在夜里。

根据神经学家和消息提供者的观察，我们相信在黑暗中举行的仪式改变了人们的各种感觉，使感官的感知能力更集中在听觉、嗅觉和触觉，而不是视觉上。神经学家认为，夜间仪式也会带来更明显的对世界的"互惠互利的本体感受"（mutualistic proprioception，例如，Proske and Gandevia 2009；Robles De La Torre 2006）。换句话说，人们的意义和经验不仅来自他们个人在仪式中所处的相对位置（这在白天的仪式中更为明确），也来自他们与其他参与者在周围这个视觉受限的漆黑环境中努力进行协作运动的程度。也就是说，人的心智／大脑将来自集体感受的信息和来自前庭系统（vestibular system，提供平衡感和空间方位感的感觉系统）的信息进行整合，以达到协调运动与平衡的目的，使其形成一种身体位置和与他人一起运动的整体感觉。最终，参与者之间的这种互相依赖似乎产生了更大的社会联系和更多的兴奋，可能使得萨满们做到了"群体操控"。

虽然在白天举行的仪式中也可能发生类似的身体和精神状态的改变，但在完全黑暗，或者间有月光的夜晚，此类改变对马普切参与者（包括笔者）的影响更加突出。毋庸置疑，黑暗将人们与物质世界的深层组织和表面的物质体验的品质结合了起来。在夜间举行的仪式中，人们试图用他们更加灵敏的耳朵，以及他人的磕碰来探查周围的环境。因此，听觉和触觉就成了在夜里探测眼前和附近各类事件和事物的主要感官。伴生要素产生的众多声音，如来自风、树木、流水、动物或其他人的声音，和远处篝火的噼啪声（如果现场有火的话），都是它们活动的因素。

综上所述，在暗夜中，断断续续地进行几天几夜的仪式吟唱、唱歌、游行、跳舞、击鼓等活动，带来的效果会更加强，尤其是在受到远处光照，例如各种亮度的月光，抑或是大小不等的篝火，以及烟雾和疲劳的影响时。大多数夜间举行的仪式都是在黑暗中或在有限的月光下进行的，只有在特定的时间才会生火，通常是在清晨。有节奏的歌唱、吟唱、游行和舞蹈等活动不仅能给萨满，而且也能给仪式参与者带来低水平，甚至半意识改变状态，这取决于他们当时的情绪、心理和身体状况。通过限制和规划人们何时饮水、进食和睡眠，不间断地让人们保持发声和运动，连续几天让人们暴露在烟雾和疲劳中，马奇萨满们加速了不同程度的身心疲惫，甚至在某些情况下，会让人产生轻度的幻觉、绝望和/或扭曲的认知。

与传统情况一样（在少数地区仍然如此），通过这些活动和其他活动在仪式上调节三到四天，这样长时间的节奏刺激的效果可以改变人们的认知重点。在黑暗中，将身体的动作与节奏节拍结合起来，往往会否定人对正常时间流逝的认识，从而消除历史时间和导向空间。人们在黑暗中一起歌唱、吟唱、跳舞、游行，必须依靠听声音和触摸旁边的人来确定自己的位置。这种夜间活动也会模糊认知边界，模糊过去与现在、现实与虚幻世界的界限。对这种仪式的研究可以采取皮尔森和香克斯（Pearson and Shanks 2013：17）所说的"深层地图"（deep maps，考古学研究方法，包括把某地的历史、民俗、自然史和传闻等融入考古研究——译者）的形式，它是富含过去与"当代、政治与诗意、事实与虚构、思辨与感性的整理与对比；口述证据、文集、回忆录、传记、自然史和地点的融合"。

萨满的影响

马奇可以在不同程度上改变仪式参与者的身体状态和意识，不论是有意的还是无意的，以获得他们对社会政治和宗教的感同身受，甚至是支持，并且可以加强生者、死者和神灵之间的精神联系。在萨满的宇宙中，世俗世界与重要的神灵、灵魂、神、鬼、祖先等无形的、缥缈的世界是交织在一起的。萨满对生命的力量和参加仪式的公众的操纵，通常是为了让世界发生变化，比如提高粮食产量、取得理想的政治结果、与神灵和祖先保持关系、恢复宇宙和社会的秩序等。往往在夜间，这种操纵可以得到最好的实施，因为在这段时间，马奇被认为是最有力量，而且不受世俗领袖的干扰或竞争的。夜晚是属于萨满的。

仪式为萨满提供了可以获得更多力量、灵性和影响力的大背景，因为他们谈到了历史问题，以及在未来马普切人的生存问题。仪式过后对参与者的访谈中提到，这些参与者对仪式现场的具体物质细节记得不太清楚，有可能是因为他们没有看清楚，或是因为疲劳和符号过载（symbolic overload，指在一幅图像、一首诗或其他符号或隐喻交流的作品中，存在太多的符号，以至于失去焦点，作品的交流／意义被掩盖——译者）导致的轻度到半意识改变状态。他们也无法详细描述夜间仪式中萨满所说的话中的具体信息。他们确实记得萨满无处不在的身影和其在宇宙学的地位，他们的吟唱和鼓点，他们自己的状态和行为是如何因为交织在一起的连续舞蹈、吟唱和其他活动，以及月光下举行的夜间仪式中的视觉、听觉、嗅觉和味觉的结合而被改变和调节的。

然而，这些萨满的月光仪式并不仅仅关乎宗教布道，生者之间，以及生者与往生者之间的社会联系。它们还涉及展示和补充男性的世俗力量和女性的神圣力量。许多主持夜间仪式的女萨满直接或间接地试图通过权力平衡的互补性来制造性别平等。女性马奇不与男性领袖直接竞争。男性领袖在白天举行的多日公共仪式上做主持，他们在世俗政界有相当的政治管辖权。女萨满则通过主要在夜间进行的宗教和仪式活动，以及通过精神和祖先世界提供的支持，对男萨满的活动进行补充。今天，女性马奇也参加了马普切人的抵抗运动，因为收复祖先的土地、古老的森林和传统对她们的生计和精神实践活动至关重要。所有马奇的知识及其与精神力量的联系，为他们提供了强大的象征工具，得以与世俗男性领袖一起追求相同的政治目标。但要想获得和行使这种力量，人们必须相信精神力量，这也是马奇萨满在夜晚月色下的仪式活动对参与者的思想、信仰（rakiduam）和内心（piuke）产生重要影响的地方。

虽然信仰、情感和其他身心相关的方面不是仪式的动因，却是马奇驱动仪式活动和社会政治影响的作用因素获得成功的必要条件。公共仪式和典礼可以让女性萨满通过布道的形式，获得和展示其力量，她们也展示了自身掌握的关于祖先和宇宙深邃的知识。虽然女性萨满在传统上由男性主导的、有世俗背景的公共场所并不罕见，但是因为"马普切人政治、权利和身份的萨满化"，她们开始更多地进入这个场所（Bacigalupo 2007：249）。正如巴西加卢波（Bacigalupo 2007：240-250）在她对女萨满的研究中所描述的那样："在实践中，马普切男性和女性都通过在社区外掌握实权职位，以及从古至今都作为马普切社区与政府、政治家之间的中间人而获得了声望……女性马奇利用她们对政治的精神追求途径来讨好、尊崇和操纵政治家，以达到善意的、恶意的或实用的目的……作为传统和家务的象征，女性马奇可以独立于男性主导的政治意识形态，维持对权力的精神解读，并可以使各种违背自然性别概念的做法合法化。"在这一背景下，女性马奇将自己的权威和权力表达出来，并将其定位在夜色中，在月亮的精神力量照耀下，在与天界（wenumapu）强大的神灵和祖先的对话中。在没有其他权力来源的情况下，这个外力是很强大的。正如贝尔（Bell 2007：286-287）所认为的那样："当一个人在为权力进行谈判时，当一个人需要触及的权力必须有一个共同体之外的来源时，仪式就是需要进行的事情。然而每个人都必须以某种方式，或在某种程度上用此诉求来得到授权，才能把权力从社区外引入社区内。当你不使用其他形式的权威、控制力或强制措施的时候，你就会进行仪式。"女性萨满的权力来自与神灵和祖先的权威有关的仪式表演。

物质痕迹

理解夜间仪式的物质和非物质世界，需要不同模式的考古学参与和解释。在马普切民族志案例中，直径在3米至7米之间的小型篝火和大型篝火是与夜间仪式相关的集结区域和仪式场所。在白天的仪式中，火堆直径通常不超过2.0米，这些火堆与多个家庭共享火堆和食物的烹饪活动有关。夜间的火堆和篝火多位于C字形或U字形的用于舞蹈和游行的广场的边缘，而用于做饭的火堆则依家庭顺序在广场边缘排成排。此外，在夜间祭祀时，因为参与者在黑暗中通过牵手或需要感知彼此的存在而聚拢得更近，只有40%至50%的祭祀空间被使用，这有利于在黑暗中进行更多的集体活动。在白天，整个广场都会被利用起来，在空间结构方面，参与者根据舞者、马奇等身份在不同位置集中。

如下文提到的瓦卡普列塔遗址，考古遗址中的火把和大量的木炭也可能是夜间仪式和活动的痕迹信号。虽然在物质记录中很难确定，但过于洁净的空间，特别是清除干净了尖锐物品——如陶器、骨头和石器碎片——的舞蹈和游行区域，是人们赤足进行聚集的场所的一个指标。另外，笔者还观察到，在夜间，用于祭祀的空间要小得多，因为人们为了适应黑暗，不互相绊倒或碰到木头和其他物品，所以活动范围较小，彼此之间保持接近。垃圾也会被扔到限定区域，通常是靠近或扔进火堆里烧掉。此外，神树——佛耶树的枝条也要用火把烧掉，晚上使用后会在更大范围内留下它的灰烬和木炭的斑点。在晚上，树枝的顶端会被涂上树脂或油，以延长燃烧时间。在白天，只有马奇能使用佛耶树枝，其木炭和灰烬被故意置于仪式场地中心的"llangi-llangi"，或称世界中心（axis mundi）附近（Dillehay 2007），而且不使用树脂。

在更广泛的背景下，我们可以推测，马普切人（以及其他土著群体）的认知世界和物质世界是通过仪式与陆地景观、天空景观的关系，以及人们赋予它们的意义联系而在一起的。正如埃万盖洛斯·凯里亚基德斯（Evangelos Kyriakidis 2007: 299）所言："仪式——尤其是公共仪式——创造了文化空间，创造了一种传统主题，很像纪念式建筑。它们可能不会在物理层面上影响自然景观，但肯定会在认知上影响自然景观。仪式确实是在举行的；它们在一个特定的地点举行，并被铭刻在参与者的记忆中。"对于白天的马普切仪式来说，尤其如此，人们可以看到并体验到仪式空间的神圣景观，并记住与之相关的行为和信仰。但在夜里，人们只能在脑海中设想自然景观，但由于看不到，而且周围的声音和气味都与白天不同，所以夜间的景观与白天是不一样的。因此，夜间仪式涉及人们对自然景观的记忆，这个记忆是在黑暗中，通过人们的期许和预期协调而成的，只有部分自然景观会偶尔在火光的照耀下显现出来。

虽然笔者提到了一些夜间仪式的物质特征，但在秘鲁北部海岸的瓦卡普列塔遗址，有一些间接的考古证据表明哪里曾发生过夜间举行的活动（Dillehay n.d.）。已故的朱尼乌斯·伯德（Junius Bird）于20世纪40年代中期在瓦卡普列塔进行的开创性考古发掘表明，该遗址属于世界上密度最大、时间最长、深度最深的全新世中晚期文化堆积之一。遗址中土丘的人工建造部分有的地方高约29米，宽65米，长162米。伯德对该遗址的研究表明，随着时间的推移，与海洋觅食和原始农业相关的策略也发生了变化。此前认为该遗址的年代大约在距今3500年至5500年之间，而且它仅仅是一个居址和埋葬土丘（Bird et al. 1985），但我们最近对该遗址的研究表明，该遗址的年代大约是距今3800年至7600年（Dillehay et al. 2012）。

瓦卡普列塔的土丘非常黑暗，因此被称为普列塔（prieta），即"黑色"，其中含有大量的灰烬和木炭斑点，显示出在整个时间段内发生了无数次生火燃烧行为（图9.2）。我们认为，在秘鲁的前陶器时期中晚期，该遗址在整个使用过程中，夜间仪式一直在举行。更直接的证据是该处出土了许多用长松针制成的燃尽的火把。火把的远端燃烧殆尽，并有树脂的痕迹（图9.3）。这些火把的放射性碳同位素测年为距今5500年，是在去往位于土丘顶部的小型（3米×4米）、划定范围的祭祀空间的道路上出土的，这表明夜间的仪式队伍是行进在建筑的侧面和上表面的，但由于在夜间无法看到土丘的整体大小和形状，活动可能只在有限的地方进行。该遗址的考古证据表明，仪式活动与将重要人物入葬土丘有关，也可能与来自遥远的沿海和高地地区的人的朝圣活动有关。

即使到了今天，瓦卡普列塔土丘的意义和永恒性仍在继续，因为来自秘鲁北岸的现代男女萨满，或称 curanderos，仍会访问那里并进行朝拜。他们在月光下举行仪式，向神灵献祭（通常是古柯叶、奇恰酒或玉米啤酒），并祈求海洋和土地都会给他们带来丰收。

图9.2 秘鲁瓦卡普列塔的大型黑色土丘（摄影：汤姆·迪里黑）

图9.3 在瓦卡普列塔遗址发掘出的燃尽的火把（摄影：汤姆·迪里黑）

结 论

　　考古学科花了很长时间才认识到古代仪式活动的社会层面和象征层面。后结构主义（poststructuralism）在考古学中发展起来之前，考古学家主要把仪式活动本质上归为象征性的或功能性的。这样的二元对立往往使我们忽视了参与仪式在象征、心理等层面上所体现的更综合的概念。对这些维度的更多的研究，可以提供更广泛的行为谱系，以及更多的社会层面和认知层面的对仪式的解释。希望这篇关于马普切人夜间仪式的短文能从民族志和考古学的角度帮助我们理解这些层面，特别是考古学家常说的仪式用火堆或其他的用火方式，以及大量的木炭堆积和燃烧证据。一些仪式用火堆可能是夜间活动的指标，这可能与对人类行为的不同影响有关，包括表现水平、由于视线不清而有限地使用象征性的图像来加强权威和权力、缩减的体力活动和对仪式空间的使用，以及依靠眼睛以外的感觉器官参与公共集会。这些活动和另外一些夜间活动也要求考古学家重新考虑在中等至大规模仪式活动中，领导者能在多大程度上对参与者进行规范和与之展开交流，以及从政治宗教的角度来推测舞蹈、歌曲和游行可能对观众产生的影响。

致 谢

　　笔者在此要感谢马普切社区的各位萨满和社区居民，笔者和笔者所在的研究小组参加了这些社区的公共仪式。大多数我们参加过的仪式是在相关社区进行考古实地工作时，以及与当地人合作的时候进行的。从1975年开始，许多来自这些社区的居民与我们保持了长时间的友好关系。我还要感谢恩里克·爱德华兹医生（康塞普西翁地区医院，Hospital Regional de Concepcion）和胡安·连多医生（特

237

木科地区医院和特木科边境大学，Hospital Regional de Temuco and la Universidad de la Frontera, Temuco），感谢他们为我们提供所掌握的专业经验知识，以及对仪式参与者在冗长仪式中经历的某些认知和神经状况的见解。几十年来，我的研究主要是由美国国家科学基金会（National Science Foundation）、美国国家地理学会（National Geographic Society）、肯塔基大学（University of Kentucky）、范德堡大学（Vanderbilt University）和古根海姆基金会（Guggenheim Foundation）进行资助。我还要感谢在这些仪式过程中与我一起从事田野工作的几位同事，特别是加斯顿·塞普尔维达（Gaston Sepulveda）、雷内·圣马丁（Rene San Martin）、阿图罗·罗哈斯（Arturo Rojas）、何塞·萨维德拉（Jose Saavedra）、帕特里西奥·桑萨纳（Patricio Sanzana）和已故的阿梅里科·戈登（Americo Gordon）。

参考文献

Alhola, Paula, and Päivi Polo-Kantola. 2007. "Sleep Deprivation: Impact on Cognitive Performance." *Neuropsychiatric Disease and Treatment* 3(5):553–567.

Ashbrook, James B., and Carol Rausch Albright. 1997. *The Humanizing Brain: Where Religion and Neuroscience Meet*. Cleveland, OH: Pilgrim Press.

Avital, Eytan, and Eva Jablonka. 2000. *Animal Traditions: Behavioral Inheritance in Evolution*. Cambridge: Cambridge University Press. https://doi.org/10.1017/CBO9780511542251.

Bacigalupo, Ana M. 1996. "Mapuche Women's Empowerment as Shamans/Healers." *Annual Review of Women in World Religions* 4:57–129.

Bacigalupo, Ana M. 2001. "The Mapuche Moon Priestess." *Annual Review of Women in World Religions* 6:208–259.

Bacigalupo, Ana M. 2007. *Shamans of the Foye Tree: Gender, Power, and Healing among Chilean Mapuche*. Austin: University of Texas Press.

Bahn, Paul G. 2001. "Save the Last Trance for Me: An Assessment of the Misuse of Shamanism in Rock Art Studies." In *The Concept of Shamanism: Uses and Abuses*, ed. Henri Paul

Francfort, Roberte Hamayon, and Paul G. Bahn, 51–93. Budapest: Akadémiai Kiadó.

Barrett, Justin L., and E. Thomas Lawson. 2001. "Ritual Intuitions: Cognitive Contributions to Judgments of Ritual Efficacy." *Journal of Cognition and Culture* 1(2):183–201. https://doi.org/10.1163/156853701316931407.

Bell, Catherine. 2007. "Response: Defining the Need for Definition." In *The Archaeology of Ritual*, ed. E. Kyriakidis, 277–288. Los Angeles: Cotsen Institute of Archaeology.

Bengoa, José. 2003. *Historia de los Antiguos Mapuches del Sur*. Santiago: Catalonia.

Binford, Lewis R. 1972. *An Archaeological Perspective*. New York: Seminar Press.

Bird, Junius Bouton, John Hyslop, and Milica Dimitrijevic Skinner. 1985. *Preceramic Excavations at Huaca Prieta, Chicama Valley, Peru*. New York: Anthropological Papers of the American Museum of Natural History.

Boccara, Guillaume. 1999. "Etnogénesis mapuche: Resistencia y restructuración entre los indígenas del centro-sur de Chile (siglos XVI–XVIII)." *Hispanic American Historical Review* 79(3):425–461.

Boyer, Pascal. 1994. "Cognitive Constraints on Cultural Representations: Natural Ontologies and Religious Ideas." In *Mapping the Mind: Domain-Specificity in Culture and Cognition*, ed. Lawrence A. Hirschfeld and Susan A. Gelman, 391–411. New York: Cambridge University Press. https://doi.org/10.1017/CBO9780511752902.016.

Boyer, Pascal, and Pierre Liénard. 2006. "Why Ritualized Behavior? Precaution Systems and Action Parsing in Developmental, Pathological, and Cultural Rituals." *Behavioral and Brain Sciences* 29:595–613.

Conan, Neil. 2010. *"Neurotheology: This Is Your Brain on Religion."* Andrew Newberg. Talk of the Nation, December 15. Philadelphia, PA: National Public Radio; http://www.npr.org, Accessed August 26, 2016.

Crow, Joanna. 2013. *The Mapuche in Modern Chile: A Cultural History*. Gainesville: University Press of Florida. https://doi.org/10.5744/florida/9780813044286.001.0001.

D'Aquili, Eugene G. 1993. "The Myth-Ritual Complex: A Biogenetic Structural Analysis." In *Brain, Culture, and the Human Spirit: Essays from an Emergent Evolutionary Perspective*, ed. James B. Ashbrook, 45–75. Lanham, MD: University Press of America.

D'Aquili, Eugene G., Charles D. Laughlin, and John McManus. 1979. *The Spectrum of Ritual: A Biogenetic Structural Analysis*. New York: Columbia University Press.

Dillehay, Tom D. 1985. "La influencia política de los chamanes mapuches." *CUHSO* 2(2):141–157.

Dillehay, Tom D. 2007. *Monuments, Resistance and Empires in the Andes: Araucanian Ritual Narratives and Polity*. New York: Cambridge University Press. https://doi.org/10.1017/

239

CBO9780511499715.

Dillehay, Tom D. 2016. "*Araucano Indomito*: Anti-Imperialism, Independence, and Ethnogenesis in Colonial (and Present-Day) Chile." *Chungara (Arica)* 46:698–736.

Dillehay, Tom D. n.d. *Where the Land Meets the Sea: Fourteen Millennia of Human History on the North Coast of Peru*. Austin: University of Texas Press.

Dillehay, Thomas D., Duccio Bonavia, Steven Goodbred, Mario Pino, Victor Vasquez, Teresa Rosales Tham, William Conklin, Jeff Splitstoser, Dolores Piperno, José Iriarte, et al. 2012. "Chronology, Mound-Building, and Environment at Huaca Prieta, Coastal Peru, from 13,700 to 4,000 years ago." *Antiquity* 86(331):48–70. https://doi.org/10.1017/S0003598X00062451.

Faron, Louis C. 1962. *Hawks of the Sun*. Urbana: University of Illinois Press.

Freeman, Walter. 2000. "A Neurological Role of Music in Social Bonding." In *The Origins of Music*, ed. Nils L. Wallin, Björn Merker, and Steven Brown, 411–424. Cambridge, MA: MIT Press.

Frieman, Catherine, and Mark Gillings. 2007. "Seeing is Perceiving?" *World Archaeology* 39(1):4–16. https://doi.org/10.1080/00438240601133816.

Grimes, Ronald L. 1995. *Beginnings in Ritual Studies*. Columbia: University of South Carolina.

INE. 2010. "Instituto Nacional de Estadísticas." Santiago, Chile.

Johnson, George. 2007. "God Is in the Dendrites." *Slate Magazine*. Accessed August 26, 2016. http://www.slate.com/articles/life/brains/2007/04/god_is_in_the_dendrites.html.

Joseph, Rhawn. 2002. "Dreams, Spirits, and the Soul." In *NeuroTheology: Brain, Science, Spirituality, Religious Experience*, ed. Rhawn Joseph, 411–425. San Jose, CA: University Press.

Knight, Christopher J. 2003. "Trauma, Tedium and Tautology in the Study of Ritual." *Cambridge Archaeological Journal* 13(2):293–295. https://doi.org/10.1017/S0959774303250162.

Kyriakidis, Evangelos. 2007. "Search of Ritual." In *The Archaeology of Ritual*, ed. Evangelos Kyriakidis, 1–8. Los Angeles: Cotsen Institute of Archaeology, UCLA.

Lakoff, George. 1987. *Women, Fire, and Dangerous Things: What Categories Reveal about the Mind*. Chicago: University of Chicago Press. https://doi.org/10.7208/chicago/9780226471013.001.0001.

Laughlin, Charles D. 1996. "Archetypes, Neurognosis and the Quantum Sea." *Journal of Scientific Exploration* 10(3):375–400.

Laughlin, Charles D. 2009. "The Mystical Brain: Biogenetic Structural Studies in the Anthropology of Religion." Accessed August 26, 2016. http://www.biogeneticstruc

turalism.com/docs/.

Lawson, E. Thomas, and Robert N. McCauley. 1990. *Rethinking Religion: Connecting Cognition and Culture*. Cambridge: Cambridge University Press.

Leiva, Orellana A. 1977. "Rechazo y Absorción de Elementos de la Cultura Española por los Araucanos en el Primer Siglo de la Conquista de Chile (1541–1655)." Tesis de Licenciatura. Santiago: Universidad de Chile.

Llobera, Marcos. 1999. "Landscapes of Experiences in Stone: Notes on a Humanistic Use of a Geographic Information System (GIS) to Study Ancient Landscapes." D.Phil. thesis, University of Oxford, Oxford.

McCauley, Robert N. 1999. "Bringing Ritual to Mind." In *Ecological Approaches to Cognition: Essays in Honor of Ulric Neisser*, ed. Eugene Winograd, Robyn Fivush, and William Hurst, 285–312. London: Lawrence Erlbaum Associates.

McCauley, Robert N. 2001. "Ritual, Memory, and Emotion: Comparing Two Cognitive Hypotheses." In *Religion in Mind: Cognitive Perspectives on Religious Experience*, ed. Jensine Andresen, 115–140. Cambridge: Cambridge University Press. https://doi.org/10.1017/CBO9780511586330.005.

McCauley, Robert N., and E. Thomas Lawson. 2002. *Bringing Ritual to Mind: Psychological Foundations of Cultural Forms*. Cambridge: Cambridge University Press. https://doi.org/10.1017/CBO9780511606410.

McCauley, Robert N., and E. Thomas Lawson. 2007. "Cognition, Religious Ritual, and Archaeology." In *The Archaeology of Ritual*, ed. Evangelos Kyriakidis, 209–254. Los Angeles: Cotsen Institute of Archaeology, UCLA.

Mithen, S. 1997. "Cognitive Archaeology, Evolutionary Psychology and Cultural Transmission, with Particular Reference to Religious Ideas." In *Rediscovering Darwin: Evolutionary Theory and Archaeological Explanation*, ed. C. Michael Barton and G. A. Clark, 67–74. Arlington, VA: American Anthropological Association. https://doi.org/10.1525/ap3a.1997.7.1.67.

Pearson, Mike, and Michael Shanks. 2013. *Theatre/Archaeology*. London: Routledge Press.

Proske, U., and Simon C. Gandevia. 2009. "The Kinaesthetic senses." *Journal of Physiology* 587(17):4139–4146. https://doi.org/10.1113/jphysiol.2009.175372.

Pyysiäinen, Ilkka. 2003. *How Religion Works: Towards a New Cognitive Science of Religion*. Leiden: Brill.

Rappaport, Roy A. 1999. *Ritual and Religion in the Making of Humanity*. Cambridge: Cambridge University Press. https://doi.org/10.1017/CBO9780511814686.

Renfrew, Colin, and Christopher Scarre, eds. 1998. *Cognition and Material Culture: The Archaeology of Symbolic Storage*. Cambridge: McDonald Institute for Archaeological Research.

Robles De La Torre, Gabriel. 2006. "The Importance of the Sense of Touch in Virtual and Real Environments." *IEEE MultiMedia* 13(3):24–30. https://doi.org/10.1109/MMUL.2006.69.

Romain, William F. 2009. *Shamans of the Lost World: A Cognitive Approach to the Prehistoric Religion of the Ohio Hopewell*. Lanham, MD: Altamira.

Skeates, Robin. 2010. *An Archaeology of the Senses: Prehistoric Malta*. Oxford: Oxford University Press.

Taheri, Shahrad. 2007. "Sleep and Metabolism: Bringing Pieces of the Jigsaw Together." *Sleep Medicine Reviews* 11(3):159–162. https://doi.org/10.1016/j.smrv.2007.03.005.

Tedlock, Barbara. 2005. *The Woman in the Shaman's Body: Reclaiming the Feminine in Religion and Medicine*. New York: Bantam Books.

Tremlin, Todd. 2006. *Minds and Gods: The Cognitive Foundations of Religion*. Oxford: Oxford University Press. https://doi.org/10.1093/0195305345.001.0001.

Trentini, Florencia, Sebastián Valverde, Juan Carlos Radovich, Mónica A. Berón, and Alejandro Balazoter. 2010. "Los nostálgicos deldesierto: La cuestión mapuche en Argentina y elestigma en los medios." *Cultura y representaciones sociales* 3:186–203.

Turner, Victor. 1987. "Body, Brain, and Culture." In *The Anthropology of Performance*, ed. Victor Turner, 156–178. New York: PAJ Publications.

Whitehouse, Harvey, and Luther H. Martin, eds. 2004. *Theorizing Religions Past: Archaeology, History, and Cognition*. Walnut Creek, CA: Altamira.

Winkelman, Michael. 2002. "Shamanism as Neurotheology and Evolutionary Psychology." *American Behavioral Scientist* 45(12):1875–1885. https://doi.org/10.1177/0002764202045012010.

Winkelman, Michael. 2004. "Shamanism as the Original Neurotheology." *Zygon* 39(1):193–217.

Zavala Cepeda, José Manuel. 2008. *Los Mapuches del Siglo XVIII: Dinámica Interétnica y Estrategias de Resistencia*. Santiago: Editorial Universidad Boliviarana S.A.

第十章

夜晚主宰永恒之处

古代玛雅的暗夜和深邃时间

杰里米·D.科尔特曼

夜晚最显著的特征是黑暗。尽管所处时间和空间不同，但所有文化都认同这种体验。在许多情况下，对于夜晚来说，黑暗是重要的，因为黑暗一直存在。因此，难怪有许多文化都发展出自己的起源神话，其中黑暗或黑夜与初始造物有着共同的生成力。在古典时代晚期（late antiquity）和西欧中世纪早期，修道院的生活具有神学和宇宙学的意义，这两个意义可以追溯到犹太教、基督教关于混沌原始性的神话传统（Helms 2004）。例如，在《创世记》中，上帝创造了光，并将其从名为夜晚的黑暗中分离出来。这意味着在犹太教、基督教的思想中，黑夜总是首先本身就存在的，而光则是"神圣的创造"（Schnepel and Ben-Ari 2005: 153）。赫姆斯（2004: 178）指出："黑暗甚至比光更接近最终的宇宙学起点，因为在传说中，黑暗常常被确定为光明世界形成之前的条件之一。"

毫不奇怪，西方思想中的这些黑夜和黑暗的概念在中美洲地区许多关于造物的丰富神话传统中都有体现。例如，在殖民时期那瓦特人

（Nahuatl）的布道中，"黑暗"一词并不是一个抽象的概念，而是一个特殊的或具有时间定位（temporal locative）的黑暗时段或地点：

> 在土著人的用法中，这可能是指在太阳被创造出来、宇宙秩序建立起来之前的一段无序的时间（或时间之外的时间）。身处一个黑暗的地方，或一段黑暗的时间，与身处抽象概念里灵魂中的"黑暗"不太一样。然而，基督教作为符合太阳秩序的形象，与之前的混沌黑暗形成鲜明对比，很符合那瓦特人的观念。(Burkhart 1988：243)

与古典古代的"混沌初开"概念类似，对古代玛雅人来说，黑夜象征着在太阳和有序世界产生之前的神话历史。由古代传说演变而来的殖民时期的记录无疑证明了这一点。例如，基切（K'iche）玛雅人的《波波尔·乌》（Popol Vuh）一书指出，在原始世界中，除了夜晚，没有任何东西存在。"一切都在黑暗、在夜晚中平静无声地存在着。"（Christenson 2003：67-68）尤卡特克（Yukatek）玛雅的《秋玛叶尔区的契伦巴伦之书》（Chilam Balam of Chumayel）也描述了一个在太阳，甚至时间本身被创造出来之前的黑暗世界（Roys 1967：110）。在古代玛雅人的思想中，黑夜与原初历史相联系，并与洞穴的黑暗内部空间有着共同的象征意义。虽然这些黑暗的居所容纳了可怖的生物，但它们也与人类出现和造物有关，并为阈限期（人类学名词，多指人在仪式中处于的过渡性阶段）性质的仪式（liminal ritual）提供了首选地点。本章将探讨为什么黑夜在古代玛雅人的宗教图像学和仪式中起着关键作用（关于古代玛雅人的情况，也可参见贡琳、迪克逊，本书第3章，以及阿维尼，本书第7章）。虽然一般来说，黑暗或夜晚的标志是"ak'ab"，但另一种表达方式与表示"洞穴"以及其他与黑暗、危险的森林荒野有关的黑暗空间的字块"ch'een"紧密对应。这个由眼球加交叉骨头组合而成的图案，很可能指的就是洞穴的内部黑暗、与之密切相关的森林荒野，以及在创造有序世界之前就存在的"原初混沌"。此外，我们认为，当 ch'een 这个图案传播到墨西哥中部时，被重新设计，变成了一个骷髅加交叉骨头的搭配。尽管图案发生了这种变化，但它仍然保留了其对玛雅人的意义，表示一种与洞穴、出生和初始造物相联系的原始黑暗。

夜 景

夜晚是非常值得我们讨论的，因为我们大多数人的生命几乎有一半是在夜晚度过的（Galinier et al. 2010；Schnepel and Ben-Ari 2005）。哪怕我们在这段时间里睡觉也是一样的。正如来自世界各地的大多数传说所证明的那样，夜晚可能是一个危险和令人不安的时间段。伴随着夜晚来临的漆黑足以带来这种困扰。古代玛雅人认为黑色在很大程度上与"人类害怕进入的黑暗和不祥之地，以及视觉被从外部刺激中剥夺之地"有关（Houston et al. 2009：35）。夜晚的特征之一是一些栖息在这里的野生生物几乎不合常理，比如会飞的且吵闹的毛茸茸的生物。古代玛雅人有一种方式来表示这些生物是属于夜晚的居民，他们用一个被称为"ak'ab"的特殊标志来标识它们，这也是尤卡坦半岛玛雅历法中代表"黑暗/夜晚"的二十天中一天的名称（Stone and Zender 2011：58，图10.1A）[1]。吵吵闹闹的蝙蝠和抽着雪茄的骷髅萤火虫都经常带有"ak'ab"标志（Brady and Coltman 2016；Stone and Zender 2011：80，图10.1B）。可能装有龙舌兰酒（pulque）或其他酒精饮料的罐子也有"ak'ab"标志。拿着这些罐子的人们向我们提供了一些背景信息显示出了它们的含义。蜜蜂或黄蜂围绕着一个名为"Mok Chih"的人所持的罐子的罐口，这个名字意为"龙舌兰酒病"，显示出此人是酒精饮料及其不可避免的"后遗症"的"患

者"（Grube 2004，图10.1C）。众所周知，杰出的雨神查克（Chahk）
会带着一个名为"ak'bal"的罐子出现，而这个罐子很可能是昏暗的、
黑色的、充满雨水的云层的来源（Taube 2004：77，figure 6b）。
冥界的美洲豹（JGU，Jaguar God of the Underworld）是夜间太
阳的一种表现形式。他的螺旋形眼睛与符号中指定的黑暗标识一致，他
的脸颊上经常带有"ak'bal"标志（Houston and Taube 2000：
283-284）。出土于艾尔托兹（El Zotz）的夜间太阳神庙中的古典时代
早期的灰泥面具描绘了这个神的多个形象。神庙朝西可能是意味着太阳
降临到西方黑暗的冥界（Taube and Houston 2015：209-221）。
就像白昼中闪闪发亮的玛雅太阳神基尼什·阿哈瓦（K'inich Ajaw）
与在夜间活动的冥界的美洲豹神的对比一样，镜子也代表了这种对立。
正如卡尔·陶伯（2016：290）所指出的，古典时代玛雅的镜子的不同
表面可能暗指"反射的光的品质：一面是白天的亮光，另一面是夜晚时
分的黑暗区域"。

黑暗和夜晚有时会以意想不到的方式传达出来，例如著名的出生瓶
（Birth Vase），描绘了古代玛雅人对超自然分娩的概念，很可能模仿
了真实的分娩过程（Taube 1994：K5113）。这些主题表达了古代玛
雅人传达夜晚和黑暗的一些独特方式。其中一种表达方式是一条有美洲
豹标记和面孔的蛇（图10.1D）。虽然这个生物出现在出生瓶上分娩仪
式的背景下，但最有代表性的图案出现在远离玛雅腹地，现属墨西哥特
拉克斯卡拉州（Tlaxcala）卡卡斯特拉（Cacaxtla）的房址A的北侧壁
板上。在那里，它与一名美洲豹战士配对，并对应于南侧壁板上与鸟类
战士配对的羽蛇。这两种对立的假想生物及其相关的战士很可能代表了
两个截然不同的国度。羽蛇和鸟类战士代指东方和玛雅人的光辉土地，
而美洲豹则是指西方和夜间的黑暗（Taube 1994：666）。[2]

年老的女造物主，也是接生婆的"O女神"出现在出生瓶上，协助

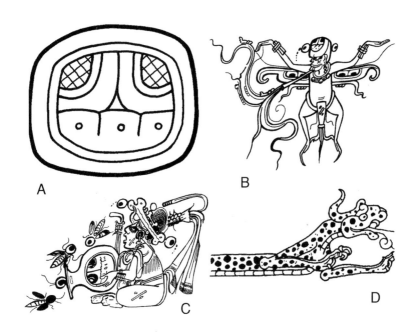

图10.1 "ak'ab"和属于夜晚的居民。(A) ak'ab 符号代表"夜晚／黑暗"(摘自 Stone and Zender 2011：58)；(B) 额头上有 ak'ab 符号的骷髅萤火虫 (摘自 Stone and Zender 2011：80)；(C) Mok Chih 和他带有 ak'ba 符号的罐子 (摘自 Stone and Zender 2011：145)；(D) 表示黑暗和西方的美洲豹蛇 (摘自 Taube 1994, figure 6d)

分娩 (图10.2A)。她穿着她惯用的标记有眼睛和交叉骨头的裙子。正如玛丽·米勒 (Mary Miller 2005：64) 所指出的，O 女神在各个方面都代表着年老的人："她的脸下垂，有一团皱纹，有时没有牙齿；她的乳房下垂到腰部以下，萎缩而无用；她的背因老年骨质疏松而佝偻。"在许多情况下，O 女神显示出美洲豹的特征，进一步将她与夜晚和黑暗联系起来 (Taube 1992：99-105；图10.2B，10.2D)。在出生瓶上，一位年轻的妇女正在 O 女神的帮助下站在一座"witz"，或称山峰上，山峰的侧面有一只黑色的钩状骷髅蜈蚣的钳子 (Taube 1994：661)。骷髅蜈蚣的钳子一般在山丘的一边，从而向我们提供了与洞穴有关的围墙的证据，这些洞穴是生物死亡到重生的阈限性空间（Stone 2003）。其中一个例子出现在纳伊图尼奇（Naj Tunich）洞窟的第19号图画中，画中的骷髅蜈蚣口器符号读作一个地名，指这个洞窟是"黑色的转化之地"（Stone 2003）。在许多方面，洞穴被认为属于黑夜的森林荒野的一部分，正如占据这一地带的众多无法无天的超自然生物一样。其中许多生物都以 ak'ab 符号为标志，包括精灵（way）、代表着拟人化的疾病和其他不幸的怪异动物幽灵（Houston and Stuart 1989；Taube 2003；Stuart 2005b）。这些生物仍然与黑暗森林有关，并在现代玛雅仪式中有所体现。在当代的"wayeb"（玛雅历法中一年的最后5天，称为"无名日"——译者）仪式和其他与某段时期结束相关的仪式中，这些森林之灵从一个没有空间秩序的外围现身，反过来，这也呼应了它们缺乏社会和道德权威的特点。换句话说，夜晚是光明的白昼的混沌对立面。虽然 wayeb 这个词仍然晦涩难懂，但它很可能指的是梦和夜晚，这两个都是森林的特质（Taube 2003）。在这里，野性的国度和死亡的领域与梦境——意识联系在一起（Pellizzi 2007：240）。当代玛雅人认为梦境可以使他们与一些潜在的危险生物近距离接触，例如"ik'al"，一种长着翅膀的纵欲的动物，它攻击敢于睡着的灵魂，并把他们拖回它的洞穴（Galinier et al. 2010；Blaffer 1972）。在特拉克斯卡拉的乡下，人们害怕吸血女巫在夜里捕食儿童，而在联邦区的特斯科帕（Tescopa），人们认为雨中的矮人会捕捉和奴役洞穴中的灵魂（Nutini and Roberts 1993；Madsen 1960）。与梦境密切相关的是当代佐齐尔（Tzeltal）玛雅民间故事中提到的生物，如"肉滴子"（flesh dropper）和被称为"堕落的肉体（fallen flesh）"的一种佐齐尔生物——它们都类似于古代玛雅的骷髅死神，其所属领域是暗夜（Laughlin 1977；Stross 1978）。

图10.2 古典和后古典时代玛雅艺术中的 O 女神。（A）年迈的接生婆和女创物主 O 女神，在出生瓶上协助分娩（摘自 Taube 1994：figure 2a）；（B）古典时代的 O 女神，作为治疗师，请注意美洲豹的特征和眼睛加交叉骨头的图案（摘自 Taube 1994：figure 2c）；（C）O 女神作为卡里亚提德（caryatid，女性形态的建筑柱子），出土于奇琴伊察（Chichen Itza）的下方美洲豹神庙（Lower Temple of the Jaguars，摘自 Schele and Matthews 1998：figure 6.11– A3）；（D）《O 女神》,《德累斯顿手抄本》，第74页（摘自 Taube 1992：figure 50e）

仪式中的黑暗与原始时间

现代玛雅的 wayeb 和其他于某段时期结束的相关仪式反映了古代黑暗森林和原初时代的概念。在这些仪式中所描绘的动物生灵让人想起了从古典时代就已知晓的生灵的形式。这些现代仪式所反映的时间段是一个造物的时期。在索西族（Zotzil）的 wayeb 仪式中，ch'ay k'in（"没有太阳的时期"）这一表达方式被用来指代一种延长夜晚的仪式形式，即回到原初时代，来自造物边缘的强大生命会进入社区，造成混乱，然后重新回到黑暗的森林荒野（Taube 2003：467）。仪式与造物和原初起源相联系的想法并不鲜见，这样的想法可能更多地被看作是常规，而不是例外。埃利亚德（Eliade 1959：81）认为，造物行为本身就是一切宗教和仪式的基础。

最重要的起源时间是宇宙观的时间，即看到最直观的现实世界出现的那一瞬间。这……就是宇宙观作为每一种创造、每一种行为的典范的原因。正是由于这个原因，宇宙观的时间是一切神圣时间的典范。（Eliade 1959：81）

虽然埃利亚德在传统比较宗教研究中笼统地指出了这一点，但我觉得它完全适用于古代和当代的玛雅。在中美洲的治疗仪式中，造物神话被援引为叙述。魔法师和巫师在造物的时刻引用众生的名字，他们通过跨越基于对原初时代深刻信仰的屏障，将自己置于造物的那一刻（López Austin 1993：89）。这一点在古典时代玛雅的记录和殖民时期《巴卡布斯仪式》（Ritual of the Bakabs）一书中的咒语中有所体现。

在古典时代的玛雅，"ch'ab'-ak'ab'"这个短语指的是创造和黑暗，或"忏悔黑暗"，出现在佩滕（Peten）许多与仪式事件有关的纪念建筑上（Stuart 2005a：figure 11.7；Knowlton 2010：22-30）。至少在古典时代，这个短语可能与召唤祖先有关（Fitzsimmons 2009：15）。斯图尔特（2005a：278）指出，这句短语"可以正确地被视为王权及其仪式职责的主要运行动力之一"。它也可能与根植于造物混沌中的原始时间的咒语有关。一千年后，在殖民时期的尤卡特克玛雅的《巴卡布斯仪式》中，也提到了这种古老的咒语。该仪式由42个有医疗性质的咒语组成，许多拟人化的疾病都是以动物命名的（Roys 1965：xi，xviii；Braakhuis 2005：185）。事实上，《巴卡布斯仪式》中许多拟人化的疾病在其名称中都包含了"uay"这个词根，因此，这表明18世纪的《巴卡布斯仪式》一书中被指定为"uay"或"wayeb"的超自然生物与古典时代的生物"way"之间有许多惊人的对应关系，这种关系强调了疾病与其拟人化生物之间的连续性（Helmke and Nielsen 2009：57）。古典时代的生物很可能在这次回归原初时代的过程中被召唤为拟人化的疾病。

为了让治疗师治疗或对抗疾病，他们必须跨越人类语言领域的界限，进入野生或神话思想的领域（Pellizzi 2007：241）。琳达·谢勒（Linda Schele 1993：2002）正确地指出，《巴卡布斯仪式》中的咒语是治疗疾病的咒语，更具体地说，是在造物的背景下攻击疾病的咒语。在《巴卡布斯仪式》中，反复使用了"4 ajaw"这一造物日期，将病人称为人类的原型——"anom"，也就是尤卡特克玛雅神话中的"第一位人类"（Knowlton 2010：257）。虽然这里宇宙秩序感强烈，因为世界的各个方向，相关的树木以及与神相关的、代表世界方向的不同颜色被经常提及，但是疾病仍然以致病的幽灵和风的形式对世界进行干扰。治疗师的工作是恢复患者身体的稳定、均衡和健康，重点是对付致病的幽灵。正如谢勒（2002：22）所指出的，大多数段落"以描述创造的时刻开始，确定时间和地点。此后，文本开始叙述疾病的谱系、地点和背景。通过了解疾病的谱系和起源"，h-men"获得了对疾病的掌控权"。[3]

Ch'een 与眼睛加交叉骨头图案

和国际流行的样式相同的、著名的后古典时代晚期那种骷髅加交叉骨头图案，与大多数符号一样，是由早期的形式演变而来的。这种搭配的最早的例子出现在危地马拉霍穆尔（Holmul）房址 B，属于前古典时代晚期。贴在"witz"（山）上，这不仅是最早的骷髅加交叉骨头的搭配，也是古玛雅人中最早的"ch'een"（洞穴）山形图案的代表之一（Tokovinine 2013：54）。在大多数玛雅语言中，ch'een 一词带有"洞穴"、"井"和"坟墓"的意思。在古代，ch'een 这个字块经常被描绘成一座带有黑色阴影的侧面围墙，其中可能包括一块被撞击的骨头、一块下颌骨、两根交叉的骨头或一个嵌入夜间领域的无形眼睛（Stone and Zender 2011：133；图10.3A）。[4] 洞穴提供了一个"永恒的夜晚"，使它们成为举行阈限仪式的主要场所，以及蛰伏在永恒黑暗中的强大超自然力量的首选居所。它们是造物和人类出现的地方，这使得它们更为重要和令人向往。洞穴自然是黑暗的，所以至少在一般意义上，它们与黑夜有着某种共同之处。寺庙和房屋也可以被看作是黑暗的空间。在《博尔吉亚手抄本》（*Codex Borgia*）中，寺庙和洞穴经常被描绘为有一个内部的黑暗空间，其典型的图示形式是在黑暗的背景上设置眼球，这种形式和意义与玛雅人的"ch'een"标识图并无二致（图10.3B）。晚期古典时代一座玛雅神庙的眼球装饰也表示它是"黑暗之屋"（K5538）。在《马德里手抄本》（*Codex Madrid*）第36页上也可以看到这种眼睛与夜间领域相对应的形式：一个人坐在一个被眼球包围的黑暗空间内（图10.3C）。很可能，被挤压的眼球是用来表示人在黑暗空间内视力受限或完全丧失（Brady and Coltman 2016：230）。此外，在墨西哥中部，与玛雅人"ak'-bal"相吻合的日期标识是"calli"（房子）。洞穴经常显示出人造建筑的特征，赋予了其神庙的特性。洞穴很可能是最早的神庙，这就是为什么古典时代的玛雅人经常把他们的神庙描绘成拟人化的山，以裂开的口子作为入口，这种建筑形式模仿了洞穴的样子。古典时代的玛雅人并不是唯一一个认为自己的神庙具有洞穴特征的人群。新石器时代的马耳他和埃及神庙被看作是低矮、封闭的空间，既黑暗又复杂，它们很可能会放大声音和气味，就像真正的洞穴一样（Robb 2001）。[5]

这种在洞穴的体验类似于身处夜晚的情况，对古代玛雅人来说，夜晚可能充满了危险，暂时感觉遥不可及，而且盘踞着一群反人类社会和不受欢迎的生物。这些夜晚生物属于毫无内部秩序和空间隔离感可言的荒野和黑暗森林（Stone 1995；Taube 2003）。事实上，自然环境中往往确实没有明确的分界线（Montello and Moyes 2012：389）。洞穴经常是黑暗的、潮湿的、无法辨别方向的。尤其是被称为"暗区"的洞穴最黑暗的部分，可能会让人的常规感官感到不适，在极端情况下甚至可能会出现类似隔离实验对人造成不良影响的情况（Montello and Moyes 2012：389）。大多数仪式活动往往在黑暗地带进行。例如，伯利兹"午夜恐怖洞穴（Midnight Terror Cave）"的5号和8号地段是洞穴最黑暗的区域，也含有最多的人类遗骸。在纳伊图尼奇洞穴的黑暗地带深处，有一处特定的文本写着"IL-li-BIH，'i-li-Way"，根据斯蒂芬·休斯顿（2009：169）的说法："远离地表光照，在这处文字中提到了'看见'的行为，与一位青年一起，仿佛是通过眼睛对洞穴深处进行探索，'看见了一条路，看见了一只 way，或称伴魂的生物'。"最近的研究表明，国王们可以控制或召唤这些叫作"way"的生物，其中一些是拟人化的疾病。在古代玛雅意识形态中，这种能力是一种强大的政治工具（Stuart 2005b）。纳伊图尼奇的其他一些绘画表明，古典时代的玛雅洞穴可能是举行阈限仪式和进行其他活动（如醉酒和性行为）的地方（Stone 1995；Houston et al. 2009）。以前，黑暗区域很可能是举行阈限仪式的主要场所。一般来说，洞穴，特别是黑暗区域，会给人提供隐秘性。虽然通过只允许自己人进入，排除外人干扰，隐秘性会产生价值，但仪式也必须以公开的方式进行，这样才能被人理解，进而存续下去（Jones 2014：54；Herzfeld 2009：135）。这可能就是为什么洞穴能够作为阈限期仪式的场所，因为它是使感官，尤其是使视觉变得毫无用武之地的黑暗区域。

正如沃格特和斯图尔特（Vogt and Stuart 2005：157）所指出的那样，"ch'een"这个字块对应着玛雅图像中一个反复出现的图案：眼睛加骨头镶嵌在夜色暗淡的背景上。古典时代晚期的七神瓶描绘了商业之神"L神"在"13.0.0.0.0 4 ajaw 8 kumk'u"这一天的造物事件中负责主持其他六位神灵议事的情况（Houston and Stuart 1996：293）。在这里，眼睛和骨头的图案出现了，表明这个造物事件发生在一个黑暗的洞穴里（Vogt and Stuart 2005：157-159；图10.3D）。[6] L神的宝座后面的叠加的兽形 witz 似乎证实了这一点。与这一造物事件密切相关的是作为宇宙秩序象征的三石火堆的设置。陶伯（2012：18）指出，三石火堆很可能是在"4 ajaw 8 kumk'u"这一天被当作世界中心而设立的，有可能代表造物之初的光的诞生。在波士顿美术馆展出的一只古典时代晚期的碗，其完整内缘上描绘的纯黑色的带状条纹上装饰着眼睛加交叉骨头图案（K1440；图10.3E）。这只碗很可能代表了一个象征性的洞穴。碗的外部表面绘有两个动物形象，它们手持 ak'bal 罐子，每个动物的眼球都从眼眶中伸出很远。根据格鲁贝（Grube）和纳姆（Nahm 1994：692, figure 14）的说法，《巴卡布斯仪式》中提到了短语"colop u uich"（撕裂的眼睛），这是一个指代创造者神灵的称谓。

如前所述，黑暗和原初时代都属于森林荒野的特质。森林是黑暗的、野性的、未被驯化的。交叉骨头图案出现的背景表明，它标志着这种野性和未驯化的景观。目前在纽约大都会艺术博物馆展出的出自彼德拉斯·内格拉斯（Piedras Negras）的第5号石碑就描绘了发生在一个黑暗的山洞或类似山洞的寺庙内的场景（Stuart and Graham 2003：33-35）。一个统治者在他的宝座上向他的臣民讲话，一座巨大的 witz 在他头上形成了一座巍峨的拱门。可以看到各种生物从周遭入侵讲话现场，包括冥界的美洲豹神、一只猴子和一只抽着雪茄的骷髅萤火虫，这

图 10.3 "Ch'een"与眼睛加交叉骨头的图案。(A)两个"ch'een"(洞穴)标志,由一只眼睛和暗色的或交叉画线的背景组成(摘自 Stone and Zender 2011:52);(B)一座黑暗的寺庙,注意此处表示内部黑暗的眼球(《博尔吉亚手抄本》细节,第66页;杰里米·科尔特曼绘图);(C)一个人坐在一个黑暗的空间内,注意此处被挤压的眼球,这可能与视力受限有关(《马德里手抄本》细节,第36页;杰里米·科尔特曼绘图);(D)黑色背景下的眼睛加交叉骨头图案,旁边有一只凯门鳄(古典时代晚期七神瓶[Vase of the Seven Gods]的细节,摘自 Taube 2012:figure 4c);(E)碗的内缘画有眼睛加交叉骨头图案,请注意眼球脱落的 way 生物手持 ak'bal 罐(波士顿美术馆提供)

个动作为原本黑暗的冥界活动提供了光照。而石碑的下半部则描绘了一个充满水的环境，上面有一条标有交叉骨头标识的叶状带子。叶状带子与另一个例子中的装饰相似，其中，眼睛加交叉骨头图案出现在装饰着骷髅加交织在一起的骨头的叶状树丛中。陶伯（2003：477-478）指出，这种或是类似的树丛代表着祭祀森林，是古典时代玛雅形式的"tzompantli"，或称骷髅架，成名于后古典时代晚期的阿兹特克。

诞生与创造的暗号

"Ch'een"字块的表现形式与相应的眼睛加交叉骨头图案，代表了古代玛雅狂野和未被驯服的黑暗时期和原初时代。虽然现在人们普遍认为这个在夜间背景下的图案指的是黑暗的洞穴内部，但它也经常出现在另一种情况中：年老的接生婆和造物主 O 女神的裙子上。O 女神穿着这条裙子的形象不仅出现在古典时代。后古典时代尤卡坦半岛版本的 O 女神名叫"伊克斯·切尔（Ix Chel）"，她经常穿着这条裙子，并保持了作为一个年迈的祖母和接生婆的形象。不过她那美洲豹形式的爪子和骨骼特征让人想起吞噬兽的破坏性。[7] 迭戈·德·兰达（Diego de Landa 1941：129）指出，伊克斯·切尔也是分娩女神。"他们生孩子时求助于女巫，女巫让他们相信自己说的谎言，并在床下放了一个叫伊克斯·切尔的女神像，说她是负责生育的女神。"相当一段时间以来，人们都知道，从道理上来说，O 女神是另外一些阿兹特克女神的先驱。这些女神有着与她相似的特征（Thompson 1950：83；Taube 1992：105；Miller 2005）。她们有时被描绘成可怕和凶残的样子，这无疑说明了她们的破坏力。如前所述，她们也是造物主神灵，是治疗师和接生婆的守护者。正如玛丽·米勒（Mary Miller 2005：67）所指出的："阿兹特克的接生婆们呼唤特拉尔泰库特利（Tlaltecuhtli），以及西乌阿科阿特莉（Cihuacoatl）和奎拉兹特利（Quilaztli），我觉得她们与O女神——这位接生婆、生命赋予者和年迈的世界毁灭者之间有着共同的起源和业务活动。"[8]

O女神年纪大的特点使她成为优秀的接生婆，而她也是一位远古的造物女神。下方美洲豹神庙的浮雕可以追溯到后古典时代早期的奇琴伊察，浮雕描绘了四个被称为"N神"的老人的形象，出现在南边柱子上；而在北边柱子上则描绘了四个伊克斯·切尔，或O女神的形象，其中有几个形象描绘了她穿着眼睛加交叉骨头图案的裙子（Tozzer 1957，figure 195、196、615；图10.2C）。谢勒和马修斯（1998：215）指出，老人和伊克斯·切尔成对出现很可能是因为这两位老年的神是一对造物者，很像殖民时期《波波尔·乌》中的西皮亚科克（Xpiyacoc）和西穆卡娜（Xmucane）。继谢勒和马修斯之后，西蒙·马丁（Simon Martin 2015：218）加强了奇琴伊察O女神作为一个强大的造物者的论点，特别是在她与N神的配对中："对于中美洲人来说，巫术的终极行为是造物，而初始神通常是一对老年男女组合的魔法师。"马丁继续用令人信服的方法表明，这对年迈而强大的造物主夫妇与墨西哥中部的奥梅特库特里（Ometecuhtli）和奥梅希瓦托（Omecihuatl）、托纳卡特库特利（Tonacatecuhtli）和托纳卡西瓦特尔（Tonacacihuatl）、西特拉拉顿克（Citlallatonac）和西特拉利尼库（Citlalinicue）、西帕克托纳（Cipactonal）和奥克索莫科（Oxomoco）有相似之处（Martin 2015：221-223）。对于16世纪的波克门（Pokomon）玛雅人来说，伊希切尔（Xchel）和伊希塔姆娜（Xtamna）与尤卡特克的伊克斯·切尔和伊特萨姆纳（Itzamna）同源，被描述为古老的造物主夫妇（Taube 1992：99）。

在北部低地的古典时代末期（公元900年），骷髅与交叉骨头和眼球同时出现。一个重要的古典时代末期的例证是乌斯马尔墓地平台

（Uxmal Cementario Platform），那里的骷髅加交叉骨头并列在一起，呈编织形图案，这可能是对纺织品及其所代表的女神的暗喻（Stone and Zender 2011：55；图10.4A）。这个由"ch'een"字块产生的符号系统，将成为后古典时代晚期墨西哥 - 特诺奇蒂特兰（Mexico-Tenochtitlan）的阿兹特克 - 墨西加（Aztec-Mexica）发现的骷髅加交叉骨头图案装饰的平台和裙子的最可信的起源。[9] 在墨西哥城和特纳尤卡（Tenayuca）（Batres 1902；Caso 1935）的发掘中发现的祭坛平台描绘了交替出现的骷髅和交叉骨头，边缘的修饰从绳索出现，这是纺织品常见的形式（图10.4B）。在对特纳尤卡和蒂萨特兰（Tizatlan）祭坛的专门研究中，阿方索·卡索（Alfonso Caso 1935：300，1993：43）指出，这种平台上类似纺织品边缘的形式代表了女神的裙子。他的证据主要来自《博尔吉亚手抄本》第32、39、41和43—46页上的"条纹女神"的图像。根据这些初步的见解，塞西莉亚·克莱因（Cecelia Klein 2000）指出，这些石台象征着黑暗魔鬼"Tzitzimime"的着装，并被用作祈求治疗和治愈病人。[10]《图德拉手抄本》（*Codex Tudela*）第50r页描绘了一位"vieja hechizera"，或称"老巫婆"，她手持骷髅加交叉骨头的曼塔（manta，披肩），这个场景也与治疗有关（Tudela de la Orden 1980：279；Klein 2000：5-6；图10.4C）。克莱因（参考文献同上）进一步将这种布披肩与《图德拉手抄本》第76r页上的一幅图像联系起来，在该图像中，一个凶猛的骷髅人站在一个几乎相同的骷髅加交叉骨头平台祭坛上。这些骷髅加交叉骨头祭坛让人联想到古典时代末期北方低地的乌斯马尔和诺帕特（Nohpat）的祭坛。它们很可能是作为原初黑暗和造物的平台，与古典时代的"ch'een"字块和相应的眼睛加交叉骨头的含义相同。

骷髅加交叉骨头图案最常出现在大地女神特拉尔泰库特利的裙子上。对阿兹特克 - 墨西加人来说，特拉尔泰库特利是最主要的原初女

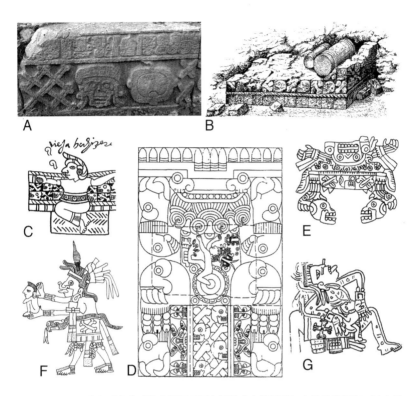

图10.4 玛雅和后古典时代晚期墨西哥中部艺术中的骷髅加交叉骨头图案。(A)出土自乌斯马尔墓地平台的带有"ch'een"象征意义的古典时代末期祭坛（照片由大卫·斯图尔特提供）；(B) 1900年莱奥波尔多·巴特雷斯（Leopoldo Batres）在墨西哥城发掘时发现的骷髅加交叉骨头石台，注意"绳索"和带有圆齿的边缘，暗示着纺织品的存在；(C)"老巫婆"的骷髅加交叉骨头图案装饰纺织品（《图德拉手抄本》第50r页；摘自 Taube 2010, figure 6c）；(D) 特拉尔泰库特利下特斯卡特利波卡（Tezcatlipoca），虽然"2芦苇"天标记有绿色宝石（chalchihuitl）的符号（摘自 Nicholson 1958, figure 4）；(E) 特拉尔泰库特利，斯图加特雕像（Stuttgart Statuette）的底部，注意骷髅加交叉骨头图案装饰的裙子被当作碗（杰里米·科尔特曼绘图）；(F) 特拉索尔泰奥特尔（Tlazolteotl）身着交叉骨头图案装饰裙，抱着孩子（《劳德手抄本》[Codex Laud]，第29页；杰里米·科尔特曼绘图）；(G) 女神哺育着一个孩子，注意裙子上的交叉骨头图案装饰（《梵蒂冈手抄本》[Codex Vaticanus]B，第41页；杰里米·科尔特曼绘图）

神，是一位年老的造物主，起源于世界还处于黑暗中的时候（García Icazbalceta 1891：231）。[11] 出自《墨西哥历史》（*Histoyre du Mechique*，De Jonghe 1905）的一篇阿兹特克神话描述了宇宙的创造过程，从特斯卡特利波卡和奎扎科特尔（Quetzalcoatl）肢解特拉尔泰库特利的身体开始。而特拉尔泰库特利身体的一半变成了天空，另一半则变成了大地，她的头发变成了树木和草地，她的眼睛变成了水池、泉水和洞穴，她的嘴变成了河流和大山洞，她的鼻子变成了山谷和山脉（Garibay 1965：108）。特拉尔泰库特利的一件浮雕将她描绘成一位造物女神，通过一个绿色宝石符号生下特斯卡特利波卡，这是在原初时代的造物行为（Nicholson 1958；图10.4D）。特拉尔泰库特利最突出的特征和特殊属性之一是一条绣有骷髅加交叉骨头的裙子。这位女神通常以分娩的姿势出现，一般称为"霍克尔"（hocker）或"玛玛祖赫蒂克"（mamazouhticac），即分娩姿势（Nicholson 1967；Henderson 2007）。这种分娩的姿势将大地女神概念化为"生命的伟大子宫，人类的女性始祖"（Nicholson 1958：166）。在最近对阿兹特克夸乌希卡尔利（cuauhxicalli，盛放人类心脏的石制容器）的研究中，陶伯（2009）证明，特拉尔泰库特利的骷髅加交叉骨头图案装饰的裙子有时被描绘成一个碗，牢牢地放在她的臀部，这显然是对超自然分娩的暗示，可以在斯图加特雕像和比利梅克龙舌兰酒容器（Bilimek Pulque Vessel）的底座上看到（Coltman 2007；Taube 1993，2009，figures 6a-b；图10.4E）。缺少了特拉尔泰库特利本身，《博尔吉亚手抄本》描绘了各种处于分娩姿势的人物，这些"分娩碗"正是象征着这种机制。然而，这里明显缺少了骷髅加交叉骨头的图案，这表明该图案是阿兹特克－墨西加艺术的主要特征，特别是与特拉尔泰库特利的裙子有关。但是，博尔吉亚群组中的几幅图像描绘了特拉特库特利穿着装饰有交叉骨头的裙子，抱着孩子或给孩子喂奶的情景（图

10.4F-G）。不过，特拉尔泰库特利裙子上骷髅和交叉骨头的精确搭配是特诺奇蒂特兰艺术家受到古典时代玛雅最明显影响的例子之一。

结 论

本章已简要探讨了古代玛雅人对夜晚的概念，主要论点集中在夜晚的重要性中有至少一部分是来源于黑暗在造物过程中的基本作用。从某种意义上说，黑夜是对有序世界建立之前的原初时代的回顾。正如"ch'ab'-ak'ab'"这个短语从作为古典时代的咒语一直延续到一千年后的殖民时代的《巴卡布斯仪式》，可能已明确地将造物与黑暗联系在一起，或将二者拉近。在大多数中美洲神话中，世界的起源始于太阳诞生之前的原始黑暗时期。在 wayeb 时期和狂欢节期间，时间暂时回到了混沌和夜晚。正是因为这种回归原始时间和混沌的状态，才使得夜晚变得如此强大。无论是洞穴黑暗地带的人造黑夜，还是 wayeb 期间夜间的祭祀形式，抑或是人们可以安心休息的日常夜晚，这些时间段都被赋予了潜在的危险力量。正是这个原因，夜晚在玛雅人的思想中继续扮演着如此核心的角色。

本章还论述了眼睛加交叉骨头图案作为"洞穴"的 ch'een 符号的表达。Ch'een 图案引出了与洞穴某特定方面的关系：原始的黑暗和即将到来的造物。这个图案标志着黑暗的洞穴空间或原初神灵身着的纺织品，在古典时代末期，这个图案开始出现在北方低地的祭坛上，如乌斯马尔和诺帕特遗址中所示。这种对 ch'een 象征意义的阐释是骷髅加交叉骨头图案理所当然的先驱。该图案以其后古典时代晚期，包括与西班牙人接触时期的阿兹特克的国际化风格为人所熟知。虽然该图案经历了细微的变化，但它仍然保留了最基本的含义，是原始黑暗、洞穴和生育的象征。正是这种从古典时代玛雅的 ch'een 洞穴象征开始，到后古典时代晚期阿兹特克大地女神的裙摆的连续性，强化了夜晚性作为一种暂时存在，却又不断回归到一切都处于黑暗中的重要的原初状态。

致　谢

笔者在这里要感谢南希·贡琳和阿普里尔·诺埃尔的盛情邀请，可以为这一引人入胜的主题做出一些贡献。笔者欠大卫·斯图尔特一个人情，感谢他对本章的撰写提出了精妙的见解和鼓励。卡尔·陶伯和马克·岑德尔（Marc Zender）慷慨地向笔者提供了插图。笔者还要感谢约翰·波尔（John Pohl）和詹姆斯·布雷迪，他们是出色的听众，帮助笔者检验了不成熟的想法。笔者特别要感谢塞西莉亚·克莱因，她对本手稿的早期版本提出了精辟的意见。最后，本章中许多想法都在2017年1月13日至14日在得克萨斯大学奥斯汀分校（University of Texas at Austin）举行的2017年度玛雅研究会议（2017 Maya Meetings）上笔者的讲座中提到过。笔者要感谢阿斯特丽德·朗格迪耶（Astrid Runggaldier）和大卫·斯图尔特在笔者访问期间的友好、热情的款待。

注　释

1. 危地马拉奇奇卡斯特南戈（Chichicastenango）和莫莫斯特南戈（Momostenango）的当代玛雅人在各种咒语中经常将日期标识ik'（风）和ak'bal（夜）一起使用。这些用法通常带有负面的意涵，并且是疾病、巫术、不幸和反社会情绪的指标（Bunzel 1959：280，281，346-351；Tedlock 1992：126，128-129）。在后古典时代晚期的墨西哥中部，最高级巫师特斯卡特利波卡被称为"yohualli, ehecatl"，翻译为"夜，风"，基本上都把他描述为混乱的化身。

2. 陶伯（1994，figure 6e）也已提醒人们注意，在后古典时代晚期的图卢姆（Tulum）遗址中，夜空画面被展示在美洲豹皮毛画面的对面。罗伊斯（Roys [1931: 331]）指出，《提兹敏手稿》（*Titzimin manuscript*）中提到，在集市上贩卖美洲豹皮，会被当作战争、饥荒和瘟疫的象征。

3. 虽然谢勒将这些原因中的大部分归于天空，但它们很可能源于与大地、水和风有关的神灵，因为这些因素是当代尤卡坦半岛玛雅人疾病的主要来源（Redfield and Redfield 1940）。

4. 前古典时代晚期的圣巴托洛（San Bartolo）北墙壁画上的洞穴描绘出了一个精心制作的 ak'bal 标志。萨图诺等人（2005: 15）指出，这很可能标志着此洞穴是一个与神圣和祖先相关的地方，而没有与夜晚和黑暗普遍相关的负面意涵。

5. 中世纪早期的教堂也是黑暗、如洞穴一般、封闭的空间。然而，封闭式修道院教堂的坟墓在概念上与神圣的洞穴相联系，"这是一个与阴间有关的强大的异界场所"，早期基督教和中世纪的救赎图画描绘了"地狱之耙（Harrowing of Hell）"的传说，在画里，基督从坟墓中降临到广阔的黑暗中，以打破地狱之门，用救赎之光淹没它（Helms 2004: 185）。

6. 眼睛加交叉骨头图案旁边出现了一只凯门鳄，进一步强调了这是一个造物事件。在玛雅人的思想中，凯门鳄象征着地球，在造物时牺牲。这种生物的经典玛雅表现形式"星鹿鳄鱼（Starry Deer Crocodile）"可能代表了夜空（Stuart 2005c; Velásquez García 2006）。

7. 陶伯（1992: 103）引用兰达的观点，指出伊克斯·切尔与蜘蛛有密切关系。兰达（1941: 154）提到，尤卡特克的治疗师们不仅带着伊克斯·切尔的小神像，而且还带着装有被称为"am"的石头的包。"am"是在占卜中使用的尤卡特克词语"蜘蛛"之意。在《巴卡布斯仪式》中的这段话中提到了蜘蛛："你在花园里待了四天。你祖母的胭脂虫，是处女伊克斯·切尔和红色（Chacal）伊克斯·切尔，而白色（Sacal）伊克斯·切尔是木头的绿蜘蛛和石头的绿蜘蛛的背部的象征。"（Roys 1965：53）值得注意的是，这段话提到了蜘蛛与石头和木头的关系，这种搭配在纳瓦特尔语中被称为"in tetl""in quiahuitl"，这在后古典时代晚期的墨西哥中部地区是有惩罚之意的。《博尔吉亚手抄本》（第49-52页）将从天而降的西瓦特特奥（Cihuateteo）及其男妃描绘为"tztzimime（星魔）"，携带着石块和木头等投掷物（Taube 1993）。此外，叙事的第一页，或者说"中间页"，描绘了一幅创造有方向的风的场景（《博尔吉亚手抄本》，第29页）。一只黄蜘蛛，一只红蜘蛛与石头、木头等物一起出现，说明在治疗仪式中，造物活动很可能被引发出来。

8. 在后古典时代晚期的墨西哥中部，特拉索尔泰奥特尔老年的一面，被称为Toci，与创世和灭世有关，是占卜者、接生婆和诅咒者的女神（Sahagún 1950-1982, bk. I:15）。陶伯（1992：103）指出，O女神与Toci——特拉索尔泰奥特尔非常相似，被认定为专职于造物和治愈。这个女神以一个老态龙钟的形象出现在奇琴伊察的勇士庙第16号柱子上（Morris, Charlot, and Morris 1931, II:pl. 58）。她下垂的腹部和乳房，以及皲裂的嘴巴清楚地标志着她是一位年迈的造物女神。值得注意的是，在她头发上插着一个大织轴，这让人联想到她在出生瓶中的形象。在后古典时代晚期的墨西哥中部地区，同样的工具也被认为是特拉索尔泰奥特尔的主要特征之一。

9. 骷髅加交叉骨头图案不太可能起源于墨西哥中部。虽然在特奥蒂瓦坎发现了一些骷髅图像，但肯定没有骷髅加交叉骨头的组合。墨西哥总部起源说的最好证据出现在图拉（Tula）克罗尔（El Corral）的一个祭坛上（Acosta 1974）。如前所述，在危地马拉霍穆尔的房址B属于前古典时代晚期玛雅的一面上，骷髅和交叉骨头似乎混在一起（Estrada Belli 2011）。这是迄今为止已知最早的骷髅加交叉骨头主题的例证。此外，在此场景中，骷髅和交叉骨头被固定在一座山上，一个无牙的老人从山的裂口中出现（Tokovinine 2013：54-55）。这个重要的场景是长者造物主从山的洞口出来，骷髅和交叉骨头标志着这里是黑暗和造物的原初之地。

10. 在古代纳瓦人（Nahua）的宇宙观中，tztzimine 同时体现了积极和消极的品质。她们通常被表现为凶残的骷髅女性，有凶狠的爪子。萨阿贡（1950-1982，VII:27）将她们描述为可怕的生物，在日食出现时或如果在52年周期结束时，如果不能钻出新的火种，她们就会降临地球吞噬人类。笔者猜测，前西班牙人时代的 tztzimine 的性质远比等待日食降临而整日无所事事的"星魔"要复杂得多。例如，她们在《博尔吉亚手抄本》的叙事性宇宙观部分（第29—46页）中被很好地展现出来，并从事造物和诞生行为。

11. 作为一个与黑夜相关的原始造物主，特拉尔泰库特利经常与一些令人毛骨悚然的爬行类无脊椎动物，如蜘蛛、蜈蚣、蝎子等一起出现，这些动物都爬在她的发髻上（Caso 1967: figure 3）。蜘蛛、蜈蚣和蝎子是与大地和夜晚有关的生物，在古代墨西哥被认为与巫术和魔法有关。

参考文献

Acosta, Jorge. 1974. "La pirámide de El Corral de Tula, Hidalgo." In *Proyecto Tula,* 1ª parte, Collección Científica 15, ed. Eduardo Matos Moctezuma, 27–49. México: INAH.

Batres, Leopoldo. 1902. *Excavations in Escalerillas Street, City of Mexico—1900.* México: J. Aguilar Vera & Co.

Estrada Belli, Francisco. 2011. *The First Maya Civilization: Ritual and Power before the Classic Period.* New York: Routledge.

Blaffer, Sarah C. 1972. *The Black-Man of Zinacantan: A Central American Legend.* Austin: University of Texas Press.

Braakhuis, H.E.M. 2005. "Xbalanque's Canoe: The Origin of Poison in Q'eqchi' Mayan Hummingbird Myth." *Anthropos* 100:173–191.

Brady, James E., and Jeremy D. Coltman. 2016. "Bats and the Camazotz: Correcting a Century of Mistaken Identity." *Latin American Antiquity* 27(02):227–237. https://doi.org/10.7183/1045-6635.27.2.227.

Bunzel, Ruth. 1959. *Chichicastenango: A Guatemalan Village.* Seattle: University of Washington Press.

Burkhart, Louise M. 1988. "The Solar Christ in Nahuatl Doctrinal Texts of Early Colonial Mexico." *Ethnohistory (Columbus, Ohio)* 35(3):234–256. https://doi.org/10.2307/481801.

Caso, Alfonso. 1935. "El Templo de Tenayuca estaba dedicado al culto solar (estudio de los jeroglíficos)." In *Tenayuca: Estudio arqueológico de la pirámide de este lugar, hecho por el departamento de monumentos de la Secretaría de educación pública*, ed. Juan Palacios, et al., 293–308. México: Talleres Gráficos del Museo Nacional de Arqueología, Historia y Etnografía.

Caso, Alfonso. 1967. *Los calendarios prehispánicos*. Series de Cultura Náhuatl, Monografías, 6. México: Instituto de Investigaciones Históricas.

Caso, Alfonso. 1993 [1927]. "Las ruinas de Tizatlán, Tlaxcala." In *La escritura pictográfica en Tlaxcala: Dos mil años de experiencia mesoamericana*, ed. Luis Reyes García, 37–53. Tlaxcala: Universidad Autónoma de Tlaxcala.

Christenson, Allen J. 2003. *Popol Vuh: The Sacred Book of the Maya*, trans. Allen J. Christenson. Norman: University of Oklahoma Press.

Coltman, Jeremy. 2007. "The Aztec Stuttgart Statuette: An Iconographic Analysis." *Mexicon* 29:70–77.

De Jonghe, Edouard. 1905. "Histoyre du Mechique, manuscrit français inédit du XVIe siècle." *Journal de la Société des Américanistes* 2(1):1–41. https://doi.org/10.3406/jsa.1905.3549.

Eliade, Mircea. 1959. *The Sacred and the Profane: The Nature of Religion*. New York: Harcourt, Brace, and World.

Fitzsimmons, James. 2009. *Death and the Classic Maya Kings*. Austin: University of Texas Press.

Galinier, Jacques, Aurore Monod Becquelin, Guy Bordin, Laurent Fontaine, Francine Fourmaux, Juliette Roullet Ponce, Piero Salzarulo, Philippe Simonnot, Michèle Therrien, and Iole Zilli. 2010. "Anthropology of the Night: Cross-Disciplinary Investigations." *Current Anthropology* 51(6):819–847. https://doi.org/10.1086/653691.

Velásquez García, Erik. 2006. "The Maya Flood Myth and the Decapitation of the Cosmic Caiman." *PARI Journal* 7:1–10.

García Icazbalceta, Joaquín. 1891. "Historia de los mexicanos por sus pinturas." In *Nueva colección de documentos para la historia de México 3*, ed. Joaquin García Icazbalceta, 228–263. México: Francisco Díaz de León.

Garibay, Angel Maria. 1965. *Teogonia e historia de los mexicanos: Tres opusculos del siglo XVI*. Mexico: Editorial Porrua.

Grube, Nikolai. 2004. "Akan: The God of Drinking, Disease and Death." In *Continuity and Change: Maya Religious Practices in Temporal Perspective*, ed. Daniel Graña Behrens, Nikolai Grube, Christian M. Prager, Frauke Sachse, Stefanie Teufel, and Elizabeth Wagner, 59–76. München: Verlag Anton Saurwein, Markt Schwaben.

Grube, Nikolai, and Werner Nahm. 1994. "A Census of Xibalba: A Complete Inventory of Way Characters on Maya Ceramics." In *The Maya Vase Book 4*, ed. Justin Kerr, 686–715.

New York: Kerr Associates.

Helmke, Christophe, and Jesper Nielsen. 2009. "Hidden Identity and Power in Ancient Mesoamerica: Supernatural Alter Egos as Personified Diseases." *Acta Americana* 17:49–98.

Helms, Mary W. 2004. "Before the Dawn. Monks and the Night in Late Antiquity and Early Medieval Europe." *Anthropos* 99(1):177–191.

Henderson, Lucia. 2007. *Producer of the living, Eater of the Dead: Revealing Tlaltecuhtli, the Two-Faced Aztec Earth.* BAR International Series 1649. Oxford: BAR.

Herzfeld, Michael. 2009. "The Performance of Secrecy: Domesticity and Privacy in Public Spaces." *Semiotica* 175:135–162.

Houston, Stephen. 2009. "A Splendid Predicament: Young Men in Classic Maya Society." *Cambridge Archaeological Journal* 19(02):149–178. https://doi.org/10.1017/S0959774 309000250.

Houston, Stephen, Claudia Brittenham, Cassandra Mesick, Alexandre Tokovinine, and Christina Warinner. 2009. *Veiled Brightness: A History of Ancient Maya Color.* Austin: University of Texas Press.

Houston, Stephen, and David Stuart. 1989. *The Way Glyph: Evidence for "Co-Essences" among the Classic Maya.* Research Reports on Ancient Maya Writing 30. Washington, DC: Center for Maya Research.

Houston, Stephen, and David Stuart. 1996. "Of Gods, Glyphs and Kings: Divinity and Rulership among the Classic Maya." *Antiquity* 70(268):289–312. https://doi.org/10.1017/ S0003598X00083289.

Houston, Stephen, and Karl Taube. 2000. "An Archaeology of the Senses: Perception and Cultural Expression in Ancient Mesoamerica." *Cambridge Archaeological Journal* 10(2):261–294. https://doi.org/10.1017/S095977430000010X.

Jones, Graham M. 2014. "Secrecy." *Annual Review of Anthropology* 43(1):53–69. https://doi. org/10.1146/annurev-anthro-102313-030058.

Klein, Cecelia. 2000. "The Devil and the Skirt: An Iconographic Inquiry into the Pre-Hispanic Nature of the Tzitzimime." *Ancient Mesoamerica* 11(01):1–26. https://doi.org/10.1017/ S0956536100111010.

Knowlton, Timothy. 2010. *Maya Creation Myths: Words and Worlds of the Chilam Balam.* Boulder: University Press of Colorado.

Laughlin, Robert M. 1977. *Of Cabbages and Kings: Tales from Zinacantán.* Smithsonian Contributions to Anthropology 23. Washington, DC: Smithsonian Institution Press. https://doi.org/10.5479/si.00810223.23.1.

López Austin, Alfredo. 1993. *The Myths of Opposum: Pathways of Mesoamerican Mythology.* Albuquerque: University of New Mexico Press.

Madsen, William. 1960. *The Virgin's Children: Life in an Aztec Village Today*. Austin: University of Texas Press.

Martin, Simon. 2015. "The Old Man of the Maya Universe: A Unitary Dimension to Ancient Maya Religion." In *Maya Archaeology 3*, ed. Charles Golden, Stephen Houston, and Joel Skidmore, 186–227. San Francisco: Precolumbia, Mesoweb Press.

Miller, Mary E. 2005. "Rethinking Jaina: Goddesses, Skirts, and the Jolly Roger." *Record of the Art Museum, Princeton University* 64:63–70.

Montello, Daniel R., and Holly Moyes. 2012. "Why Dark Zones Are Sacred: Turning to Cognitive and Behavioral Science for Answers." In *Sacred Darkness: A Global Perspective on the Ritual Use of Caves*, ed. Holly Moyes, 385–396. Boulder: University Press of Colorado.

Morris, Earl H., Jean Charlot, and Ann Axtell Morris. 1931. *The Temple of the Warriors at Chichen Itza, Yucatan*. Vol. II. Washington, DC: Carnegie Institution of Washington, Pub. 406.

Nicholson, Henry B. 1958. "The Birth of the Smoking Mirror." *Archaeology* 7:164–170.

Nicholson, Henry B. 1967. "A Fragment of an Aztec Relief Carving of the Earth Monster." *Journal de la Société des Américanistes* 56(1):81–94. https://doi.org/10.3406/jsa.1967.2272.

Nutini, Hugo, and John Roberts. 1993. *Bloodsucking Witchcraft: An Epistemological Study of Anthropomorphic Supernaturalism*. Tucson: University of Arizona.

Pellizzi, Francesco. 2007. "Some Notes on Sacrifice, Shamanism, and the Artifact." *Res: Anthropology and Aesthetics* 51:239–246. https://doi.org/10.1086/RESv51n1ms20167728.

Redfield, Robert, and Margaret Park Redfield. 1940. *Disease and Its Treatment in Dzitas, Yucatán*. Washington, DC: Carnegie Institution of Washington.

Robb, John. 2001. "Island Identities: Ritual, Travel and the Creation of Difference in Neolithic Malta." *European Journal of Archaeology* 42:175–202.

Roys, Ralph. 1931. *The Ethno-botany of the Maya*. Middle American Research Series 2. New Orleans: Tulane University.

Roys, Ralph. 1965. *The Ritual of the Bacabs: A Book of Maya Incantations*. Norman: University of Oklahoma Press.

Roys, Ralph. 1967. *The Chilam Balam of Chumayel*. Norman: University of Oklahoma Press.

Sahagún, Fray Bernardino. 1950–1982. *Florentine Codex: General History of the Things of New Spain*, trans. A.J.O. Anderson and C. E. Dibble. Monographs of the School of American Research 14. Santa Fe: School of American Research.

Saturno, William, Karl Taube, David Stuart, and Heather Hurst. 2005. *The Murals of San Bartolo, El Petén, Guatemala*, Part 1, *The North Wall*. Barnardsville, NC: Center for Ancient American Studies.

Schele, Linda. 1993. *Creation and the Ritual of the Bakabs*. Texas Notes on Precolumbian Art, Writing, and Culture No. 57. Austin: University of Texas Press.

Schele, Linda. 2002. "Creation and the Ritual of Bacabs." In *Heart of Creation: The Mesoamerican World and the Legacy of Linda Schele*, ed. Andrea Stone, 21–34. Tuscaloosa: University of Alabama Press.

Schele, Linda, and Peter Matthews. 1998. *The Code of Kings: The Language of Seven Sacred Maya Temples and Tombs*. New York: Simon and Schuster.

Schnepel, Burkhard, and Eyal Ben-Ari. 2005. "Introduction: 'When Darkness Comes . . . ': Steps Toward an Anthropology of the Night." *Paidemua: Mitteilungen zur Kulturkunde* 51:153–163.

Stone, Andrea. 1995. *Images from the Underworld: Naj Tunich and the Tradition of Maya Cave Painting*. Austin: University of Texas Press.

Stone, Andrea. 2003. "Principles and Practices of Classic Maya Cave Symbolism." Paper presented at the 68th Annual Meeting of the Society for American Archaeology, Milwaukee, WI, April 9–13.

Stone, Andrea, and Marc Zender. 2011. *Reading Maya Art: A Hieroglyphic Guide to Ancient Maya Painting and Sculpture*. London: Thames and Hudson.

Stross, Brian. 1978. *Tzeltal Tales of Demons and Monsters*. No. 24. Columbia: Museum of Anthropology, University of Missouri-Columbia.

Stuart, David. 2005a. "Ideology and Classic Maya Kingship." In *A Catalyst for Ideas: Anthropological Archaeology and the Legacy of Douglas W Schwartz*, ed. Vernon L. Scarborough, 257–285. Santa Fe: School of American Research.

Stuart, David. 2005b. "Way Beings." In *Sourcebook for the 29th Maya Hieroglyphic Forum (N.A.)*, 160–165. Austin: University of Texas.

Stuart, David. 2005c. *The Inscriptions from Temple XIX at Palenque: A Commentary*. San Francisco: Pre-Columbian Art Research Institute.

Stuart, David, and Ian Graham. 2003. *Corpus of Maya Hieroglyphic Inscriptions*, vol. 9, part 1, *Piedras Negras*. Cambridge, MA: Peabody Museum of Ethnology and Archaeology, Harvard University.

Taube, Karl. 2016. "Through a Glass, Brightly: Recent Investigations Concerning Mirrors and Scrying in Ancient and Contemporary Mesoamerica." In *Manufactured Light: Mirrors in the Mesoamerican Realm*, ed. Emiliano Gallaga and Marc G. Blainey, 285–314. Boulder: University Press of Colorado. https://doi.org/10.5876/9781607324089.c013.

Taube, Karl, and Stephen Houston. 2015. "Masks and Iconography." In *Temple of the Night Sun: A Royal Tomb at El Diablo, Guatemala*, by Stephen Houston, Sarah Newman, Edwin Román, and Thomas Garrison, 209–221. San Francisco: Precolumbia Mesoweb Press.

Taube, Karl A. 1992. *The Major Gods of Ancient Yucatan*. Studies in Pre-Columbian Art and Archaeology No. 32. Washington, DC: Dumbarton Oaks.

Taube, Karl A. 1993. "The Bilimek Pulque Vessel: Starlore, Calendrics, and Cosmology of Late Postclassic Central Mexico." *Ancient Mesoamerica* 4(01):1–15. https://doi.org/10.1017/S0956536100000742.

Taube, Karl A. 1994. "The Birth Vase: Natal Imagery in Ancient Maya Myth and Ritual." In *The Maya Vase Book*, vol. 4., ed. Justin Kerr, 650–685. New York: Kerr Associates.

Taube, Karl A. 2003. "Ancient and Contemporary Maya Conceptions about the Field and Forest." In *The Lowland Maya Area: Three Millennia at the Human-Wildland Interface*, ed. Arturo Gomez-Pompa, M. Allen, Scott L. Fedick, and J. Jimenez-Osornio, 461–492. New York: Haworth Press Inc.

Taube, Karl A. 2004. "Flower Mountain: Concepts of Life, Beauty and Paradise among the Classic Maya." *Res: Anthropology and Aesthetics* 45:69–98. https://doi.org/10.1086/RESv45n1ms20167622.

Taube, Karl A. 2009. "The Womb of the World: The Cuauhxicalli and Other Offering Bowls in Ancient and Contemporary Mesoamerica." In *Maya Archaeology*, ed. Charles Golden, Stephen Houston, and Joel Skidmore, 1:86–106. San Francisco: Mesoweb Press.

Taube, Karl A. 2012. "Ancient Maya Cosmology, Calendrics, and Creation: 2012 and Beyond." *Backdirt Annual Review of the Cotsen Institute of Archaeology at UCLA* 10–21.

Tedlock, Barbara. 1992. *Time and the Highland Maya*. Albuquerque: University of New Mexico Press.

Thompson, J. Eric. 1950. *Maya Hieroglyphic Writing: An Introduction*. Washington, DC: Carnegie Institution of Washington, Publication 589.

Tokovinine, Alexandre. 2013. *Place and Identity in Classic Maya Narratives*. Studies in Pre-Columbian Art and Archaeology, 37. Washington, DC: Dumbarton Oaks.

Tozzer, Alfred M. 1941. *Landa's Relación de Las Cosas de Yucatan*. Papers of the Peabody Museum of American Archaeology and Ethnology 18. Cambridge, MA: Harvard University.

Tozzer, Alfred M. 1957. *Chichen Itza and Its Cenote of Sacrifice: A Comparative Study of Contemporaneous Maya and Toltec*. Memoirs of the Peabody Museum of American Archaeology and Ethnology 11–12. Cambridge, MA: Harvard University.

Tudela de la Orden, José, ed. 1980. *Códice Tudela*, prologue by Donald Robertson; epilogue by Wigberto Jiménez Moreno. 2 vols. Text plus facsimile. Madrid: Ediciones Cultura Hispánica del Instituto de Cooperación Iberoamericana.

Vogt, Evon Z., and David Stuart. 2005. "Some Notes on Ritual Caves among the Ancient and Modern Maya." In *The Maw of the Earth Monster: Mesoamerican Ritual Cave Use*, ed. James E. Brady and Keith M. Prufer, 155–185. Austin: University of Texas Press.

第十一章

翡翠山遗址、密西西比的女性和月亮

苏珊·M.阿尔特

在密西西比的世界里，夜晚不仅仅是人们进入梦乡的时间，尽管对许多人来说，与白天的活动相比，梦境和幻象可能与其一模一样，甚至更真实（Hallowell 1960；Irwin 1994；Ridington 1988）。夜晚也是个人之间互动和叙事的时间。我们也可以说，密西西比的夜晚是属于女性的，因为根据民族史的记载和美国原住民的口述历史，月亮、夜空和生殖都属于女性权力（Bailey 1995；Diaz-Granados et al. 2015；Emerson 1982，2015；Hall 1997；Hudson 1976；La Flesche 1914，1930；Prentice 1986；Reilly and Garber 2007）。但由于夜晚与女性的关系比男性更密切，考古学家并没有按照惯例来考虑夜晚或女性的力量；我们到目前为止并没有真正思考过密西西比世界中的女性力量（Emerson et al. 2016）。在本章，笔者将美洲原住民苏族人的口头传统[1]、月神殿中心仪式的考古学证据、洞穴壁上的图像，以及雕刻的石俑放在一起考虑，用于解释古代卡霍基亚（Cahokia）密西西比人的夜间女性权力。与美洲原住民各个本体更紧密地接触，显示出了密西西比社会中夜晚和女性的重要性，同时也避免了浮于表面的解释。这种观点有深远的影响。正如笔者将在本章内容中证明的那样，北美密西西比文化及其第一座城市卡霍基亚的起源在很大程度上始于夜晚的女性力量。

卡霍基亚位于伊利诺伊州中西部，现在被认为由许多土丘中心组成，包括东圣路易斯（East St. Louis）、罗曼（Lohmann）、米切尔（Mitchell）、法伊弗（Pfeffer）、翡翠山（Emerald），以及位于现代圣路易斯市下的圣路易斯土丘（St. Louis Mound）中心，其中包含了许多比位于所谓的"卡霍基亚市区"的120个土丘更多的土丘。卡霍基亚的意义在于，它是密西西比文明的起源地，也是北美唯一发展起来的前哥伦布时期的城市。它是一个多民族的地区，吸引了超过本地三分之一的人口从邻近地区移入（Slater et al. 2014）。卡霍基亚不仅因其纪念性建筑而引人注目，也因其复杂的社会、政治和宗教组织而闻名。从卡霍基亚肇始，现在被认定为密西西比的生活方式，逐渐覆盖了从威斯康星州南部到墨西哥湾，从俄克拉荷马州东部到佛罗里达州北部的区域。最常见的密西西比城镇是土丘和广场中心，通常——尽管有争议（见 Pauketat 2007）——被描述为酋邦。密西西比类型的城镇有着相似的政治、经济和宗教习俗，尽管它们并不在同一地区。

为了更好地理解古代密西西比人，首先有必要认识到美洲原住民过去和现在的世界观都与来自西方知识和宗教传统的学术世界观截然不同（Cordova et al. 2007；Deloria 1995；Waters 2004；Watkins 2000）。如果我们要更好地理解古人，就需要承认并弥合这种不一致。关系考古学和对称考古学是学者们试图在两者间建立联系的理论思维方式（例如，Buchanan and Skousen 2015；Olsen et al. 2012；Watts 2013）。关注原住民的声音是更好地理解古代美国原住民主体性的另一种手段（例如，Silliman 2008）。笔者试图通过首先认识到"现实"是主观的、在文化之上所建构的，来建立起自己的桥梁。过去，美国原住民的现实中充满了其他非人类的个体、灵魂、力量和权力，它们有时可见，有时不可见。对人们来说，这些个体和权力是真实的，因此塑造了他们的信仰和行动；有时，我们可以找到这些行动的痕迹（Bailey 1995；Bird-David 1999；Hallowell 1960，1976；Harvey 2005；Viveiros de Castro 1998；Waters 2004）。

此外，我们还需要考虑到，对制作者来说，图像和图标并不只是表象。也就是说，它们不仅仅是图片或符号，而是人、权力和力量的各个方面、化身或分散的元素（Alberti et al. 2013）。它们是事物，但它们是有意识的。例如，弗朗西斯·拉弗莱什（Francis La Flesche 1930）从一位老妇人那里获得了一台用于制作圣物包布（sacred bundle）的织布机，因为她担心由于她的儿孙没有接受过操作织布机的训练，他们会触犯织布机固有的权力，从而会受到它的伤害。所以，虽然考古学家们常说密西西比的石俑雕像"代表"了神、女神或神物，但这种说法忽略了问题的关键。雕像本身其实是一个方面、化身，或者说是一个非人类的个体——它真实存在，拥有权力和能动性。这一点很重要。它把权力从人分散到物以及它们之间的关系中。这就暗示着，在人与物之间——或者说，在人与实际存在的非人类个体或权力之间，可能存在复杂的，甚至是危险的关系（Brück 2006；Fowler 2004；Joyce 2008）。这表明，过去的人与某些物体接触时的行为必须被看作人对非人的个体、权力和力量的回应，而不仅仅是人们对物体的操控。

第二个重要的问题是要承认梦和梦境是人们现实的一部分。在西方的传统中，我们把梦仅仅当作日常思想和烦恼的无意识的延续。我们往往忘记，对许多人来说，包括美洲原住民，梦反而是现实的另一个位面。梦确实能告诉人们真相，预测未来，指导人们，揭示神圣和 / 或打开通往其他位面的入口（Bailey 1995；Deloria 2006；Fortune 2011；Irwin 1994；Murie 1981）。美国原住民生活中的许多仪式和典礼，如波尼族（Pawnee）的晨星祭祀（Morning Star sacrifice），只有当梦境降临到合适的人身上，并决定了这是该仪式应该进行的时间时，仪式才能进行（Murie 1981）。当梦境和夜晚来临的时候，它们对于与另一个世界的灵魂和权力沟通的能力有至关重要的作用。如果生命要继续，就必须尊重这些灵魂和权力。根据万因·德洛里亚（Vine Deloria 2006）的说法，夜晚不仅仅是做梦的时间，也是必须进行的重要的医疗仪式的时间。因此，能够理解女性比其他人更密切地与夜晚联系在一起以及其中的意义就显得至关重要。

　　第三个需要重新调整的关键思考角度是性别意识形态。美洲原住民的性别角色、意识形态和身份认同，在过去和现在都与西方社会已经习以为常的性别角色、意识形态和身份认同有很大区别（并为学术讨论提供信息），因为美洲原住民的性别角色是以非常不同的世界观为基础的。西方的意识形态常常带来对原住民信仰和做法的误解，例如，围绕第三和第四性别的信仰和做法。正如安妮·沃特斯（Anne Waters 2004：xxv）所表述的那样："例如，从美洲原住民哲学的角度（原住民中心论的，Indigicentric）理解具体的性别和种族概念，需要理解这些概念中的非离散的、非二元性别的、二元本体论（基于本体论的背景）的概念逻辑。"美国原住民社会的性别不是非此即彼的，男性与女性也不是对立的。男性和女性性别是一个整体的互补部分，这个整体往往包括第三、第四和第五种性别。有些人认为美洲原住民的性别角色侧重于职业，而不是生物性特征或性偏好（Blackwood 1984；Holliman 1994，2001；Jacobs 1994；Roscoe 1991）。

性别和宗教

　　然而，性别角色确实普遍导致对原住民社会中男性、女性、第三、第四和其他性别的活动和性质的不同期望。不过，原住民社会不太会认为这些角色是对立的、受约束的、固定的或不太重要的。性别角色没有强化男性或女性的优越性和／或支配地位，而是帮助保持社会需求的平衡，使不同性别之间相互依靠，并维持一个成功的社会。对许多原住民社会来说，这种意识形态不仅允许，而且还接受和尊重两种以上的性别。总的来说，性别和身份被视为具有更多的流动性，并与一个人的精神本质联系在一起，而不是一成不变地固定在生物特征上（Blackwood 1984；Holliman 1994；Roscoe 1991）。然而，古代的性别角色和性别与性的关系是很难获取的，因为考古学的证据充其量是零碎的，而且从民族史记述中获得的信息已经受到了西方父权制的影响（Blackwood 1984）。

鉴于上文所述，也许女性的力量被大多数密西西比考古学家低估了，甚至无视了，这并不奇怪，因为他们往往关注的是白天的世界、太阳和男人的行为（见 Alt and Pauketat 2007；Emerson et al. 2016）。但对于美洲原住民中讲苏语的人来说，世界和宇宙的平衡需要男性、女性和其他性别。太阳和月亮，黑夜和白天，是同一套自然循环中的各个方面，其中包括人和其他权力和力量（图11.1）。根据东部平原上许多讲苏语的人的说法，太阳与男性有关，因为男性始祖（First Man）来自太阳，拥有太阳的力量；男人属于天空。男性始祖是最强大的男性精神，太阳是瓦坎达（Wa-kan-da，神——译者）的精神最明显的表现，也就是说太阳是一种神圣的力量。相反，女性始祖与大地有关，也与雨（水）和蛇类动物有关，是万物之母；她是最强大的女性精神，她来自月亮（Bailey 1995；Diaz-Granados et al. 2015；Hall 1997）。女性的权力是属于夜晚的，与月亮和星星有关，但夜也与死亡有关——夜空是冥界的显现。但要明确的是，说女性与月亮有关，并不是说月亮指代、代表或引述女性权力，而是说月亮是一种"女性权力"，鉴于人、权力、力量和事物的渗透性和无限制性，人类的女性也分享这种权力——她们是属于月亮的（Prentice 1986）。

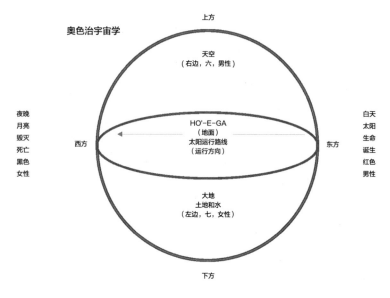

图 11.1 奥色治（Osage）宇宙学（改编自 Bailey 1995:33）

72 号土丘或密西西比时代的墓地和神话传说

考古学对太阳和男性的关注，被卡霍基亚72号土丘的解释支持，这是一个精心设计的墓葬土丘。长期以来，72号土丘一直被认为是卡霍基亚男性领袖的证据（Emerson et al. 2016）。72号土丘墓葬的研究重点是其中一个男性墓葬，他身披珠状斗篷或毯子，形状像一只猎鹰，他被认为是红角（Red Horn，印第安苏族人英雄——译者）故事集的人类原型灵感来源，或者是红角的模仿者（具体故事将在下文中提到；Brown 2007, 2010；Pauketat 2008, 2010）。这个人被描述为被埋葬的仆人、人牲（主要是女性）以及诸如大块的石头、云母、铜块和成堆的制作精良的、有柄的箭等物品包围——所有这些物品对卡霍克人（Cahokian）来说都是非常重要的（Fowler et al. 1999）。曾

276

经偶尔有人注意到不止一个人被埋在珠状斗篷上面或下面，但这一点并没有很好地纳入大多数解释中。当承认这个现象时，第二个人也被认为是男性（Rose 1999）。

对72号土丘墓葬的解释中，红角的故事集经常被引用，它讲述了一个英雄或超自然的人物，他有许多冒险经历，前往冥界，并在冥界被巨人杀死。随后被他的两个儿子复活，他的两个儿子让人联想到中美洲的英雄双胞胎传奇（Christenson 2007）。红角故事有不同的版本，因为随着时间的推移，它们被不同的美洲原住民部落记录，不过拉丁（Radin 1948，1954）收集的温尼贝戈（Winnebago）人的故事是最常被引用的。主角"红角"被赋予了其他的特点，以暗示他的力量，如"他带着人头耳环"和"他被鹿肺击中"（Brown 2004，2003，2007；Brown and Kelly 2000；Hall 1989，1991，1997；Pauketat 2009；Radin 1948，1954）。人们认为红角传奇在密西西比时期之前或在其早期就以某种形式存在，因为艺术和文物证据描绘了历史记录故事中记述的主题或事件（Brown 2003，2007，2010）。

能证明红角故事年代久远的一些证据包括密苏里州图画洞穴（Picture Cave）和威斯康星州戈特绍尔（Gottschall）岩棚的洞壁上描绘的图片（Diaz-Granados et al. 2015；Salzer 2005；Salzer and Rajnovich 2001）。人们也认为红角被描绘在一个卡霍基亚人制作的雕刻石俑烟斗上（图11.2A），该烟斗出自斯皮罗（Spiro）的大墓地（Brown 2004；Brown and Kelly 2000；Reilly 2004）。在洞窟艺术和人形雕刻中都可以看到类似红角故事中描述的人头形雕刻物上的耳环。引人注目的是，这种耳环在考古学上也有发现，其中一些耳环出现在墓葬中（Duncan and Diaz-Granados 2000；Hall 1991，1997；Kelly 1991；Williams and Goggin 1956）。这个传说似乎得到了洞穴艺术和文物，以及72号土丘墓葬的考古学证据支持，导致了人们对卡霍基亚和密西西比社会中男性权力和统治地位的关注（Emerson et al. 2016）。在支持与红角相关内容的同类证据中，关于女性权力的证据一直被忽视。现在，新的证据可以反驳旧的解释。下面将着重介绍其中的一些证据。

几项新的生物考古学分析（Emerson et al. 2016；Slater et al. 2014；Thompson 2013；Thompson et al. 2015）要求我们彻底改变对72号土丘墓葬的解释。最重要的新数据涉及中央珠状毯子墓葬。墓主并不是一位男性，也不是两位男性，而是一位男性和一位女性，他们以延伸的姿势被摆放着，还有另一位男性和女性的合葬。男性"红角"实际上被放置在女性之上，男性身下的珠子（beads）覆盖在女性的右侧，并覆盖了女性的下半身。合葬被放置在分布珠子的区域之上或邻近位置。在合葬周围，至少还有八个其他墓葬，包括多个男性墓葬、多个女性墓葬和一个儿童墓葬（Emerson et al. 2016）。

此处墓葬各具尸体的摆放方式与其说是在支持一个关于男性英雄人物的故事，不如说是更符合美国原住民在性别和社会关系上互补的传统。根据埃默森（Emerson）及其同事的说法（2016：22）：

> 如果我们认为72Sub 1中的表现与宇宙诞生、世界更新和生育力有关的假设是正确的，那么，正如罗曼（Romain 2016）提出的那样，成对男性和女性的中心墓葬可能与原住民创世故事中的男性始祖和女性始祖有关。（Dorsey 1906：135；Hall 1997；Prentice 1986：254-262；Weltfish 1965：64）

如果72号土丘墓葬群反映了古代宇宙学和本体论信仰，那么它重申了我们在民族史研究方面得到的认识；如果宇宙要保持平衡，那么，白天／男性需要夜晚／女性，夜晚／女性需要白天／男性。

这种解释是有道理的，因为对于讲苏语的族群来说，神圣的事物并不是简单地与一个（男性）神灵联系在一起，而是分散在许多生命、物

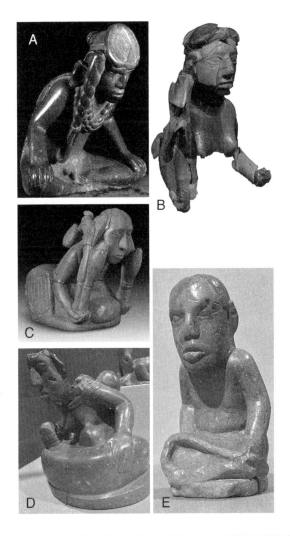

图11.2 卡霍基亚人的雕刻石俑。(A)休息的战士(阿肯色大学博物馆提供藏品);(B)斯波尼曼(Sponemann)石俑(由伊利诺伊大学伊利诺伊州考古调查所 [Illinois State Archaeological Survey, University of Illinois] 提供);(C)韦斯特布鲁克(Westbrook)石俑(由詹姆斯·马琳 [James Marlin] 提供并允许使用);(D)比尔格(Birger)石俑(由伊利诺伊大学伊利诺伊州考古调查所提供);(E)东圣路易斯石俑(由伊利诺伊大学伊利诺伊州考古调查所提供)

体、地方、实体和人的身上。宗教不是一个可以单独存在的活动或信仰，而是渗透到所有思想和行动中。瓦坎达不是一个人，而是自然的一部分，是一种力量，或一种以多元方式呈现的权力（Bailey 1995；Fletcher 1910；Hallowell 1976；Radin 1970）。瓦坎达是一种无形的创造权力，它推动了太阳、月亮和星星的运行。宇宙"由不定量的诞生、成长、成熟和死亡周期组成……万物从东向西，从出生到死亡移动"（Bailey 1995：340）。根据奥马哈人（Omaha）和彭加人（Ponca）的说法，瓦坎达是一种神秘的权力或者说是力量，是万物的动力来源（Fletcher 1896）。"奥色治人（Osage）相信，这种伟大的力量（瓦坎达）存在于空气、蓝天、云朵、星星、太阳、月亮和大地之中，以及所有生物和能够移动的物体中。"（Bailey 1995：31）可见的世界是人活动的范围；看不见的世界属于瓦坎达。生命依赖瓦坎达，而人的生命是父亲（天）和母亲（地）交合的产物。这种世界观在一定程度上解释了北美原住民宗教是如何充斥着精神、力量和权力，这些精神、力量和权力在不同的时间由人和物体现出来，但在其他时间并不显形（Hall 1997；Hultkrantz 1967，1981，1987）。

美洲原住民的口述历史记录了重要的非人类角色（除红角以外），它们往往被赋予了男性或女性的性别，拥有与男性和女性肉身相关的权力和力量。这并不是说特定的人代表了这些角色，而是说他们共享权力。太阳、月亮、星星、水、雨、风和闪电通常被认为与权力、力量、神或塑造世界的祖先相关（Hall 1997；Pauketat 2008，2012）。对于那些历史上已知的、与古卡霍基亚人关系最密切的群体（讲苏语的族群，如奥马哈人、奥色治人、彭加人、堪萨人 [Kansa]、夸保人 [Quapaw]），蛇和水怪也是重要的非人类生物，它们与人类互动，是世界平衡的一部分。这些同样的主题也可以在卡霍基亚密西西比人的图画中被找到。

洞穴艺术

图画洞穴位于卡霍基亚以东50英里（约80公里——译者）处，其年代为卡霍基亚的肇始阶段，而卡霍基亚又是密西西比文化的第一个中心。这个洞穴内的图像似乎说明了类似于上文简要回顾的美洲原住民口述历史中所表达的主题。迪亚兹－格拉纳多斯（Diaz-Granados）及其同事（2015）将洞穴本身解释为女性始祖的外阴，或宇宙的子宫，是密西西比世界中与宇宙的创造和延续相关的一个重要门户。洞穴内的图形文字包括描绘外阴以及一位代表永生的、女性始祖的、玉米之母的老年妇女。这位女性来自月球（Diaz-Granados et al. 2015）。正是女性始祖和男性始祖之间的交合创造了人类、重要的文化英雄、神，以及世界上其他关键的力量和权力。

在洞穴内的一幅图像中，女性始祖仰面躺着，双腿抬起，显示出"突出的阴阜，呈交媾姿势"；大蛇类动物（一条蛇）从下面接近（Diaz-Granados et al. 2015：224-225）。虽然女性始祖是男性始祖的配偶，但在奥色治人的故事中，她也被认为是蛇类动物的配偶，而蛇类动物是下界的灵怪。同样，根据迪亚兹－格拉纳多斯等人（2015）的说法，外阴图案，包括女性始祖的形象，虽被放置在洞穴中，但也使其能够接触到阳光。这样一来，女性始祖就可以继续与太阳进行交媾，保证持续的重生循环（Diaz-Granados et al. 2015）。洞穴并不是密西西比文化中唯一充当子宫的地方。霍尔（Hall 1997）指出，当地人认为汗舍（sweat lodge）是子宫，因为祈求者进入子宫，出来后就像重生一样。根据巴克（Bucko 1998：76），拉科塔族（Lakota）的黑麋鹿（Black Elk，印第安人名——译者）描述说，从汗舍出来时，人"就像一个婴儿从母亲，我们真正的母亲，大地的子宫里出来"。穆尼（Mooney 1896）记录了基奥瓦人（Kiowa）非常相似的情感。

霍尔（1997）根据中美洲和北美洲的民族史文献，以及霍普韦尔（Hopewell）文化的意象，提出手也是像子宫一样的东西，因为手可以"围住和握住"，所以被密西西比人用作子宫的隐喻。密西西比人的手的形象是这样画的，手的内部线条形状像外阴，类似于洞穴上画的古代图像。手上的这个开口是一个门户，灵魂（生命）可以从手掌中出现（Hall 1997：127）。在密西西比东南部艺术中常见的手－眼图案，也类似于外阴部，是灵魂的门户。同样，雕刻石俑也有这种意象，有人将其解释为将妇女与植物放在一起描述，代表生育能力（Emerson 1982, 1989, 2015；Emerson and Boles 2010）。

石雕像

斯波尼曼石雕像[2]（图11.2B）被发现于卡霍基亚最北部的斯波尼曼遗址，有人认为它描绘的是一位女性，或者更可能是玉米之母或女性始祖，她伸出的双手各握着一根植物茎秆，从而代表生育能力（Emerson 1982, 2015；Jackson et al. 1992）。与这种说法相反的是，按照霍尔（1997）对手为外阴的认定，玉米之母更有可能是通过手来生下这些植物的。笔者怀疑这个雕像并不是简单地代表生育、妇女、诞生，而是拥有与出生有关的力量或权力。它是一个门户。这个雕像和其他类似的雕像很可能是非人类的个体，而女性的力量被分配给它们。对这种权力的掌控，就是为什么这类石俑在用完后必须被"杀死"和"埋葬"的原因（Jackson et al. 1992）。斯波尼曼雕刻人像不仅从她的手中孕育出植物，而且她还以缠绕在她身上的蛇类动物的形式展示了冥界（黑夜）的元素，让人联想到图画洞穴中的一组女性和蛇类动物的形象。

在阿肯色州发现了一个类似的石雕，但被认为源自卡霍基亚（Emerson et al. 2002, 2003）。这个雕像被称为韦斯特布鲁克 或麦基（McGhee）烟斗（图11.2C），与其他小雕像不同，它是在一个土丘中心的墓葬里被发现的。据信这是一个女性的墓葬，墓主的肩膀上方头部位置有一个海螺壳，而不是头骨（Colvin 2012）。雕刻的人物似乎是从一个葬礼篮（冥界）里出来的，和斯波尼曼的人像一样，正在从她伸出的手掌中孕育着植物。

在卡霍基亚东北的BBB汽车遗址发现的比尔格雕像（图11.2D）上，蛇类动物的形象更为突出，其中一个女性雕像手持锄头，在蛇的背上"耕作"。她的背上还长着葫芦（Emerson and Jackson 1984）。蛇类动物或蛇的身体几乎环绕着女性的身体，形成了肯特·莱利（Kent Reilly 2004：134）所说的"弯曲S形"（ogee），这个术语用来表示一个弯曲的形状，被认为是通往冥界的入口。在这种情况下，这个弯曲S形可能更适合称为外阴。也许她也是从阴间出来的，但这次是通过蛇创造的外阴（门户）出来的（蛇和葬礼篮都是属于阴间的）。蛇变成了延伸到女人背上的藤蔓，将她与冥界（夜晚）、生与死联系在一起。最近发现的一个石刻雕像，吸引了雨或水的女性力量。这个被称为生育女神的雕刻是在卡霍基亚的东圣路易斯遗址被发现的（图11.2E）。它描绘了一个跪着的女人从一个海洋贝壳杯中倒水的情景（Emerson 2015；Emerson and Boles 2010）。这种贝壳图像让人联想到头部被海螺壳取代的女性（上文提到），从而通过水、诞生和冥界（蛇类动物）的联想将女性和夜晚的主题组合在一起。

这里所描述的雕像都将妇女与蛇、冥界、生育、生死联系在一起。但更重要的是，这些雕像并不是仅仅为了表现或记忆而创造的。正如苏族人社会完好的记录显示，物品可以拥有和行使巨大的权力（例如，Bailey 1995；Fletcher and La Flesche 1992）。这些物体很可能被看作灵魂可以从那里出现的实际的门户或地方。它们是能够将女性的生死力量与有血有肉的人联系起来的物体或实际上是非人的个体。它们告诉我们，黑夜中的女性力量控制着生与死，并与蛇和水出现的冥界有关。它们提醒我们，卡霍基亚人的生活并不总是需要有血有肉的身体。生命或精神可以存在于许多媒介中，精神不但可以，而且确实能在不同的形式和位面之间移动。石刻器物非常特别，因为它们可以促进这种移动，并给我们暗示这样的移动可能会带来什么变化。

　　然而，凯勒雕像（图11.3A）也许最能将过去、现在和看不见的权力联系起来，并将石雕像上的形象与考古发现和翡翠神殿中心联系起来。爱丽丝·基欧（Alice Kehoe 2007）曾写道，凯勒雕像描绘了一个女性角色跪在通常被解释为篮子的物体前的垫子上面，这实际上可能是一个关于妇女编织活动和参与奥色治"wa-xo'-be"仪式的描述。

图11.3 （A）凯勒（Keller）雕像（由伊利诺伊大学伊利诺伊州考古调查所提供）；（B）新成员和便携式神龛的图像（出自 La Flesche 1930)

凯勒小雕像与拉弗莱什报告（1930: plate 6, 563）中的一幅画像非常相似，画中的一位新成员坐着，双手放在便携式神龛上（图11.3B）。基欧（2007，2008）认为凯勒雕像与拉弗莱什描述的类似"wa-xo'-be"仪式的便携式神龛有关。她的观点很可能是正确的。历史上的仪式和雕像遗存都将妇女置于至关重要的事物之中。奥色治人的"wa-xo'-be"仪式包括为新加入的祭司制作战场医疗包或便携式神龛。作为仪式的一部分，该仪式要求一名妇女编织能够包住一部分药包的草席。

拉弗莱什（1930）称，"wa-xo'-be"的意思是"神圣的东西"，这个名字也适用于神圣的包裹，也被称为便携式神龛。拉弗莱什详细报告了上面装饰有一只（象征性的）鹰的奥色治人战争包裹或神龛的制作过程。神龛有三个部分：水牛毛编织袋、鹿皮袋和芦苇编成的封皮。鹰被放在用芦苇编成的袋或封皮内，用三层袋子卷起来，然后系上。当鹰从包装中被取出时，它被看作一个"正在诞生"的灵魂（La Flesche 1930）。当一个男性要被授予"wa-xo'-be"神职时，需要制造一个新的"wa-xo'-be"神龛。这是一个很难实现的任务。这就需要一个女性来编织芦苇封皮，这个袋子是三层包裹中最神圣的。被委以重任的女性必须拥有适当的"wi'-gi-e"（祈祷歌）和神圣的编织架，同意完成这项任务并领取报酬。她有四天的时间来编织封皮，而且必须在与世隔绝的环境中工作，要么是在自己的家中，要么是在一栋独立的建筑中，其他人不能进入，因为没有相关身份的人不能看到编织过程，也不能听到"wi'-gi-e"。神龛的封皮是用芦苇织成的，这是一种水草，必须由与水族有关的人提供。封套上的图案既代表着天空（未染色的水草）又代表着大地（明暗条带）。正如拉弗莱什（1930）所描述的那样，女人在编织芦苇神龛时唱的"wi'-gi-e"，表明奥色治人对天空和大地的关注，它们是瓦坎达、昼夜、平衡和秩序的家园。"在神龛中，对夜晚的四阶段中的每一个阶段，以及对太阳和天空都赋予了一条象征性的线条，代表了所有可见的宇宙。"（La Flesche 1930：697）令人惊讶的是，"wi'-gi-e"中描述的被称为"wa-xo'-be"的有颜色的线条会让人联想到卡霍基亚人在翡翠神庙中心的神庙生活面上留下的结构分明的堆积所显示出的颜色线条，这一点将在下一节中详细提到。

神庙和女性

翡翠山遗址是卡霍基亚文化的发源地，这是一个专门祭祀风、水，尤其是月亮所包含的神灵、权力和力量的地方。它位于卡霍基亚市中心东部高地的一座山脊上。为了建造翡翠山，卡霍基亚人通过土方工程重塑了天然山脊，直到它更完美地与月球的静止位置对齐（Pauketat et al. 2017），这是月亮18.6年漫长运行周期中能到达的最远位置，在长达几个月的时间里，人们可以一直在天空中看到它（Pauketat 2012）。与翡翠山的月亮一样重要的是水和风。翡翠山的山脊坐落在一个地下水位上，导致雨后水会从山脊的两侧渗出（Alt 2017）。该山脊还紧邻一处天然泉水，这里提供来自地下深处的水。风在翡翠山也很重要，当气流还在临近的大草原上空时，这里就已经可以感受到微风徐徐；从几英里外就可以看到风暴的来临（Alt 2016，2017）。

翡翠山脊上有12座土丘排成一排。这样排列是为了参考月球的静止位置。山脊上布满了建筑，其中许多建筑经过多次重建，但似乎很少，甚至没有一个是用于长期居住的。虽然这里过多地建造了宗教和公共建筑，以及我们判定的朝圣者的住房，但除了断断续续发生的宗教活动，几乎没有其他证据（Pauketat et al. 2017）。引人注意的建筑是神庙和汗舍，其中许多也与月亮的静止位置对齐。翡翠山是一个来自中西部各地的人都会经过的地方，他们走在从南方通往翡翠山的道路上，又向卡霍基亚继续前行（Skousen 2016）。在卡霍基亚作为一个主要中心崛起之前和之后，新的密西西比宗教都在这里盛行，这里甚至可能是其诞生地（Alt 2017; Pauketat and Alt 2017; Pauketat et al. 2017）。

笔者重点介绍神庙房屋，这是为宗教目的而在翡翠山建造的建筑。它们因使用黄泥抹灰的居住面而引人注意。这些建筑被人反复使用，其复杂的一生反映了重新参与社会生活，即使在被废弃后也是如此（Alt 2016，2017）。在有神庙的遗址区域，也有被认为是水神庙的汗舍和圆形大厅（Pauketat et al. 2017）。如前所述，在民族史的记载中，汗舍常与子宫有关（Alt 2016，2017），而神庙房屋则刚好可能与奥色治人的便携式神龛有关。12座半地下的神庙屋"盆地"（每个盆地深度达1米）有几个共同的特征。其中一些特征让人想起与奥色治便携式神龛有关的元素。当翡翠山的每个神庙最终被废弃时，都会被重新填埋起来，但这种填埋是以一种模式化的方式进行的，在被重新填埋后，每个盆地都被古卡霍克人重新挖开过，以便放入新的祭品和进行新的仪式。每个神庙都用水洗过的淤泥封闭，在它们的生活面上大多留有烧过的材料、织品和皮毛。织造"wa-xo'-be"时唱的"wi'-gi-e"（祈祷歌）描述了一条黄色的线、一条苍白色的线、一条深红色的线和一条蓝黑色的线（La Flesche 1930）。这首歌描述的黄色的线条，代表黑夜和月亮渐渐消失；苍白色的线条代表白天的到来；深红色的线条代表太阳的来临；蓝黑色的线条代表黑夜的归来。这些有颜色的线与翡翠山废弃的神庙中成结构的地层堆积中的线条相似（图11.4）。大多数神庙的生活面都铺有黄色的黏土层，上面覆盖着被水洗过的淤泥（苍白色调），原地生火产生的红色透镜（一条深红色的线），以及层层燃烧过的物质（一条蓝黑色的线）。虽然翡翠山地层堆积中的意义肯定与奥色治"wi'-gi-e"中的意义不尽相同，但鉴于几乎每一座生活面完好的神庙都反复经历这种堆积性礼仪，它很可能显示出人们对自然循环和平衡的普遍关注和尊重。

神庙房屋的生活面与奥色治便携式神龛的制作进一步产生了共鸣，

因为迄今为止发掘的许多神庙的生活面上都有烧过的皮料和织物的痕迹，就像便携式神龛的包裹物中有编织的芦苇织物层和皮料层一样。神庙的方位与月球静止的位置表明，它们不仅与月亮和夜晚有关，而且与女性有关。女人与月亮有着共同的女性权力。翡翠山地层堆积和以一位女性加一个可移动神龛为特点的凯勒雕像，似乎表明女性和神龛可能在卡霍基亚源起时就有关联。

在卡霍基亚的翡翠神庙中心，女性、水、冥界（蛇类动物）和月亮的关联以其他方式融合在一起。在翡翠山，一个年轻人的遗体，很可能是一个女性人牲被埋在一个大型标记柱（Alt 2015）的柱洞中，该柱洞被设置在一个标记月亮运行事件—— 一个在夜间可见的宇宙学事件的建筑对齐线上（Pauketat 2012）。但更重要的是，她的遗体在被埋葬之前，先被水洗过的淤泥所覆盖。她被埋在竖立的柱子的位置，可能跟女性与冥界的关联有关，或者可能与苏族人的神杆仪式有关（Fletcher

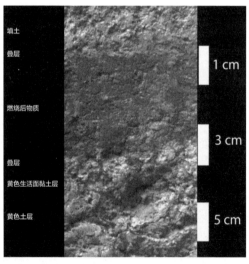

图11.4 翡翠神庙生活面的土壤剖面图，图中不同层次的颜色表示出地面上的填土、夹层、火烧区和在底土之上生活面的黄泥灰面（拍摄：苏珊·阿尔特）

1896）。她的遗体可能是为了削弱因移走柱子而释放出的权力。正如在神庙房屋中看到的那样，水在翡翠山非常重要。

翡翠山坐落在一个天然泉水之上，如前所述，几乎所有的翡翠神庙房屋都是通过在生活面上放置烧毁的祭品，然后铺设用水洗过的淤泥来完成废弃过程的（Alt 2016，2017；Pauketat and Alt 2017）。在苏族人的宇宙学中，水是大地的一部分，与女性的力量有关（Bailey 1995；Dorsey 1894；Fletcher and La Flesche 1992）。在神庙中发现的被烧毁的祭品包括一个小的雕刻黏土人像，上面清楚地显示出乳房和外阴，以及外阴形状的黏土碎片。女性人牲被放置在一个废弃的柱洞中，但她的身体被用水洗过的淤泥包裹，最后覆盖泥土掩埋（Alt 2015，2016）。她被包裹在地下世界的水和土两种组成物中，被安葬在一个对准月球静止位置的柱洞里。

翡翠山遗址的建立是为了参照月亮的运行；山脊的方向和几乎所有与月球静止位置对齐的重要建筑物都强调了这一事实（Alt 2016，2017；Alt and Pauketat 2017；Pauketat and Alt 2017；Pauketat et al. 2017；Skousen 2016）。苏族人的口述历史将月亮和地球与女性联系在一起，将太阳和天空与男性联系在一起。石雕和洞穴艺术强化了这样一个概念，即这些联想很可能是密西西比时代的产物，也可能更早就已出现。对于具象艺术不可能有精确的解释，因为我们必须假设具体的含义已经随着时间的推移而改变。然而，民族史报告中所讨论的人、物、权力种类的一般关系或关联，可能与更深层的过去的证据产生共鸣，也不是不可能。令人吃惊的是，在地层堆积中发现了与民族史中描述的可移动神龛的颜色、材料种类和事物组合顺序相同的物品，制作这些物品的仪式和一个成品雕像，似乎将所有这些物品联系在一起。这些关联都表明，在卡霍基亚发生的密西西比宗教创立过程中，妇女和月亮扮演了重要角色。对72号土丘的重新分析进一步肯定了这一事实。

连接翡翠山遗址和图画洞穴

与上述举例相比，翡翠山遗址和图画洞穴以更多样的方式唤起了人们对黑夜和妇女的回忆。例如，在翡翠山遗址，神庙房屋深挖直到地下，内部黑暗，类似于汗舍。笔者怀疑这两个地方都是进行祈祷和举行重生仪式的地方，甚至是进行幻视和进入神圣梦境的地方。这说明这两个地方都被看作门户或子宫，是灵魂旅行的地方。图画洞穴是另一个内部黑暗的地方，墙壁上布满了图画，或者说是神圣人物和事件的门户或元素。但是，要想把图画放在墙上，必须有人已经在梦中设想过这样的图画，从而可以接触到身处图画中的能力或力量。对于彭加人和奥马哈人来说，绘制或佩戴神秘图像的权利必须源于梦境（Dorsey 1890, Diaz Granados et al. 2015：205转引）。如果违反了这一点，梦中的灵魂会惩罚违法者。翡翠山也是属于黑夜的，因为整个重新设计过的山脊及其建筑本身就是月亮的圣地。

结　论

密西西比的夜晚带来了月亮和梦想。夜晚带来了大地母亲和天空父亲之间的历史和故事，创造了人、灵和世界。画在墙上和刻在石头上的梦境向我们讲述了密西西比世界的一些神奇生物。但更重要的是，它们告诉我们，非人类个体和有血有肉的人一样，都是卡霍基亚的创始人。翡翠山遗址和图画洞穴可以追溯到卡霍基亚的创立时期，因此，如果不是因为洞壁上所绘的梦境、雕刻成非人类个体的女性雕像，或月亮的女性力量，卡霍基亚是不可能出现的。梦想是现实，而石雕是与人类打交道的人，使密西西比的世界有了秩序。每天晚上密西西比人都会看到月亮，想起女性始祖，她与太阳交媾，生下了许多人和物体。夜晚会提醒大家，女性的权力帮助创造了世界。

密西西比文化在卡霍基亚的开端，常与男性权力、太阳和权力的象征，如猛禽和猎鹰舞者有关。这种联想往往与72号土丘墓葬和红角故事集有关。女性力量的证据也同样长期存在，但并没有得到同样多的关注（Alt and Pauketat 2007；Emerson 1982, 2015；Emerson et al. 2016）。最近公布的对72号土丘墓葬的重新评估，以及在主墓葬中发现的性别平衡，应该会开始改变这个叙事模式。女性权力的证据同样存在于72号土丘中，并在雕刻的石俑和洞穴艺术中得到进一步展示。这些图像仍然可以与民族史的描述有关，即苏族人如何安排他们的社会，以及他们对生命如何运作的本体论和宇宙学的理解，但需要被看作一个维持平衡的故事。即使是被解读为红角形象的在休息中的战士的烟斗（图11.2A），他头上也有一个雕刻了椭圆形图案的圆盘。这种装饰形式通过增加女性的力量（夜晚），来平衡男性雕像所体现的明显的男性意识。我们需要注意的是，男性和女性，白天和黑夜，都是古代人们所尊崇的。正如奥色治人和卡霍基亚人所知道的那样，两者都是保持宇宙平衡和秩序的必要条件。他们在其艺术和口述历史中已经这样告诉我们。

注　释

1. 我重点关注的是苏族人的传统，因为研究卡霍基亚的学者越来越普遍地认为，讲苏族语的人很可能是卡霍基亚人的后裔（Diaz-Granados et al. 2015；Kehoe 2007, 2008；Kelly and Brown 2012）。今天的讲苏族语的群体包括奥色治族、奥马哈族、夸保族、圣语族（Ho-Chunk，温尼贝戈族）、曼丹族（Mandan）、达科他族（Dakota）、克罗族（Crow）、希达察族（Hidatsa）等平原群体。

2. 在斯波尼曼遗址还发现了一个无名且不完整的雕像。雕像现存的完整程度足以确定它曾有与斯波尼曼雕像类似的生育能力的图案（Emerson 1982; Jackson et al. 1992）。

参考文献

Alberti, Benjamin, Andrew Meirion Jones, and Joshua Pollard. 2013. *Archaeology after Interpretation: Returning Materials to Archaeology*. Walnut Creek, CA: Left Coast Press.

Alt, Susan M. 2015. "Human Sacrifice at Cahokia." In *Medieval Mississippians: The Cahokian World*, ed. Timothy R. Pauketat and Susan M. Alt, 27. Santa Fe, NM: School for Advanced Research Press.

Alt, Susan M. 2016. "Building Cahokia: Transformation through Tradition." In *Vernacular Architecture in the Americas*, ed. Christina T. Halperin and Lauren E. Schwartz, 141–157. New York: Routledge Press.

Alt, Susan M. 2017, forthcoming. "Putting Religion Ahead of Politics: Cahokia Origins Viewed through Emerald Shrines." In *New Perspectives on Science, Religion and Archaeology*, ed. Brad Koldehoff and Timothy R. Pauketat. Tuscaloosa: University of Alabama Press.

Alt, Susan M., and Timothy R. Pauketat. 2007. "Sex and the Southern Cult." In *The Southeastern Ceremonial Complex*, ed. Adam King, 232–250. Tuscaloosa: University of Alabama Press.

Alt, Susan M., and Timothy R. Pauketat. 2017, forthcoming. "The Elements of Cahokian Shrine Complexes and the Basis of Mississippian Religion." In *Beyond Integration: Religion and Politics in The Ancient Americas*, ed. Sarah Barber and Arthur Joyce. New York: Routledge Press.

Bailey, Garrick A. 1995. *The Osage and the Invisible World from the Works of Francis La Flesche*. Norman: University of Oklahoma Press.

Bird-David, Nurit. 1999. "'Animism' Revisited: Personhood, Environment, and Relational Epistemology." *Current Anthropology* 40(S1 supplement):67–91. https://doi.org/10.1086/200061.

Blackwood, Evelyn. 1984. "Sexuality and Gender in Certain Native American Tribes: The Case of Cross-Gender Females." *Signs (Chicago, IL)* 10(1):27–42. https://doi.org/10.1086/494112.

Brown, James A. 2003. "The Cahokia Mound 72-Sub1 Burials as Collective Representation." *Wisconsin Archeologist* 84:81–97.

Brown, James A. 2004. "The Cahokian Expression: Creating Court and Cult." In *Hero, Hawk, and Open Hand: American Indian Art of the Ancient Midwest and South*, ed. Richard F.

Townsend and Robert V. Sharp, 105–121. New Haven, CT: Art Institute of Chicago and Yale University Press.

Brown, James A. 2007. "On the Identity of the Birdman within Mississippian Period Art and Iconography." In *Ancient Objects and Sacred Realms*, ed. F. Kent Reilly III and James F. Garber, 56–106. Austin: University of Texas Press.

Brown, James A. 2010. "Cosmological Layouts of Secondary Burials as Political Instruments." In *Mississippian Mortuary Practices: Beyond Hierarchy and the Representationist Perspective*, ed. Lynne P. Sullivan and Robert C. Mainfort, 30–53. Gainesville: University of Florida Press. https://doi.org/10.5744/florida/9780813034263.003.0003.

Brown, James A., and John E. Kelly. 2000. "Cahokia and the Southeastern Ceremonial Complex." In *Mounds, Modoc, and Mesoamerica: Papers in Honor of Melvin L. Fowler*, vol. 27. ed. Steven R. Ahler, 469–510. Springfield: Illinois State Museum Scientific Papers.

Brück, Joanna. 2006. "Fragmentation, Personhood and the Social Construction of Technology in Middle and Late Bronze Age Britain." *Cambridge Archaeological Journal* 16(3):297–315. https://doi.org/10.1017/S0959774306000187.

Buchanan, Meghan, and B. Jacob Skousen, eds. 2015. *Tracing the Relational: The Archaeology of Worlds, Spirits, and Temporalities, Foundations of Archaeological Inquiry*. Salt Lake City: University Press of Utah.

Bucko, R. 1998. *The Lakota Ritual of the Sweat Lodge: History and Contemporary Practice*. Lincoln: University of Nebraska Press.

Christenson, Allen J. 2007. *Popol Vuh: The Sacred Book of the Maya: The Great Classic of Central American Spirituality*. Norman: University of Oklahoma Press.

Colvin, Matthew H. 2012. "Old-Woman-Who-Never-Dies: A Mississippian Survival in The Hidatsa World." MA Thesis, Texas State University, San Marcos.

Cordova, Viola F., Kathleen Dean Moore, Kurt Peters, Ted Jojola, and Amber Lacy. 2007. *How It Is: The Native American Philosophy of Viola F. Cordova*. Tucson: University Press of Arizona.

Deloria, Vine, Jr. 1995. *Red Earth, White Lies: Native Americas and The Myth of Scientific Fact*. New York: Scribner.

Deloria, Vine, Jr. 2006. *The World We Used to Live in: Remembering the Powers of the Medicine Men*. Golden, CO: Fulcrum Publishing.

Diaz-Granados, Carol, James R. Duncan, and F. Kent Reilly, III, eds. 2015. *Picture Cave: Unravelling the Mysteries of the Mississippian Cosmos*. Austin: University of Texas Press.

Dorsey, George A. 1906. "'The Skidi Rite of Human Sacrifice." *International Congress of Americanists* 15:66–70.

Dorsey, James Owen. 1894. "A Study of Siouan Cults." In *Eleventh Annual Report of the Bureau of Ethnology*, dir. John Wesley Powell, 351–554. Washington, DC: Government Printing Office.

Duncan, James R., and Carol Diaz-Granados. 2000. "Of Masks and Myths." *Midcontinental Journal of Archaeology, MCJA* 25(1):1–26.

Emerson, Thomas E. 1982. *Mississippian Stone Images in Illinois,* Circular No. 6. Urbana: Illinois Archaeology Survey.

Emerson, Thomas E. 1989. "Water, Serpents, and the Underworld: An Exploration into Cahokia Symbolism." In *The Southeastern Ceremonial Complex: Artifacts and Analysis*, ed. Patricia Galloway, 45–92. Lincoln: University of Nebraska Press.

Emerson, Thomas E. 2015. "The Earth Goddess Cult at Cahokia." In *Medieval Mississippians: The Cahokian World*, ed. Timothy R. Pauketat and Susan M. Alt, 55–62. Santa Fe, NM: School for Advanced Research Press.

Emerson, Thomas E., and Steve Boles. 2010. "Contextualizing Flint Clay Cahokia Figures at the East St. Louis Mound Center." *Illinois Archaeology* 22(2):473–490.

Emerson, Thomas E., Kristin M. Hedman, Eve A. Hargrave, Dawn E. Cobb, and Andrew R. Thompson. 2016. "Paradigms Lost: Reconfiguring Cahokia's Mound 72 Beaded Burial." *American Antiquity* 81(3):405–425.

Emerson, Thomas E., Randall E. Hughes, Mary R. Hynes, and Sarah U. Wisseman. 2002. "Implications of Sourcing Cahokia-Style Flintclay Figures in the American Bottom and the Upper Mississippi River Valley." *Midcontinental Journal of Archaeology, MCJA* 27:309–338.

Emerson, Thomas E., Randall E. Hughes, Mary R. Hynes, and Sarah U. Wisseman. 2003. "The Sourcing and Interpretation of Cahokia-Style Figurines in the Trans-Mississippi South and Southeast." *American Antiquity* 68(02):287–313. https://doi.org/10.2307/3557081.

Emerson, Thomas E., and Douglas K. Jackson. 1984. *The BBB Motor Site (11-Ms–595).* American Bottom Archaeology, FAI-270 Site Reports No. 6. Urbana and Chicago: Published for the Illinois Department of Transportation by the University of Illinois Press.

Fletcher, Alice C. 1896. "The Emblematic Use of the Tree in the Dakotan Group." *Science* 4(92):475–487. https://doi.org/10.1126/science.4.92.475.

Fletcher, Alice C. 1910. "Wakonda." In *Handbook of American Indians North of Mexico*, ed. Hodge Frederick Webb. Bureau of American Ethnology. Washington, DC: Government Printing Office.

Fletcher, Alice C., and Francis La Flesche. 1992 [1911]. *The Omaha Tribe*. vol. 1 and 2. Lincoln: University of Nebraska Press.

Fortune, R. F. 2011. *Columbia University Contributions to Anthropology*. vol. 14. Omaha Secret Societies. Whitefish, MT: Literary Licensing.

Fowler, Chris. 2004. *The Archaeology of Personhood: An Anthropological Approach*. London: Routledge.

Fowler, Melvin L., Jerome C. Rose, Barbara Vander Leest, and Steven R. Ahler. 1999. *The Mound 72 Area: Dedicated and Sacred Space in Early Cahokia*. Reports of Investigations, no. 54. Springfield: Illinois State Museum.

Hall, Robert L. 1989. "The Cultural Background of Mississippian Symbolism." In *The Southeastern Ceremonial Complex*, ed. Patricia Galloway, 239–278. Lincoln: University of Nebraska Press.

Hall, Robert L. 1991. "Cahokia Identity and Interaction Models of Cahokia Mississippian." In *Cahokia and the Hinterlands: Middle Mississippian Cultures of the Midwest*, ed. Thomas E. Emerson and R. Barry Lewis, 3–34. Urbana: University of Illinois Press.

Hall, Robert L. 1997. *An Archaeology of the Soul: Native American Indian Belief and Ritual*. Urbana: University of Illinois Press.

Hallowell, Irving. 1960. "Ojibwa Ontology, Behavior, and World View." In *Culture in History: Essays in Honor of Paul Radin*, ed. Stanley Diamond, 19–52. New York: Columbia University Press.

Hallowell, Irving. 1976. "Ojibwe Ontology, Behavior and Worldview." In *Contributions to Anthropology: Selected Papers of A. Irving Hallowell*, ed. Irving Hallowell, 357–390. Chicago: University of Chicago Press.

Harvey, Graham. 2005. *Animism: Respecting the Living World*. New York: Columbia University Press.

Holliman, Sandra. 1994. "The Third Gender in Native California: Two-Spirit Undertakers Among the Chumash and Their Neighbours." In *Women in Prehistory: North America and Mesoamerica*, ed. Cheryl Claassen and Rosemary A. Joyce, 173–188. Philadelphia: University of Pennsylvania Press.

Holliman, Sandra. 2001. "The Antiquity of Systems of Multiple Genders." In *The Archaeology of Shamanism*, ed. Neil Price, 123–134. London: Routledge.

Hudson, Charles. 1976. *The Southeastern Indians*. Knoxville: University of Tennessee Press.

Hultkrantz, Åke. 1967. *The Religions of the American Indians*. Berkeley: University of California Press.

Hultkrantz, Åke. 1981. *Belief and Worship in Native North America*. Syracuse, NY: Syracuse University Press.

Hultkrantz, Åke. 1987. *Native Religions of North America*. San Francisco, CA: Harper and Row.

Irwin, Lee. 1994. *The Dream Seekers: Native American Visionary Traditions of the Great Plains*. Norman: University of Oklahoma.

Jackson, Douglas K., Andrew C. Fortier, and Joyce Williams. 1992. *The Sponemann Site 2 (11-Ms-517): The Mississippian and Oneota Occupations*. American Bottom Archaeology, FAI-270 Site Reports No. 24. Urbana: University of Illinois Press.

Jacobs, S-E. 1994. "Native American Two-Spirits." *Anthropology Newsletter* November: 7. https://doi.org/10.1111/an.1994.35.8.7.

Joyce, Rosemary A. 2008. *Ancient Bodies, Ancient Lives: Sex, Gender, and Archaeology*. London: Thames and Hudson.

Kehoe, Alice B. 2007. "Osage Texts and Cahokia Data: Ancient Objects and Sacred Realms: Interpretations of Mississippian Iconography." In *Ancient Objects and Sacred Realms: Interpretations of Mississippian Iconography*, ed. F Kent. Reilly III, James F. Garber and Vincas P. Steponaitis, 246–261. Austin: University of Texas Press.

Kehoe, Alice B. 2008. *Controversies in Archaeology*. New York: Routledge.

Kelly, John E. 1991. "'The Evidence for Prehistoric Exchange and Its Implications for the Development of Cahokia." In *New Perspectives on Cahokia: Views from the Periphery*, ed. James B. Stoltman, 65–92. Madison, WI: Prehistory Press.

Kelly, John E., and James A. Brown. 2012. "Search of Cosmic Power: Contextualizing Spiritual Journeys between Cahokia and the St. Francois Mountains." In *Archaeology of Spiritualities*, ed. Kathryn Rountree, Christine Morris, and Alan A.D. Peatfield, 107–129. New York: Springer.

La Flesche, Francis. 1914. "Ceremonies and Rituals of the Osage." In *Explorations and Field-Work of the Smithsonian Institution* SI-MC 63(8): 66–69. Washington, DC: Government Printing Office.

La Flesche, Francis. 1930. "'The Osage Tribe: Rite of the Wa-Xo'-Be." Extract from the *Forty-Fifth Annual Report of the Bureau of American Ethnology*, ed. H. W. Dorsey. Smithsonian Institution, Bureau of American Ethnology. Washington, DC: Government Printing Office.

Mooney, James. 1896. "'The Ghost Dance Religion and the Sioux Outbreak of 1890." *Fourteenth Annual Report of the Bureau of American Ethnology*, part 1, 653–1136. Washington, DC: Government Printing Office.

Murie, James R. 1981. *Ceremonies of the Pawnee*, ed. Douglas R. Parks. Lincoln: University of Nebraska Press.

Olsen, Bjornar, Michael Shanks, Timothy Webmoor, and Christopher L. Witmore, eds. 2012. *Archaeology: The Discipline of Things*. Oakland: University of California Press. https://doi.org/10.1525/california/9780520274167.001.0001.

Pauketat, Timothy R. 2007. *Chiefdoms and Other Archaeological Delusions*. Walnut Creek, CA: AltaMira.

Pauketat, Timothy R. 2008. "Founders' Cults and the Archaeology of Wa-kan-da." In *Memory Work: Archaeologies of Material Practices*, ed. Barbara Mills and William H. Walker, 61–79. Santa Fe, NM: School for Advanced Research Press.

Pauketat, Timothy R. 2009. *Cahokia: Ancient America's Great City on the Mississippi*. New York: Viking-Penguin Press.

Pauketat, Timothy R. 2010. "The Missing Persons in Mississippian Mortuaries." In *Mississippian Mortuary Practices: Beyond Hierarchy and the Representationist Perspective*, ed. Lynne P. Sullivan and Robert C. Mainfort, 14–29. Gainesville: University Press of Florida. https://doi.org/10.5744/florida/9780813034263.003.0002.

Pauketat, Timothy R. 2012. *An Archaeology of the Cosmos: Rethinking Agency and Religion in Ancient America*. London: Routledge.

Pauketat, Timothy R., and Susan M. Alt. 2017, forthcoming. "Animations in Place: Agency at the Intersections of Bodies and Beings in the Shadow of Cahokia." In *Other than Human Agency and Personhood in Archaeology*, ed. Eleanor Harrison-Buck and Julia Hendon. Boulder: University Press of Colorado.

Pauketat, Timothy R., Susan M. Alt, and Jeffery D. Kruchten. 2017. "The Emerald Acropolis: Elevating the Moon and Water in the Rise of Cahokia." *Antiquity* 91(355):207–222

Prentice, Guy. 1986. "An Analysis of the Symbolism Expressed by the Birger Figurine." *American Antiquity* 51(02):239–266. https://doi.org/10.2307/279939.

Radin, Paul. 1948. *Winnebago Hero Cycles: A Study in Aboriginal Literature*. Indiana University Publications in Anthropology and Linguistics, Memoir 1. Baltimore, MA: Waverly Press.

Radin, Paul. 1954. *The Evolution of an American Indian Prose Epic*. Bollingen Foundation Special Publications No. 3. Basel, Switzerland: Bollingen Foundation.

Radin, Paul. 1970 [1923]. *The Winnebago Tribe*. Lincoln: University of Nebraska Press.

Reilly, F. Kent, III., and James F. Garber, eds. 2007. *Ancient Objects and Sacred Realms: Interpretations of Mississippian Iconography*. Austin: University of Texas Press.

Reilly, F. Kent, III. 2004. "People of Earth, People of Sky: Visualizing the Sacred in Native American Art of the Mississippian Period." In *Hero, Hawk, and Open Hand: American Indian Art of the Ancient Midwest and South*, ed. Richard Townsend, 125–138. New Haven, CT: Yale University Press.

Ridington, Robin. 1988. "Knowledge, Power, and the Individual in Subarctic Hunting Societies." *American Anthropologist* 90(1):98–110. https://doi.org/10.1525/aa.1988.90.1.02a00070.

Romain, William F. 2016. "Ancient Skywatchers of the Eastern Woodlands." Manuscript on file at Illinois State Archaeological Survey, Champaign.

Roscoe, Will. 1991. *The Zuni Man-Woman*. Albuquerque: University of New Mexico Press.

Rose, Jerome C. 1999. "Mortuary Data and Analysis." In *The Mound 72 Area: Dedicated and Sacred Space in Early Cahokia*, ed. Melvin L. Fowler, Jerome C. Rose, Barbara Vander Leest and, Steven R. Ahler, 63–82. Reports of Investigations, No. 54. Springfield: Illinois State Museum.

Salzer, Robert J. 2005. "'The Gottschall Site: 3,500 years of Ideological Continuity and Change." *Ontario Archaeology* 79/80:109–114.

Salzer, Robert J., and Grace Rajnovich. 2001. *The Gottschall Rockshelter: An Archaeological Mystery*. St Paul, MN: Prairie Smoke Press.

Silliman, Stephen, ed. 2008. *Collaborating at the Trowel's Edge: Teaching and Learning in Indigenous Archaeology*. Tucson: University of Arizona Press and the Amerind Foundation.

Skousen, B. Jacob. 2016. "Pilgrimage and The Construction of Cahokia: A View from the Emerald Site." PhD diss., Department of Anthropology, University of Illinois, Urbana.

Slater, Philip A., Kristin M. Hedman, and Thomas E. Emerson. 2014. "Immigrants at the Mississippian Polity of Cahokia: Strontium Isotope Evidence for Population Movement." *Journal of Archaeological Science* 44:117–127. https://doi.org/10.1016/j.jas.2014.01.022.

Thompson, Andrew R. 2013. "Odontometric Determination of Sex at Mound 72, Cahokia." *American Journal of Physical Anthropology* 151(3):408–419. https://doi.org/10.1002/ajpa.22282.

Thompson, Andrew R., Kristin M. Hedman, and Philip A. Slater. 2015. "New Dental and Isotope Evidence of Biological Distance and Place of Origin for Mass Burial Groups at Cahokia's Mound 72." *American Journal of Physical Anthropology* 158(2):341–357. https://doi.org/10.1002/ajpa.22791.

Viveiros de Castro, Eduardo. 1998. "Cosmological Deixis and Amerindian Perspectivism." *Journal of the Royal Anthropological Institute* 4(3):469–488. https://doi.org/10.2307/3034157.

Waters, Anne. 2004. *American Indian Thought*. Oxford: Blackwell Publishing.

Watkins, Joe. 2000. *Indigenous Archaeology: American Indian Values and Scientific Practice*. Walnut Creek, CA: AltaMira.

Watts, Christopher, ed. 2013. *Relational Archaeologies: Humans, Animals, Things*. New York: Routledge.

Weltfish, Gene. 1965. *The Lost Universe: Pawnee Life and Culture*. Lincoln: University of Nebraska Press.

Williams, Stephen, and John M. Goggin. 1956. "'The Long Nosed God Mask in Eastern United States." *Missouri Archaeologist* 18(3):3–72.

第 五 部 分

点亮暗夜

第十二章

西方的惊人秘密

埃及新王国时期人工照明的转型

梅根·E.斯特朗

古埃及人的世界观在很大程度上是由自然景观塑造的。正如希罗多德（Herodotus）所指出的，古埃及文明确实是"尼罗河的恩赐"，因为每年的洪水提供了营养丰富的淤泥，河流提供了维持农业生产所需的水资源。日常生活也在很大程度上受到昼夜连续循环的支配。就像古埃及的所有事物一样，二元性、平衡性和正确秩序（ma'at）的概念是光明和黑暗相互作用的核心。明亮的、赋予生命的太阳光让植物在田野里茁壮成长，但同时，其强烈灼热的高温也会让生物受苦。黑暗为人们提供了一个远离持续而耀眼的太阳的场所，但也为邪恶的行为提供了掩护。因此，这两种对立的光与暗、昼与夜的力量，是古埃及宗教意识形态的核心内容，并因此成为众多仪式的背景，这也就不足为奇了。笔者对古埃及"夜间考古学"的考察，将人工照明视为这两个明暗世界的中介。本章主要讨论在葬礼仪式中使用人工照明设备（更多关于古代照明的内容见本书麦奎尔，第13章），这在新王国时期（公元前1550年至公元前1069年）的宗教文献《亡灵书》（*Book of the Dead*）的咒语

137A 中有所记载。此外，笔者还考虑了在墓室中放置的随葬品中包含的照明器具，以及它们在装饰规划中的呈现。

死亡的阈限阶段与古埃及的昼夜循环有很大关系。正如太阳神拉（Ra）每天都在西方"死亡"，使埃及大地陷入黑暗一样，死者也要前往西方，勇敢地走上通往冥王奥西里斯大厅（Hall of Osiris）的险路。根据文字和图像证据，埃及学者知道，人工照明在葬礼仪式的进行中，以及随后一年对死者的祭祀中都起到了一定的作用（Davies 1924；Gutbub 1961；Luft 2009）。相比之下，人们对在这个神圣的空间内所使用的照明类型和运用照明的意义却还理解得很少。

在能够讨论葬礼使用仪式照明背后的意识形态之前，有必要先了解光源本身。然而，以往关于古埃及照明的学术研究，受限于缺乏明确定义的术语和人工照明设备的类型学。埃及人自己在描述他们的仪式照明设备时并不是特别明确，因此，制作这些物品的材料，它们的形状、颜色和大小，灯光的使用环境，以及光源的仪式意义并不总是显而易见。不幸的是，学术界对这一主题的研究进一步混淆了各种概念。某个埃及学者口中的蜡烛，另一个学者可能描述为灯、火把、小蜡烛或灯芯。另一个问题是缺乏提及照明设备的文字材料。例如，在象形文字的语料库中，可能只有一段文本提到了特定的照明设备。鉴于这些方法上的局限性，我们似乎还应该对照明用具的物质记录进行研究，以便尽可能地将具体的象形文字与相关实物联系起来。然而，这项研究也面临挑战。埃及学家对古埃及人用于照明的实物知之甚少。正如一些人所认为的那样，这可能是我们在认知方面的问题，但也可能是由于缺乏对材料的彻底分析（Robins 1939a：185）。事实上，只有一篇篇幅为三页的文章从考古学角度讨论了古埃及的照明问题（Robins 1939a）。自该文写成后，以后寥寥几篇提及人工照明设备的文章都重申了同样的结论。一、古埃及人使用"漂浮灯芯"（floating-wick）油灯进行照

明，这一论断基于希罗多德（2.62）对塞易斯（Sais）节日庆典的记载
（Fischer 1980：913；Forbes 1966：143；Nelson 1949：321-
325；Robins 1939a：185）；二、古埃及人肯定也使用了某种形式的
手持式火把或蜡烛，因为在新王国时期的神庙和墓葬浮雕中有对这些物
品的描述（Davies 1924：9-14；Forbes 1966：127-128；Nelson
1949：321-325；Robins 1939a：186）。学术文献中对上述结论
已经产生了根深蒂固的认同，这导致了术语使用的混乱和一种错误的想
法，即从考古学角度研究光并不能获得什么信息。因此，本章的第一部
分阐述了照明装置的类型学。值得注意的是，所有用来建立这个类型学
的现有例子都是在葬礼相关的环境中发现的，因此与讨论为逝者的利益
而进行的仪式照明直接相关。

与关于人工照明用具的不同意见形成对比的是，关于在葬礼环境
下使用仪式照明背后的象征意义，学者们的意见一致认为保护是中心
（Gutbub 1961；Haikal 1985；Régen 2010；Schott 1937）。在
丧葬仪式中使用人工照明当然隐含着保护的元素。一些与来世有关的文
本特别提到使用照明来驱逐死者周围的敌人：

> 特提（Teti）之父，黑暗中的特提之父；特提之父，黑暗中的阿图
> 姆（Atum）；把特提带到你的身边，让他为你点燃一盏 tkA（光源），保护
> 你，就像努恩（Nun）在保护王位之日保护四位女神，伊西丝（Isis）、奈
> 芙蒂斯（Nephthys）、奈斯（Neith）、塞尔凯特（Serket）一样。
>
> （语录362，特提金字塔文本[1]）
>
> 荷鲁斯（Horus）之眼是你的魔法屏障，奥西里斯，对西方人来说最
> 重要的人。
>
> 它在你身上发挥它的保护作用，它会打倒你所有的敌人。
>
> （咒语137A，《亡灵书》，努的纸莎草纸 [papyrus of Nu]，EA 10477）

以往对人工照明在仪式中的应用的解释存在问题，即暗示这种光是为了保护人们免受黑暗的伤害（Davies and Gardiner 1915；Fischer 1977；Haikal 1985；Luft 2009）。这种说法表明，人们对黑暗做出了一个符合现代、经典的解释，它已经与邪恶、无知和死亡的内涵结合在一起（Galinier et al. 2010）。作为另一种解释，在本章的后半部分提出人工照明被用作仪式的媒介，不是为了驱赶黑暗，而是为了拥抱黑暗，将其作为复活死者的必要环境。这样，仪式照明标志着白昼（活人之地）与黑夜（死人之地）之间的过渡，同时也是死者在来世重生并转化为神灵的标志。

人工照明的考古学证据

在开始讨论古埃及人为什么要在关于死者的仪式中使用人工照明之前，有必要先了解他们采用的照明用具具有哪些类型。学者们很少讨论古埃及法老统治时期（公元前2600年至公元前644年）人工照明设备的实物形态，他们对这些照明光源的形态或组成很少得出任何结论。F. W. 罗宾斯（F. W. Robins 1939b：44）在《灯的故事》（*The Story of the Lamp*）中也许对这个问题做了最好的总结，"埃及的人工照明方法似乎笼罩在神秘的黑暗中"。事实上，过去已发表的关于人工照明的观点大多是在20世纪初提出的，最近一次讨论是在1958年，"古埃及的灯的故事和年代学还有待好好研究"（Forbes 1966：143）。鉴定油灯、火把等的一大困难是明显缺乏居址的证据，而人工照明肯定会在家庭空间内使用。下面的信息主要来自葬礼的环境中，这些信息虽然极为有用，但数量微乎其微。经过对现有文献的仔细（重新）检查，并辅以个人对博物馆的访问，笔者建立了一个类型学，以便对古埃及物质记录中的照明器具进行识别和分类。笔者有意避免使用抽象的、21

世纪的西方术语，如火把或蜡烛，因为早期关于照明设备的讨论完全是采用这种类型的客位（etic）观察方法来描述这些工具的。本研究尽可能地采用主位（emic）观察方法的视角，用古埃及人强调的基本要素来描述照明设备，即灯芯、燃料来源以及必要时用来装这两个要素的容器形式。关于笔者所确定的四种类型——无喷口敞开式油灯、有喷口敞开式油灯、棒上灯芯和棒中灯芯——的完整讨论，请参见斯特朗（第12章）。在这一章中，笔者将重点讨论无喷口敞开式油灯和棒上灯芯类型，因为它们与讨论殡葬照明最相关。

无喷口敞开式油灯

开放式油灯是整个法老统治时期最常用的类型。用来盛放布灯芯和燃料的器皿材质可以是陶瓷、石头或金属，从简单的手工制作到适合法老使用的精雕细刻和彩绘的器皿都有。[2] 这种敞口灯可以连带，也可以不连带陶瓷圆盘形式的灯芯座来使用（Brunton 1920；Petrie et al. 1923）。新王国时期（公元前1550年至公元前1069年）德尔麦迪那（Deir el Medina）墓地的证据表明，简单的油灯也可以通过加装灯架来得到加强（Bruyère 1939）。欧内斯托·夏帕瑞利（Ernesto Schiaparelli）于1906年的发掘中，在克哈（Kha）墓中发现了一件保存得非常完好的油灯（Schiaparelli 1937）。这盏复合灯与现代的落地灯有几分相似，它由两部分组成：一个青铜碗，形成了荷花苞的形状（尽管在最初的出版物中，它被描述为一只鸭子！）和一个插入半球形底座的木柱，它被涂成类似纸莎草的嫩芽。碗里还有残余的灯芯或芦苇，靠在器物的侧面。

棒上灯芯

作为将灯芯和燃料放入碗中制作油灯的替代方法，古埃及人将灯芯连接在芦苇或棍子上，制作出一个可以直立放在支架上或拿在手上的硬物。据笔者所知，这种照明装置的唯一现存例子是在图坦卡蒙（Tutankhamun）墓中发现的（JE 62356；Egyptian Museum, Cairo；图12.1）。灯芯用一块单独的布连接在芦苇上，然后插入一个镀金的小管子里，由一个青铜人形安卡（ankh，象形文字"生命"的象征）支撑。类似形状的器物也出现在整个新王国时期各种仪式的描述中，包括王座的照明和神庙中的崇拜神像（Nelson 1949；Wilson 1936）。作为向死者提供人工照明的一部分，这也是最经常出现在墓葬或纸莎草书中的物品（Davies and Gardiner 1915: plate XXVII）。

人工照明在丧葬仪式中的应用

从第十八王朝到第二十王朝，人工照明，特别是以称为 tkA（tek-ah，单数）或 tkAw（复数）的棒上灯芯类型的手持工具的形式，在古埃及宗教文本记录和墓葬装饰中变得更加突出。在《亡灵书》的咒语137A 和 B 中描述了向死者展示 tkAw 的情况，这是一本与木乃伊一起埋葬的记录在纸莎草卷上的葬礼咒语和相关插图集。[3] 一些最早的《亡灵书》的例子来自第十八王朝初期（Munro 1988）。其中之一是努的纸莎草纸（EA 10477），它是本研究的一个参考点，因为它包含了最完整的137A 咒语版本，还有一个小插图，说明了仪式表演各个方面的情况（图12.2）。[4] 努的文本中包含的说明还列出了必要的且能使咒语有效的设备、人员和活动。首先，必须用上好的红麻布制成四个 tkAw，并涂上利比亚油。它们要由四个人携带，每个人的手臂上都刻有荷鲁斯四子之一的名字。然后点燃 tkAw，并将其呈现在木乃伊面前，同时由祭司念诵咒语。在仪式的高潮中，tkAw 在四个泥盆中熄灭，泥盆中混合了香料，并装满了白牛的牛奶。在努的纸莎草纸的小插图中，我们可以清楚地看到 tkAw（棒上灯芯型）、它们的男性携带者和四个牛奶盆，这些牛奶盆上有象形文字标记，拼出了古埃及语中的"牛奶"——"irtt"一词。队伍最右边的人像是努的木乃伊化的尸体，人们向他赠送了 tkAw。

图12.1　图坦卡蒙墓（JE 62356；约公元前1336年至公元前1327年）出土的"棒上灯芯"式照明装置。青铜制的安卡手柄插在一个粗糙的木质底座上，底座上涂有黑色树脂。该照明器具由一根连接在芦苇上的扭曲的亚麻灯芯组成，该灯芯延伸到放置它的镀金管顶部 以 上 约10英 寸（约25.4厘米——译者）。墓中发现了两个这种带镀金管的安卡手柄，但只有这一个保存了照明装置（版权归牛津大学格里菲斯研究所 [Griffith Institute, University of Oxford] 所有）

《亡灵书》中的许多咒语来自早期的丧葬文本合集，即旧王国时期（约公元前2686年至公元前2125年）的《金字塔文》（*Pyramid Texts*）、第一中间期（公元前2126年至公元前2055年）和中王国时期（公元前2055年至公元前1650年）的《棺文》（*Coffin Texts*）。然而，在这些文本中似乎都没有与咒语137A直接相关的先例。[5] 此外，它属于一类独特的咒语，被称为"sAxw"[6]，或"颂扬文本"。属于 sAxw 类别的《亡灵书》咒语与大多数书中的咒语不同。书中大多数咒语的目的是让死者在穿越冥界时念诵。而 sAxw 咒语则是由生者在葬礼或随后的纪念节日上为死者诵读的（Assmann 1990）。念出 sAxw 咒语并进行相应的行动是为了将死者转化为神圣的"阿库灵"（akh），一种与发光和光有关的灵形（Englund 1978）。有些 sAxw 文字是为了让木乃伊化的尸体复活，例如"开口"仪式，它用来恢复死者的感官，并神奇地张开木乃伊的嘴，让他／她能再次呼吸空气（Otto 1960）。其他的 sAxw 仪式还包括祭祀仪式，以及为死者的来世之旅提供保护和提供设备的法术。此前，学者们曾在后一类的背景下讨论过咒语137A；这是一种保护性的仪式，旨在为死者在漫长险恶的去往阴间的道路上提供照明。这似乎是咒语137A 所呈现的光的一种符合逻辑并且实际的应用方式。然而，除了照亮冥界黑暗这一普通功能，我认为这个仪式还涉及其他 sAxw 文本中的复活和重生的方面，例如"开口"仪式。这并没有削弱人造光提供的保护功能的重要性。相反，它说明在从死亡到来世的过渡阶段，sAxw 仪式可以发挥支持的作用。

咒语137A 在死者的重生和转化中扮演了一个角色的说法，其中心是仪式表演的大背景（Luft 2009；Strong 2009）。与其他 sAxw 文本一样，咒语137A 很可能首先是作为葬礼的一部分进行的。事实上，该文本的后记明确指出，为了读出咒语137A，木乃伊化的尸体必须"重组，完善，净化，用金属打开他的嘴"（第109—110行）。

图12.2 来自努的纸莎草纸（EA 10477）的第137A号咒语的小插图，展现了仪式文本记录的活动。这四个男性代表荷鲁斯神的四个儿子，每个人都带着一个tkA。他们在努的木乃伊面前展示tkAw，努的木乃伊被绘在图的最右边。在这些男性和木乃伊之间有四个装着牛奶的盆子，tkAw将在这些盆子里被熄灭（版权归大英博物馆托管会所有）

其中最后一个条件显然指的是开口仪式，这个仪式本来是作为丧葬仪式的一部分进行的。关于开口仪式的描述，以及在墓葬和纸莎草纸上的描述都表明，木乃伊在安葬之前，要笔直地放在他／她的墓的前庭或者入口处。仪式也是要在白天进行，因为一些底比斯人的墓葬中的说明文字指示出如何将木乃伊竖立在"拉神面前"：

> 埋葬之日，大步来到他的墓前。
> 在……在金屋中行开口仪式，
> 直立在沙漠的土地上，
> 它的脸朝向南方，

在穿上衣服的那一天，沐浴在大地的光芒之中。

(Theban Tombs 178 and 259 [Assmann 2005：317])

参考努的纸莎草纸中的小插图，我们可以推断，书记官将木乃伊画成直立的姿势，是在表示已经举行了"开口"仪式，并且达到了咒语137A中关于死者"重组，完善，净化，用金属打开他的嘴"的要求。咒语的指示中没有明确说明的是，需要在什么环境下呈现 tkAw。对"开口"仪式的描述表明，它是要在太阳还在天空时进行的，这样木乃伊就可以"沐浴在大地的光芒之中"。然而，使用人造光一般与夜间有关。笔者认为，咒语137A 的文字中，有几行字暗示了点燃 tkAw 的合适环境，即在日落时分，太阳神拉在西边（地平线上）落下，开始他在冥界的夜行时：

它 [tkAw] 是为你的 ka 而来……它来宣告白天之后的黑夜。

（第4行）

荷鲁斯 tkAw 的声音之眼来了，像地平线上的拉一样闪耀。

（第33行）

在日落时分进行咒语137A 中所述的仪式，使人工照明工具"tkAw"具有了以下几层含义。首先，如文本所述，灯光是黑夜来临的预兆。在这种身份下，光源不仅标志着从白天到夜晚的时间流逝，也标志着死者从与白天相关的活人之地去到与夜晚相关的阴间。tkAw 仪式有可能是作为葬礼的高潮组成部分。咒语可以在墓门外当着送葬者的面念诵，灯光将呈现在木乃伊前，此时木乃伊已经被仪式性地唤醒，并为他／她在阴间的新生活做好准备，然后用 tkAw 引导木乃伊进入黑暗的灵堂（tomb chapel），并下到墓室，在那里死者将最终被安葬。这样，人造光源既标志着物质上的过渡（从墓外到墓室），也标志着精神上的过渡（从无生命特征的遗体到仪式意义上的复生，为他／她前往奥西里斯大厅做准备）。

墓室照明

重要的是，咒语137A的其他片段以及墓葬和纸莎草纸中的描述都暗示，墓室中人造光的存在象征着死者的另一种转变——成为阿库。特别相关的是，文本不断地在称呼死者和冥界之神奥西里斯之间来回交替。事实上，到了新王国时期，任何已故的个人都被普遍称为奥西里斯，即奥西里斯努。所以，以tkAw形式呈现的人造光，不仅是指作为奥西里斯的死者，也是指实际的奥西里斯神。努的纸莎草纸第91行其实明确指出，tkA应该为死者个人和神都点燃：

> 点燃这个tkA，为了阿库和奥西里斯最重要的西方人。

内布塞尼（Nebseni）纸莎草纸（EA9900）中的咒语137A的同一句话更明确地指出：

> 在大神奥西里斯的见证下，为阿库在亡灵城中点燃了这个tkA。

在德尔麦迪那两座墓的龛楣（tympana）上的绘画，即帕西杜（Pashed，TT3）和阿蒙纳赫特（Amunnakht，TT218）的绘画，非常清楚地说明了将tkAw献给奥西里斯，以及在奥西里斯在场时的表现。这两个场景都画在墓室内，而且在这两个例子中，墓主人的石棺和棺材都会直接放在这些绘画的下面。保存在帕西杜墓龛楣上的小插图描绘的是一个身穿金蓝条纹内梅什（nemes）头冠的奥西里斯神像，这种头冠是古埃及国王和神灵的专用王冠，手里拿着钩子和连枷，这也是王室的象征（Zivie 1979）。在他的前面，靠墙的右侧，有一位坐着拿着一只碗的神，碗里装着两根点燃的红白条纹 tkAw。奥西里斯坐在底比斯山的图画前，在他的宝座后面是一个拟人化的"乌加特之眼"（udjat，鹰头神荷鲁斯的眼睛画像），两条手臂伸出拿着与神灵相同类型的碗和 tkAw。在眼睛和伸出的双臂的正下方，有墓主人帕西杜的小型跪像，他举起双手崇拜奥西里斯。墓主人前面的一行象形文字标明他是"奥西里斯，真理之地德尔麦迪那的仆人，帕西杜"。乌加特之眼后面是一个荷鲁斯的形象，他是一只猎鹰，被画在龛楣的左侧。文字沿龛楣右侧写成六行，除标题为"点燃 tkA 的咒语"（Spell for kindling the tkA）外，与《亡灵书》纸莎草纸中发现的任何一种形式的咒语137A都大不相同。文中写道："在墓地中为奥西里斯，这位西方第一人点燃 tkA 的咒语。在黑暗中为你开辟了一条道路，那是一个永恒的地方。你的心是强大的，比天空更广阔。奥西里斯是埃及九柱神（Ennead）的统治者，他永远与你们同在。"（Saleh 1984）

阿蒙纳赫特墓（TT 218）是父亲阿蒙纳赫特及其两个儿子内本玛特（Nebenmaat）和卡门特希（Khameteri）墓群的一部分（Porter and Moss 2004）。这个家族有一个联合供奉的灵堂，每个人有三个不同的壁龛。三座墓葬及其各自的灵堂都有精致的彩绘。阿蒙纳赫特的儿子们只有一个主墓室，而阿蒙纳赫特的墓则由两个独立的墓室组成，两个墓室都有完整的装饰。呈献 tkAw 的图画位置在外室中，该室应该是阿蒙纳赫特的埋葬墓室（图12.3）。其中所绘场景与帕西杜墓中的场景几乎完全相同，但文字数量却大大缩短，只有一行，"tkA 为你点燃"（Saleh 1984）。奥西里斯仍然是场景中的主要人物，但他被描绘成戴着阿特芙（atef）王冠。除奥西里斯身后的乌加特之眼和荷鲁斯猎鹰外，还增加了努特神（Nut）在西山（即底比斯的地平线）内接受太阳盘的手臂。这个人物的加入和密室的狭小使得场景相当狭窄，这可能是咒文缩短的原因。在帕西杜和阿蒙纳赫特的墓室中，墓室天花板两侧都有神灵的名录。它们代表着审判厅（Hall of Judgment）中的法庭，包括普塔（Ptah）、托特（Thoth）、努特、奈芙蒂斯、伊西丝、阿努比斯（Anubis）、乌普奥特（Wepwawet）和凯布利（Khepri）等。两处天花板上还刻有对拉的赞美诗（Porter and Moss 2004）。

这两个场景都清楚地说明了 tkAw 对奥西里斯神和作为奥西里斯的墓主的呈现是重合在一起的。恰如其分的是，这些场景都画在墓室的墙壁上，死者将被安置在那里，与奥西里斯和其他众神交流，度过他的来世。这两个场景也都位于其墓室的西侧墙壁上，进一步表明人造光的呈现与西方，即冥界的方向，以及太阳会落在底比斯山下的地平线有关。然而，在这些场景中还存在着另一个神灵：太阳神拉。在阿蒙纳赫特墓的场景中，他被直观地当作太阳盘，被带到天空女神努特的怀中。这进一步印证了咒语137A中描述的仪式是为了在日落时分进行的这一假设，因为努特每天都会在太阳落入西方地平线时接住拉，并在吞下他之前将他带入自己的怀中。然后，拉将在夜间穿越冥界的旅途中，通过努特的星空之躯前进，而女神将在早晨将他诞下，把他从东方地平线上推向天空。记录在帕西杜和阿蒙纳赫特墓室天花板上的对拉的赞美诗也说明了神灵的存在。

因此，很明显，虽然火把在奥西里斯神和墓主奥西里斯的两侧形成了一道保护屏障，但它们也象征着拉的光进入冥界（在这种情况下是死者的墓室），并恢复了这两个生命的活力。这个概念在新王国时期的一本关于冥界的书中得到了表达，这本书叫作《来世之书》（Amduat），记录了太阳神拉在12个小时或阶段中的夜间旅程（Hornung 1999）。在第六个小时，当拉降到冥界最深处，即神话中奥西里斯的墓室时，他遇到了太阳神的木乃伊化尸体。就在这时，拉作为奥西里斯的"巴"（ba），即灵魂，与奥西里斯结合，两位神都得以重生。

图12.3 阿蒙纳赫特（TT 218；前1279—前1213）墓室的龛楣。奥西里斯神坐在底比斯西山前的宝座上。在他身后，女神努特伸出双臂，迎接太阳的落下。奥西里斯的两边是乌加特之眼和一位坐着的神，他们一起向奥西里斯献上四个燃烧的 tkAw。德尔麦迪那西岸卢克索（照片由穆斯塔法・穆罕默德・萨吉尔 [Mostafa Mohamed AlSaghir] 博士提供并允许使用）

笔者认为，将人造光带入墓室（无论是实际的还是通过它们在墓壁上的表现），意味着死者在墓中重获新生的重要时刻。死者的木乃伊化尸体，被等同于奥西里斯神，与他的巴结合，并再生为神圣的阿库灵，将在冥界生活。来自 tkAw 的光提供了一个保护环境，在这个环境中，这种复生可以发生，而 tkAw 同时也是木乃伊尸体复活的象征。这种想法在《亡灵书》中也有体现，比如在阿尼（Ani；EA 10470；图12.4）和奈布凯德（Nebqed；Louvre N 3068）纸莎草纸的小插图中。由于《来世之书》中对时间的描绘是为皇室陵墓准备的，也许是为私人通过将死者与他们的巴结合起来来描绘神话中拉和奥西里斯的重逢的一种方式。有趣的是，这些小插图中所描绘的人工照明类型与克哈等人墓

图 12.4《亡灵书》(EA 10470；约公元前 1250 年)的一幅小插图中，被描绘成人头鸟的阿尼的巴与他的木乃伊重逢。木乃伊躺在一张狮身床上，两边是架在支架上并点燃的敞口碗状灯(版权归大英博物馆托管会所有)

中发现的放置在灯架上的敞开式油灯在形式上非常相似。正如阿尼的小插图所描绘的那样，油灯和灯台就放在克哈石棺脚下的墓室入口内。从油灯器皿内残留的残渣来看，油灯在墓室封存时已经点燃，并且任其烧完——在这个例子中，似乎生活确实非常接近艺术。

结 论

古埃及夜间领域的冥界确实是一个需要小心翼翼行进的空间，利用灯光进行照明和保护肯定是必要的。与以往的研究相反，笔者认为夜晚并不是需要回避的东西；相反，它是需要被接受的东西。正如本章所显示的那样，埃及的葬礼是促进从白天／生命到夜晚／死亡和重生的一种手段。具体来说，在举行《亡灵书》中咒语 137A 中记载的 tkAw 仪式时，人造光被用作标记这一临界阶段的工具。古埃及人在日落时分进行这一仪式，将死者进入冥界的活动与西方地平线上太阳神拉的"死亡"联系起来。此外，祭祀用的 tkAw 之光会被用来加速木乃伊从墓外的活人世界下降到黑漆漆的墓室和冥界的移动过程。

在墓室中供奉光明，和／或在墓壁和纸莎草纸上描绘这些供品，都在死者下一阶段的旅程中扮演了重要的角色——会转变为一个发光的、神圣的阿库灵。点燃的灯或棒上灯芯在墓室内创造了一个保护性的环境，象征着拉与木乃伊化的奥西里斯重逢的复生之光的存在。在死者的整个转变和转化过程中，来自 tkAw 的光并不是在驱赶黑夜和黑暗，而是表明它是重生和再生过程中的必要组成部分。因为只有通过巴／灵魂与木乃伊在最神圣、最黑暗的夜晚空间中的结合，死者才能实现其永生的目标。

致　谢

笔者衷心感谢本书的编辑邀请，能为这样一本内容丰富、引人入胜的著作做出贡献。笔者还要感谢安德鲁·贝德纳尔斯基（Andrew Bednarski）、凯特·斯彭斯（Kate Spence）、海伦（Helen）和奈杰尔·斯特鲁德维克（Nigel Strudwick）对本章初稿做出的点评。本章包含了笔者目前正在剑桥大学考古学部进行的博士论文的研究。笔者计划于 2017 年秋季完成该论文。

注　释

1. 笔者本人根据塞丝（Sethe 1908）发表的象形文字翻译。
2. 图坦卡蒙墓中制作精美的方解石灯（JE 62111；Egyptian

Museum, Cairo) 就是这种类型的例子。有关此物的原始实物记录和照片，请参见格里菲斯研究所霍华德·卡特档案馆 (Howard Carter Archive, Griffith Institute), http://www. griffith. ox. ac. uk/gri/carter/173-c173-1. html

3. 更早的例子已经在木乃伊绷带和裹尸布上发现，可追溯到第十七王朝时期。

4. 关于努的纸莎草纸的出版物，包括整个卷轴的图版，见拉普（Lapp 1997）。关于咒语137A、B等的摘要出版物，见勒夫特（Luft 2009）。本处咒语的所有翻译都是笔者基于勒夫特（2009：234-305）中发表的努的纸莎草纸的象形文字翻译的。行数遵循勒夫特书中所列的行数。

5. 关于这个咒语的文本及其起源的批判性研究，见勒夫特（2009）。

6. "sAxw" 一词翻译为 "使成为阿库"。

参考文献

Assmann, Jan. 1990. "Egyptian Mortuary Liturgies." In *Studies in Egyptology: Presented to Miriam Lichtheim*, vol. 1. ed. Sarah Israelit-Groll, 1–45. Jerusalem: Magnes Press, Hebrew University.

Assmann, Jan. 2005. *Death and Salvation in Ancient Egypt*. Ithaca, NY: Cornell University Press.

Brunton, Guy. 1920. *Lahun I: The Treasure*. London: British School of Archaeology in Egypt.

Bruyère, Bernard. 1939. *Rapport Sur Les Fouilles de Deir El Médineh, 1934–1935; Le Village, Les Décharges Publiques, La Station de Repos Du Col de La Vallée Des Rois. (3e pt)*. Cairo: Institut français d'archéologie orientale.

Davies, Norman de Garis. 1924. "A Peculiar Form of New Kingdom Lamp." *Journal of Egyptian Archaeology* 10(1):9–14. https://doi.org/10.2307/3853990.

Davies, Nina M., and Alan Henderson Gardiner. 1915. *The Tomb of Amenemhēt (No. 82)*. The Theban Tomb Series. London: William Clowes and Sons, Limited.

Englund, Gertie. 1978. *Akh: Une Notion Religieuse Dans l'Égypte Pharaonique*. Uppsala Studies in Ancient Mediterranean and Near Eastern Civilizations, vol. 11. Uppsala: University of Uppsala.

Fischer, Henry G. 1977. "Fackeln und Kerzen." In *Lexikon Der Ägyptologie II*, ed. Eberhard Otto and Wolfgang Helck, 80–81. Wiesbaden: Harrassowitz.

Fischer, Henry G. 1980. "Lampe." In *Lexikon Der Ägyptologie III*, ed. Eberhard Otto and Wolfgang Helck, 913–917. Wiesbaden: Harrassowitz.

Forbes, R. J. 1966. *Studies in Ancient Technology*. vol. 6. Leiden: E. J. Brill.

Galinier, Jacques, Aurore Monod Becquelin, Guy Bordin, Laurent Fontaine, Francine Fourmaux, Juliette Roullet Ponce, Piero Salzarulo, Philippe Simonnot, Michèle Therrien, and Iole Zilli. 2010. "Anthropology of the Night: Cross-Disciplinary Investigations." *Current Anthropology* 51(6):819–847. https://doi.org/10.1086/653691.

Gutbub, Adolphe. 1961. "Un Emprunt Aux Textes Des Pyramides Dans L'hymne À Hathor, Dame de L'ivresse." In *Mélanges Maspero I - Orient Ancien 4*, 31–72. MIFAO, 66. Cairo: Institut français d'archéologie orientale.

Haikal, Fayza. 1985. "Preliminary Studies on the Tomb of Thay in Thebes: The Hymn to the Light." In *Melanges Gamal Eddin Mokhtar*, ed. Paule Posener-Kriéger, 361–374. Bibliothèque d'étude 97. Cairo: Institut français d'archéologie orientale du Caire.

Hornung, Erik. 1999. *The Ancient Egyptian Books of the Afterlife*. Trans. David Lorton. Ithaca: Cornell University Press.

Lapp, Günther. 1997. *The Papyrus of Nu (BM EA 10477)*. vol. 1. *Catalogue of Books of the Dead in the British Museum*. London: Published for the Trustees of the British Museum by British Museum Press.

Luft, Daniela C. 2009. *Das Anzünden der Fackel: Untersuchungen zu Spruch 137 des Totenbuches*. Wiesbaden: Otto Harrassowitz.

Munro, Irmtraut. 1988. *Untersuchungen Zu Den Totenbuch-Papyri Der 18. Dynastie: Kriterien Ihrer Datierung*. Studies in Egyptology. London: Kegan Paul International.

Nelson, Harold H. 1949. "Certain Reliefs at Karnak and Medinet Habu and the Ritual of Amenophis I-(Concluded)." *Journal of Near Eastern Studies* 8(4):310–345. https://doi.org/10.1086/370936.

Otto, Eberhard. 1960. *Das Ägyptische Mundöffnungsritual*. vol. 1. Wiesbaden: Otto Harrassowitz.

Petrie, W. M. Flinders, Guy Brunton, and Margaret A. Murray. 1923. *Lahun II*. London: British School of Archaeology in Egypt.

Porter, Bertha, and Rosalind L. B. Moss. 2004. *Topographical Bibliography of Ancient Egyptian Hieroglyphic Texts, Reliefs, and Paintings, Vol.1; Pt.1, The Theban Necropolis; Private Tombs*. 2nd and augm. ed. Oxford: Griffith Institute, Ashmolean Museum.

Régen, Isabelle. 2010. "When a Book of the Dead Text Does Not Match Archaeology: The Case of the Protective Magical Bricks (BD 151)." *British Museum Studies in Ancient Egypt and Sudan*, no. 15:267–278.

Robins, F. W. 1939a. "The Lamps of Ancient Egypt." *Journal of Egyptian Archaeology* 25(2):184–187. https://doi.org/10.2307/3854653.

Robins, F. W. 1939b. *The Story of the Lamp (and the Candle)*. Oxford: Oxford University Press.

Saleh, Mohamed. 1984. *Das Totenbuch in Den Thebanischen Beamtengräbern Des Neuen Reiches: Texte Und Vignetten*. Vol. 46. Archäologische Veröffentlichungen / Deutsches Archäologisches Institut. Abteilung Kairo. Mainz am Rhein: von Zabern.

Schiaparelli, E. 1937. *La Tomba Del Dignitario 'Cha' Nella Necropoli de Tebe; Della Missione Archeologica Italiana, Egitto, 1903–1920*. Torino: Museo di Antichità.

Schott, Siegfried. 1937. "Das Löschen von Fackeln in Milch." *Zeitschrift für Ägyptische Sprache und Altertumskunde* 73(1):1–33. https://doi.org/10.1515/zaes-1937-0104.

Sethe, Kurt. 1908. *Die Altaegyptischen Pyramidentexte: Nach Den Papierabdrücken Und Photographien Des Berliner Museums*. Leipzig: J. C. Heinrichs'sche Buchhandlung.

Strong, Meghan. 2009. "Let There Be Light: A Study of Natural and Artificial Light in New Kingdom Egypt (1570–1070 B.C.)." Unpublished MA thesis, University of Memphis, Memphis.

Strong, Meghan. Forthcoming. "Illuminating the Path of Darkness: Social and Sacred Power of Artificial Light in Pharaonic Period Egypt." PhD thesis, University of Cambridge, Cambridge.

Wilson, John A. 1936. "Illuminating the Thrones at the Egyptian Jubilee." *Journal of the American Oriental Society* 56(2):293–296. https://doi.org/10.2307/594676.

Zivie, Alain-Pierre. 1979. *La Tombe de Pached À Deir El-Médineh (No 3)*. Vol. 99. Mémoires Publiés Par Les Membres de l'Institut Français D'archéologie Orientale Du Caire. Cairo: Institut français d'archéologie orientale.

第十三章

点燃午夜的灯油

中世纪早期维京油灯的考古学实验

艾琳·哈尔斯特德·麦奎尔

古代人是如何在晚上为他们的房子提供照明的？这个基本问题是考古学家一直没有明确解决的。解决它的一种途径是分析考古记录中的照明技术的物质遗迹。例如，许多维京时代的房屋都含有火堆和灯的证据，但对维京人家庭中的照明使用的研究很少。本案例研究旨在通过实验考古学来研究维京时代的灯具，从重制和测试一个封闭式块滑石灯（closed-circuit steatite lamp）开始。这种灯的形式是完全封闭的碗状，与那些 U 形的、一端有开口的灯不同。

维京时代处于曾经被称为欧洲中世纪黑暗时代的末期。我们对维京人房屋的印象是烟雾缭绕、潮湿的空间，挤满了人，并笼罩在阴暗之中。然而，在维京世界的房屋组合中，我们发现了灯具的证据，它们通常是由石头、陶瓷或金属制成。燃料和灯芯材料的痕迹证据，结合民族志和历史资料，向我们暗示了灯的功能，但迄今为止，对维京人的灯的研究还很有限。通过制作和分析一个实验性质的维京时期的灯，本章对理解维京时代房屋的照明提供了一个新的视角，并对有关比耶（Bille）

和索伦森（Sorensen 2007）所提出的照明人类学（anthropology of illuminosity）的相关知识进行了补充。本章的研究标志着一个长期项目的初始阶段；在这里，笔者分析了各种灯芯形式的功效，考虑到了一盏灯所产生的光和热的数量和质量。虽然最初的测试是在现代环境中进行的，但之后的各项测试是2016年在华盛顿州南部重建的维京时代穴屋中进行的。

维京人

维京时代标志着北海和北大西洋地区的一个巨变时期。从公元8世纪到11世纪这一时期，北欧掠夺者（Norse raiders）、商人和定居者开始向不列颠群岛等地扩张，往西最远到北美海岸，并在法罗群岛（约公元825年）、冰岛（约公元875年）和格陵兰岛（约公元985年）定居（Barrett et al. 2000）。他们主要来自北方地区，熟悉极端的光亮和黑暗——对有些人来说，冬天会有很长一段时间没有太阳（图13.1）。

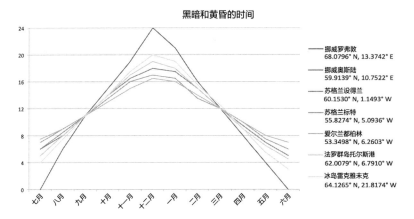

图13.1 北大西洋地区基于年度周期的大致的黑夜时段（使用 SunriseSunset.com 的计算器，基于每个月第15天的估值）

在许多方面，这样的新环境对他们来说似乎都很熟悉（Dugmore et al. 2006: 340-341），不过他们越往南走，白天就越长，这也会导致生长季节和日常生活节奏的微妙变化。

他们在北大西洋上扩张，也带着他们熟悉的家养动物，如绵羊、山羊、猪、牛、马和狗。他们还从斯堪的纳维亚半岛带来了他们的传统工具和其他用品，并进口了石头、金属、玻璃、陶器等物品。维京时代的物质文化是如此独特，以至于有时被描述为"landnám"（字面意思是"土地占有"）交易，这可以用来识别北欧人在某地区的存在（Amorosi et al. 1997: 501）。

在他们的新定居点，定居者不但使用他们进口的商品，也会遵循传统模式，并根据他们的需要和愿望设计生产新的产品。他们居住的房屋是这种风潮的典型产物。通常情况下，维京人在有多个建筑的农场上生活和工作（Milek 2012: 85）。主屋通常是一个大型的、直线形的大厅，由一个中心火堆供暖。外围建筑包括地穴建筑，由木材和取自当地的材料，如草皮和石头建成。有关窗户使用的证据极少（Milek 2012: 94），而且在冬季漫长而黑暗的地区，这些建筑内的光线会很有限。埃尔亚恩（Eldjárn 1949-1950: 350）认为，在冰岛，从9月中旬到3月中旬，室内可能都需要用到灯。专注于丹麦维京时代房屋空气质量的实验性考古项目表明，火堆是主要的光和热的来源，但也产生了足以对居民健康造成负面影响的烟雾（Christensen 2014；Christensen and Ryhl-Svendsen 2015）。鉴于在一些维京时代的考古遗址中发现了灯，本章讨论的实验旨在探索灯是怎样进一步改进这些建筑内的生活条件的。

虽然不以维京时代为重点，不过此前一些研究已经考察了考古记录中的灯具。这些研究包括索菲·德·伯恩（1987）对旧石器时代灯具的早期研究（也见诺埃尔，本书第2章）；最近学者对丹麦中石器时代灯具的研究（Heron et al. 2013）；几个研究埃及不同时期灯具的项目（如 Colombini et al. 2005；Copley et al. 2004；也见斯特朗，本书第12章）；克里特岛米诺斯（Minoan）文明的灯具（Evershed et al. 1997）；意大利罗马晚期的陶瓷灯具（Mangone et al. 2009；见斯托里，本书第15章）；以及北极地区18世纪的因纽特人遗址（Solazzo and Erhardt 2007）。早期的研究旨在确定遗物是否为灯具，而最近的研究则倾向于更多地关注确定灯的制作材料（以及它们的来源和对贸易的影响）和灯中使用的燃料来源。本项目特别感兴趣的是道森（Dawson）及其同事（2007）的工作，他们使用实验灯具和计算机模型来研究北极住宅的光线质量。

维京时代的灯具

到目前为止，还没有完整的维京时代灯具统计目录，因此，为了这个实验，我们从维京世界的几个地区，包括挪威、瑞典、苏格兰和冰岛，收集了一些灯具样本（图13.2；关于维京时代灯具的目录节选，见表13.2；另见埃尔亚恩 [1949—1950]，此书介绍了在冰岛发现的不同块滑石(steatite)的简短目录，以及古瑟蒙德·奥拉夫森 [Guthmundur Ólafsson 1987]，他介绍了冰岛从维京时代到现代的照明和照明技术的简短总结）。这些灯主要由石头制成，特别是块滑石，不过也有陶制的。另外也有一些金属制灯的证据，如挪威奥塞贝丽（Oseberg）船葬中的铁灯（表13.2：Cat.3），以及在冰岛发现的晚期北欧／中世纪铜灯（表13.2：Cat.25）。一般来说，维京时代的灯是封闭式的碗形灯，其中一些有手柄，而另一些则在两端穿孔用来悬挂。这些灯加工程度不一，从粗制滥造到精细加工都有。例如，来自苏格兰安斯特（Unst）的安德霍尔（Underhoull）地区的石灯有非常明显的工具加工痕迹，特别是在碗的内部（图13.2，表13.2：Cat.12-13）。根据这些工具痕迹，块滑石灯可能主要是用刀和凿子加工，然后用沙子抛光的（Bond et al. 2013；Turner et al. 2013：167；另见 Arwidsson and Berg 1983）。

关于维京人灯具中灯芯构成物的证据很少。在安斯特的贝尔蒙特（Belmont）地区，有人提出亚麻和绒线是可能的来源（Bond et al. 2013；Turner et al. 2013：196），而在安斯特的安德霍尔地区，亚麻和内脏可能是灯芯来源（Bond et al. 2013；Turner et al. 2013：167）。来自加拿大北极地区的民族志研究强调了使用苔藓和羊胡子草（cotton-grass）作为灯芯的情况（Frink et al. 2012：433）。虽然苔藓在北大西洋地区广泛存在，在北极地区也被用作灯芯（Frink et al. 2012：433），在法国也可能被用于旧石器时代的灯具（de Beaune 1987：575），但笔者还没有找到关于它在维京环境中被使用的参考资料。羊胡子草是一种原产于北半球大部分地区的植物（Phillips 1954：612），可能符合关于维京人灯具的一些报告中

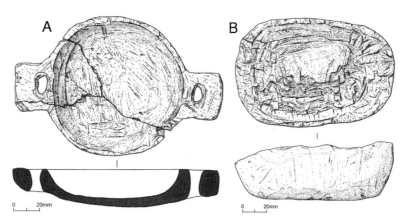

图13.2 在苏格兰安斯特的安德霍尔地区发现的两个维京时代的灯具的例子（图片来自 J. 邦德 [J. Bond] 并被授权使用）

提到的草和绒线的描述。伯恩·哈尔多松（Björn Halldórsson）在其18世纪的著作《草的用途》（*Grasnytjar*）中讨论了它在灯具中的使用（Kristjánsson and Sigfússon 1983：254），这表明它当然也可以在维京时代被这样使用。

到目前为止，对于维京时代的灯具和燃料来源还没有做过大量分析。就设得兰群岛（shetland）的灯具而言，考古学家认为其使用的是鱼油、海豹或鲸鱼的脂肪（Bond et al. 2013；Turner et al. 2013：167，196）。这些资料与丹麦中石器时代灯具的脂质分析相吻合，赫伦（Heron）等人（2013）发现，即使在内陆遗址，人们也使用鱼和海豹油作为燃料。德·伯恩（1987：575）重制旧石器时代灯具的实验表明，海生哺乳动物油比陆生哺乳动物油更好，尽管她并没有提到使用鱼油。来自加拿大北极地区的民族志和考古学研究表明，海生哺乳动物油和鱼油是北极地区各民族最广泛使用和最有效的燃料来源（Frink et al. 2012：433；Solazzo and Erhardt 2007：17）。与挪威和苏格兰一样，北极地区最常见的灯的材料似乎是块滑石，因此，这些材料似乎可以很好地结合在一起使用。尼尔森（Nilsen 2016）通过应用实验考古学和对石板衬砌地穴的分析，提供了从中石器时代开始的北欧考古遗址中可能从海洋鲸类脂肪中提取油的证据。这表明，在维京时代，海洋动物油可能已经被广泛使用。

实验考古学

实验考古学是以模仿性或复制性实验为中心的考古学分支学科（Saraydar 2008：3）。正是通过实验的过程，我们可以检验关于古代人类行为的各种假设（Ascher 1961：793）。实验考古学在研究维京人灯具方面的一个关键优势是有可能解答有关有机材料的问题，而这些材料在考古记录中很少被保存下来（Hurcombe 2008）。最后，重要的是要记住，一个可复制的实验虽然不能告诉我们过去的某件事是如何做的，但可以让我们了解到其可能采用的方法（Saraydar 2008：26）。因此，许多实验都集中在研究古代技术上，包括狩猎工具的类型、农业工具的使用，等等。关于这些过往研究，见萨雷达（Saraydar 2008）和阿谢尔（Ascher 1961）。除了重建技术，道森等人（2007）使用复制的因纽特古力克灯（qulliq，一种海豹油灯）来测量光的产生。这些测试的结果被输入电脑模拟软件，以测量图勒（Thule）因纽特人住所的电脑模型中的光照效果。虽然缺乏维京人住所的电脑模拟系统，但是可以通过重建的住所来解决此问题，所以对光的问题，本研究采取了一种更偏于现象学的方法。

方 法

为了测试块滑石灯的功能，我们制作了一个封闭式碗灯（图13.3）。[1] 虽然算不上精确的复制品，但这盏灯是根据帕帕斯朵尔（Papa Stour）的比金斯（The Biggings）地区现存出土的灯具制作的（表13.2：Cat.11，Crawford and Ballin-Smith 1999：SF521）。选择的燃料来源是市售的鱼肝油，选择它是因为方便获得和保持用油的一致性。使用的灯芯来源包括羊胡子草、亚麻和苔藓（Svanberg 1997）。这些灯芯材料既在原始／半加工的纤维条件下，也在完全加工的灯芯下被测试（表13.1）。不论在哪种情况下，灯芯在点燃前都要在30毫升的油中浸泡15到20分钟。

图13.3 仿制的灯具，灯芯为半加工的亚麻绳，灯油为30毫升的鱼油（拍摄：艾琳·麦奎尔）

表13.1 灯芯材料、形式和重新制作维京人灯具的实验性考古项目的结果

材料	形式	结果
（干）羊胡子草	花，种子，茎长度为100毫米，花直径为10毫米	花的一端有效地燃烧了几个小时，可以重新点燃再次使用，茎部完全无法点燃
	只有茎，长100毫米	无法点燃
	纺过的花纤维长150毫米直径3毫米	无法在任何时间内维持明亮的火焰

表13.1（续表）灯芯材料、形式和重新制作维京人灯具的实验性考古项目的结果

材料	形式	结果
亚麻	未加工的梗	无法点燃
	半加工的纤维	蜡烛有效地燃烧了几个小时，可以重新点燃再次使用。
	纺过，未织造的纤维	无法持续燃烧
	纺过并织造成的纤维	无法持续燃烧
	纺纱，织造成的纤维，表面涂蜂蜡	无法持续燃烧
苔藓	松散的	无法持续燃烧
	纺过的	无法持续燃烧

　　每种灯芯形式的有效性都记录在数据表中，不过只有两种灯芯被证明可以用于灯具（表13.1）。羊胡子草的花很细很脆弱，单个的种子头很容易从茎／柄上掉下来。在研究之前查阅的资料中，没有一处讨论过用羊胡子草的哪一部分作为灯芯，也没有讨论过灯芯应该有多长或多粗。我们考虑了三个选项：整朵花、种子和茎；单独的茎；或将花纤维纺成线。虽然可以将多个种子头／花纺在一起，但成品很脆，在处理时似乎不太可能保持其状态。只有完整的花头可以有效地作为灯芯。斯万伯格（Svanberg 1997：151）指出，来自冰岛的民族志研究表明，传统上，花的绒毛是用来做灯芯的材料，这也证实了我们的测试。

　　就亚麻而言，灯芯的选项包括未加工的植物茎／梗、一段纤维（将亚麻加工成亚麻的粗碎纤维）、一段纺制的亚麻线和四股亚麻绳。为了提高亚麻线的功效，还用蜂蜡进行涂抹，这是制作蜡烛芯的典型过程。

结果，只有未纺的亚麻纤维能有效地保持火焰燃烧。然后对两种可行的灯芯形式（羊胡子草和半加工的纤维）进行了更长的燃烧测试。在两天的时间里，每一种都有长达四小时的总燃烧时间。这阶段实验包括根据添加更多的燃料，并在第二天重新点燃灯芯。羊胡子草是在一个现代家庭的黑暗房间里测试的，并记录了燃料消耗程度和亮度。亚麻纤维是在重建的维京人穴屋中进行测试，并记录燃料消耗程度、亮度、温度和感官观察的。

如上所述，尽管第一组测试是在现代环境中进行的，但第二组测试是在华盛顿州南部的一个私人农场里根据假想而重建的维京时代穴屋中进行的（图13.4）。这座房子是由一群组成"胜利部落（Vinnlig Stamme）"社区的重演者建造的，并基于考古证据和欧洲露天博物馆的重建房屋建造而成。该穴屋的尺寸大约为3.5米×4.25米，中央的最高处约达3.2米，使其在尺寸上与冰岛最大的穴屋相当（Milek 2012：95）。这个重建房屋的东面有一扇大窗，西面有一扇门，在测试期间都没有完全关闭，因为没有遮蔽物可以使用，不过笔者用一张大的兽皮把窗户部分盖住了。由此产生的气流无疑对测试结果产生了影响。应该指出的是，窗户不可能是穴屋的常见特征，因为在冬季，它们会对保温产生负面影响。社区成员计划在未来通过增加一扇门和一个坚固的窗帘来更好地封闭房屋。

测试在2016年7月18日至7月20日进行，在此期间，该建筑新建了一些设施。虽然在测试开始时，穴屋内有一个火堆，但在测试的一周内，火堆被挖掉了，因为它对房屋的内部空间产生了太多的热量，大家觉得是不实用的。灯被放置在房子北墙的中央，并在其前方30厘米处和房间中央60厘米处进行测量。光线是用iPhone的测光表应用程序[2]测量的。温度读数是在相同的距离内进行的，并使用Seek品牌热像仪记录北墙的温度变化情况。

图13.4 穴屋正面照（拍摄：艾琳·麦奎尔）

结果和讨论

在实验两种情况下，该灯产生的光量都很低。平均而言，当近距离测量光量时，它们发出的光量在7至9流明之间。作为比较，一个典型的石蜡蜡烛发出13流明的光，而一个15瓦的紧凑型荧光灯发出800流明的光（Fouquet and Pearson 2006：145）。在中间的距离，测光表的读数只有1至2流明。遗憾的是，事实证明，测试设备不足以测量离灯1英尺（约30厘米——译者）以外的光量。在穴屋狭小的空间里，这盏灯发出的光对于某些工作来说是足够的，比如准备食物或编织，但对于任何需要密切注意细节的工作，比如刺绣，可能就不够了，除非直接坐在灯旁边。事实上，按照现代标准，它显然不足以让人进行任何工作（Dawson et al. 2007：29）。尽管这些读数很低，那些在穴屋内体验过灯光的人的感觉是，它比预期的要亮。另一个值得考虑的问题是，习惯于在维京时代建筑中生活和工作的人是否需要更亮的光线。虽然现代人的思维方式倾向于强调视觉的重要性，但其他感官可能也同样需要，甚至更重要（Dawson et al. 2007：30-31；也见 Bille and Sørensen 2007：266）。最后，我们不知道同一时间会有多少盏灯一起使用，但在胜利部落的案例中，有一天晚上的聚会同时使用了两盏灯，使用者认为穴屋的照明很好。

在灯的附近，温度变化是明显的，但灯对整个房间的温度没有什么影响。发生这种情况可能至少有一部分原因是没有遮挡门窗，因此这方面需要在今后重新进行测试。灯具上方的空气温度大约每半小时有1℃的缓慢变化，在三个小时的测试中上升了大约3℃。在这期间，亚麻灯芯看起来受燃烧的影响很小，而且似乎没有被火吞噬。人们可以很容易地重新点燃它并再次使用。相比之下，先前测试的羊胡子草灯芯通常持续燃烧三到四个小时，虽然它们可以重新被点燃，但它们往往不会燃烧超过一个小时。燃料的消耗量有些不同，但平均来说，30毫升的鱼油可以持续燃烧2.5小时。

我们之前预计这种灯会冒烟，并有强烈的鱼油味。鉴于火堆对其他重建的维京时代房屋的空气质量有负面影响（Christensen 2014：18-19；Christensen and Ryhl-Svendsen 2015：339），预计灯也会影响空气质量，尽管没有达到火堆的程度。虽然没有进行一氧化碳或二氧化碳的正式测试，但据观察，只有在强烈的气流中或火焰熄灭时才会有明显的烟雾，很像掐灭蜡烛的火焰。此外，鱼油的气味在现代环境中非常明显，但在穴屋中一点也不明显，它与泥土、木材、山羊和人的气味不相上下。

看来，点燃灯的方法很可能是先在火堆里点燃一根棍子之类的东西，然后用它来点燃灯的灯芯。火石和打火器只能产生火花，不足以点燃一盏灯，除非它们被用来点燃引火物，然后可以直接作用在灯芯上。持续的火焰是点燃大多数灯芯材料的必要条件。对着吸满油的羊胡子草或亚麻绳保持稳定的火焰，部分灯芯会干瘪变黑。只有变黑之后，它似乎才能够长时间燃烧。

灯芯的形式比此前我们预期的更为重要，而且与我们预期的方式有所不同。我们预计手捻的灯芯会更有效，在燃烧得更久、更亮的同时吸更多的油。恰恰相反，似乎"自然"灯芯燃烧得更亮，同时消耗了更多的燃料。这可能是因为花和松散纤维的表面积更大，因此在浸泡时吸了更多的油。此外，它们拥有更大体积的材料可以燃烧。我们此前预计这些灯芯会烧得更快，但是这两种灯芯至少可以使用三个小时，并能在几个小时后被重新点燃。这两种形式的灯芯在维京时代都是比较容易获得的。纤维是亚麻生产的副产品，在挪威和苏格兰等亚麻生产地区很容易获得这种材料。虽然亚麻在冰岛和法罗群岛可能比较有限，但羊胡子草很丰富，甚至在上个世纪就被用作灯芯（Svanberg 1997：146-147）。收集、晾干和储存羊胡子草是非常简单的。纺制羊胡子草或亚麻纤维增加了工作强度和整体工作量，但似乎降低了光照度，而且在纺制纤维的情况下无法保持燃烧状态。可能是亚麻灯芯太细了——似乎有必要用更粗的纺制灯芯进行后续测试。

米莱克（Milek 2012：122）坚信，冰岛维京时代的穴屋是家庭的核心要素，经常作为生产纺织品的建筑。她进一步提出，这种作用与维京时代其他地方的做法一致。虽然许多穴屋都有小的、封闭的火堆，并且可能有窗户（Milek 2012：94），但这些空间的集中光线照明是有限的，尤其是在黑暗的季节。灯具提供了可移动的照明光线，可以根据需要移动和调整。例如，在穴屋测试的那一周，有一天晚上，灯被临时用于户外烹饪照明。由于块滑石在手柄一端不会过热，人们可以把灯挪来挪去以应对各种照明需求，在这段时间里，它是否存在会产生很大区别。有趣的是，尽管人们必须小心翼翼地移动这盏灯，但事实证明，即使在装满油并点燃的情况下，它也非常便于携带。这样的灯在维京时代可能是有用的，如果它被放置在工作位置附近，可以帮助人们进行精细的纺织品生产（Ruffoni 2011：37）和其他需要额外照明的工作。而从远处看，它只能发出一点柔和的散射光。

米莱克（2012）认为穴屋是性别化的空间，与妇女的纺织生产有关。灯具和照明技术也可能与妇女的实践活动有关。使用织布的副产品亚麻纤维，以及收集和使用羊胡子草这些活动都很容易被归入家务领域。此外，像因纽特人的古力克一样，维京人的灯也需要人照看——需要监测燃料消耗程度，需要调整灯芯以增加其使用时间。例如，在燃烧纤维灯芯时，燃料消耗相对较高，需要人对其进行监测，需要添加额外的油以保持灯在整个测试期间燃烧。如果妇女在她们的工作场所使用灯具，并燃烧由她们自己劳动生产的灯芯，那么她们似乎也应该是维护灯光的人。

奥塞贝丽船葬可能是挪威维京时代最重要的女性墓葬，里面出土有两具女性的尸体和许多随葬品，包括一对铁灯（表13.2：Cat.3）。更耐人寻味的是，在墓中发现的一幅挂毯上重复出现了一个女性提着一盏灯的画面。这座坟墓中的灯和挂毯上描绘的灯被解释为社会地位、生育崇拜，甚至生命和死亡的象征（Ingstad 1995：144）。鲁福尼（Ruffoni 2011）对英斯塔德（Ingstad）关于奥塞贝丽船葬的文化解释提出质疑，她更倾向于对灯具等物品的功能性解释。她认为，灯可能只提供光线，例如在创作挂毯时，但她也并不否认灯具也可能有仪式性目的（Ruffoni 2011：37）。下文目录中的大多数灯具似乎都是实用性的，但耐人寻味的细节则显示出更多的可能性—— 一个瑞典的灯具，灯碗中刻有一个十字架（表13.2：Cat.4）；另一个来自冰岛的灯具可能刻有铭文（表13.2：Cat.22）。此外，许多日常用品也可能具有仪式性的目的，因此将它们归类为某一种可能毫无意义。至少在奥塞贝丽墓葬中，灯的象征意义似乎与女性的身份和实践活动有着深刻的联系，无论是神圣的还是世俗的。

结 论

本项研究的结果表明，从非常实用的意义上讲，实验考古学是研究维京时代灯具功能的一个有用的方法。通过制作块滑石灯并对灯芯材料和形式进行实验，我们可以确定能够被使用的材料。此外，通过测量重建的穴屋内部的光照度，我们可以观察到所产生的光的特性。鉴于灯所产生的光线水平较低，它似乎有可能被放置在那些最需要它来完成任务的人身边。

这项研究强调了灯的本身，但在未来，更全面地考虑使用灯的人之间的互动对我们更有好处。比耶和索伦森（2007：266）研究了光的社会维度，考虑了光的使用是如何塑造人类的经历和联系的。建造穴屋的胜利部落小组是有经验的重现者，他们拥有不同的技能。在现场的一周时间里，笔者观察到人们在练习维京时代的编织、石雕、服装制作、烹饪，等等。这些活动大部分是在室外进行的，有的是在白天，有的是天黑后在火光下进行的，但其部分原因是穴屋在晚上被用来测试灯光。今后如果与工匠们一起工作，评估他们如何与穴屋内的光线互动，将是很有价值的。除观察空间的社会用途外，观察较弱的光照是如何影响专门的手工业生产方法也是很有趣的（如 Dawson et al. 2007）。

火堆是维京时代房屋的常见特征。在传统的长形屋中，它们往往被置于中心位置，而在较小的穴屋中，它们更有可能出现在角落或沿墙的位置。虽然这不在本研究的范围内，但通过考古、文字记录和民族志资料来分析房屋内灯具和火堆之间的关系，对于理解维京时代住宅的光照度将是一个有益的尝试。实验的方法也可能会向我们展示出灯的光线和火堆的光线在重建的光照景观（lightscape）中是如何相互作用的。在华盛顿穴屋重建的案例中，天气太暖和，不适合生火，但太阳落山很早，使得灯光变得很重要。在更北方的环境中，太阳在夏季落山较晚，因此可能不需要灯光。同样，随着季节的变化，天气变得越来越冷，黑暗降临得更快，火堆变得必不可少。这就提出了一个问题：当火堆被点燃时，灯会扮演什么样的角色。如果像米莱克（2012：94）所说的那样，火堆被封闭在较小的空间里，那么它们可能在不产生大量光照的情况下供暖。在较大的长形屋中，由于中央有开放的火堆，火堆产生的光可能无法到达所有需要的空间，因此人们还是需要携带照明物品。

灯，似乎是维京人日常（夜间？）生活的一个重要元素。它们能够在黑暗的空间里创造出一束光，照亮房间的角落，使挂毯和织布的细节栩栩如生，也许还能弥合白天和黑夜、神圣和世俗、黑暗和光明之间的鸿沟。一盘皂石、一捆亚麻、一摊油——以及一只引导它的女人的手——是将光带入黑暗所需的一切。

表 13.2 维京时代灯具选编目录

国家/编号	遗址名称	灯具类型	材料	尺寸	描述	年代跨度	来源
挪威							
Cat.1	Sulstugu, Vukus., Verdal, 北特伦德拉格郡 (Nord-Trøndelag)	碗形	块滑石	10.2厘米宽 3.7厘米高	长方形、有四边、平底	维京时代	Universitetsmuseenes Samlingsportaler, http://www.unimus.no/,item 15889
Cat.2	不列颠尼亚宾馆庭院 (Britannia Hotel'sCourtyard) 德隆宁根栈桥 (Dronningens) gt.5, 特隆赫姆 (Trondheim)	单手柄	块滑石	直径14.8厘米, 带4.5厘米手柄	制作粗糙, 略呈长方形, 有单柄	维京时代	Universitetsmuseenes Samlingsportaler, http://www.unimus.no/,item 16568
Cat.3	奥塞贝丽船葬, 韦斯特福尔 (Vestfold)	碗形 (插在长钉上)	铁	直径15厘米,深6厘米,长钉长44厘米	安装在大钉子上的圆形铁碗 (两盏灯)	公元800年至850年	Kulturhistorisk museum, UiO, item Cf21674_12_ C55000_138
瑞典							
Cat.4	Kastellgården, Kungahälla, Ytterby, 布胡斯省 (Bohuslän)	碗形	其他石材	17.5厘米 x 16.4厘米 高5.5厘米	略呈长方形,盘状,中间有十字架图案	公元1100年至1200年	Swedish Historical Museum, http://mis.historiska.se, item 118690
Cat.5	比约克岛 (Björkö), Adelsö, 乌普兰 (Uppland)	碗形	陶瓷	直径8厘米, 高4.5厘米	圆形, 直边碗, 有中心点	维京时期	Swedish Historical Museum, http://mis.historiska.se, item 5208: 2370
Cat.6	Björkö, Adelsö, 乌普兰	碗形	陶瓷	未知	可能与SHM 5208: 2370相似, 但严重缺损	维京时期	Swedish Historical Museum, http://mis.historiska.se, item 5208: 2371

表 13.2（续表）维京时代灯具选编目录

国家/编号	遗址名称	灯具类型	材料	尺寸	描述	年代跨度	来源
苏格兰							
Cat.7	设得兰群岛科比斯特（Kebister）	碗形	块滑石	未知	亚矩形碎片状碗，保存不佳（作为砝码重新使用？）	铁器时代至"北方时期"	Owen and Lowe 1999: Kebister: The Four-Thousand-Year-Old Story of One Shetland Township, Section 5.5.8, SF1820
Cat.8	设得兰群岛科比斯特	碗形	块滑石	直径约8厘米\n\n高约3厘米	残缺的亚矩形碗，经过打磨？	铁器时代至"北方时期"	Owen and Lowe 1999: Kebister: The Four-Thousand-Year-Old Story of One Shetland Township, Section 5.5.8, SF2293
Cat.9	设得兰群岛科比斯特	碗形	块滑石	10厘米×5厘米\n\n高3.4厘米	未完成的、近乎矩形的平底容器	铁器时代至"北方时期"	Owen and Lowe 1999: Kebister: The Four-Thousand-Year-Old Story of One Shetland Township, Section 5.5.8, SF3010
Cat.10	设得兰群岛帕帕斯朵尔的比金斯地区	单手柄	块滑石	直径8.4厘米，包括手柄总长10厘米\n\n高3.6厘米	圆碗，带手柄	铁器时代？	Crawford and Ballin Smith 1999: The Biggings, Papa Stour, Shetland: The History and Archaeology of a Royal Norwegian Farm, Section 7.2.4, SF521
Cat.11	设得兰群岛帕帕斯朵尔的比金斯地区	悬挂式	块滑石	约10.5厘米×7.2厘米\n\n高约3厘米	椭圆形灯，有两个吊耳，其中一个断裂	维京时期	Crawford and Ballin Smith 1999: The Biggings, Papa Stour, Shetland: The History and Archaeology of a Royal Norwegian Farm, Section 7.2.4, SF522

表13.2（续表）维京时代灯具选编目录

国家/编号	遗址名称	灯具类型	材料	尺寸	描述	年代跨度	来源
Cat. 12	设得兰群岛帕帕斯朵尔的比金斯地区	单手柄	块滑石	10.1厘米 x 2.8厘米 高2厘米	椭圆形小灯，可能是便携式的，有穿孔手柄	维京时期	Crawford and Ballin Smith 1999: The Biggings, Papa Stour, Shetland: The History and Archaeology of a Royal Norwegian Farm, Section 7.2.4, SF434
Cat. 13	设得兰群岛安德霍尔	悬挂式	块滑石	直径约11.5厘米，包括挂耳全长17.5厘米 高约2.5厘米	残片、未完成、浅形、带吊耳的圆形吊灯	维京时期	Bond et al. 2013: "Excavations at Hamar and Underhoull," pp. 166–67, SFs 1639, 1858, 1997
Cat. 14	设得兰群岛安德霍尔	碗形	块滑石	约14.5厘米 x 9.5厘米 高约5厘米	不完整，在建造过程中破碎，外表面光滑，部分镂空	维京时期	Bond et al. 2013: "Excavations at Hamar and Underhoull," pp. 166–67, SF 1931
Cat. 15	设得兰群岛雅尔斯霍夫（Jarlshof）2号房址居住面	碗形	块滑石	直径约10厘米，深约1.2厘米	小圆盘，有燃烧的痕迹	维京时期？	Hamilton 1956: Excavations at Jarlshof,Shetland, figure 54, 13, p. 185
Cat. 16	设得兰群岛雅尔斯霍夫2号房址居住面	碗形	块滑石	长约12厘米	椭圆形灯	维京时期？	Hamilton 1956: Excavations at Jarlshof,Shetland, figure 54, 19, p. 185
Cat. 17	设得兰群岛雅尔斯霍夫第六期房址	悬挂式	块滑石	约12.5厘米 x11.5厘米，深约1.2厘米	椭圆形吊灯，带吊耳	约公元1150年	Hamilton 1956: Excavations at Jarlshof,Shetland, pp. 184–85

表 13.2（续表）维京时代灯具选编目录

国家/编号	遗址名称	灯具类型	材料	尺寸	描述	年代跨度	来源
Cat. 18	设得兰群岛雅尔斯霍夫第六期房址	悬挂式	块滑石	19厘米×11.5厘米，深约2厘米	扁平亚矩形板，短边上有悬挂吊耳		Hamilton 1956: Excavations at Jarlshof,Shetland, pp. 184–85, F300
冰岛							
Cat. 19	Herjólfsdalur, 韦斯特曼纳（Vestmannaeyjar）	碗形	玄武岩	16厘米×15厘米，高12厘米	刻入玄武岩的碗。有燃烧证据	公元850年至1100年	Sarpur: Menningarsögulegt gagnasafn (Archives: Cultural database, Iceland), item HJD/VE/81-584/2001-21-584
Cat. 20	Suðurgata 3–5, 雷克雅末克（Reykjavík）	碗形	其他石材	24厘米x21厘米，高3厘米	不规则、中空的石头制成。碗中有烟灰	公元900年	Sarpur: Menningarsögulegt gagnasafn (Archives: Cultural database, Iceland), item S3-5-571
Cat. 21	Sámsstaðir 1, Fljótslið, 朗加瓦拉（Rangárvallasýsla）	悬挂式	块滑石	直径16.8厘米，高3.9厘米	大而扁平，圆盘，有两个挂耳。挪威制作？	公元870年至930年	Sarpur: Menningarsögulegt gagnasafn (Archives: Cultural database, Iceland), item 5375/1906-42; Eldjárn, 1949–50: "Kléberg á Íslandi," Árbók Hins íslenzka fornleifafélags, bls. 5-40
Cat. 22	Ingunnarstaðir, Kjós, 乔萨尔（Kjósarsýsla）	单手柄	凝灰岩	20.8厘米x12厘米，高9.5厘米	方形平底碗，有大型手柄。手柄上可能有铭文	公元900年至1100年	Sarpur: Menningarsögulegt gagnasafn (Archives: Cultural database, Iceland), item 1959–1962

表 13.2（续表）维京时代灯具选编目录

国家/编号	遗址名称	灯具类型	材料	尺寸	描述	年代跨度	来源
Cat. 23	Stöng, Þjórsárdalur, Árnessýsla	碗形	花岗岩	直径11厘米，高6.5厘米，深1.9厘米	圆形浅碗，有燃烧的痕迹	公元900年至1100年	Sarpur: Menningarsögulegt gagnasafn(Archives: Cultural database, Iceland), item 13879/1939 - 1943; A. Roussell 1943: "Stöng, Þjórsárdalur," in Forntida gårdar i Island (Copenhagen: Einar Munksgaard), 72 - 97
Cat. 24	Stöng, Þjórsárdalur, Árnessýsla	碗形	凝灰岩	直径10厘米，高5厘米，深2厘米	圆碗，平底，破损但粘在一起	公元900年至1100年	Sarpur: Menningarsögulegt gagnasafn (Archives: Cultural database, Iceland), item 13877/1939-43; A. Roussell 1943: "Stöng, Þjórsárdalur," Forntida gårdar i Island (Copehagen: Einar Munksgaard), 72 - 97
Cat. 25	未知	碗形	铜	直径10厘米，高2.5厘米	圆形铜碗，可能有一个手柄	公元1000年至1500年	Sarpur: Menningarsögulegt gagnasafn (Archives: Cultural database, Iceland),item 6663/1914-101

注 释

1. 详见维京灯项目: https://onlineacademiccommunity. uvic. ca/vikinglamps/making-the-first-lamp/。

2. 使用的测光表工具是埃琳娜·波利扬斯卡娅（Elena Polyanskaya）的 "Light Meter—lux measurement tool"，可在iPhone应用商店购买。这是一位摄影师推荐的，不过它没有我想象中的那么灵敏。

参考文献

Amorosi, Thomas, Paul Buckland, Andrew J. Dugmore, Jon H. Ingimundarson, and Thomas H. McGovern. 1997. "Raiding the Landscape: Human Impact in the Scandinavian North Atlantic." *Human Ecology* 25(3):491–518. https://doi.org/10.1023/A:1021879727837 http://www.jstor.org/stable/4603254.

Arwidsson, Greta, and Gosta Berg. 1983. *The Mästermyr Find: A Viking Age Tool Chest from Gotland*. Stockholm: Vitterhets-, historie- och antikvitetsakad.

Ascher, Robert. 1961. "Experimental Archeology." *American Anthropologist* 63(4):793–816. https://doi.org/10.1525/aa.1961.63.4.02a00070 http://www.jstor.org/stable/666670.

Barrett, James, Roelf Beukens, Ian Simpson, Patrick Ashmore, Sandra Poaps, and Jacqui Huntley. 2000. "What Was the Viking Age and When Did It Happen? A View from Orkney." *Norwegian Archaeological Review* 33(1):1–39. https://doi.org/10.1080/00293650050202600.

Bille, Mikkel, and Tim F. Sørensen. 2007. "An Anthropology of Luminosity: The Agency of Light." *Journal of Material Culture* 12(3):263–284. https://doi.org/10.1177/1359183507081894.

Bond, Julie M., with contributions by S. J. Dockrill, Z. Outram, C. E. Batey, J. Summers, R. Friel, L. D. Brown, E. Campbell, J. Cussans, G. Cook, R. Legg, W. Marshall, J. G. McDonnell, A. Mustchin, M. Church, L. E. Hamlet, and I. A. Simpson. 2013. "Excavations at Hamar and Underhoull." In *Viking Unst: Excavation and Survey in Northern Shetland, 2006–2010*, ed. Val Turner, Julie Bond, Anne-Christine Larsen, and Olwyn Owen, 123–79. Lerwick: Shetland Amenity Trust.

Christensen, Jannie M. 2014. "Living Conditions and Indoor Air Quality in a Reconstructed Viking House." *EXARC Journal* 1:16–19. https://doi.org/10.1111/ina.12147.

Christensen, Jannie M., and Morten Ryhl-Svendsen. 2015. "Household Air Pollution from Wood Burning in Two Reconstructed Houses from the Danish Viking Age." *Indoor Air* 25(3):329–340. https://doi.org/10.1111/ina.12147.

Colombini, M. P., G. Giachi, F. Modugno, and E. Ribechini. 2005. "Characterisation of Organic Residues in Pottery Vessels of the Roman Age from Antinoe (Egypt)." *Microchemical Journal* 79(1–2):83–90. https://doi.org/10.1016/j.microc.2004.05.004.

Copley, Mark S., Fabricio A. Hansel, Karim Sadr, and Richard P. Evershed. 2004. "Organic Residue Evidence for the Processing of Marine Animal Products in Pottery Vessels from the Pre-Colonial Archaeological Site of Kasteelberg D East, South Africa." *South African Journal of Science* 100(5–6):279–283.

Crawford, Barbara E., and Beverly Ballin-Smith. 1999. *The Biggings, Papa Stour, Shetland: The History and Excavation of a Royal Norwegian Farm.* Edinburgh: Society of Antiquaries of Scotland and Det Norske Videnskaps-Akademi.

Dawson, Peter, Richard Levy, Don Gardner, and Matthew Walls. 2007. "Simulating the Behaviour of Light inside Arctic Dwellings: Implications for Assessing the Role of Vision in Task Performance." *World Archaeology* 39(1):17–35. https://doi.org/10.1080/00438240601136397.

De Beaune, Sophie. 1987. "Palaeolithic Lamps and their Specialization: A Hypothesis." *Current Anthropology* 28(4):569–577. https://doi.org/10.1086/203565 http://www.jstor.org/stable/2743501.

Dugmore, Andrew J., Mike J. Church, Kerry-Anne Mairs, Thomas H. McGovern, Anthony J. Newton, and Guðrun Sveinbjarnardóttir. 2006. "An Over-Optimistic Pioneer Fringe? Environmental Perspectives on Medieval Settlement Abandonment in Þórsmörk, South Iceland." In *Dynamics of Northern Societies: Proceedings of the SILA/NABO Conference on Arctic and North Atlantic Archaeology, Copenhagen, May 10th–14th, 2004,* ed. Jetter Arneborg and B. Grønnow, 335–345. Copenhagen: Aarhus University Press.

Eldjárn, Kristján. 1949–50. "Kléberg á Íslandi." *Árbók Hins íslenzka fornleifafélags* 50:41–62.

Evershed, Richard, Sarah J. Vaughan, Stephanie N. Dudd, and Jeffrey S. Soles. 1997. "Fuel for Thought? Beeswax in Lamps and Conical Cups from Late Minoan Crete." *Antiquity* 71(274):979–985. https://doi.org/10.1017/S0003598X00085860.

Fouquet, Roger, and Peter J. G. Pearson. 2006. "Seven Centuries of Energy Services: The Price and Use of Light in the United Kingdom (1300–2000)." *Energy Journal* 27(1):139–177. https://doi.org/10.5547/ISSN0195-6574-EJ-Vol27-No1-8 http://www.jstor.org/stable/23296980.

Frink, Liam, Dashiell Glazer, and Karen G. Harry. 2012. "Canadian Arctic Soapstone Cooking Technology." *North American Archaeologist* 33(4):429–449. https://doi.org/10.2190/NA.33.4.c.

Hamilton, John R. C. 1956. *Excavations at Jarlshof, Shetland*. Edinburgh: H. M. Stationery Office.

Heron, Carl P., Søren H. Andersen, Anders Fischer, Aikaterini Glykou, Sönke Hartz, Hayley Saul, Valerie Steele, and Oliver E. Craig. 2013. "Illuminating the Late Mesolithic: Residue Analysis of 'Blubber' Lamps from Northern Europe." *Antiquity* 87(335):178–188. https://doi.org/10.1017/S0003598X00048705.

Hurcombe, Linda. 2008. "Organics from Inorganics: Using Experimental Archaeology as a Research Tool for Studying Perishable Material Culture." *World Archaeology* 40(1):83–115. https://doi.org/10.1080/00438240801889423.

Ingstad, Anne Stine. 1995. "The Interpretation of the Oseberg Find." In *The Ship as Symbol in Prehistoric and Medieval Scandinavia*, ed. Ole Crumlin-Pedersen and Birgitte Munch Thye, 139–149. Copenhagen: Nationalmuseet.

Kristjánsson, Gísli, and Björn Sigfússon, comp. 1983. Rit Björns Halldórssonar í Sauðlauksdal. Reykjavík: Búnaðarfélag Íslands.

Mangone, Annarosa, Lorena C. Giannossa, Rocco Laviano, Custode S. Fioriello, and Angela Traini. 2009. "Investigations by Various Analytical Techniques to the Correct Classification of Archaeological Finds and Delineation of Technological Features: Late Roman Lamps from Egnatia: From Imports to Local Production." *Microchemical Journal* 91(2):214–221. https://doi.org/10.1016/j.microc.2008.11.006.

Milek, Karen. 2012. "The Roles of Pit Houses and Gendered Spaces on Viking-Age Farmsteads in Iceland." *Medieval Archaeology* 56(1):85–130. https://doi.org/10.1179/0076609712Z.0000000004.

Nilsen, Gørill. 2016. "Marine Mammal Train Oil Production Methods: Experimental Reconstructions of Norwegian Iron Age Slab-Lined Pits." *Journal of Marine Archaeology* 11(2):197–217. https://doi.org/10.1007/s11457-016-9153-8.

Ólafsson, Guðmundur. 1987. "Ljósfæri og lýsing." *Íslensk Þjóðmenning I*: 347–369. Reykjavík: Bókaútgáfan Þjóðsaga.

Owen, Olwyn, and Christopher Lowe. 1999. *Kebister: The Four-Thousand-Year-Old Story of One Shetland Township*. Edinburgh: Society of Antiquaries of Scotland.

Phillips, Marie E. 1954. "Eriophorum Angustifolium Roth." *Journal of Ecology* 42(2):612–622. https://doi.org/10.2307/2256893.

Roussell, A. 1943. "Stöng, Þjórsárdalur." In *Forntida gårdar i Island*, ed. M. Stenberger, 72–97. Copenhagen: Einar Munksgaard.

Ruffoni, Kirsten. 2011. "Viking Age Queens: The Example of Oseberg." MPhil thesis, University of Oslo.

Saraydar, Stephen C. 2008. *Replicating the Past: The Art and Science of the Archaeological Experiment*. Long Grove, IL: Waveland Press, Inc.

Solazzo, Caroline, and David Erhardt. 2007. "Analysis of Lipid Residues in Archaeological Artifacts: Marine Mammal Oil and Cooking Practices in the Arctic." In *Theory and Practice of Archaeological Residue Analysis,* British Archaeological Reports International Series 1650, ed. Hans Barnard and Jelmer W. Eerkens, 161–178. Oxford: Archaeopress.

Svanberg, Ingvar. 1997. "'The Use of Rush (*Juncus*) and Cotton-Grass (*Eriophorum*) as Wicks: An Ethnobotanical Background to a Faroese Riddle." *Svenska landsmål och svenskt folkliv* 1997–1998:145–157.

Turner, Val, Julie Bond, Anne-Christine Larsen, and Olwyn Owen. 2013. *Viking Unst: Excavation and Survey in Northern Shetland, 2006–2010*. Lerwick: Shetland Amenity Trust.

344

第 六 部 分

夜间活动

第十四章

工程成就和后果

夜间工人和印度文明

莉塔·P. 怀特、泽诺比·S. 加雷特

夜间考古学是什么？

夜晚和黑暗是无形的概念，很少留下实体痕迹（也许除了考古学中对夜空的描述以外）。事实上，从人类学的角度看，认为某些活动本来就是夜间活动的说法是有问题的，因为它假设了一种支配人类行为的环境决定论。黑夜和白天的概念本身就是社会建构，作为考古学家，我们不能假设过去的文化会做出类似的明显的二分法。

然而，尽管在进行夜间考古工作时有很多挑战，但这显然是一件值得我们去做的事情。当然，人类视觉的急速发展鼓励着人们去关注那些眼睛容易看到的群体和活动，并使人们避免那些"在夜里可怕的响声"（bump in the night）之类的事件。现代人围绕着夜晚产生的恐惧和虚构事物，甚至都被包含在考古学的大众展示中——有夜晚组成部分的历史插图和场景重现都发生在黑暗的地方，这往往是一种有意的修辞手法，旨在区别对待这类"其他"活动和其相关的人的能动性。对现代研究者来说，这种在文化上形成的对夜间活动的无知是有问题的，因为它忽视了人类适应环境的力量，并带来了一种感官的"偏见势利"，即忽视了其他感官对人类行动的影响。夜间考古学可以让我们作为研究者去考虑古代人群可能是如何思考、识别和应对夜间环境的，并可以让我们考虑我们周围世界中其他类型的互动和感知方式。

然而，更重要的是，夜间考古学迫使我们思考那些今天在黑暗中发生的活动和从事这些活动的人。这些活动在历史上是否也曾在黑暗中发生过，这一点并不重要；重要的是，现今发生在夜间的活动是隐蔽的、不为人知的，因此，这些群体并不为学术和历史所知。反思发生在我们自己社会中的夜间活动，为夜间考古学服务，可以为"看到"我们周围无法被看到的活动以及进行这些活动的无法被看到的群体提供一个平台。

本章的主题迫使我们思考并努力研究夜间发生的活动，以及如何让该研究适用于印度河流域文明的考古记录。在此过程中，我们把重点放在水和污水处理系统的维护这一现代世界中的一种传统夜间活动上，以说明进行这些维护工作的公共空间和活动是如何为参与者构建共同的归属感和／或由外部世界强加给他们的共同身份。

虽然社会不平等是本章的重点研究内容，但本章提供的夜间背景下的案例研究旨在表明，有时，对夜间活动的监管可能是社会排他性行为的一部分。同时，负责污水处理和供水的工人，以及其他现代夜间工作者，一直被社会排斥在人类学研究之外；因此，在许多情况下，夜间考古学带来的最大的好处仅仅是向世人展示出这些群体，并促使我们更好地了解他们。

位于现今巴基斯坦和印度的印度河流域城市是世界历史上最早出现的城市之一，时间在公元前3000年以后（约公元前2600年至公元前1900年），与其他城市中心一样，它们当时同样面临人们建立人口稠密的定居点时所遇到的危险：在与印度河文明同时代的美索不达米亚、埃及以及其他早期城市环境中，供水和排污系统提供的设施试图应对"污水"（Jansen 1993: 15）造成的污染问题和对饮用水的需求。

本章重点介绍印度河流域复杂的供水系统和环卫技术，以其中三个城市为研究对象。虽然没有相关文字记录可以让我们了解该系统是如何维护的，但它们的建筑遗迹可以构建其所需完成的任务。我们对维持该系统运作的工人几乎一无所知，也不知道他们是独立运作的还是属于一个集中的官僚机构。从所需的工作类型、他们所清理的垃圾坑的臭味，以及主要通道上的许多设施的存在，可以推断出他们是在夜间工作的。笔者首先总体描述印度河文明，特别关注哈拉帕（Harappa）、摩亨佐－达罗（Mohenjo-daro）和多拉维拉（Dholavira）等印度河流域文明主要城市，然后深入探讨水和环卫技术在早期国家社会中的意义。之后，笔者将描述印度城市摩亨佐－达罗的相关技术，并利用纽约市和其他地方的历史资料进行类比，重现了维护这些设施的工人所从事的工作。

印度河流域文明

印度河流域文明位于现在的巴基斯坦、印度，以及阿富汗北部（Kenoyer 1998; Possehl 2002; Wright 2010）。它的年代基于三个时期划分，即早期（公元前3300年至公元前2600年）、成熟期（公元前2600年至公元前1900年）和晚期哈拉帕（公元前1900年至公元前1400年）。这些时期中的每一个都可以分成阶段性的类别，并在其发展的几个区域中有所变化。通常被称为印度河谷文明，这些定居点实际上是由两个水系孕育的，即巴基斯坦的印度河和印度西北部的克格尔－哈克拉（Ghaggar-Hakra）水系（Wright 2010）。

这些河流流入的地区，也就是本章所描述的印度河流域最大的城市——哈拉帕、摩亨佐－达罗和多拉维拉——所在的地区，具有不同的生态环境，可以以其城市中心为基准进行细分。哈拉帕市在巴基斯坦的旁遮普（Punjab）省，位于半干旱地区。它由印度河及其支流拉维（Ravi）河、杰纳布（Chenab）河和杰赫勒姆（Jhelum）河提供水源。与哈拉帕同时代的考古遗址位于与拉维河平行的比斯（Beas）河干涸的河床上，哈拉帕所在的地方形成了一个小的生态环境，在这里，农村居民点与城市中心相互影响（Wright et al. 2008；Wright 2010）。除河流水系外，降水来自季节性季风和冬季西风降雨（Wright 2010）。在哈拉帕和比斯河沿岸发掘的最早居住层可以追溯到早期哈拉帕时期。与哈拉帕周围地区相比，位于巴基斯坦东南部信德（Sindh）省的摩亨佐-达罗市是一个有季节性季风和间歇性降水的地区。在一年的大部分时间里，现代信德省处于类似沙漠的环境中。到目前为止，还没有成功在摩亨佐-达罗探测到成熟期哈拉帕文化之前的层位（Jansen 1993）。与有前城市活动和定居证据的哈拉帕不同，从目前的证据来看，摩亨佐-达罗的城市形式似乎已经完全成熟，并可能持续到哈拉帕晚期。最后，多拉维拉古城位于印度古吉拉特（Gujarat）邦的卡奇（Kutch），靠近海岸，其周边地区的一些定居点拥有丰富的海洋资源和其他自然资源。在城市中已经发现了可以追溯到早期哈拉帕的层位。然而，主要的河流系统似乎并不是吸引定居者到该地的原因。水是由水库和大坝提供的，这些水库和大坝从小河（季节性溪流）中引水到城市（Bisht 2005）。最初，水只限于城市的一部分范围内，但随着时间的推移，工程师们开发了一个宏伟的水库和水坝系统。当水从水库中放出时，水就像瀑布一样流向城镇，在上城区被用作饮用水，在下城区被用作家庭和灌溉用水。此外，还发现了另外两个主要的印度河城市：位于巴基斯坦科里斯坦（Cholistan）沙漠的甘瓦里瓦拉（Ganweriwala），仅在地面调查中被发现（Mughal 1997），而位于印度西北部哈里亚纳（Haryana）邦的拉希迦希（Rakhigarhi）则是一个正在进行的考古研究项目，因此本章不会讨论这两个城市。

上述印度河流域主要城市的不同环境表明了该地区广泛的环境多样性特征和印度河流域人民可利用的各种资源。这些资源很可能在吸引来自山区和低洼地区的早期农业和牧业社群方面发挥了作用，并最终促进了印度河流域城市的建设。在信德省，最初人们被早在旧石器时代就已开采的白垩石矿吸引（Biagi and Cremaschi 1991）。在古吉拉特邦，贝壳和红玉髓是备受青睐的装饰品资源。迄今为止，阿富汗北部唯一的印度河流域定居点位于巴达克山（Badakshan）地区，那里是世界最大的青金石产地。在该地区开采的其他贵重矿物有金、银、铜和锡。尤其在整个成熟哈拉帕时期及其前后一段时间，印度河文明从这些外围地区获得了自然资源（Law 2008）。

最后，印度河流域文明在其所处时代被称为超越其边界的世界。来自美索不达米亚（今伊拉克）的文字记录讲述了一个名为麦鲁哈（Meluhha）的地方，它以贸易和其他形式的对外接触而闻名（Steinkeller 2006），它被认为就是印度河流域文明。这些记录表明，该文明通过波斯湾的海上运输保持着广泛的对外联系，在现代阿拉伯世界的每一个国家都有停留点，并在伊朗和其他地方进行陆路运输。

早期国家的水利工程和环卫设施

整个印度河流域文明的水文性质各不相同，这就要求有一个丰富的水设施系统来储存和分配水，以及大量的劳动力来维护它们。这些系统对于维持城市中心的首要地位反映在最近在摩亨佐－达罗进行的一项研究的标题中，该研究将遗址描述为一个《水井和排水系统的城市》（*City of Wells and Drains*），副标题是《4500年前的水之辉煌》（*Water Splendour 4500 Years Ago*）（Jansen 1993）。本章涉及的两类水工程是提供饮用水和环卫系统的水工程。

为了将印度河流域置于其历史背景中，以了解其他早期文明在城市维护中面临的挑战，我们将对最早的城市中心是如何应对维护用水系统的挑战进行简要回顾。饮用水和环卫设施这两种技术相辅相成，但它们往往被分开管理。以下内容并不算是这两种技术完整的时间表，只是笔者为了引起大家对早期国家的城市生活所面临的挑战的关注。文章的目的是提供一个框架，使人们从中了解这些相同的设施在印度河流域文明中的意义。我们将在下文中介绍这些设施。[1]

饮用水

即使在城市发展之前，无论走到哪里人们都要寻找饮用水。这种需求反映在游牧民族的迁徙活动中，他们是沿着绿洲的路径旅行的。在最早的定居社区，例如在黎凡特（Levant）的杰里科（Jericho），人们被其泉水吸引而至（Kenyon 1957）。水被装在陶瓷罐或其他不透水材料制成的容器中，从泉眼被运到各个家庭。后来，当人们搬到美索不达米亚的冲积平原时，雨水被收集起来供家庭使用。在早期王朝时期的埃及，尼罗河是埃及人主要的饮用水源。在新大陆的古典玛雅城市蒂卡尔（Tikal，公元250年至公元900年），人们从已有的泉水中引水，并通过天然的峡谷将其引入人工建造的水库和水坝（Scarborough et al. 2012），那里有一种沙子过滤系统被用来净化水，使其可以饮用。

环境卫生系统

旧大陆中最早的环卫系统证据可以追溯到公元前4000年至公元前3000年。在叙利亚哈布巴卡比拉（Habuba Kabira）的铜石并用时代

（Chalcolithic）的遗址（约公元前3400年至公元前3000年），人们通过制作陶器管段，将水和碎屑从住宅中引出（Jansen 1993，15）。[2]在公元前4世纪末至公元前3世纪初的美索不达米亚，人们为控制暴雨而建立了排水系统。它们包括拱形下水道、用于处理家庭垃圾和地表径流的水沟和排水沟，以及一些房屋下的污水池，人们通过地板开口蹲在上面如厕（De Feo et al. 2014：3938）。在同一时期，苏格兰的斯卡拉布雷（Skara Brae）有厕所连接到住宅楼层下面的排水系统（De Feo et al. 2014：3939）。埃及早期王朝时期，在希拉孔波利斯（Hierakonpolis），废物被人从居住区移出带到外面，最后可能被倒进河里。也有安装有石板的卫生间。一条排水通道从浴室流入一个容器，然后进入沙漠，而在不太富裕的家庭中，排泄物被放置在陶瓷碗中，并被收集在装有沙子的罐子里。这些废物被倒入河流和街道。那些更穷的人也用类似的系统，他们在沙床上用一个简单的凳子如厕。在金字塔中，一种更复杂的排水系统使用了黏土管道，用来引导水和污水排放（De Feo et al. 2014：3942）。

公元前3200年至前1100年间，米诺斯文明和迈锡尼文明（Mycenaean civilization）开发出了一个更壮观的雨水管理系统。它包括导管和管道，分别将水和人类排泄物从用水罐冲水的厕所中导出。后来，克诺索斯（Knossos）宫殿的厕所有木制的座位，管道连接到中央排水系统。此外，石头管道被用来引开雨水，以减少洪水的风险（De Feo et al. 2014：3939）。4000年前，在中国黄河边的早期定居点，陶器和土制管道被放置在街道下用于排水。在后来的商代，城市排水系统包括单独的下水道和一套精心设计的系统，（在一些城市中）延伸范围超过15平方公里（De Feo et al. 2014：3943）。在新大陆的玛雅古典时代遗址帕伦克（Palenque，公元600年至公元700年），特别复杂的水力系统预防了由于自然景观和温度的变化而发生的洪水（French et al. 2013）。这些景观变化包括一个地面广场的建设和随之而来的对森林的砍伐。通过建造一个水渠，它们造成的不良影响得到了缓解，水渠是该遗址最大的城市遗迹之一。科克·弗伦克（Kirk French）及其同事（2013年）利用水力考古模型确定，在温度降低和干旱导致的十年高峰事件中，城市洪水被成功减少。

生活在摩亨佐 – 达罗：饮用水和环卫设施

摩亨佐 – 达罗是研究印度河流域城市（公元前2600年至公元前1900年）及其水利设施的最佳地点之一。该城市的烘烤砖型建筑已被重建，并尽可能地进行了翻新（图14.1）。它是联合国教科文组织认定的世界遗产，即使在今天，游客也可以步行在它的许多城市街道上，观摩住宅和著名的大浴场（Great Bath）中的沐浴区。该城建在横贯南北、东西的轴线上，位置稍有偏离，基于太阳和固定星体位置的天文数据，建设者将这些数据与自然景观的元素相结合，提供了可以定位的点（Wanzke 1984：35）。在最初建设完成后，一些街道的规划被修改，其设施，如特定街区的用水点也有改变（Jansen 1993：126）。

上文所讨论的摩亨佐 – 达罗和其他中心的水利工程证据，为考古学家对技术汇总门类增添了一种新的"工艺"。有趣的是，虽然考古学家并没有考虑此技术对现代城市化的意义，但其他学者将水利工程作为当代社会可持续发展的模式进行了调查（Bond et al. 2013：Singh et al. 2015）。另外一些学者则通过对消费和管理废弃物的民族志研究（Royte 2006），更仔细地观察了我们城市之下的人和物（Ascher 2005）。有些人准备了"卫生维护艺术"（Maintenance Art）（Kennedy 2016；Ukeles 2016），即一种将垃圾视为文物的行为。这些研究，与下文讨论的各种历史类比一起，在理解古代技术复杂性方面取得了很大的进展，并为我们了解古代工人提供了可能有用的见解。

摩亨佐－达罗密布着居民区，其供水系统将整个城市的饮用水和卫生设施的分布结合在一起（图14.1）。水源和污水处理等基础设施被设计成网格状，都建在城市街道上。水井系统是一种重要的资源，是饮用水的主要来源。水井是由特别设计的楔形砖建造的，砖块紧紧砌在一起以防止渗漏。水井是应用一种今天在巴基斯坦仍被称为"沉井（shaft-sinking）"的方法建造的：一个圆柱形的木圈被放在地面，并用砖块压住。当木圈下降时，挤压泥土，然后泥土"从木圈中心和下方被移走：当木环在其自身重量的作用下下沉时，这一过程继续进行，直到到达水位为止"（Livingston 2002：20；也见 Jansen 1993：118）。值得注意的是，在一项沿比斯河流域农村地区进行的调查中，笔者在印度河流域小村庄和城镇中发现了一模一样的水井技术，尽管当地农业已经发

图14.1 摩亨佐－达罗的街道和房屋鸟瞰图。照片由
摩亨佐－达罗亚琛研究项目的 M. 扬森（M. Jansen）提供

展，现代村镇已经建立，这些水井技术仍然可见（Wright 2010）。

在摩亨佐－达罗，水井要么是几个住宅共用的，要么是供单个家庭使用的。它们位于街区的方便取用之处，而有些则建在房屋内部的房间里。例如，在一个房间里，水井被一个砖砌的地板包围，地板上有专门设计的小凹陷，"作为尖底容器的支架"（Jansen 1993：108，figure 126）。然而，水井是由所在地区的社区团体，还是由市镇官僚机构维护的，尚且未知。

许多陶器被用来储存水，早期在摩亨佐－达罗的发掘者仔细记录下了这些文物（例如，Mackay 1938）。虽然器型不同，但它们反复出现在整个城市的某些内部位置，表明它们是为特定目的而生产的。它们有不同的尺寸和形状，其中一些非常大，以至于在烧制前的干燥过程中用绳子在外部勒出的印记仍然清晰可见。虽然也有小器物，但另外一些则高达3英尺（约91厘米——译者）或更高，有的最大的主体直径为3英尺。很多陶器都深深地陷在地板里。有几种类型的罐子在内部和外部都涂有厚厚的石膏；其他则在外部覆盖着沙质混合物。房屋内部其他罐子收集的水被倒入用砾石仔细铺平过的排水沟中（Jansen 1993）。这些罐子通常被放置在专门制作的支架上，而其他的罐子则在烧砖路面的空洞中被发现，由砖块支撑，以稳定容器或防止水的泄漏。损坏的罐子被回收，有些被放在房屋外面作为排水口。总的来说，在房屋内部发现的许多器皿都在沐浴区和位于街道尽头的井室中。尽管如此，因为它们出现在不属于原始城市规划的住宅内部，所以说明它们可能是由家庭成员管理的。

外部的排水系统很复杂，需要定期清洁和大量的劳动力来冲洗和清理沉积物（Jansen 1993：121）。它的维护工作和多样性表明，工人是市政组织系统的一部分。城市街道的污水处理系统体现出三个主要特点，扬森的研究小组完整地记录下了这些特点。首先，排水管位于主要的住宅街道上。这些排水管由烘烤过的砖制成，有几种形状，有敞开式，有覆盖式（图14.2；尺寸见 Jansen 1993: figure 142，143）。其次，在排水管必须通过弯道或遇到多个排水管的地方，安装了粪坑。当污水流入专门设计的井中时，它就会溢出到另一边。下沉到低层的悬浮物由工人清除，他们从一组台阶下到坑里，将污水带到顶部，并将其移除。最后，浸泡池——用于浸泡废物的吸收池——通常被安装在最大的街道上。这些坑也需要被挖出和清理干净（Jansen 1993）。如果街道排水口离建筑物太远，就在垂直槽下安装一个集水容器，并将其倾倒在街道上进行清理。根据不同需要还有其他各种功能。例如，在一些地方，厕所或洗浴平台被安置在临近街道的墙上，滑道将水和废物直接引入下面的排水沟。

在城市的某些地方，每家每户都有卫生间（Jansen 1993: 122）。

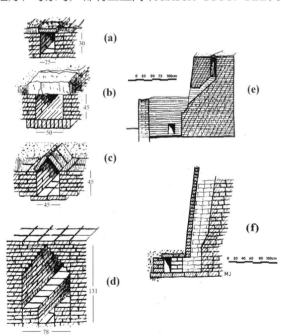

图14.2 摩亨佐 – 达罗排水系统图示（由摩亨佐 – 达罗亚琛研究项目的 M. 扬森提供）

每个住宅的污水都从房屋内部流向室外的街道排水沟，并溢出到街道上的坑里。有些房子有陶制的管道，把水从室内引到街道旁边，将里面的水倾倒到主街上，再流到坑里（Wright 2010）。从陶管中溢出的污水将废物带到了几个街区之外，这样他们的主人相对来说就闻不到臭味了，而住在与浸泡池（图14.3）相邻的房子里的人就没有那么幸运了，因为他们往往在街道住宅一侧直接面对浸泡池。在靠重力排水受限从而导致堵塞的位置，气味是最难闻的（Jansen 1993）。堵塞物必须被清除，以保持废物流入坑道，清理工作会散发出更大的气味。

当时，在摩亨佐－达罗散步时，你不必忍受"非工作日"从污水坑

图14.3 HRA–B 摩亨佐－达罗的房屋平面图，VIII 号房屋有一个陶制管道（虚线）从其内部延伸到主街道上（由摩亨佐－达罗亚琛研究项目的 M. 扬森提供）

中散发的垃圾气味。但该系统有其他潜在的缺点。摩亨佐－达罗周围地区在季节性暴风雨期间很容易受到暴雨的影响，因为我们只发现了少数路面由砖块和陶器碎片铺成，所以我们知道这些街道基本上没有铺砌面，大多数可能是用泥土覆盖的。在雨季，滞留在街道上来自住户的污水和残渣会流经城镇。扬森对其潜在的结果进行了反思，他认为这将"把城市变成一片淤泥汪洋"（Jansen 1993：78）。

摩亨佐－达罗的夜间工人

到目前为止，在摩亨佐－达罗或任何其他印度河流域的城市，清洁工是生活中一个被忽视的、很少被人顾及的群体。基于几个因素，笔者基本假设这项工作是在夜间进行的。白天人们在街上走动时，垃圾坑和其他住房周围的环卫设施会比晚上更容易产生气味。虽然维护该系统是一项贯穿全年的任务，但在夏季，当沙漠气温升高时，工人选择在夜间工作是合理的。根据英国军方和当地官员的记录，他们描述夏季是炎热的，有猛烈的大风，而另外一些人描述土地是"干枯的"（Dalrymple 2013；Seaton 1875；Mirza'Ata 1952）。尽管如此，为清除和防止街道排水沟、粪坑和浸泡池的堵塞而进行的工作是精心规划的，需要持续和专业的维护，以防止有毒物质在生活环境中被胡乱丢弃。而且，这些维护必须是一整年都在进行的。摩亨佐－达罗的环卫系统的规模和复杂性无疑需要大量的维护，任务量太重，所以不能仅在白天进行。

1895年至1906年间，纽约市的历史资料提供了一些与摩亨佐－达罗的技术类型相一致的夜间工作的细节。在19世纪末的纽约市，市政清洁工作负责四项任务，这些任务可以作为参考，帮助我们了解摩亨佐－达罗的工作性质和执行工作的人员。它们包括清洁街道、清除灰尘和垃圾、保持水罐的容量到位，以及更令人不快的任务，即保持排水管无杂物和冲洗水坑或下水道。

进行环卫工作所需的东西包括水、扫帚、木推车和牲口；在夜间或在深坑中工作时，还需要便携式照明工具。用树枝或灌木丛可以很容易制造出扫帚。对于照明，不同月相的照明虽然是很方便的，但也是间歇性的。更好的选择还是使用火把，这种在城市出现之前人们就已使用的照明方式。显然，动物脂肪可以作为一种燃料来源，但本地植物的汁液或沥青会更好。例如，某些树木——枣树（Ziziphus jujube），为印度河流域的人们所熟知。在古代，它渗出的汁液可能可以为人们提供一种持久的照明。不过这种材料是否能在坑的深处使用还是个疑问。

一、运送垃圾。在摩亨佐－达罗，从黏土模型中我们获得了木制手推车的证据，在当时这是在城市中运送必需品的一种便捷方式。在纽约市，木推车曾被用来运走工人们舀起的马粪。在印度河流域，车是由瘤牛（zebu cattle）拉的，考古记录中瘤牛骨头上的疤痕就证明了这一点（Miller 2004）。

二、清扫街道和清除灰尘。除了清理污水和垃圾，工人也必须清扫街道。空气中的灰尘，特别是在摩亨佐－达罗的泥土街道上的灰尘，会对健康造成危害。人们早就知道（例如，公元前4世纪的希波克拉底 [Hippocrates] 和罗马的老普林尼 [Pliny the Elder]），灰尘会危害健康。美国职业安全与健康管理局（The United States Occupational Safety and Health Administration, OSHA）标准认定，在道路泥土中发现的硅尘对健康有严重影响。缅因州劳工部（SWT0401）规定工人在清扫前必须将清扫区域打湿，以防止灰尘在空气中传播。在19世纪的纽约市，街道是用砖头或泥土铺成的；工人打湿它们来控制灰尘，然后用扫帚扫干净。为了清扫摩亨佐－达罗的泥土或铺设的街道，避免产生额外的灰尘，在表面洒水是相对容易的方法。该城市几乎每条街道都有水井和大水缸，可以作为水源随时供应。

三、保持水罐充盈。在任何城市环境中，保持附近的水源都是至关重要的，对于干旱环境中的城市地区尤其如此。在19世纪中期的纽约市，来自北部水库的水已经能通过管道输送到城市。在摩亨佐－达罗，为了保证饮用水的随时供应和工人用水，维护水井是必要的。

四、冲洗坑道。无论用何种词语修饰，处理堵塞的排水管和清除坑内的固体物质显然是脏活。在19世纪的纽约，工人在火把的照耀下沿台阶走下坑里，舀出湿漉漉的固结碎屑，并将其拖到地面上。这个过程不是机械化的，而是人工操作的。在摩亨佐－达罗，大多数液体会排入土壤，但收集更多的固体物质并将其拖到地面上是不可缺少的一环。亚尼斯·哈米拉基斯（Yannis Hamilakis，2014）在他的《感官考古学》（*The Archaeology of the Senses*）一书中，将这种体验称为在自然环境中减少视觉化而增多感官化。当工人们走近这些是固体却湿漉漉的垃圾时，他们会直面一种不同感觉的混杂，这种感觉在任务完成后还会长期保存在记忆中。本书的其他作者（例如，见坎普和惠特克，第4章）可能会把这种感觉看作是介于公民社会和其不堪的一面之间的一个阈限性景观，而其他作者将其称为感官景观。不论根据哪种定义，在不得不接受它的物质实体后，它的确是一种独特的、不容易被遗忘的感官体验。

文化认知和身份认同

在另一篇文章中，怀特（Wright 2010：242）把摩亨佐-达罗的一些遗迹和排水沟、污水坑和粪坑之间接近的位置关系解释为标志着家庭之间的社会差异。当考虑到该系统的日常维护时，一般认为那些处在难闻气味和致病病菌中，并负责日常管理的工人应该身处社会等级的底层。这种解释是基于对"肮脏"、无趣、低薪工作的假设前提。在本书的背景下，人们可以说（就像我们在上文认为的那样），如果这些活动确实发生在夜间，它们被限制在黑暗的掩护下进行，这点可能加剧并促使了社会分化和不平等的产生。虽然由于各种原因，夜晚是适合进行维护工作的时间段，但它也可能会掩盖工人和他们对受益于他们工作的社会做出的贡献。[3] 除了少数例外，现代（或者更准确地说，现代夜晚）污水和水利设施维护工作限制了人们与环卫工人的接触。虽然城市居民可能会意识到这种在夜间工作给他们带来的好处，但他们往往无视这些参与城市基础设施维护的工人。这种现代社会对夜间活动的无视对考古学研究有重要影响。迄今为止，从未有人研究过印度河流域的供水和环卫工人，尽管他们从事的工作对城市的福祉至关重要。

考古学对这些群体的忽视无疑是源于现代社会厌恶环卫工作中令人不快的现实，认为环卫工人从事"琐碎"的任务而缺乏兴趣，以及这些工人在社会中处于隐身状态。然而，正如我们在本章中所论证的，这些工人为新兴的城市人口提供至关重要的服务，事实上，如果没有他们，城市生活是不可能进步和充满希望的（Nagle 2013）。了解这些工人是如何融入社会和公民生活的，是扭转当前考古学对这一主题一无所知的重要组成部分，并可以让我们了解夜晚是否对某些群体起到了隐藏和／或压制作用。由于暂时没有关于印度河流域环卫工人的考古研究，我们参考了世界上两个不同历史或文化地区的现代和历史记录。用作比较的对象是印度加尔各答（Kolkata，也写作 Calcutta）的环卫工人，另一个是纽约市的环卫部门，来自前面提到的19世纪末到20世纪初的历史记录。两者都在夜间进行一部分工作（Basu, Dey and Ghosh 2013; Dhar 2014; Oatman-Stanford 2013）。作为考古学家，通过观察这两个例子，我们可以开始了解社会上对夜间工作者的不同看法，并利用这些证据更深入地思考那些在夜间工作的人在历史上可能扮演的社会角色。

加尔各答的环卫系统是由英国人在近一个半世纪前建立的。虽然在当时很先进，但糟糕的管理使其无法处理城市现今的环卫需求（Singh et al. 2015）。加尔各答和印度其他许多城市的环卫工人都属于贱民（Dalits）阶层。他们处于印度社会的底层，被认为是不干净的和不可接触的种姓。他们忍受着屈辱的工作条件，只为得到微薄的报酬（每天最多3美元），而且工作条件使他们最容易受到伤病，甚至死亡的威胁。负责管理环卫工作的私人公司不提供足够的保护设备，迫使工人直接接触污水。工人们从下水道出来时光着脚，有时四肢和躯干都没有任何遮蔽。当工作时发生意外，在工作中死亡的环卫工人可能会被留在污水中，污泥被倾倒在胡格利（Hugli）河中（Stockton 2014）。

相比之下，纽约市的环卫工人的条件在19世纪末经历了重大改革，但在1894年之前，该系统可能看起来就跟加尔各答的差不多。纽约在当时被认为是最肮脏和"最臭"的城市之一。水手们说，他们在"6英里（约9.6公里——译者）外的海域"就能闻到这个城市的气味（Schmidt 2010：1）。这里铺满粪便的街道上有流行病、污垢和动物尸体，以及从食物到家具的各种生活垃圾。1894年，当乔治·沃林（George Waring）上校被任命负责城市的清洁工作后，情况发生了变化。这位新专员利用他的军事背景和在田纳西州孟菲斯担任环卫工程师的经验，建立了一支一流的环卫工人队伍，并提请该市市民注意他部门负责的工作的价值。在沃林的指导下，该市的饮用水供应范围得到了极大的拓展，整个城市的环境卫生成为其首要任务。

作为对沃林管理的响应，环卫工人得到的尊重程度发生了巨大变化。过去，一些社区的居民用破碎的陶器"迎接"他们，而现在他们则成了受欢迎的人。加尔各答的贱民阶层被社会排斥，被视为不干净的人，而纽约环卫工人则与他们不同，某种意义上大家认为他们是"英雄"（Nagle 2013：2），可能是因为清洁过后的街道明显减少了死亡和腹泻疾病的发生。

1906年的《纽约市环卫杂志》(New York City Sanitation Journal)上(全文见第21卷第5期第110页)刊登了关于纽约环卫工人是如何自我认知的内容。这首短曲(包含七个不同的音阶)被称为"赞美蠕虫之歌"(A Song in Praise of Helminthes),由工人们自己演唱。其中最后几句很有先见之明:工人们在其中描述了一些"老朋友"(比如说虱子)和"敌人"。原话是"挑剔的小微生物,一出生就有几十亿,造就了我们的血肉和骨骼,帮助我们在地球上生活"(New York Sanitation Journal 1906: 110)。

这首欢快的歌曲不仅歌颂了他们作为纽约市环卫工人的集体身份,也预见了进化医学的最新理论。"老朋友"这一假说是在1989年提出的(Rook et al. 2014),并将其与"群体"感染区分开来。进化医学的研究人员提出,蠕虫和其他"老朋友"寄生虫现今很少寄生于人体,但它们其实对宿主健康有益,可以调节免疫系统,阻止或抑制某些疾病。一方面这些"老朋友"对人体的健康有益处,而另一方面,群体感染是城市生活的一种现象,它们缺乏"老朋友"能够带来的好处。因为许多人不与自然环境或绿色空间接触,所以有些城市人群缺乏这些"老朋友"。[4]

如果进化医学专家是对的,那么纽约的环卫工人就从他们在街头的工作中获得了好处,这会对他们的夜间活动产生更积极的看法。这首歌表明了人们对寄生蠕虫的认识以及它们在城市环境中在医药方面的优势。更重要的是,这首歌促进了这些夜班工人之间的集体认同感。相同的工人们不仅聚在一起,通过歌声庆祝他们的社会地位,而且也为他们的夜间工作感到自豪。

对加尔各答现代环卫工人以及纽约市19世纪和20世纪的历史记录的研究显示出不同的管理策略和管理人员对环卫工人持有不同的

社会／文化看法。对于已经被作为贱民的低下地位压迫的印度工人来说，他们的环卫工作，以及当局对这项工作重要性的漠视，再现了他们作为低等公民的身份。这为他们提供了一个政治平台，使他们能够挑战自己的低下地位，为改善工作条件和改进环卫系统争取支持（见 countercurrents. org—August 15, 2016）。另一方面，纽约市的环卫工人在沃林上校制定的高效、持久的制度下彻夜劳作。作为部门和社区中受人尊敬的一员，他们获得了正面的认同感，在诗中自豪地展示他们的骄傲，纪念他们之间的紧密联系和他们自我认同的价值。

在这两种情况下，夜间工作的限制性促进了强烈的群体认同感。然而，这些群体的社会认知和价值差异很大。上述两个例子表明，在群体身份的形成和维系方面，夜晚可以发挥关键作用。夜晚在这些群体的社会价值中发挥的作用非常复杂。虽然有时对于强调社会差异来说，夜晚可能有所帮助，但这些差异可能并不总是以同样的方式被人们感知到。对于考古调查和解释夜间活动来说，这些信息是建立研究模式的关键步骤，它们可以作为跳板，为之后进一步提出考古记录中关于夜间工作者的问题服务。

结 论

在本章中，我们重建了维持摩亨佐－达罗和印度河文明所需的各种环卫基础设施。考虑到这些活动很多可能曾经在夜间进行，我们通过现代加尔各答和历史上纽约市的例子，研究了工人们进行的一些日常活动以及夜晚是如何影响群体认同和社会价值的。虽然这些例子表明，夜间工作可以带来强烈的群体认同，但这些群体的社会价值差别很大。对城市基础设施的成功管理对这些群体的社会价值有特别意义。

摩亨佐－达罗的"水之辉煌"是一项高超的成就，至少持续了

600年（Jansen 1993），其中大部分工作可能是在黑暗中进行的。在这219000个夜晚中，环卫标准很可能是有波动的，但尽管有些设施功能失效，并在最后时期被弃用，但在大多数情况下，城市是繁荣的，这表明水利设施得到了维护。虽然无法断言这种管理是如何影响环卫工人的社会价值的，但本章提供的证据表明，考古学家可以，而且应该提出这样的问题。城市维护是一个全天候的工作，但很多工作都在晚上进行。这种情况在今天仍是真实存在的，所以在印度河流域，这也可能是当时的真实情况。本章的大部分内容依赖于摩亨佐－达罗各种设施技术特征相关的丰富的考古学文献。在讨论日常维护的具体细节时，我们采用了与现代做类比的方法。最后，我们对文化价值提出了问题，特别是在文化方面，那些"看不见的"夜间工人是如何被看待的。笔者希望本章内容表明参与夜间城市维护的群体对于城市生活的可持续性至关重要，因此这些群体在围绕城市社会形成的考古学理论中应该发挥关键作用。这些群体可能身负一系列的社会角色，使他们成为理解城市化社会价值的关键一环。

注 释

1. 卡尔·维特福格尔（Karl Wittfogel）的水力理论提出灌溉技术促进了早期国家的发展，但维特福格尔的理论本身是有限的（Wittfogel 1957）。虽然该理论承认灌溉在群体供水方面的重要性，但它没有考虑到水在社会上多样的使用方式，以及这些供水系统的经济投资和伴随的社会后果。在现实中，人们能从喝饮用水、用水洗澡、保持家庭和街道的清洁以及保持人的健康中受益。

2. 我们的讨论基于工业工程师吉奥瓦尼·德·费奥（Geovanni De Feo）对史前水设施最全面的分析。在其中，他汇集了建筑学、考古学和水的历史等领域中的同行们的研究（De Feo et al. 2014）。

3. 对环卫工人的长期民族志研究（Nagle 2013）和制作与维护工作相关的艺术品的米尔勒·尤克里斯（Merle Ukeles）是罕见的例外。在皇后区博物馆举办的展览展示了她目前的作品（Kennedy 2016; Ukeles 2016）。

4. 进化医学的研究人员认为，21世纪的人类体内很少有那种从宿主身上获取营养的寄生虫。这些寄生虫是原生动物，被称为蠕虫。他们认为，像过敏症、帕金森病和克罗恩病等疾病可以从寄生虫那里受益。这篇论文在《纽约时报》2016年8月3日的头版上成为热门新闻，标题为《畜牧场的灰尘提供了根治儿童哮喘的线索》（Kolata 2016）。

参考文献

Ascher, Kate. 2005. *The Works: Anatomy of a City*. New York: Penguin Press.

Basu, Nilangshu Bhusan, Ayanangshu Dey, and Duke Ghosh. 2013. "Kolkata's Brick Sewer Renewal: History, Challenges and Benefits." *Proceedings of the Institution of Civil Engineers–Civil Engineering* 166(2):74–81.

Biagi, Paolo, and Mauro Cremaschi. 1991. "The Harappan Flint Quarries of the Rohri Hills (Sindh, Pakistan)." *Antiquity* 65(246):97–102. https://doi.org/10.1017/S0003598X00079321.

Bisht, Ravindra Singh. 2005. "The Water Structures and Engineering of the Harappans at Dholavira." In *South Asian Archaeology 2001*, Vol. 1, ed. Catherine Jarrige and Vincent Lefèvre, 11–25. Paris: Editions Recherche sur les Civilisations.

Bond, T., E. Roma, K. M. Foxon, M. R. Templeton, and C. A. Buckley. 2013. "Ancient Water and Sanitation Systems: Applicability for the Contemporary Urban Developing World." *Weather Science and Technology*: 935–938.

Dalrymple, William. 2013. *Return of a King: The Battle for Afghanistan, 1839–42*. New York. Alfred Knopf.

De Feo, Giovanni, George Antoniou, Hilal Fardin, Fatma El-Gohary, Xiao Zheng, Ieva Reklaityte, David Butler, Stavros Yannopoulos, and Andreas Angelakis. 2014. "The Historical Development of Sewers Worldwide." *Sustainability* 6(6):3936–3974. https://doi.org/10.3390/su6063936.

Dhar, Sujoy. "A Journey into the 140-Year-Old Tunnels Below Calcutta." April 11, 2014. Accessed October 6, 2016. https://nextcity.org/daily/

entry/a-journey-into-the-140-year-old-tunnels-below-calcutta.

French, Kirk D., Christopher F. Duffy, and Gopal Bhatt. 2013. "'The Urban Hydrology and Hydraulic Engineering at the Classic Maya Site of Palenque." *Water History Journal* 5(1):43–69. https://doi.org/10.1007/s12685-012-0069-4.

Hamilakis, Yannis. 2014. *Archaeology of the Senses: Human Experience, Memory, and Affect.* Cambridge: Cambridge University Press.

Jansen, Michael. 1993. *Mohenjo-daro: City of Wells and Drains, Water Splendour 4500 Years ago.* Bonn: Bergisch Gladbach Frontinus-Gesellschaft.

Kennedy, Randy. 2016. "An Artist who calls the Sanitation Department Home." *New York Times,* September 21.

Kenoyer, Jonathan Mark. 1998. *Ancient Cities of the Indus Valley Civilization.* Karachi: Oxford University Press.

Kenyon, Kathleen M. 1957. *Digging up Jericho.* London: Praeger/Ernest Benn Limited.

Kolata, Gina. "Barnyard Dust Offers a Clue to Stopping Asthma in Children." *New York Times,* August 3, 2016. Accessed October 6, 2016. http://www.nytimes.com/2016/08/04/health/dust-asthma-children.html.

Law, Randall H. 2008. "Interregional Interaction and Urbanism in the Ancient Indus Valley:A Geologic Provenance Study of Harappa's Rock and Mineral Assemblage." PhD Diss. University of Wisconsin, Madison.

Livingston, Mona. 2002. *Steps to Water: The Ancient Stepwells of India.* Princeton, NJ: Princeton Architectural Press.

Mackay, Ernest J. H. 1938. *Further Excavations at Mohenjo-daro, Being an Official Account of Archaeological Excavations carried out by the Government of India between the years of 1927 and 1931.* Vols. 1 and 2. New Delhi: Government of India Press.

Miller, Laura J. 2004. "Urban Economies in Early States: The Secondary Products Revolution in the Indus Civilization." PhD diss., New York University, New York.

Mirza 'Ata, Mohammad. 1131, AH/1952. *Naway M'arek.* Nashrat i Anjuman-I tarikh, no. 22.

Mughal, Mohammad R. 1997. *Ancient Cholistan: Archaeology and Architecture.* Rawalpindi: Ferozsons.

Nagle, Robin. 2013. *Picking Up: On the Streets and Behind the Trucks of the Sanitation Workers of New York City.* New York: Farrar, Straus and Giroux.

New York City Sanitation Journal. 1906. 21(5):110.

Oatman-Stanford, Hunter. 2013. "A Filthy History: When New Yorkers Lived Knee-Deep in Trash." *Collector's Weekly,* June 24, 2013. Accessed August 28, 2016. http://www.collectorsweekly.com/articles/when-new-yorkers-lived-knee-deep-in-trash/.

Possehl, Gregory L. 2002. *The Indus Civilization: A Contemporary Perspective*. Walnut Creek, CA: AltaMira Press.

Rook, Graham, A.W. Christopher, A. Raison, C.L. Lowry, and Charles L. Raison. 2014. "Microbial 'Old Friends' Immunoregulation and Socioeconomic Status." *Journal of Translational Clinical and Experimental Immunology* 177(1). https://doi.org/10.1111/cei.12269.

Royte, Elizabeth. 2006. *On the Secret Trail of Trash*. New York: Little, Brown and Company.

Scarborough, Vernon L., Nicholas P. Dunning, Kenneth B. Tankersley, Christopher Carr, Eric Weaver, Liwy Grazioso, Brian Lane, John G. Jones, Palma Buttles, Fred Valdez, and David L. Lentz. 2012. "Water and Sustainable Land Use at the Ancient Tropical City of Tikal, Guatemala." *Proceedings of the National Academy of Sciences of the United States of America* 109(31):12408–12413. https://doi.org/10.1073/pnas.1202881109.

Schmidt, Sarah. 2010. "Digging into New York City's Trashy History." *OnEarth Magazine*, October 15, 2010. Accessed August 28, 2016. http://archive.onearth.org/article/digging-into-new-york-citys-trashy-history.

Seaton, Major-General Sir Thomas. 1875. *From Cadet to Colonel: The Record of a Life of Active Service*. London: Hurst and Blackett.

Singh, Ram Babu, Senaul Haque, and Aakriti Grover. 2015. "Drinking Water, Sanitation and Health in Kolkata Metropolitan City: Contribution Towards Urban Sustainability." *Geography, Environment Sustainability* 8(4):64–81. https://doiorg/10.15356/2071-9388_04v08_2015_07.

Steinkeller, Piotr. 2006. "New Light on Marhaši and Its Contacts with Makkan and Babylonia." *Journal of Magan Studies* 1:1–17.

Stockton, Richard. 2014. "The Three Worst Jobs in the World." June 30, 2014. Accessed August 28, 2016. http://all-that-is-interesting.com/worst-jobs.

Ukeles, Merle Laderman. 2016. *Maintenance Art at the Queens Museum*. New York: Prestel.

Wanzke, H. 1984. "Axis Systems and Orientation at Mohenjo-Daro." In *Interim Reports on Fieldwork Carried out at Mohenjo-Daro 1982–83*, vol. 2. ed. M. Jansen and G. Urban, 33–44. Aachen, Roma: Forschungsprojekt "Mohenjo-Daro."

Wittfogel, Karl A. 1957. *Oriental Despotism: A Comparative Study of Total Power*. New Haven, CT: Yale University Press.

Wright, Rita P. 2010. *The Ancient Indus: Urbanism, Economy, and Society*. Cambridge: Cambridge University Press.

Wright, Rita P., Reid Bryson, and Joseph Schuldenrein. 2008. "Water Supply and History: Harappa and the Beas Settlement Survey." *Antiquity* 82(315): 37–48.

第十五章

全罗马都在我卧榻之侧

罗马帝国的夜间生活

格伦·里德·斯托里

黎明和阴暗的时候最能吸引人去思考，但我发现，没有哪种
二十四小时（nychthemeron）的表对追求者来说没有自己的优势。
——查尔斯·皮尔斯（Charles Pierce）

对于一个穷人来说，在斯巴索斯（Sparsus）这个城市里，既没有思考的
地方，也没有休息的地方。一早，生活就被学校的老师毁了，到了晚上，换
成了面包师……谁能算出迟钝的睡眠所带来的损失，谁就能说清楚，每当科
尔基斯人（Colchian）以吵闹声还击月食中的月亮时，城市里有多少双手在敲
打锅碗瓢盆……路过的人群的笑声弄醒了我，全罗马都在我卧榻之侧。每当
我感到疲惫不堪急需睡眠时，我只能去我的乡间小屋。
——马提亚尔（Martial），《隽语》（*Epigrams*）12.57.3-17，26-28

全罗马都在我卧榻之侧（Et ad cubile est Roma, "all Rome is at my bedside"）。[1] 公元2世纪的罗马诗人马提亚尔这样抱怨道。因为罗马城是"二十四小时（nychthemeron）"一词（希腊语中字面意思是"今天的夜晚"；Galinier et al. 2010：820）的绝佳范例，从其最基本的意义上来说，就是"一天"的二十四小时范围。古代并没有人尊重这样一个现在普遍流行的概念，即夜间需要安静，以便人们能够睡觉。马提亚尔曾经抱怨的来源现今仍然存在；人们会被街上各种醉酒，或只是兴致盎然（也可能怏怏不乐）的人发出的声音不断吵醒。罗马特有的另一个问题也仍然存在。有一次，我在罗马参加一个铭刻学会议时，因时差而辗转反侧，凌晨2点听到了酒店外回收垃圾的声音（见怀特和加雷特，本书第14章，关于哈拉帕文明中回收垃圾的论述）。我暴躁地对自己说："啊哈，这可真是历史悠久！"因为这恰恰就是在恺撒大帝下令禁止在一天内的大部分时间在城市中进行轮式交通之后罗马所发生的情况：

> 罗马城内许多已有或在建的街道，在相邻的居住区内，任何人……白天不得在这些街道上牵引或驾驶轮式车辆：时长为从日出后至白天的第10个小时。例外情况是：为不朽的神灵建造神圣的庙宇和公共工程所需的运输工具或交通工具。根据本法的规定，将允许特定的个人因特殊原因而牵引和驾驶交通工具。（关于自治市的尤利亚法 [Lex Iulia Municipalis, the "Julian Law of Municipalities"]）

根据不同的季节（罗马的惯例是每天有12个小时的白天和12个小时的黑夜，时间的长短每天都在变化），从日出到大概下午2点到7点之间的某个时间段，罗马的轮式交通都是被禁行的。当然，人们可以想象到例外情况也可能很常见，而且可以通过贿赂来获得私人通行的许可。尽管如此，这项规定的结果是大量嘈杂的车轮会在夜里向罗马的商店运送商品，随之而来会有大量通常在黑暗中产生的人与人之间的交流互动。达夫卢伊（Daveluy，2010）强调了夜晚的声学层面，在本章我们将对其做详细说明。

因此，无须多言，我们就知道夜晚的罗马是生机勃勃的，而且（与许多古代社会对比）我们有大量的证据证明人们在黑暗降临后的行为。在本章，笔者将讨论这些海量证据中的几个范例。笔者以罗杰·埃克奇（2005）关于《黑夜的历史》一书中的讨论顺序作为框架，从夜晚的恐怖一面开始讨论：黑暗——疾病、鬼魂、事故和酒精、掠夺和暴力行为，以及火灾，然后是夜间生活的各个方面——人工照明、夜间劳动、性、夜间写作、（骑士）夜行（[k] nightwalking，此处将在后文有解释），最后是睡眠模式。在讲述夜间活动的过程中，笔者强调了夜间生活的考古学证据，这些证据补充并强化了现存的关于罗马帝国夜间活动的丰富文献资料。

夜晚的恐怖一面

黑 暗

如何能够最好地说明黑暗带来的影响，这是一道难题。对罗马人来说，黑夜似乎是可怕的。诗人卡图卢斯（Catullus）的一句名言也许最能证明这一点，他在《歌集》（*Poem*）中对莱斯比亚（Lesbia）说，他们应该一起生活和相爱，因为 nobis cum semel occidit brevis lux, nox est perpetua una dormienda（"一旦短暂的光亮沉落下去，就只有永恒的暗夜陷入长眠。"这里意为死亡）。正如埃克奇（2005：3-15）明确指出的那样，夜晚之所以让人恐惧，主要是因为它的黑暗让人联想到死亡。

疾 病

关于疾病，罗马一直被认为是"城市墓地效应"的一个重要范例，历史人口学认为，前工业化世界的城市中心是出了名的不健康的地方——甚至是"人口统计学洼地"，因为疾病和营养不良导致的死亡率非常高（Storey 2006）。虽然没有任何证据能将侵袭罗马的传染病和流行病等同于纯粹的夜晚带来的灾难，但尤维纳利斯（Juvenal）确实评论道："在罗马，大多数疾病都以失眠致死。"（《讽刺诗》[Satires] 3，232）因为城市夜间的噪音妨碍了睡眠，因此导致疗养休息不足。同样明显的是，在夜晚，死亡夺去大量被感染的人的生命是经常会发生的事情。罗马确实有一个机构来记录城市中每天的死亡人数，并为葬礼提供一个场所——利比蒂娜（Libitina）神庙。正如文献中所指出的那样，有几次，这个机构已经不堪重负。公元前174年，李维（Livy）报告说（《罗马史》[书名也称"自建城以来"，"From the Founding of the City"——译者] 41.21.76），"奴隶人口的死亡率最高。在所有的道路旁都能发现成堆的未被埋葬的奴隶。利比蒂娜神庙都来不及为自由人提供葬礼，更不用说其他人了"。苏埃托尼乌斯（Suetonius）说："秋天发生了一场瘟疫，在此期间，利比蒂娜的名单上记录了3万场葬礼。"（《尼禄传》[Nero] 39.1，公元65年发生的事件）圣杰罗姆（St. Jerome）在他的 Khronikon（《纪事》[Chronicle]，第188卷，公元79或81年发生事件）一书中写道，"罗马发生了一场巨大的瘟疫，其规模之大，几乎每天有一万名死者被列入利比蒂娜的名单"。这些资料表明，亲属们不得不处理在夜间死亡的亲人的尸体，他们试图联系官方做出葬礼安排，以便在清晨时分对死亡进行记录和处理，这是一种痛苦的经历。

这些死亡人数已经很糟糕了，但它们在重大流行病发生时变得更糟。第一次是安东尼瘟疫（Antonine Plague），可能是天花，从公元165年到189年肆虐罗马帝国（Lo Cascio 2012）。狄奥·卡西乌斯（Dio Cassius）在他的 Rhomaikon（《罗马历史》[Roman History] 73. 14. 3，公元189年发生的事件）中指出，"我所知晓的最严重的瘟疫出现了。在许多时候，罗马一天内有2000人死亡"。安东尼瘟疫对罗马城的人口结构造成了极大的损害（Paine and Storey 2006, 2012），以至于在德西乌斯皇帝（Emperor Decius）短暂的统治期间，下一次大流行病袭击罗马时，罗马才刚刚从上一次袭击中恢复过来。（《奥古斯都历史》[Augustan History]，"两个加利耶尼" [The Two Gallieni] 5. 5，公元251年发生的事件）"如此可怕的瘟疫在罗马和希腊的城市都出现了，一天之内，有5000人死于同一疾病。"也许最糟糕的是公元542年袭击帝国的查士丁尼瘟疫（Plaque of Justinian）。普罗科皮乌斯（Procopius）在他的 Hyper ton polemon（《战争史》[History of the Wars] 2. 23. 1-2，公元542年发生的事件）中呼应了我们刚刚回顾的所有资料："这场疫病在四个月内传遍君士坦丁堡，三个月内达到高峰。一开始，死者的数量只比平时多一些，稍后，当疫病加剧时，尸体的数量达到了每天5000多具，然后上升到10000具，甚至更多。"所有这些描述都有一个共同点，那就是每天的死亡率大大提高，对于无数被感染的人来说，他们在前工业化城市夜晚的黑暗中度过了最后的痛苦时刻，这是最可怕的。虽然很难说所提供的统计数字是否近乎准确，但每天成百上千人死亡的事实是无可争议的。

鬼 魂

罗马人相信世间有鬼。这方面最明显的例子也许是佩特罗尼乌斯

（Petronius）的《萨蒂利孔》（Satyricon），这是一部原始形式的小说。因为它关注的是罗马的下层生活，所以其中并没有受人尊敬的人物，书中大部分活动都发生在夜间，因此应该是任何对罗马二十四小时感兴趣的人的必读之物。故事中的鬼魂以如下方式出现：在著名的 Cena Trimalchionis（由一个名叫特里马乔 [Trimalchio] 的富有但浅薄的自由民举办的晚宴）中，讲述了两个关于鬼魂的故事。第一个故事是关于狼人吞噬羊群的故事（63.4-14），是一个叫尼色洛斯（Niceros）的自由民在特里马乔怂恿之下讲述的。两人显然都相信这个故事，但一些罗马自由民客人的反应与老普林尼在他的《博物志》（Natural History 34.2-3）一书中对此类故事的真实性持否定态度一样——只有希腊人才相信有狼人！（Sokolowski 2013）

特里马乔接着讲述了第二个故事，是关于女巫们在很短时间内从一个男孩的葬礼上偷走他的尸体，并把尸体变成稻草的故事（64.4-8）。这些女巫应该是变身者（shapeshifter），她们的一举一动像可以发出尖叫声音的猫头鹰。最有说服力的是，特里马乔（63.9）呼应了罗马人对女性的普遍看法: sunt mulieres plussciae, sunt nocturnae, et quod sursum est, deorsum faciunt（"懂得多的女性是夜行者，她们颠倒一切。"这句话的字面意思是"本来是向上面指，她们可以使其向下指"）。因此，妇女被描述为夜行的猫头鹰。正如我们将在后文看到的，在讨论性和夜晚时，罗马人并没有特别明确地将夜晚和性等同起来，但如果这是因为常见的男性自大心理，可能他们并不需要这样做（Sokolowski 2013）。

对罗马人来说，女巫的故事似乎比狼人更为可信。阿普列尤斯（Apuleius）在他写于公元2世纪中期的小说《金驴记》（The Golden Ass）中也有关于女巫的描述。这些女巫活动的背景主要是性和爱（Ogden 2002: 135-136）。她们虽然与人类有互动，但通常是为了惩罚男性。很明显，这属于罗马人害怕妇女掌握权力的心理。尽管对狼人持怀疑态度，但老普林尼清楚，超自然的某些方面是相当真实的："没有人不害怕被可怕的咒语所迷惑。"（《博物志》28.4.19）理所当然，夜间是施放咒语的绝佳时间，也是人们最害怕咒语的时候。

事故 / 酒精

安全问题在人们心目中很重要，特别是在夜间的黑暗中，因为这可能是事故频发的原因。罗马诗人尤维纳利斯根本无法确定夜间还有很多人活动的城市安全与否，罗马的情况就是如此：

> 现在想想夜里会有的多种危险。高耸的屋顶离你是那么远，一片瓦落下就能把你打得头破血流！残缺破裂的陶器经常从上空掉下来！它们在人行道上留下了深深的印记和损伤！如果你出门吃饭前没留遗嘱，就会被认为是不务正业，以及对突如其来的灾难不以为然。在你路过的时候，需要你多加留意窗子可能给你准备了会让你倒霉的各种情况。因此，你必须往好处想，并向自己默默祈祷，希望这些窗户只满足于用敞口尿壶浇你一身。（《讽刺诗》3, 268-277, 公元100年后出版）

如果你认为尤维纳利斯有点夸大其词（毕竟他是个艺人），可以考虑一下下面这段话，此处全文引用这段话是为了说明罗马人如何发明了"法律术语"，以及他们的法律体系在多大程度上确实试图找出谁应该对违法行为负责。因为从罗马的建筑物上无处不在的高层窗户抛掷杂物是违法的，所以显然，为了利用黑暗的掩护，此类行为更常在晚上发生。住在公寓三楼或四楼的人不一定会在晚上费力地走下几层楼梯去使用厕所（厕所不一定与下水道系统相连，往往只是一个粪坑），他们可能只会把身体探出窗外解决。罗马法学家乌尔比安（Ulpian）、保罗（Paul）和盖乌斯（Gaius）(《查士丁尼文摘》[*Digest of Justinian*] 9.3.1-5）写到了试图通过惩罚犯罪方来控制这种行为的法律行动：

> 执政官（praetor，罗马的首席司法官员）对那些从建筑物中抛出或倒出杂物的人说：本官将对居住在抛出或倒出杂物到公共道路或集会场所的地方的居民作出双倍赔偿的判决……对于此类行为的法律诉讼将针对居住在发生抛倒杂物的地方的居民，而不是针对该建筑的产权人，因为过错在前者……如果一个儿子，仍然在他父亲的监护下，住在一个租来的公寓里，有抛出或倒出杂物的行为，诉讼不直接针对他的父亲，因为他们之间不是雇佣关系，而该诉讼只针对儿子本人……如果许多人居住在同一间公寓里，有人从里面抛出杂物，可以对他们中的任何一个人提起诉讼，要求赔偿全部的损失……因为很明显，不可能确认是哪一个人的行为……但如果其中一个人被提起法律诉讼，其他的人就可以免于被起诉……如果许多人居住在一个被分成几个部分的公寓里，那么谁居住在发生倾倒杂物的那部分，谁就会被提起诉讼……如果有人在管理一间公寓，而且自己占用了公寓的大部分，那么这个人将被单独追究责任。如果有人在管理一间公寓，但只占用了公寓的一小部分，并将其余部分租给了许多外人，那么他们都将被追究责任，因为他们都是这座有杂物被抛下或倒出的公寓的居民……执政官出于公平的考虑，应该对拥有卧室或睡眠区域的人开始采取行动，因为正是在这些位置有杂物被抛出。在许多人居住在一座公寓的情况下，如果杂物是从公寓的中心地带抛出的，更公正的方式是对所有的人采取法律行动。

谈到酒精，很明显，罗马城市并不是禁酒的大本营。毕竟，罗马人对"酒吧"的说法之一是"taberna"，现在的"酒馆"（tavern）一词就是从这里来的。庞贝（Pompeii）和奥斯蒂亚（Ostia）的考古研究中充斥着这种场所。笔者将在下面提及这一点。笔者首先考虑罗马及其酒吧的夜生活。我们并不确切知道人们在这些酒吧里消费的是什么酒精饮料；

显然，肯定有葡萄酒，而且很可能是那种廉价的葡萄酒。诗人马提亚尔告诉我们，罗马北部的维伊（Veii）地区为罗马生产葡萄酒，这意味着维伊地区的葡萄酒是用来在家里喝的，而外出就餐需要更昂贵的品牌（《隽语》2.53，公元85或86年）。我们还知道，实际上，庞贝为罗马市场生产了大量的葡萄酒。然而，老普林尼（《博物志》14.70）说，喝了庞贝的葡萄酒（虽然在双耳细颈瓶中可以保存十年之久）会让人头疼。老普林尼是个有钱人，所以他可能只喝高级品种的葡萄酒。维伊和庞贝葡萄酒可能是供给罗马普通人的，在提供饮料的酒馆中有大量此类葡萄酒。

头痛的原因可能更多的是由于饮酒过量，而不是葡萄酒本身的质量问题。"taberna"这个词（可能是伊特鲁里亚语 [Etruscan]）最初是指一个简单的住所，如"帐篷"、"棚屋"或"小屋"。在后来的使用中，这个词一般指居住场所，并进一步发展出"商店"的专门含义——"做生意的小屋"（塞维利亚的伊斯多鲁斯 [Isidorus of Seville]，公元636年去世，《词源》[Etymologies] 15.2.43）。因此，"taberna"这个词既指商业场所，也指居住地——与富人的私人宅邸相比，它显得很简陋。乌尔比安（《查士丁尼文摘》50.16.183，公元212至217年之间）简单地说道："taberna（房子）一词指的是所有可用于居住的建筑，而不仅仅是有门的建筑。"因此，对于罗马的普通人来说，许多人都有一个taberna作为住所。同样地，许多人也到那里休闲，特别是在罗马被称为苏布拉（Subura）的区域。尤维纳利斯（《讽刺诗》3，5-9）这样描述该地区的特点："比起苏布拉，我更喜欢荒岛。我们在那里看到了那么多悲惨、孤独的景象，你岂能不愿意避开火灾、屋顶的不断塌陷，以及这个残酷的城市带来的其他千百种危险？"我们会在下文提及火灾和塌陷的问题。回到本处主题，苏布拉是一个臭名昭著的贫民窟，在晚上尤其危险。这里是如此危险，以至于奥古斯都（Augustus）在建造他的论坛时，将他的复仇者战神马尔斯神庙（Temple of Mars the Avenger）背对着苏布拉，并建造了一道巨大的墙，将公共论坛区与苏布拉隔开。这堵墙的残部今天仍然存在（图15.1）。

为了说明罗马的"taberna"是什么样子的，我们来看看一个极具价值的证据：西元205年至208年间，塞普蒂米乌斯·塞维鲁（Septimius Severus）皇帝下令建造并展示的城市大理石平面图的残片（Reynolds 1996）。图15.2是其中著名的一片，它描绘了沿帕尔特修斯街（Vicus Patricius）分布的住宅区，离现在的圣母大殿（Santa Maria Maggiore）和戴克里先浴场（Bath of Diocletian）不远。所有这些场所都向罗马市民出售商品，其中许多出售食品，包括饮料。许多场所会在晚上关门，但也有许多仍然营业。

图15.3是罗马港口奥斯蒂亚的一个保存完好，有可能是典型的"taberna"酒吧的示意图。这样的场所在庞贝更加常见。在奥斯蒂亚的这个场所，甚至似乎在其建筑后面有一个赏心悦目的户外露台，可供人们在室外饮食。这类场所迎合了罗马城市的夜生活。但是对于那些只是访问该城并需要住宿的人来说，罗马人确实有相当于酒店和汽车旅馆的地方。图15.4显示了庞贝城大门外通往赫库兰尼姆（Herculaneum）

图 15.1
奥古斯都建造的苏布拉遮挡墙（拍摄：格伦·斯托里）

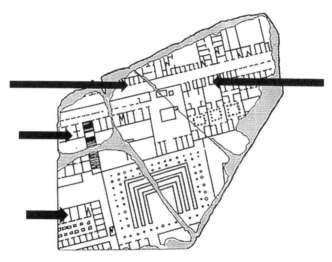

图15.2 罗马的Forma Urbis Marmorea（"大理石平面图" [the Marble Plan]）断片，可断代到公元3世纪初，箭头所指的是小卖部和食品店（示意图由格伦·斯托里绘制）

图15.3 奥斯蒂亚的一间 thermopolium，"热饮店" [hot drink bar]——这纯粹是一个现代名称（拍摄：格伦·斯托里）

图15.4 （左）庞贝市赫库兰尼姆城门外的一家旅馆，面向维苏威火山（Vesuvius），位于箭头所指的位置，并显示出其与城市其他地方的关系（右）（照片和地图由格伦·斯托里提供）

的路上的一条"商业街"上的一家旅馆。这家旅馆无疑是有酒吧设施的，可以为旅行者提供食物和休息。然而，这同时又是一个夜生活的场所。

掠夺和暴力行为

人与人之间的暴力行为似乎更有可能发生在夜间，这样就可以借着黑暗掩盖起来。资料中多处提到在罗马，这种情况的确会在夜间发生。考虑到前面提到的佩特罗尼乌斯的《萨蒂利孔》中的内容，以及由于这样的活动见不得光，其中许多应该都是在晚间发生的。此处选取一段摘录：

> 店主拿着没有付够的费用打断了他的话……"你们是醉鬼，还是逃亡的奴隶，还是两者都是？……天啊，你们本来就不打算支付房费，打算在黑暗中跳下街道逃走，不是吗？你们不会得逞的。我要让你们知

道，这座 insula（公寓楼）不只是某个柔弱的寡妇的财产，而是属于马库斯·曼尼奇斯的（Marcus Mannicius）的。"你在威胁我们吗？"尤莫尔普斯（Eumolpus）喊道……与此同时，厨师们和 insularii（房东的经纪人们）正在外面殴打他（尤莫尔普斯）。有人威胁说要用烧烤杆上滋滋作响的肉戳他的眼睛，而另一个人则摆出角斗士的架势，挥舞着从储藏室抢来的叉子。（佩特罗尼乌斯，《萨蒂利孔》95.1, 8；对公元1世纪中叶发生事件的描述）

我们知道，在罗马的街道上，尤其是在晚上，打架行为是非常普遍的，大多只是因为简单的袭击和盗窃行为导致（Carcopino 1940：47-48；Paoli 1963：38-40）。我们还知道，有一些由青年人组成的带有抢劫性质的团伙，或者由于过度兴奋，或者由于需要轻松得到钱，专门殴打碰巧在黑暗中在街上行走的毫无防备的人。（下文"[骑士]夜行者"标题下讨论到一个著名的例证）在任何情况下，大多数人都会避免在夜间外出，如果他们必须出门，明智的做法是找人护送。富人通常

图15.5 商店入口处的屏障凹槽，以便在夜间关门歇业（拍摄：格伦·斯托里）

让保镖、奴隶来做这件事。而对于店主们，除非他们拥有酒吧，否则都会在晚上用坚固的木制屏障把店关上，这种屏障可以插放至商店门口石阶上的凹槽里。这种屏障在庞贝和奥斯蒂亚经常出现。图15.5是奥斯蒂亚的一个例子。

火　灾

对于前工业化城市背景下的居民来说，晚间最大的恐惧之一似乎是火灾。对罗马来说，火灾是尤其严重的挑战，因为城中遍布拥挤的建筑。尽管许多罗马城市都有明确的规划（例如，许多欧洲城市都是以罗马军营布局为肇始的，而这些军营都是按网格配置的），但罗马本身在其发展中几乎没有显示出任何统一规划的痕迹。罗马的行政管理不得不追赶城市自然发展的方式（Robinson 1992）。正如弗朗蒂努斯（Frontinus）所指出的（《论罗马城的供水问题》[On the Water Supply of the City of Rome] 1.18，图拉真统治时期，公元98年至公元117年）："由于火灾频发，罗马的土丘逐渐被烧毁的建筑物垃圾埋起来。"

尤维纳利斯（《讽刺诗》3，197-202）生动地捕捉到了火灾极为真实的恐怖场景，尤其是在夜间："在其他地方，人都有可能住在不会发生火灾的地方，晚上也不用担心隔壁有人边抢运细软边大喊'着火了！'，而此时你所在的三楼已经开始冒烟。你不会提前得知着火的，因为如果在底层发出警报，你所在的顶层直到最后才会燃烧起来，而此时只有屋顶的瓦片可以保护你。"

为了解决这后两种存在于夜晚的恐惧——夜间犯罪和火灾问题，奥古斯都皇帝建立了守夜人队伍（vigiles），这是一支由警察和消防队（我们现在用的词语守夜人 [vigil] 和义警 [vigilantes] 显然与这个名词有关）联合组成的队伍。这些巡逻人员分为7队（每队约为800人），主要由前奴隶组成，由骑士阶层的成员指挥。指挥官的职责在《查士丁尼文摘》(保罗，塞维鲁统治时期，公元3世纪的前25年，1.15.1-4；公元6年发生的事件)中有详细描述：

> 因此，他(奥古斯都)在需要的地点驻扎了七队人马，以便每队都能照看两个城中官方管辖区域。护民官被安排指挥这些人，而总指挥是一个骑士阶层的人，叫守夜人长官。因为在大多数情况下，火灾是居民的过错导致的，所以他负责体罚那些疏于管理家庭用火的人，或者他也可以减免处罚，但要提出严厉警告。抢劫案大多发生在公寓楼和仓库里，人们把最珍贵的那部分财产存放在那里，包括储藏室、橱柜还有箱子……需要明确的是，守夜人长官必须整夜值守，陪同巡逻，穿着合适的军用鞋，带好钩子和斧头，告诫租客要小心，以免因他们的疏忽而发生任何火灾事故。此外，他还需要告诫每一个租客应该在他们的公寓里准备好水。

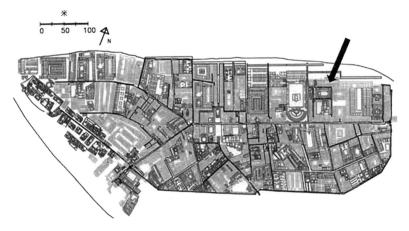

图15.6 电脑生成的奥斯蒂亚地图，不同深浅的灰色部分表示不同类型的设施：仓库、出租物业、公共建筑、私人豪宅联排别墅，以及工匠协会物业；箭头所指的是守夜人营房，其南面是海神浴场(地图由格伦·斯托里绘制)

令人惊讶的是，守夜人长官的职责并不限于此，在整夜未眠之后，他需要主持早间法庭，审判夜间抓到的罪犯。这充分说明了罗马人的效率，法官是睡眠严重不足的一群人，因此没有任何心情去忍受任何法律上的陈词滥调。守夜人在守夜人营房（excubatorium）里驻扎，他们每队都有一个营房，而所有营房分布于整个城市。但讽刺的是，当公元64年，大火在马克西穆斯竞技场（Circus Maximus）的商店里爆发时，负责该地区的那一队正驻扎在河对岸的第14区，也就是特兰斯蒂贝里（Transtiberim；现在的特拉斯提弗列 [Trastevere]）。当居民们从大火中逃离时，他们堵住了桥梁，阻碍了守夜人及时到达火场。[2]

守夜人也会在奥斯蒂亚城内外换防，奥斯蒂亚是罗马的港口，也是该城许多食品、货物的仓库。守夜人的营房是众所周知的，甚至在奥斯蒂亚的游客都听说过。它由公寓楼改建而成，可能有两到三层楼高——上文中提到的尤维纳利斯所描述的高空恐怖就是此类建筑带来的（该建筑可能可以容纳250名巡逻员，他们从罗马的不同队中被分配出来并进

图15.7 奥斯蒂亚守夜人营房的院子。法庭在后墙边上（拍摄：格伦·斯托里）

图15.8 奥斯蒂亚守夜人营房的东侧入口，前方场地很有可能是守卫在夜间的集合点（拍摄：格伦·斯托里）

行轮换）。图15.6是一张电脑生成的奥斯蒂亚地图，显示了守夜人营房的位置，旁边就是海神浴场（Baths of Neptune）。

图15.7和图15.8显示了营房的院子，其中图15.7是有皇帝雕像底座的法庭（法官坐在高台上；可能当时还建有皇帝和其他地方法官的雕像），而图15.8则重点显示出东面的入口。在夜间，营房区域会非常活跃，因为队伍每天晚上都要执勤，几乎可以肯定地说，他们应该是在院子里集结和准备，任务结束后也会返回院子里。院子里集中体现了现任皇帝及其行政人员的官方标志。也许正如置身罗马一样，我们可以很容易地想象在院子里的所有雕像前，一个疲惫的官员正在安顿下来，而巡逻人员带着他们的囚犯疲惫地走进院子里让他们接受审判，因为黎明即将到来，在夜间扫荡中抓到的盗贼即将受到即决裁判（summary justice）。加利尼耶及其同事（2010）谈到了"夜盗"，以及法律对夜间违法行为的惩处比白天更重、更快，守夜人长官的判决很可能就是例证。毕竟，正如埃克奇所说（2001：84），夜晚催生了法律规则。

黑夜的方方面面

夜间劳工

正如我们所看到的，守夜人和他们的长官，以及他们所监视的犯罪人员，在夜晚时分都忙着做他们的各种工作。本章一开始我们提到的第一个问题就是运送供给城市商品的运货马车发出的噪音，因为这些马车在白天是不允许进入城市的。很明显，在夜间，许多运输工人辛勤工作，正如尤维纳利斯（《讽刺诗》3，232-238）所描述的那样："在城市里睡觉是巨富们才有的特权。问题的症结在于，重型运输车辆在狭窄蜿蜒的街道上通过，以及从堵塞的交通中传来的咒骂声。"同样在一开始，马提亚尔就告诉我们，虽然教师在白天声音很吵闹——还有其他许多人的声音，正如塞涅卡（Seneca）在描述公共浴场时所描述的那样（小

图15.9 面包师马库斯·维吉利厄斯·优里萨西斯的葬礼纪念碑，靠近马焦雷门（Porta Maggiore，意为"大门"——译者）(拍摄：格伦·斯托里)

塞涅卡《书简》[Epistulae] 56，1-2，公元63年至65年之间）——但夜间最吵闹的其实是面包师。面包师对罗马城的稳定至关重要，因为他们实际上是在生产罗马的"日用面包"。面包师曾经可以获得特别的奖励，管理者以鼓励他们生产尽可能多的面包。许多面包是免费分给领取救济金的市民的。因此，尽管这无疑是一种严苛的生活（在工作中会有很多不眠之夜），但这也是一个有利可图的职业。图15.9是马库斯·维吉利厄斯·优里萨西斯（Marcus Vergilius Eurysaches）的坟墓（他名字中非罗马的姓氏——标准罗马公民三个名字中的最后一个——明显标志着他的农奴出身），他是一个著名的面包师，坟墓是以他的烤炉为原型设计的。约谢尔（Joshel）1992年也提及了其他一些可能从事相当数量夜间工作的职业。

性与（罗马）城

关于罗马的性行为，引人注意的一点在于它似乎并不完全是一种夜间活动。这乍听起来可能很天真，因为人类确实可以在任何时候进行性行为，无论是晚上还是白天。也许是罗马多神教时代结束后，基督教元素强调了性的"罪恶"，并将其贬斥到黑暗的夜晚，使夜晚成了性行为唯一合适的时间，或者这仅仅可能是一种传统的西方观念。信奉多神教的罗马人似乎随时都能找到进行性行为的时机。许多人知道庞贝的妓院（图15.10），以及它们是如何充斥着"肮脏"的画面。这是一种误解；在更多情况下，人们会发现庞贝最富有人群在房屋中最惹眼的地方，自豪地展示着描绘性行为的画面（Clarke and Larvey 2003）。在显眼处展示露骨的性行为画面并不会影响主人的声誉。这是不是一种显示良好品味的方式，就像展示《蒙娜丽莎》的仿作或《大卫》雕像的复制品一样？

图15.10 庞贝的主要妓院，一座不显眼的两层楼建筑（拍摄：格伦·斯托里）

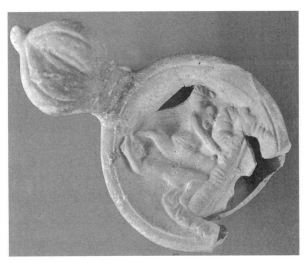

图15.11 西西里岛甘吉维其奥出土的罗马油灯上显示的场景（拍摄：塞特·费拉罗 [Santo Ferraro]；感谢塞特·费拉罗以及西西里甘吉博物馆 [Museum of Gangi, Sicily]，以及巴勒莫考古监管局 [Archaeological Superintendency of Palermo] 提供资料）

在探讨罗马卖淫行为和庞贝古城妓院或性商店的考古实例的文献中，几乎没有关于区分白天和夜间卖淫的讨论（McGinn 2013）。无论是否在夜间，罗马人对性的描写都并不羞涩。毕竟这种活动也曾与夜间有很强的关联。图15.11显示了一个典型的罗马橄榄油灯上的性爱场景，这是2015年艾奥瓦大学在西西里岛甘吉维其奥（Gangivecchio）的暑期田野实习中发现的。这个场景显示一个男人高高抬起他伴侣的腿以方便性交，这样的场景是很常见的（Clarke and Larvey 2003）。是不是当夜幕降临，灯被点燃后，人的思绪会转移到这个方向？

夜间写作

借助橄榄油灯，罗马人能够利用黑暗的时间来工作。特别是皇帝们，他们利用夜晚回复信件，并就各种政策作出决定（Millar 1977）。当然，人们记住的是那些所谓的"明君"，他们利用夜晚的时间为帝国的利益工作。公元1世纪的作家和政治家老普林尼就是身体力行的一个最佳范例。他的侄子，后来成为其养子的小普林尼描述了他一天的工作。老普林尼是以英雄的方式死去的。作为罗马舰队在米塞努姆（Misenum）的指挥官，当维苏威火山在公元79年8月爆发时，他立即登上他的旗舰，以帮助灾难中的受害者，同时也为了满足他自己对这个壮观的自然现象的好奇心。他在离庞贝城不远的斯塔比耶镇（Stabiae）被火山爆发产生的气体毒死。

我们现在知道老普林尼的一天是怎样度过的。他在黎明前就起来写东西；然后他举行了他的salutatio（招待仪式，也称levée），这项活动的目的是让罗马精英与他们的门客们打招呼，并给予他们现金和礼物。活动结束之后，他去了皇帝的salutatio。当时的皇帝是韦斯巴芗（Vespasian），他也在黑暗中工作。因为老普林尼是韦斯巴芗的

"档案柜"，所以他经常会在黑暗中派人去找老普林尼，时间远远早于 salutatio 开始的时间。作为《博物志》（现只存残部）的作者，老普林尼对帝国的不同地区了如指掌，所以当韦斯巴芗对从帝国的某个遥远地区到来的信件有疑问时，他会叫老普林尼来告诉他那个地方的情况。做完这一切后，老普林尼便坐下来写东西，再吃一顿早午茶，接着休息一下，此时他让奴隶们为他读书，而他则躺在太阳下。在那之后，他快速地洗了一个冷水澡，玩了会儿球，并进行了短暂的午休。他几乎没有浪费任何时间，只吃了一顿清淡而迅速的 prandium（午餐）。因此，当其他罗马人下班后，老普林尼又开始工作了。除非他要外出正式就餐，否则他会只吃一顿夜宵（可能在天黑的时候）。他在灯下要工作到凌晨 1 点左右。

罗马人坚持一年中的每一天都应该有 12 个小时的黑暗和 12 个小时的光明。因此，小时的长度在每天都有变化。在冬至，白天的 1 个小时等于 44 4/9 现代分钟；夜晚的 1 个小时是 75 5/9 分钟；白天时长是现代的 8 小时 54 分钟；夜晚时长是现代的 15 小时 6 分钟。这些时间间隔在夏至时正好颠倒。在表 15.1 中，我们大致可以看出冬夏两季的时间是怎样的。因此，参考一天中时间的起始和结束，我们很容易发现，忙碌的人们几乎必须使用人造光来做他们的工作，特别是在冬季。对于作家、皇帝和官僚来说，这意味着他们需要在灯下工作。

表 15.1 一天中罗马时间的变化间隔

	冬至	夏至
白天的第一个小时	上午 7：33 — 8：17	上午 4：27 — 5：42
白天的第二个小时	上午 8：17 — 9：02	上午 5：42 — 5：58
白天的第六个小时	上午 11：15 — 12：00	上午 10：44 — 12：00

（骑士）夜行者

"骑士行者"（knightwalker）这个词是埃克奇（2005：210-226）创造的，指的是一种习惯——精英人士出门以警察或者歹徒的身份参与到夜间冲突中（上文在"掠夺和暴力行为"标题下提到过）。很明显，骑士行者的最佳例子是前面提到的守夜人长官，根据定义，他具有骑士身份，也就是罗马人所说的 eques，职位仅次于元老院的元老。他是部队中勇敢的成员，为了镇压犯罪和火灾破坏而不眠不休。反面的一个合适例子则是尼禄皇帝。

天刚刚黑，尼禄立即戴上自由民的帽子或假发，兴致勃勃地在附近徘徊，玩得不亦乐乎，但也不乏恶作剧。他习惯性地殴打那些吃完晚饭回家的人，把敢于反抗的人打成重伤，并把他们按在下水道里狠狠地灌上一通。他还闯入商店进行抢劫。皇宫内每隔五天就会举行一次像平时赶集日一样的活动，拍卖部分赃物。然后他把所得的钱财挥霍一空。在这种争执中，他经常冒着生命危险，有一次差点被元老院的一名成员殴打致死，因为他的妻子被尼禄袭击了。因此，在此之后，如果没有帝国卫队的护民官在远处悄悄跟着，他再也没有在晚上的那个时间段公开露过面。（苏埃托尼乌斯 [Suetonius]《尼禄传》26）

塔西佗（Tacitus）在他的《编年史》（Annals，13.25）一书中详述了这一事件，并指出了尼禄的元老院对手的名字，一个叫朱利叶斯·蒙塔努斯（Julius Montanus）的人，就是他把尼禄打跑了：

当昆图斯·沃鲁西乌斯（Quintus Volusius）和普布利乌斯·西皮奥（Publius Scipio）担任执政官时（公元56年），国外一片和平，但在罗马却发生了暴行，因为尼禄在妓院和酒吧里徘徊，乔装打扮，穿上了奴隶的装束。他的同伴们会偷窃商店里展出的物品，并伤害任何妨碍他们的人。受害者对此毫不知情，以至于尼禄自己也会受伤，他的脸上会有明显伤痕。后来，当人们都知道那个四处游荡的人是皇帝时，对著名人士的伤害实际上增多了，某些人以尼禄的名义纠集自己的团伙进行了同样的活动（并不会受到惩罚）。一种在夜晚呈现出的特征占领了城市。朱利叶斯·蒙塔努斯是元老院成员，但还没有正式任职，他偶然在黑暗中与皇帝发生争执。他在尼禄试图使用暴力时进行了激烈的抵抗，认出尼禄后又请求得到赦免。但蒙塔努斯还是被迫自杀，就好像他的行为是在犯罪一样。因此，怀着对未来的恐惧，尼禄在自己身边安排了士兵和许多角斗士，他们被允许在一开始只进行普通的打斗，就像是民间斗殴一样。但如果受害方更积极地抵抗，他们就会动用武器。

这是一个相当精彩的故事，一个在位的罗马皇帝在晚上出去犯罪，而且不受惩罚。这个故事戏剧性地展示出了罗马夜晚的危险性，以及为什么人们需要害怕，因为袭击者可能就是皇帝本人。当然，在罗马的乡下，这种恐惧可能会大大减少。罗马治世（Pax Romana）这一盛世时期，地中海地区确实有着一支庞大的军队，在很长一段时间内他们的确压制了强盗行为，而这一配套体系的消失也确实对安全的整体方面造成了大幅影响。

夜行者（nightknight）是一个在拉丁语中并不存在的术语。最接近的对应词是"noctivagus"（"夜游者"[night-wanderer]）。我们甚至不知该词是否可能是指像尼禄这样的夜间癖好，或者是指卖淫。其阴性词形变化"noctivaga"被翻译为"夜行女巫"。另外还有一个术语"noctipuga"，字面意思是"夜晚的屁股、臀部"，但其实指的是女性生殖器（Glare 2015）。这些很少被人使用到的术语表明夜晚与女性有所关联，再次显示了罗马男性有将夜晚的种种不幸归咎于女性的癖好。然而，"夜行者"这个术语主要是用于指代与月亮和星星有关的神灵，或者可能指代那些在夜里崇拜夜间神灵的人。很明显，当时举行过一些有宗教动机的夜间纪念活动；这些活动似乎是在农村特有的。有一些迹

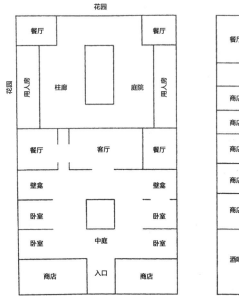
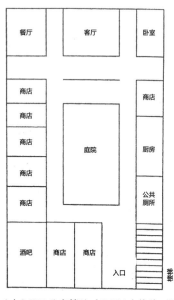

柱廊式联排公寓

花园

| 餐厅 | | 餐厅 |

花园

| 用人房 | 柱廊 | 庭院 | 用人房 |

| 餐厅 | 客厅 | 餐厅 |

| 壁龛 | | 壁龛 |

| 卧室 | | 卧室 |

| 卧室 | 中庭 | 卧室 |

| 商店 | 入口 | 商店 |

中庭式公寓楼

| 餐厅 | 客厅 | 卧室 |

商店		商店
商店	庭院	
商店		厨房
商店		
商店		公共厕所

| 酒吧 | 商店 | 商店 | | 入口 |

街道

图 15.12（左）罗马精英居住的联排别墅和（右）罗马公寓楼的对比图（由格伦·斯托里绘制）

象表明，这种活动不是很受人尊敬，却是让人感到害怕的事情。从罗马共和国到古代晚期，罗马人一直对夜间仪式持怀疑态度。公元前186年，罗马元老院颁布了著名的法令，反对从希腊引进的对酒神（Bacchic，也写作 Dionysiac）的崇拜活动。对罗马人来说，夜间仪式意味着卖淫、魔法仪式，甚至是人牲，因此非常看不起这些仪式。基督教（尽管其早期的大部分礼仪不得不在夜间进行）也对夜间仪式采取了类似的不容忍态度（Kahlos 2016: 172）。

有一点有助于我们了解夜间活动，特别是对于罗马城市来说，那就是房屋的布局。罗马公寓的有趣之处在于，它们是罗马联排别墅（或称domus）和多居室公寓楼的结合。如图15.12所示，罗马精英阶层居住的联排别墅是一个从根本上设计为向内观看的住所。这反映在现代地中海风格的住房中，以庭院为中心，空白的墙壁面向街道，并以一个入口大门作为点缀。这无疑是一个属于白天的场所。奥斯蒂亚的公寓楼也有一个院子，那里集中发生过相当多的内向型活动，但正如改建后的守夜人营房所反映的那样，公寓楼更多是外向型的，它们通常有阳台，使居民得以与街上的人互动——可能包括最常见的在晚上有意或无意地向路人投掷杂物。尼禄获得的乐趣之所以如此之多，可能是因为他意识到了这样一个事实：公寓楼里的人可能可以低头看到街上的混战，听到尼禄和他的同伴们的吵闹声，这会让他们感到一丝愉悦或厌恶。因此，罗马的公寓房（正如奥斯蒂亚考古工作所显示的那样）几乎就像一个夜生活的"建筑剧院"，无论是院子还是房间，都可以俯瞰街道和下面的商店。

在私人住宅方面，罗马郊区别墅也是罗马精英阶层炫耀其财富的场所。我们接下来会提到关于罗马帝国鼎盛时期的罗马城郊别墅的一段描述，这段描述是小普林尼在一封信中写下的（《书信集》[Epistles] 2.17）。小普林尼描述了他在劳伦廷（Laurentine）的别墅。这座别墅距离罗马11英里（约17.6公里——译者），位于第勒尼安（Tyrrhenian）海岸。人们曾多次尝试"重建"该别墅；有数百名艺术家和建筑师尝试制作其复制品（Du Prey 1994），包括本章介绍的由考古插画学生基顿·斯坎德雷特（Keaton Scandrett）制作的复制品。

就我们在本章讨论的目的而言，小普林尼强调了建筑的一个特点，就是他不遗余力地在设计中加入了一个私人"桃源秘境"。图15.13展示了基于小普林尼的描述的别墅平面图，显示出了这个"桃源秘境"，包括一个露台（W）和封闭的通道（V）及其通向的一套私人房间（X）。小普利尼喜欢别墅的这一侧（他的"最爱"，被描述为amores），因为在农神节（Festival of the Saturnalia）期间（12月17日至24日的

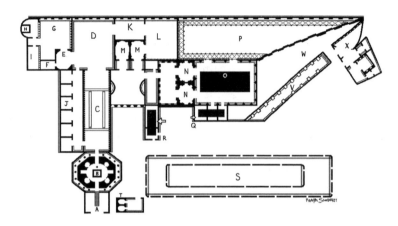

图15.13 小普林尼在劳伦廷的别墅平面图，基于他的文字描述用直线绘制；图例是根据小普林尼《书信集》（*Letters*，即前文中 *Epistles*）2.17 的文本，由贝蒂·雷迪斯（Betty Radice，1963）翻译（原图由基顿·斯坎德雷特绘制）

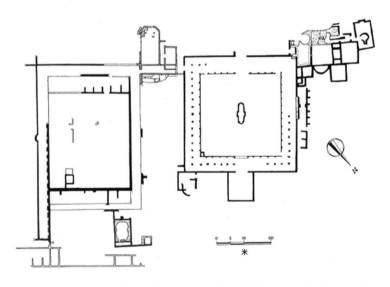

图15.14 位于帕隆巴拉的别墅，在考古学上可能与小普林尼在劳伦廷的别墅相关（依据 Ramieri 1995：figure 3）

一个庆祝冬至的节日，房屋会用常青树装饰，人们会交换礼物，奴隶们会像主人一样行事——这显然是圣诞节的前身），他在此可以逃避十二月里的家庭聚会。由于那个季节白天时间短，这样的聚会不得不在夜晚进行。这个区域在很大程度上是他的夜晚"桃源秘境"（他可以在黑暗中继续写作，远离外面的欢乐喧嚣），我们很可能在帕隆巴拉（Palombara）别墅的废墟中找到了与他书中描述相关的考古学资料，尽管此处不是唯一可能的例证，而且其具备相关特征的一侧只在图15.14右边描绘的大型方形围墙旁边显示出一点痕迹。

睡眠模式

罗马人似乎已经认识到埃克奇（2001，2005）将睡眠分为两个主要时期的做法，这表明在欧洲历史上，人们在夜幕降临时入睡，然后在午夜前后起床一段时间（也许一两个小时），进行交谈、写作、做家务、做爱等活动，然后再次入睡，在黎明时分起床，是一种多么普遍的现象。罗马人确实提到过埃克奇所定义的第一段睡眠。修昔底德（Thucydides）在《伯罗奔尼撒战争史》（*History of the Peloponnesian War*, 7.43）中甚至提到了这一点，他说 apo protou hypnou（"第一次睡眠之后"），罗马人称这一阶段为 primus somnus（"初次睡眠"），prima nox（"第一夜"——凯撒大帝和历史学家李维等军事作家大量使用该词来描述入夜后不久的攻击行动），concubia nox（"晚上躺在床上"），prima sopor（亦为"初次睡眠"），或 prima quies（"初次安静，或睡眠"）。从最早的罗马诗人恩纽斯（Ennius，《编年史》[*Annals*] 2.27，写于公元前2世纪）使用的 noctu concubia（"晚上睡觉的时候"），到普劳图斯（Plautus）、李维、西塞罗（Cicero）、老普林尼等人，一直到马克罗比乌斯（Macrobius，

《农神节》[*Saturnalia*] 1.3.12及之后各卷）和公元5世纪的圣希多尼乌斯·阿波利纳里斯（Sidonius Apollinaris），都可以找到关于初次睡眠的记载。不过我们还不太清楚罗马人如何称呼两次睡眠之间的间隔时段，以及他们如何称呼第二次睡眠。看上去完全合理的 secundus somnus（"第二次睡眠"）这一说法，在诸如帕卡德人文学科索引（Packard Humanities Index）这样的综合数字数据库中并不能得到证实。但无论如何，对于"初次睡眠"的定性似乎是合理的。

看起来，prima quies 这一短语包含着最相关的信息，其字面意思是"初次安静"或"初次睡眠"。在维吉尔（Virgil）的《埃涅阿斯纪》（*Aeneid*）第2.268卷（该卷中埃涅阿斯向狄多女王 [Queen Dido] 描述了特洛伊的陷落）中，埃涅阿斯讲述了隐藏在特洛伊木马中的希腊人即将行动的时间：tempus erat quo prima quies mortalibus aegris incipit et dono divuum gratissima serpit（"这正是可悲的凡人开始初次睡眠的时间，这是诸神的恩赐"）。这句话可能是在一个军事背景下说的，因此也许并不能说明睡眠的常规模式。同样，奥维德（Ovid）在其《变形记》（*Metamorphoses*）第8.83卷米诺斯（Minos）的故事中，希拉（Scylla）和她的父亲尼苏斯（Nisus）画了一幅画：nox intevenit, tenebris audacia crevit, prima quies aderat, qua curis fessa diurnis pectora somnus habet, thalamus taciturna paternos（"夜晚来临，她的胆量因黑暗而变大；初次安静开始了，当睡眠涌上了被日常忧虑所累的心头，父母的卧室也安静了下来"）。这里再次强调了时间，虽然是因为行动在此时开始，但这段描述确实也暗示了起初的一段的睡眠期，并暗示了接下来有一段清醒期。维吉尔在书中8.407卷带给了我们另一句话：ubi prima quies medio iam noctis abactae curriculo expulerat somnum（"当初次安静赶走了睡眠，就在被驱赶而远去的夜晚的中段"）。这句话看起来包含更多内容，它告诉我们初次安静（睡眠）在某一时刻被打破（赶走睡眠），而在半夜，夜晚已经被驱赶而远去——也就是说，每个人都醒了，他们把这段时间当作白天。medio curriculo noctis（"夜晚的中段"）这个短语可能是埃克奇（2001，2005）所确定的那种睡眠中断时间的指称。因此，上面这些文字段落强烈暗示了初次睡眠的模式，随后是"中段"的间隔，然后是第二段睡眠。尽管第二段睡眠更难确定，但在几个短语中可能有所提及：tertia vigilia（"夜晚的第三班值夜"）——罗马人似乎将夜晚分为三个或四个时段，在本章提到的情形下只有三个时段，首先是睡眠，在"半夜"有一段活动时间，第三个时段又是睡眠——或者 gallicinium（"鸡鸣时间"）——也就是说，第二次睡眠在鸡鸣迎接黎明到来时结束。

结　论

作为夜间人类学 / 考古学背景下的研究对象，古罗马城，以及整个罗马社会都是非常成熟的例子。它是二十四小时制的一个绝佳范例。从民族史记录中可以看出，夜间活动的声学层面确实是古代评论家关注的问题，就像工业化之前城市环境中夜晚的各种危险一样。罗马的法律体系也在很大程度上被用来处理夜间发生的违法活动，我们知道守夜人对夜间的罪犯进行了严厉的处理；他们也进行巡逻，以防止让全世界的古代城市都感到恐惧的火灾的发生。我们简要地探讨了人工照明和夜间活动中不太让人感到可怕的方面，以及睡眠模式等问题。最后，我们证明了城市住宅的建造和维护在一定程度上注意到了帝国城市的夜间活动对其产生的影响。而罗马人，至少在他们的城市中，确实是一个实施一天二十四小时制度的民族。

注 释

1. 除非另有说明，本章所有从拉丁文翻译的内容均为笔者自己翻译。本章中对古代资料的引用遵循了标准的古典学学术惯例：所有的古代资料都有一个标准的参考文献，允许学者在引用某段文字时不参考现代版本或译本，因此引用的内容没有日期标注，也不出现在参考文献中。

2. 尽管有些困难，在位于特拉斯提弗列的麦当劳前面的广场上的一些洞里，人们还是可以看到守卫11区（马克西穆斯竞技场）和14区（特兰斯蒂贝里）的队伍的部分营房遗迹。

参考文献

Carcopino, Jerome. 1940. *Daily Life in Ancient Rome: The People and City at the Height of the Empire*, ed. with bibliography and notes by H. T. Rowell. Trans. from French by E. O. Lorimer. New Haven, CT: Yale University Press.

Clarke, John R., and Michael Larvey. 2003. *Roman Sex: 100 BC to AD 250*. New York: H. N. Abrams.

Daveluy, Michelle. 2010. "Comment on 'Anthropology of the Night: Cross-Disciplinary Investigations.'." *Current Anthropology* 51:837–838.

Du Prey, Pierre de la Ruffinière. 1994. *The Villas of Pliny from Antiquity to Posterity*. Chicago: University of Chicago Press.

Ekirch, A. Roger. 2001. "Sleep We Have Lost: Pre-Industrial Slumber in the British Isles." *American Historical Review* 106(2):343–386. https://doi.org/10.2307/2651611.

Ekirch, A. Roger. 2005. *At Day's Close: Night in Times Past*. New York: W. W. Norton.

Galinier, Jacques, Aurore Monod Becquelin, Guy Bordin, Laurent Fontaine, Francine Fourmaux, Juliette Roullet Ponce, Piero Salzarulo, Philippe Simonnot, Michèle Therrien, and Iole Zilli. 2010. "Anthropology of the Night: Cross-Disciplinary Investigations." *Current Anthropology* 51(6):819–847. https://doi.org/10.1086/653691.

Glare, P.G.W. 2015. *Oxford Latin Dictionary*. 2nd ed. Oxford: Oxford University Press.

Joshel, Sandra R. 1992. *Work, Identity and Legal Status at Rome: A Study of the Occupational Inscriptions*. Norman: University of Oklahoma Press.

Kahlos, Maijastina. 2016. "Artis heu magicis: The Label of Magic in Fourth Century Conflicts and Disputes." In *Pagans and Christians in Late Antique Rome: Conflict, Competition and Coexistence in the Fourth Century*, ed. Michele Renee Salzman, Marianne Sáhgy, and Rita Lizzi Testa, 162–177. New York: Cambridge University Press. https://doi.org/10.1017/CBO9781316274989.007.

Lo Cascio, Elio, ed. 2012. *L'Impatto della "Peste Antonina." Pragmateiai. Collana di studi e testi per la storia economica, sociale e amministrativa del mondo antico*. vol. 22. Bari: Edipuglia.

McGinn, Thomas A. J. 2013. "Sorting Out Prostitution in Pompeii: The Material Remains, Terminology and the Legal Sources." *Journal of Roman Archaeology* 26:610–633. https://doi.org/10.1017/S1047759413000482.

Millar, Fergus. 1977. *The Emperor in the Roman World, 31 BC–AD 337*. Ithaca, NY: Cornell University Press.

Ogden, Daniel. 2002. *Magic, Witchcraft and Ghosts in the Greek and Roman Worlds: A Sourcebook*. New York: Oxford University Press.

Paine, Richard R., and Glenn R. Storey. 2006. "Epidemics, Age-at-Death, and Mortality in Ancient Rome." In *Urbanism in the Preindustrial World: Cross-Cultural Approaches*, ed. Glenn R. Storey, 69–85. Tuscaloosa: University of Alabama Press.

Paine, Richard R., and Glenn R. Storey. 2012. "The Alps as a Barrier to Epidemic Disease During the Republican Period: Implications for the Dynamic of Disease in Rome." In *L'Impatto della Peste Antonina*, ed. Elio Lo Cascio, 179–191. Bari: Edipuglia.

Paoli, Ugo Enrico. 1963. *Rome: Its People, Life and Customs*. Trans. R. D. MacNaghten. New York: Longman.

Radice, Betty. 1963. *The Letters of the Younger Pliny*. Trans. Betty Radice. New York: Penguin Classics.

Ramieri, A. M. 1995. "La villa di Plinio a Castel Fusano." *Archeologia Laziale* 12:407–416.

Reynolds, D. W. 1996. "Forma Urbis Romae: The Severan Marble Plan and the Urban Form of Ancient Rome." PhD diss., University of Michigan, Ann Arbor.

Robinson, Olive F. 1992. *Ancient Rome: City Planning and Administration*. New York: Routledge.

Sokolowski, Deborah. 2013. "Folklore and Superstition in Petronius' *Satyricon*." *Parnassus* 1:70–86.

Storey, Glenn R., ed. 2006. *Urbanism in the Preindustrial World: Cross-Cultural Approaches*. Tuscaloosa: University of Alabama Press.

第十六章

绿洲中的午夜

阿曼古往今来的农业活动

斯米迪·内森

对生活在干旱环境中的社区来说，绿洲有着重要的社会和经济价值。除了提供重要的自然资源，如肥沃的土地和水，绿洲还提供了沙漠贸易路线上的关键节点，使人们可以抵御入侵者和恶劣的环境条件，也向人们提供了潜在的永久定居地区。对于绿洲里的永住居民来说，采取合理的生存战略是至关重要的。世界各地的绿洲社区采用的一种策略是绿洲农业（oasis agriculture）——这是描述在绿洲环境中进行的农耕生活方式的术语（Stevens 1972）。虽然人们对白天进行的大量绿洲农业活动有所了解，但对夜间进行的农业活动知之甚少。本章研究了在阿曼这个有着悠久绿洲农业历史的国家，夜晚在古往今来的农业活动中起到的作用。

阿曼，正式名称为阿曼苏丹国，位于阿拉伯半岛的东南海岸，与也门、沙特阿拉伯和阿拉伯联合酋长国等国家接壤，濒临印度洋、阿曼湾和阿拉伯海等主要水域。阿曼拥有多样化的环境，超过2000公里的海岸线横跨该国的东部和南部边缘。在南部，特别是在佐法尔（Dhofar）

地区，印度洋季风提供了充足的降雨量，茂盛的植被得以在6月中旬到9月中旬覆盖整个地区。如果从佐法尔向东北方向行进，进入鲁卜哈利（Rub al-Khali）的沙丘沙漠，该地区也被称为"空旷的四分之一"（Empty Quarter，因该地区占据阿拉伯半岛四分之一面积而得名——译者），环境就会迅速变化。全国各地都有sabkhat（盐滩；单数形式为sabkha）和wadis（间歇性河流；单数形式为wadi）。在该国的东北部，哈杰尔山脉（al Hajar Mountains）含有丰富的蛇绿岩，这本是地球洋壳的一部分，在上升后，现已暴露在海平面以上。这些山脉悠久的地质历史形成了各种资源（铜矿、绿泥石、黏土等），自古以来人类就一直在开采（Blackman et al. 1989; David 2002; Glennie 2005; Hauptmann et al. 1988）。

这个国家由卡布斯·本·赛义德·阿勒赛义德苏丹（Sultan Qaboos bin Said al-Said [1970年至2020年在位——译者]）统治，在1970年的一次不流血政变中，他推翻了他父亲的统治。从那时起，卡布斯苏丹推行了大规模的国家基础设施建设计划（例如，道路工程、教育机会和医疗保健），以实现国家的现代化。阿曼目前经济繁荣的原因大部分来自石油。但因为该国的石油储量没有其海湾邻国那么大，所以阿曼国家叙事的一个组成部分就是接受其国内资源是有限的这一现实（Limbert 2010）。在卡布斯苏丹登基之前，农业构成了阿曼经济的绝大部分。虽然情况已发生变化，但农业在阿曼社会和经济方面仍然非常重要。

本章首先概述了阿曼绿洲农业的考古学基础。随后，通过案例研究，探讨了夜晚在农业活动中的作用，并对以下三个问题进行了探讨。第一，哪些活动仅在夜晚进行？第二，如果一项农业活动可以在任何时间进行，为什么要选择夜晚？第三，哪些人在参与夜间进行的农业活动？

为了回答这些问题，本章对三种资料进行了研究：前人关于历史农业实践活动的研究、环境数据和近期的民族考古研究结果。本章将前人关于阿曼绿洲农业历史实践活动的工作放在夜间考古的大背景之下进行了回顾。阿曼是一个在过去半个世纪经历了重大社会经济和基础设施变化的地区，这对绿洲农业产生了重大影响。前人的研究提供了关于20世纪重大变化之前和之后的农业实践活动的宝贵信息。环境数据的整合，特别是温度记录和作物耐受性的估计，将在本章被用来研究夜间的实践活动。

最后，本章还参考了笔者自己研究得出的民族考古学数据（Nathan，尚未发表）。2016年冬天，笔者在阿曼北部的扎希拉省（al-Dhahirah governorate）[1] 进行了一项民族考古学研究，调查当地的农业实践，特别是位于哈杰尔山脉冲积平原的社区。该研究考察了作物的选择、供水和灌溉，农业地点和组织，所有权和劳动分工，等等。因此，本章重点讨论阿曼北部的农业实践活动。选择这一地区有两个原因。第一，该地区包含许多考古遗址，证明这里人类居住、定居和绿洲农业可以追溯到青铜时代。第二，现今，农业活动在这个地区仍在继续进行。下一节将简要介绍阿曼绿洲农业的考古学基础。

阿曼绿洲农业的考古学基础

自20世纪70年代以来，考古学家在阿曼进行了多项考古调查（de Cardi et al. 1976；During Caspers 1970；Frifelt 1975；Hastings et al. 1975；Whitcomb 1975）。与近东的其他地区相比，阿曼受到学术界的关注较少。最近，人们对阿曼考古记录的各个方面越来越感兴趣，这些记录可以追溯到旧石器时代（Petraglia and Rose 2010；Whalen 2003）。本章关于阿曼考古学的概述旨在介绍阿曼北部绿洲农业的史前基础，但必须指出，阿曼北部的许多史前发现与紧邻阿曼和阿拉伯联合酋长国边境的发现类似。尽管这些地区现在是不同的地缘政治区域，但它们在古代是相似的文化综合体。总之，位于阿联酋的那些展示出相似文化综合体的遗址在此也会被提及。

绿洲农业的基础可以追溯到青铜时代（公元前3100年至公元前1300年；Al Jahwari 2009；Cleuziou 1982，1996；Frifelt 1989）。与近东其他地区在更早的新石器时代出现的农业不同，阿曼的农业是在几千年后才出现的。农业并没有完全取代其他的生业（subsistence）形式，也没有在某些地点形成主导的生业策略。最近来自阿曼的考古证据表明，绿洲农业与牧业（McCorriston et al. 2012；Uerpmann and Uerpmann 2008；Vogt and Franke-Vogt 1987）、狩猎（Bökönyi 1992；Bökönyi and Bartosiewicz 1998；Uerpmann and Uerpmann 2008）、觅食（McCorriston 2006）和渔业（Beech 2004；Hoch 1995）在当时是同时发生的。虽然绿洲农业不是唯一重要的获得食物的策略，但农业社区对景观产生了持久的影响。

青铜时代的肇始被称为是一个由于社会经济复杂性增加而发生重大转变的时期，它以多种方式体现出来（Cleuziou and Tosi 2007）。许多社区定居活动的增多带来了围绕塔状建筑的大型定居点的建设（Cable and Thornton 2013；Cleuziou and Tosi 2007；de Cardi et al. 1976；Frifelt 1975；Hastings et al. 1975；Weisgerber 1981）。其他建筑，如多墓室的集体墓葬大型建筑，也出现于景观中（Blau 2001；Cleuziou and Vogt 1983；Salvatori 1996；Vogt 1985）。

在青铜时代，一个叫作"马干"（Magan）的地名开始出现在美索不达米亚的各种记录中（Crawford 1973；Leemans 1960）。马干是一个强大的社会经济政体，几个世纪以来，学者们都没有找到它的位置。通过在阿拉伯半岛东南部，特别是阿曼北部和阿联酋接壤地区发现铜矿，而且已知马干是一个重要的铜供应地（Kmoskó 1917；Wellsted 1838），马干的位置被确定下来。青铜时代的阿曼缺乏已知的文字记录，这可能是导致之前无法确定马干位置的原因。

马干的居民开采了来自哈杰尔山脉本地的自然资源，其中不仅包括铜，还有黏土和绿泥石。当地的黏土被用来制作陶器（Blackman et al. 1989；Méry 1991，2000），而绿泥石则被用来制作软石（softstone）器皿（David et al. 1990；David 2002；Mouton 1999；Ziolkowski 2001）。除了国内使用，这些物品还被出口到周边地区，如美索不达米亚（Begemann et al. 2010；Crawford 1973；Gensheimer 1984；Piesinger 1983）和印度河流域（Blackman et al. 1989；Edens 1993；Méry 1988；Potts 2000；Vogt 1996）。这种互动不是单向的，阿拉伯东南部的青铜时代遗址中也有从美索不达米亚和印度河流域进口物品的证据（Edens 1993；Piesinger 1983；Potts 2010；Vogt 1996）。

随着定居人数的增加和区域间贸易的加强，青铜时代时绿洲农业开始出现（Al-Jahwari 2009）。关于是什么原因推动了人们采用这种生业策略仍然存在争议。生态学上的假说基于环境证据，包括阿拉伯半岛东南部的湖泊沉积物，这些沉积物显示了与绿洲农业社区的出现相吻合的潮湿条件（Parker et al. 2006）。其他人则指出了社会经济因素，如铜矿开采、与美索不达米亚和印度河流域的贸易所带来的定居点密度的增加（Cleuziou and Tosi 2007）等。尽管如此，这一时期绿洲农业的证据主要还是基于考古植物学的发现，特别是枣椰树（Phoenix dactylifera L.）。枣椰树是阿曼现代和历史上绿洲农业系统运作的一个重要组成部分（图16.1）。这些树的果实可以提供食物，其类似木材的

图16.1 阿曼伊布里（Ibri）附近的马兹（Majzi）绿洲村。枣椰树林是阿曼北部绿洲农业系统的一个突出特点（拍摄：斯米迪·内森）

分生组织可以提供原始建筑材料和燃料，并可以遮护其他植物（如谷物、豆类、柑橘类水果），让它们得以生长繁殖（Tengberg 2012）。在青铜时代的共存单位中发现了数百个枣石（枣椰树的种子）和泥砖印记的茎/叶碎片，这表明枣椰树也是史前绿洲农业实践活动的一部分（Cleuziou 1989；Tengberg 2012；Willcox 1995）。除了枣椰树，人工栽培的进口谷物有小麦（Triticum sp.）和大麦（Hordeum vulgare L.），烧焦的种子可以作为直接证据（Costantini 1979；Tengberg 1998），研磨石等人工制品也可以作为间接证据（Potts 2000）。

　　绿洲农业的主要组成部分，如在绿洲定居生活以及种植枣椰树和谷物，虽然其最早的证据出现在青铜时代，但随后的铁器时代（约公元前1300年至公元前300年）是现代和历史上的绿洲农业实践活动中另一个关键组成部分——法拉吉灌溉系统（falaj system）出现的公认的时段（Al-Tikriti 2010；Avanzini and Phillips 2010；Wilkinson 1977）。法拉吉灌溉系统是一系列地下渠道，利用重力将地下水从山区长距离输送到定居区来灌溉农作物（Al-Tikriti 2002）。[2]这一系统类似于在邻国伊朗和近东其他地区发现的暗渠（qanats），后者也是利用隧道结构和重力将水输送到定居区（Al-Ghafri et al. 2003；Boucharlat 2003）。

历史上，法拉吉灌溉系统是绿洲社区内灌溉农作物的主要水源（图16.2）。其他水利管理方法，如地下水井和渠道，在古代也是存在的（Charbonnier 2015；Desruelles et al. 2016；Frifelt 1989）。尽管如此，法拉吉灌溉的引入被认为是绿洲农业生存能力持续增长的主要因素（Bellini et al. 2011；Potts 2008）。虽然绿洲农业在过去几千年、几个世纪，甚至几年中肯定发生了变化，但对现代居民来说，这种生业策略仍有其社会经济重要性。

图16.2 法拉吉系统。（左上）从山里来的法拉吉；（右上）绿洲里的法拉吉；（左下）从法拉吉分配到农田的水；（右下）用法拉吉的水灌溉的农业区（拍摄：斯米迪·内森）

哪些活动仅在夜晚进行？观星作为一种供水资源管理方法

现代和历史上对法拉吉灌溉系统的观察研究，包括供水管理和再分配实践，表明社区需要积极分享水源（Al-Marshudi 2007；Al Sulaimani et al. 2007；Nash 2015；Sutton 1984；Zekri et al. 2014）。夜晚曾经是，而且现在仍然是绿洲社区中众多基于时间的供水再分配系统的一个组成部分。在许多地方，由法拉吉系统供应的水一天24小时不间断地流淌，而重新分配这些水则是基于时间的。法拉吉供应的水通常一次流入一个农业区（Al-Marshudi 2007）；因此，在这个系统中，供水管理的一个重要方面是了解水分配给自己的时间。水的分配不只限于白天，也可能发生在晚上。哈利特·纳什（Harriet Nash）对使用星星作为夜间计时的方法进行了广泛的研究（Al-Ghafri et al. 2013；Al Sulaimani et al. 2007；Nash 2007, 2010, 2011, 2015；Nash and Agius 2009, 2011, 2013；Nash et al. 2014）。虽然这种计时方法有相当程度的地区差异，但其系统有两个基本变量：星星和观测点。

这些星星也被称为法拉吉星，它们可以是一颗星星或一组星星。人们通常在不同的观测点会观测到它们的上升或下降，这些观测点有可能是自然或人为制造的"地平线"（Nash 2015）。在笔者的采访中，许多信息提供者都记得这种为供水分配而采用的计时方法，然而，他们所在的社区已没有人继续这种做法了。对许多村庄而言，这种基于星星的计时方法都很重要，但随着20世纪60年代手表开始引进，人们就不再使用这种方法了（Nash 2015）。

虽然基于星星的计时法不像过去那样被广泛使用，但夜晚在供水分配中仍然起着作用。在阿曼北部，"badda"和"athar"这两个术语经常被用来描述不同的供水时间单位。[3]"badda"通常指长度为12个小时的一段时间——有白天的 badda 和夜晚的 badda，而"athar"通常指的是长度为30分钟的一段时间，包括夜晚的时间（Al-Marshudi 2001，2007）。在阿曼北部的一些村庄，这些单位是作为供水份额出售的，据说，还会根据昼夜划分和不同季节给出不同的定价。通常，购买、出售或抵押夜间分配的供水份额比白天的份额便宜（Al Sulaimani et al. 2007）。

除了法拉吉，地下水井也是许多从事绿洲农业的家庭的用水来源。在晚间使用方面，笔者研究中的一些受访者说，白天和夜晚使用水井浇水的工作是由家庭成员分担的。在这种情况下，笔者的信息提供者说，晚上起床去浇灌作物不方便，因此，夜晚的浇灌活动通常由家庭成员轮流进行，这样就不会有一个人一直承担这个重任。

如果一项农业活动可以在任何时间进行，为什么要选择夜晚？植物繁殖的温度因素

在阿曼北部，昼夜温差大，尤其是在不同的季节，会有鲜明的对比。在冬季（大约10月至次年3月），扎希拉省伊布里市（靠近笔者进行田野调查的地区）周围的日间平均气温在25℃至38℃之间，而夜间平均气温则在13℃至24℃之间。在夏季（大约是4月至9月），日间平均气温在37℃至45℃之间，而夜间平均气温在21℃至30℃之间。[4]

这些鲜明的温度变化范围影响着农业潜力和决策。在阿曼北部和阿拉伯联合酋长国温度相近的邻近地区，在降雨、风和温度等气候特征基础上，可以从语言和概念方面进一步对该地区进行细分（Yateem 2009）。在阿曼北部的许多地区，对于最热的夏季，大概是5月至8月，当地有专门的术语来称呼这段白天平均温度在42℃至44℃之间的时间。[5] 在笔者的研究中，一些农民基于当地季节性术语，讨论了不同的种植策略。这些当地术语表明，他们对极端温度有敏锐的认识，并随之制定在这些月份保持农业产出的相应策略。因此，在阿曼北部，通常，大多数收割活动在冬季进行，和缓的温度是促成这一策略的一个因素。尽管如此，有些植物还是需要全年种植和养护。例如，对绿洲农业系统至关重要的枣椰树全年都在被养护，这种作物可以忍受10℃至52℃的温度，这使得它们可以承受炙热的夏日和凉爽的冬夜（Food and Agriculture Organization of the United Nations, n. d.）。

从青铜时代至今，阿曼在其农业策略中接纳了外来栽培品种（Bellini et al. 2011；Costantini 1979；Potts 1994；Tengberg 2003；Willcox 1995）。大麦是在青铜时代引入的一种谷物，可以忍受2℃至40℃的温度，而小麦，特别是 Triticum aestivum 这种，则比较敏感，绝对耐温范围为5℃至27℃（Food and Agriculture Organization of the United Nations, n. d.）。大麦和小麦至今仍在种植，并继续成为许多绿洲社区的重要作物。此外，除了特定的干旱灾害事件，阿曼北部的气候条件从青铜时代到现在一直都比较相似（Parker et al. 2006）。因此，对温度的认知，或许还有对温度耐受性的认识，可能也影响了当地古代人围绕作物选择和植物繁殖做出的决策。

夜晚可以为人类和植物提供缓解酷暑的机会。在笔者的采访过程中，一些信息提供者提到他们会在晚上灌溉农作物，因为白天太热了。这样一来，夜晚缓解了进行农业活动，如灌溉农作物的潜在不利影响，不然人们就需要在白天进行这些活动。对于植物来说，夜晚灌溉，特别是在早晚或日出前灌溉，可以减少蒸发。因此，与白天灌溉相比，植物能够保留更多的水分。夜间的水分保留也会影响某些作物在冬季的收获。在笔者的民族考古研究中，许多信息提供者说他们在日出前会收割苜蓿（Medicago sativa L.），因为他们觉得这样的作物更新鲜，从而使其更有销路。虽然夏季的灌溉或冬季的收割都可以在白天进行，但由于夜晚在缓解气温和保留水分方面的优势，人们专门选择了在夜晚进行这些活动。

哪些人在参与夜间进行的农业活动？阿曼北部的民族考古学启示

2016年冬天，笔者进行了一项民族考古学研究，通过采访当地农民，调查阿曼北部扎希拉省的农业实践活动。访谈有两个主要部分。第一部分是包含32个问题的调查问卷，有英语和阿拉伯语的翻译。该调查构成了本研究的基础。第二部分是参观每个受访者拥有或维护的种植区。翻译人员是帮助我们理解受访者回答内容的关键一环，特别是在用当地方言交流的时候。笔者总共进行了26次访谈，得到了来自59人的回答。该研究的主要目的是收集急需的有关阿曼北部绿洲农业的背景资料，特别是在有青铜时代人类生活证据的扎希拉省。

笔者直接向受访者提问："哪些农业活动是在夜晚进行的？"最多的答案是灌溉。正如前文所述，灌溉作物是一项本身具有许多与夜晚相关内容和联系的农业活动。的确，夜晚对这项农业活动起着重要作用。然而，问题仍然存在——谁是承担这种任务的人？

如果社区的法拉吉灌溉系统是一个社区的主要水源，农民就有责任知道他们分配的灌溉时间。如果有问题，他们会求助于负责管理法拉吉的人来解决争端，通常该人被称作"wakil"（Al-Marshudi 2001）。笔者与两位担任 wakil 职位的人进行了交谈。他们解释说，他们的主要职责之一是了解每个农民获得水的时间，两人都知道如何根据星星来计算时间。wakil 的其他职责包括监督法拉吉系统的销售、租赁和维护（Al-Marshudi 2001）。

历史上，wakil 职位遵循严格的性别界限，即该职位只由男性担任。这种性别规范也反映在与法拉吉灌溉有关的农业活动中。在笔者的采访过程中，男性和女性都参与了多项农业活动和耕作的不同阶段，包括种植、除草和收获。然而，据报告，围绕灌溉的活动主要由男性负责。尽管如此，在笔者采访的一些家庭中，妇女也会承担这一任务。出现这种情况通常有两种解释。首先，一些妇女坚称她们对农活有浓厚的兴趣，想从事这项活动。其次，如果一个成年男性由于参军或死亡而不能从事这项工作，那么妇女就会承担其责任。这种责任会延续到夜晚，一些妇女说，她们会在晚上监督作物的灌溉。

在过去的30年里，雇用外国工人的情况越来越多，他们通常来自孟加拉国、巴基斯坦和印度等南亚国家，为某个农场承担农业工作。如果一个人在阿曼北部游历，会发现绝大多数的日常农业工作都是由外国工人完成的。通常情况下，一个家庭有一个工人，工期一年或两年。如果只需要从几小时到几天不等的短工，也可以只在这段时间内雇用工人。有几个家庭说，他们雇用的外国工人是在晚上完成短期工作的。做出这种安排主要有两个原因：一是这家人希望某项工作可以在晚上进行；二是被雇用的工人在白天有另一份工作，只有在晚上才有空。

讨 论

为了研究夜晚在阿曼古往今来的农业活动中的作用，本章中提出了三个问题：第一，哪些活动仅在夜晚进行？第二，如果一项农业活动可以在任何时间进行，为什么要选择夜晚？第三，哪些人在参与夜间进行的农业活动？专项案例研究为我们评估这些问题开了一个好头。

水，特别是围绕灌溉的实践活动，作为一个共同的主题出现在夜间实践活动中。法拉吉系统和地下水井是农业用水的主要来源。虽然有其他的水源，但它们远没有达到可用的理想状态。例如，虽然降雨可以为阿曼西南部带来茂盛的植被，但阿曼东北部的降水明显相当有限。笔者在采访中与之交谈的现代社区居民报告说，他们不直接依靠雨水浇灌植物，而是依靠降雨产生的间歇性河流，这些降雨可以补充水位。直接降雨的稀缺印证了一项长达27年的研究结果，该研究考察了整个阿曼的降水情况（Kwarteng et al. 2009）。平均而言，阿曼每年只有13天出现超过1毫米的降水，且这其中大部分日子的降雨量又低于10毫米。因此，依靠雨水进行农业生产是根本不可行的。

　　水是绿洲农业社区经常需要的一种资源。为了确保所有社区居民都能以持续满足其农业需求的方式获取资源，有必要在夜晚工作。在手表问世和被广泛应用之前，人们在白天通常使用日晷来记录时间，而晚上则使用法拉吉星星（Nash 2007）。不分昼夜连续的灌溉可以使水在社区居民的田地里更快地流转。

　　一般来说，在阿曼，尽管人们认为夜晚是休息的时间，但在夜晚灌溉也有一些好处。首先，在一些供水市场，夜间灌溉的金钱成本比白天低。其次，夏季夜间浇灌可以减轻人和作物的热应力。夜间灌溉也有其缺点。如果在夜间开始灌溉或改变配水，这意味着必须有一个人醒着并监督这项活动，人们通常认为这样会很麻烦，因为现代农民在白天还有其他必须完成的工作和任务。社区和家庭往往通过轮流进行夜间分配，或减少夜间灌溉的金钱成本来弥补这一缺陷。

　　阿曼的农业变化很快，尤其是在最近几十年。除了新的和改进的技术（如水井电泵、拖拉机、灌溉用喷灌机），还增加了雇用外国工人来完成曾经由家中男女成员共同完成的日常农业任务。这些工人可能在夜间完成农业活动，作为短期工作，或作为其长期工作的一部分。不过，笔者的研究范围没有包括对这些外国工人的采访。希望未来的研究能涵盖他们在现代绿洲农业实践活动和随之而来的夜间农业活动中的视角。

　　水的分享和与之相关的实践活动清楚地表明了夜晚在历史上发挥的作用。虽然信息提供者一直说这些习俗相当古老，但很难对这些已经有几百年历史的实践活动指定一个准确的起始时间。虽然农业的出现可以追溯到青铜时代，法拉吉系统可以追溯到铁器时代，但对于阿曼农业历史上的这些初始时期，研究夜晚的作用是具有挑战性的。不过，将阿曼古代绿洲农业社区夜晚的作用理论化还是有可能的。

首先，由于该地区在青铜时代缺乏已知的书面文字记录，而在铁器时代证据有限（Magee 1999），因此无法从阿曼国内的文字资料中寻找古代夜间活动的线索。然而，来自邻近地区（如美索不达米亚）的外国文本来源一般来讲也许是研究夜间活动的一种可行办法。其次，对青铜和铁器时代考古遗址中用来证明夜间活动的出土实物进行重新评估，特别是利用本书中其他作者工作中的例子作为灵感来源，可能会被证明相当有用。最后，建立基于环境数据的模型，如白天和夜晚的温度，可能是考虑夜晚在古代绿洲农业活动中灌溉和作物繁殖方面起到的作用的一个有趣的切入点，特别是在阿曼的整体气候从青铜时代到现在一直变化不大的条件下（Parker et al. 2006）。

虽然本章研究了阿曼的夜晚在农业活动中的作用，但在其他社会背景下也出现了夜间活动。夜晚可以是一个娱乐和聚会的时间。根据笔者的经验，在清晨的考古工作中，笔者手下的年轻男工人经常会讲述几个小时前发生在间歇性河流的午夜社交和烧烤的故事。夜晚也可以是一个脆弱的时刻。当人们在阿曼北部开车时，会看到许多伊斯兰时期的瞭望塔和堡垒的遗迹。当时的人是否在夜间对潜在的入侵者进行了监视？残存的建筑证据当然表明了存在这种可能性。在对宗教的观察中，夜晚也可以是一个重要的时间。目前，阿曼的大部分人口信仰伊斯兰教。在斋月（Ramadan）——一个需要在白天禁食的神圣月份——期间，穆斯林只在黄昏后进食。阿曼的斋月一定是充满了现代性的夜间活动。在研究夜间活动方面，阿曼具有丰富的潜力，不仅是绿洲农业，还有其他现代、历史和考古背景下的活动。

结 论

本章研究了阿曼夜间的考古学，特别是绿洲农业活动。前人对历史上的农业实践活动和环境研究方面的工作（如古环境模型、温度记录、降水研究）提供了宝贵的信息，使我们了解到晚上进行了哪些农业活动，为什么选择夜间进行，以及哪些人在从事这些工作。

民族考古学研究表明，在阿曼北部的绿洲农业中存在着夜间活动。供水资源管理，特别是灌溉，是一项具有若干夜晚特点的农业活动。虽然暂时不能确定这种与水有关的夜间活动的确切起始年代，但很明显，这些绿洲农业实践活动在历史上和现代都有其作用。这种对夜晚的审视可以应用于世界上其他曾经使用和现在仍然使用灌溉技术的社会。

此外，对某些农业活动为什么发生在夜间，本章列出了许多理由，如最大限度地获得供水、不同的水价和劳动力方面的考虑，并强调了温度作为夜间灌溉活动和作物选择策略的潜在驱动因素。夜晚缓解了炎热夏日对人类和作物的影响。

阿曼是一个正在经历快速发展和变化的国家，必须掌握当前对其现代和近代农业活动的观点；因此，最近学者们进行的民族考古学研究是必要的。这项研究提供了有关扎希拉省周围的夜间绿洲农业活动的相关数据，同时更新了有关某些夜间活动（如基于星星的计时和供水分配）以及被安排去执行夜间任务的人的最新信息。历史研究、环境研究和民族考古学的结合为研究阿曼绿洲农业社区的夜间考古提供了一个入手点。这种多学科的方法在未来对夜晚的调查和理论化中可能会起到作用。

致 谢

笔者想感谢阿曼遗产和文化部（MHC，Ministry of Heritage and Culture）批准本章中的民族考古研究活动。笔者特此致谢 MHC 在阿曼巴特（Bat）的办公室，特别是苏马亚·马尔马里（Sumaia al-Marmari）、萨米亚·沙希（Samia al-Shaqsi）、阿斯玛·穆巴里（Asma al-Moqbali）和瓦达·马尔马里（Wadha al-Marmari），感谢他们寻找采访者并翻译了许多采访内容。笔者的其他翻译包括法特玛·马特拉菲（Fatma al-Matralfi）、阿迪尔·萨利姆·莫克巴利（Aadil Salim al Moqbali）、阿赫德·莫克巴利（Ahed al Moqbali）、易卜拉欣·莫克巴利（Ibrahim al-Moqbali）、穆罕默德·扎伊德·莫克巴利（Mohammed Zayid al Moqbali）和苏尔坦·赛义夫（Sultan Saif）。感谢 MHC 的工作人员苏莱曼·亚布力（Sulaiman al-Jabri）、伊斯梅尔·马特拉非（Ismael al-Matralfi）和巴德·莫克巴利（Badr al-Moqbali）提供了额外的后勤支持。特别感谢迈克尔·哈罗尔（Michael Harrower）牵头的阿曼考古水史项目（ARWHO，Archaeological Water Histories of Oman），迈克尔·哈罗尔为笔者联系安排了许可证和签证，并提供了宝贵的研究支持。同时，笔者也感谢巴特考古项目（BAP，Bat Archaeological Project）和古代阿曼社会、空间和生物考古历史项目（SoBO，Social, Spatial, and Bioarchaeological Histories of Ancient Oman）允许笔者在他们的研究领域进行采访。阿曼植物园的阿卜杜拉赫曼·西奈（Abdulrahman al-Hinai）对本项目的田野考察部分提供了宝贵的建议并参与了讨论，还提供了植物学方面的见解。本章内容的会议初稿得益于斯内阿·普拉温库马尔·帕特尔（Sneh Pravinkumar Patel）、伊莱·N. 多拉海德（Eli N. Dollarhide）、约翰·奥哈拉（John

O'Hara）、凯瑟琳·弗伦希（Katherine French）和帕姆·克拉布特里（Pam Crabtree）的反馈。本章定稿则收到了来自克里斯提·斯塔德特（Christian Staudt）、布洛克·诺顿（Brooke Norton）、伊莱·N. 多拉海德、泽诺比·S. 加雷特（Zenobie S. Garrett）、泰勒·扎内利（Taylor Zaneri），以及若埃勒·尼文（Joelle Nivens）的宝贵建议。感谢纽约大学，特别是笔者的导师莉塔·怀特，以及歌德大学（Goethe University［又称法兰克福大学——译者］）为撰写本稿提供了校方支持，感谢歌德大学的凯塔琳娜·纽曼（Katharina Neumann）负责接待笔者。最后，感谢纽约大学文理学院院长学生旅行资助项目（New York University's Graduate School of Arts and Sciences Dean's Student Travel Grant Program）和纽约大学学生参议员委员会会议基金（New York University's Student Senator's Council Conference Fund）资助本章内容在美国考古学会2016年年会上的首次报告；本章的民族考古学研究得到了温纳－格伦（Wenner-Gren）基金会的学位论文田野工作资助。

注　释

1. 截至2011年，阿曼由11个省（governorate）组成：内地省（Ad Dakhiliyah）、扎希拉省（Al Dhahirah）、北巴提奈省（Al Batinah North）、南巴提奈省（Al Batinah South）、中部省（Al Wusta）、东北省（Ash Sharqiyah North）、东南省（Ash Sharqiyah South）、马斯喀特省（Muscat）、穆桑代姆省（Musandam）、佐法尔省（Dhofar），以及布赖米省（Al Buraymi）。每个省都由被称为 wilayat（单数形式为 wilayah）的区域（province）组成。扎希拉省由三个区域组成：伊布里、延古勒（Yanqul）和丹克（Dhank）。本章包含了所有三个区域的数据。

418

2. "法拉吉"一词可以用来描述一些概念上相似但不同的灌溉方法。扎尔·本·哈立德·苏莱曼尼(Zaher bin Khalid Al Sulaimani)在2007年撰写的关于阿曼北部法拉吉应用情况的报告(Al Sulaimani et al. 2007)记录了三种类型的法拉吉系统:da'ūdī法拉吉系统使用地下通道连接地下水井和居住区;ghailī法拉吉系统使用一个开放的渠道将间歇性河流的水送到居住区;cainī法拉吉系统描述了一个地下渠道系统,它利用重力将地下水从山上长距离转移到定居区,以灌溉农作物,这与大多数学者对法拉吉系统的概念比较接近。

3. 除了badda和athar,一些村庄还有其他术语来描述水的分配。

4. 温度平均值基于2000—2012年的数据,来自
https://www.worldwea theronline.com/v2/weather-averages.aspx?locid=1778735&root_id=1777320&wc=local_weather&map=~/ibri-weather-averages/az-zahirah/om.aspx。

5. 阿曼的季节性条款是笔者通过与阿曼植物园的阿卜杜勒拉赫曼·西奈进行私人通信后确认的。

参考文献

Al-Ghafri, Abdullah, Takashi Inoue, and Tetuaki Nagasawa. 2003. "Daudi Aflaj: The Qanats of Oman." In *Proceedings of the Third Symposium on Xinjang Uyghor, China*, 29–36. Chiba: Chiba University.

Al-Ghafri, Abdullah, Harriet Nash, and Mohammed Al-Sarmi. 2013. "Timing Water Shares in Wādī Banī KharūB, Sultanate of Oman." *Proceedings of the Seminar for Arabian Studies*: 1–10.

Al-Jahwari, Nasser Said. 2009. "The Agricultural Basis of Umm an-Nar Society in the Northern Oman Peninsula (2500–2000 BC)." *Arabian Archaeology and Epigraphy* 20(2):122–133. https://doi.org/10.1111/j.1600-0471.2009.00315.x.

Al-Marshudi, Ahmed Salim. 2001. "Traditional Irrigated Agriculture in Oman."

Water International 26(2):259–264. https://doi.org/10.1080/02508060108686912.

Al-Marshudi, Ahmed Salim. 2007. "'The Falaj Irrigation System and Water Allocation Markets in Northern Oman." *Agricultural Water Management* 91(1–3):71–77. https://doi.org/10.1016/j.agwat.2007.04.008.

Al Sulaimani, Zaher Bin Khalid, Tariq Helmi, and Harriet Nash. 2007. "'The Social Importance and Continuity of Falaj Use in Northern Oman." In *The 4th Regional Conference and 10th International Seminar on Participatory Irrigation Management (PIM)*, 2–5. May 2007, Tehran, Iran.

Al-Tikriti, Walid Yasin. 2002. "'The South-East Arabian Origin of the Falaj System." *Proceedings of the Seminar for Arabian Studies* 32:117–138.

Al-Tikriti, Walid Yasin. 2010. "Heading North: An Ancient Caravan Route and the Impact of the Falaj System on the Iron Age Culture." In *Eastern Arabia in the First Millennium*, ed. Alessandra Avanzini, 227–247. Rome: L'Erma di Bretschneider.

Avanzini, Alessandra, and Carl Phillips. 2010. "An Outline of Recent Discoveries at Salut in the Sultanate of Oman." In *Eastern Arabia in the First Millennium*, ed. Alessandra Avanzini, 93–108. Rome: L'Erma di Bretschneider.

Beech, Mark J. 2004. *In the Land of the Ichthyophagi: Modelling Fish Exploitation in the Arabian Gulf and Gulf of Oman from the 5th Millennium BC to the Late Islamic Period*. Oxford: Basingstoke Press.

Begemann, Freidrich, Andreas Hauptmann, Sigrid Schmitt-Strecker, and Gerd Weisgerber. 2010. "Lead Isotope and Chemical Signature of Copper from Oman and Its Occurrence in Mesopotamia and Sites on the Arabian Gulf Coast." *Arabian Archaeology and Epigraphy* 21(2):135–169. https://doi.org/10.1111/j.1600-0471.2010.00327.x.

Bellini, Cristina, Chiara Condoluci, Gianna Giachi, Tiziana Gonnelli, and Marta Mariotti Lippi. 2011. "Interpretative Scenarios Emerging from Plant Micro- and Macroremains in the Iron Age Site of Salut, Sultanate of Oman." *Journal of Archaeological Science* 38(10):2775–2789. https://doi.org/10.1016/j.jas.2011.06.021.

Blackman, M. James, Sophie Méry, and Rita P. Wright. 1989. "Production and Exchange of Ceramics on the Oman Peninsula from the Perspective of Hili." *Journal of Field Archaeology* 16(1):61–78. https://doi.org/10.2307/529881.

Blau, Soren. 2001. "Fragmentary Endings: A Discussion of 3rd-Millennium BC Burial Practices in the Oman Peninsula." *Antiquity* 75(289):557–570. https://doi.org/10.1017/S0003598X00088797.

Bökönyi, Sándor. 1992. "Preliminary Information on the Faunal Remains from Excavations at Ras Al-Junayz, Oman." In *South Asian Archaeology, Paris 1989, Monographs in World Archaeology 14*, ed. Catherine Jarrige, 45–48. Madison, WI: Prehistory Press.

Bökönyi, Sándor, and László Bartosiewicz. 1998. "Animal Husbandry, Hunting and Fishing in the Ras Al-Junayz Area: A Basis of the Human Subsistence." In *Archaeozoology of the Near East III*, ed. Hijlke Buitenhuis, László Bartosiewicz, and Alice Mathea Choyke, 95–102. Publications 18. Groningen: ARC.

Boucharlat, Rémy. 2003. "Iron Age Water-Draining Galleries and the Iranian Qanat." In *The Emirates in Antiquity*. Proceedings of the First International Conference on the Archaeology of the U.A.E., ed. Daniel T. Potts, Hassan Al Nabooda, and Peter Hellyer, 161–172. Abu Dhabi: Trident Press Ltd.

Cable, Charlotte M., and Christopher P. Thornton. 2013. "Monumentality and the Third-Millennium 'Towers' of the Oman Peninsula." In *Connections and Complexity: New Approaches to the Archaeology of South Asia*, ed. Shinu Anna Abraham, Praveena Gullapalli, Teresa P. Raczek, and Uzma Z. Rizvi, 375–399. Walnut Creek, CA: Left Coast Press.

Charbonnier, Julien. 2015. "Groundwater Management in Southeast Arabia from the Bronze Age to the Iron Age: A Critical Reassessment." *Water History* 7(1):39–71. https://doi.org/10.1007/s12685-014-0110-x.

Cleuziou, Serge. 1982. "Hili and the Beginning of Oasis Life in Eastern Arabia." *Proceedings of the Seminar for Arabian Studies* 12:15–22.

Cleuziou, Serge. 1989. "Excavations at Hili 8: A Preliminary Report on the 4th to 7th Campaigns." *Archaeology of the United Arab Emirates* 5:61–87.

Cleuziou, Serge. 1996. "The Emergence of Oases Towns in Eastern and Southern Arabia." In *The Prehistory of Asia and Oceania*, ed. Gennady Afansas'ev, Serge Cleuziou, John R. Lukacs, and Maurizio Tosi, 159–165. Berne: UISPP.

Cleuziou, Serge, and Maurizio Tosi. 2007. *In the Shadow of the Ancestors: The Prehistoric Foundations of the Early Arabian Civilization in Oman*. Muscat: Ministry of Heritage & Culture, Sultanate of Oman.

Cleuziou, Serge, and Buckhard Vogt. 1983. "Umm an-Nar Burial Customs: Evidence from Tomb A at Hili North." *Proceedings of the Seminar for Arabian Studies* 13:37–52.

Costantini, Lorenzo. 1979. "Palaeoethnobotany: Identification of Two-Rowed Barley and Early Domesticated Sorghum." *Archaeology in the United Arab Emirates* 2/3:70–71.

Crawford, Harriet E. W. 1973. "Mesopotamia's Invisible Exports in the Third Millennium B.C." *World Archaeology* 5(2):232–241. https://doi.org/10.1080/00438243.1973.9979570.

David, Hélène. 2002. "Soft Stone Mining Evidence in the Oman Peninsula and Its Relation to Mesopotamia." In *Essays on the Late Prehistory of the Arabian Peninsula (Serie Orientale, 93)*, ed. Serge Cleuziou, Maurizio Tosi, and J. Zarins, 317–335. Roma: Istituto Italiano per L'Africa e L'Oriente.

David, Hélène, Monique Tegyey, Joël Le Métour, and Robert Wyns. 1990. "Les Vases En Chloritite Dans La Péninsule d'Oman: Une Étude Pétrographique Appliquée À L'archéologie." *Comptes-Rendus de l'Académie Des Sciences, Paris* t. 311(Série II):951–958.

de Cardi, Beatrice, Stephen Collier, and Donald Brian Doe. 1976. "Excavations and Survey in Oman, 1974–1975." *Journal of Oman Studies* 5:61–94.

Desruelles, Stéphane, Eric Fouache, Wassel Eddargach, Cecilia Cammas, Julia Wattez, Tara Beuzen-Waller, Chloé Martin, Margareta Tengberg, Charlotte M. Cable, Christopher P. Thornton, et al. 2016. "Evidence for Early Irrigation at Bat (Wadi Sharsah, Northwestern Oman) before the Advent of Farming Villages." *Quaternary Science Reviews* 150(October):42–54. https://doi.org/10.1016/j.quascirev.2016.08.007.

During Caspers, Elisabeth. 1970. "Trucial Oman in the Third Millennium B.C.: New Evidence for Contacts with Sumer, Baluchistan and the Indus Valley." *Origini* 4:205–276.

Edens, Christopher M. 1993. "Indus-Arabian Interaction during the Bronze Age: A Review of Evidence." In *Harappan Civilization: A Recent Perspective*, 2nd ed., ed. Gregory Possehl, 335–363. New Delhi: Oxford & IBH Publishing Co.

Food and Agriculture Organization of the United Nations. n.d. "Ecocrop." *Ecocrop*. http://ecocrop.fao.org/ecocrop/srv/en/home. Accessed July 31 2016.

Frifelt, Karen. 1975. "On Prehistoric Settlement and Chronology of the Oman Peninsula." *East and West* 25(3/4):359–424.

Frifelt, Karen. 1989. "Third Millennium Irrigation and Oasis Culture in Oman." *Old Problems and New Perspectives in the Archaeology of South Asia* 2:105–113.

Gensheimer, Thomas R. 1984. "The Role of Shell in Mesopotamia: Evidence for Trade Exchange with Oman and the Indus Valley." *Paléorient* 10(1):65–73. https://doi.org/10.3406/paleo.1984.4350.

Glennie, Ken W. 2005. *The Geology of the Oman Mountains: An Outline of Their Origin*. 2nd ed. Bucks, UK: Scientific Press Ltd.

Hastings, Ann, James H. Humphries, and Richard H. Meadow. 1975. "Oman in the Third Millennium BCE." *Journal of Oman Studies* 1:9–55.

Hauptmann, Andreas, Gerd Weisgerber, and Hans-Gert Bachmann. 1988. "Early Copper Metallurgy in Oman." In *The Beginning of the Use of Metals and Alloys*, ed. Robert Maddin, 34–51. Cambridge, MA: MIT Press.

Hoch, Ella. 1995. "Animal Bones from the Umm an-Nar Settlement." In *The Island of Umm an-Nar*, Vol. 2, *The Third Millennium Settlement*, ed. Karen Frifelt, 249–256. Jutland Archaeological Society Publications vol. 26(2). Aarhus: Aarhus University Press.

Kmoskó, Mihály. 1917. "Beiträge Zur Erklärung Der Inschriften Gudeas." *Zeitschrift für Assyriologie und Vorderasiatische Archäologie* 31(1-2):58–90. https://doi.org/10.1515/zava.1917.31.1-2.58.

Kwarteng, Andy Y., Atsu S. Dorvlo, and Ganiga T. Vijaya Kumar. 2009. "Analysis of a 27-Year Rainfall Data (1977–2003) in the Sultanate of Oman." *International Journal of Climatology* 29(4):605–617. https://doi.org/10.1002/joc.1727.

Leemans, Wilhelmus F. 1960. *Foreign Trade in the Old Babylonian Period*. Leiden: Brill.

Limbert, Mandana. 2010. *In the Time of Oil: Piety, Memory, and Social Life in an Omani Town*. Stanford: Stanford University Press.

Magee, Peter. 1999. "Writing in the Iron Age: The Earliest South Arabian Inscription from Southeastern Arabia." *Arabian Archaeology and Epigraphy* 10(1):43–50. https://doi.org/10.1111/j.1600-0471.1999.tb00126.x.

McCorriston, Joy. 2006. "Breaking the Rain Barrier and the Tropical Spread of Near Eastern Agriculture into Southern Arabia." In *Behavioral Ecology and the Transition to Agriculture*, ed. Bruce Winterhalder and Douglas Kennett, 217–236. Berkeley: University of California Press.

McCorriston, Joy, Michael Harrower, Louise Martin, and Eric Oches. 2012. "Cattle Cults of the Arabian Neolithic and Early Territorial Societies." *American Anthropologist* 114(1):45–63. https://doi.org/10.1111/j.1548-1433.2011.01396.x.

Méry, Sophie. 1988. "Ceramics from RJ-2." In *The Joint Hadd Project: Summary Report on the Second Season, November 1986–January 1987*, ed. Serge Cleuziou and Maurizio Tosi, 41–47. Naples: Instituto Universitario Orientale.

Méry, Sophie. 1991. "Origine et Production Des Récipients de Terre Cuite Dans La Péninsule d'Oman à l'Âge Du Bronze." *Paléorient* 17(2):51–78. https://doi.org/10.3406/paleo.1991.4552.

Méry, Sophie. 2000. *Les Céramiques d'Oman et l'Asie Moyenne: Une Archéologie Des Échanges À l'Âge Du Bronze*. Paris: Éditions du CNRS.

Mouton, Michel. 1999. "Le Travail de La Chlorite À Mleiha." In *Mleiha I. Environnement, Stratégies de Subsistance et Artisanats (Mission Archéologique Française À Sharjah)*, ed. Travaux de Pouilloux, 227–243. Lyon: Maison de l'Orient et de la Méditerranée.

Nash, Harriet. 2007. "Stargazing in Traditional Water Management: A Case Study in Northern Oman." *Proceedings of the Seminar for Arabian Studies* 37:157–170.

Nash, Harriet. 2010. "Lesser Man-Made Rivers: The Aflaj of Oman and Traditional Timing of Water Shares." In *History of Water: Rivers and Society*, Volume II, ed. Terje Tvedt and

Richard Coopey, 221–235. London: I.B.Tauris.

Nash, Harriet. 2011. *Water Management: The Use of Stars in Oman.* Oxford: Archaeopress.

Nash, Harriet. 2015. "Star Clocks and Water Management in Oman." In *Handbook of Archaeoastronomy and Ethnoastronomy*, ed. Clive L. N. Ruggles, 1941–1948. New York: Springer; https://doi.org/10.1007/978-1-4614-6141-8_201.

Nash, Harriet, and Dionisius A. Agius. 2009. "Folk Astronomy in Omani Agriculture." *Proceedings of the International Astronomical Union* 5(S260):166–171. https://doi.org/10.1017/S1743921311002249.

Nash, Harriet, and Dionisius A. Agius. 2011. "The Use of Stars in Agriculture in Oman." *Journal of Semitic Studies* 56(1):167–182. https://doi.org/10.1093/jss/fgq063.

Nash, Harriet, and Dionisius A. Agius. 2013. "Star Charts from Oman." *Proceedings of the 24th Congress of the Union Européenne des Arabisants et Islamisants*, ed. V. Kleem and N. Al-Sha'ar. Leuven: Peeters.

Nash, Harriet, Muhammad bin Hamad al Musharifi, and Ahmad bid Saif al Harthi. 2014. "Timing Falaj Water Shares in the Hajar Ash Sharqī." *Journal of Oman Studies* 18:63–75.

Parker, Adrian G., Andrew S. Goudie, Stephen Stokes, Kevin White, Martin J. Hodson, Michelle Manning, and Derek Kennet. 2006. "A Record of Holocene Climate Change from Lake Geochemical Analyses in Southeastern Arabia." *Quaternary Research* 66(3):465–476. https://doi.org/10.1016/j.yqres.2006.07.001.

Petraglia, Michael D., and Jeffrey I. Rose, eds. 2010. *The Evolution of Human Populations in Arabia: Vertebrate Paleobiology and Paleoanthropology.* Dordrecht: Springer Netherlands; https://doi.org/10.1007/978-90-481-2719-1.

Piesinger, Constance Maria. 1983. "Legacy of Dilmun: The Roots of Ancient Maritime Trade in Eastern Coastal Arabia in the 4th/3rd Millennium B.C." PhD diss. University of Wisconsin, Madison.

Potts, Dan T. 1994. "Contributions to the Agrarian History of Eastern Arabia II: The Cultivars." *Arabian Archaeology and Epigraphy* 5(4):236–275. https://doi.org/10.1111/j.1600-0471.1994.tb00071.x.

Potts, Dan T. 2000. *Ancient Magan: The Secrets of Tell Abraq.* London: Trident Press Ltd.

Potts, Daniel T. 2008. "Arabian Peninsula." In *Encyclopedia of Archaeology*, ed. Deborah Pearsall, 827–834. Cambridge: Academic Press. https://doi.org/10.1016/B978-012373962-9.00395-2.

Potts, Dan T. 2010. "Cylinder Seals and Their Use in the Arabian Peninsula." *Arabian Archaeology and Epigraphy* 21(1):20–40. https://doi.org/10.1111/j.1600-0471.2009.00319.x.

Salvatori, Sandro. 1996. "Death and Ritual in a Population of Coastal Food Foragers in Oman." In *Trade as a Subsistence Strategy: Post Pleistocene Adaptations in Arabia and Early Maritime Trade in the Indian Ocean* (UISPP Colloquium XXXII), ed. Gennady Afanasiev, Serge Cleuziou, John R. Lukacs, and Maurizio Tosi, 205–223. Forli.

Stevens, John H. 1972. "Oasis Agriculture in the Central and Eastern Arabian Peninsula." *Geography (Sheffield, England)* 57(4):321–326.

Sutton, Sally. 1984. "The Falaj—a Traditional Co-Operative System of Water Management." *Waterlines* 2(3):8–12. https://doi.org/10.3362/0262-8104.1984.005.

Tengberg, Margareta. 1998. "Paleoenvironnements et Economie Vegetale." In "Milieu Aride— Recherches Archeobotaniques Dans La Region Du Golfe Arabo-Persique et Dans Le Makran Pakistanais." University of Montpellier II.

Tengberg, Margareta. 2003. "Archaeobotany in the Oman Peninsula and the Role of Eastern Arabia in the Spread of African Crops." In *Food, Fuel and Fields: Progress in African Archaeobotany*, ed. Katharina Neumann, Ann Butler, and Stefanie Kahlheber, 229–237. Africa Praehistorica, Monographien zur Archaeologie und Umwelt Afrikas. Koeln: Heinrich-Barth-Institut.

Tengberg, Margareta. 2012. "Beginnings and Early History of Date Palm Garden Cultivation in the Middle East." *Journal of Arid Environments* 86:139–147. https://doi.org/10.1016/j.jaridenv.2011.11.022.

Uerpmann, Margarethe, and Hans-Peter Uerpmann. 2008. "Animal Economy during the Early Bronze Age in South-East Arabia." *Archaeozoology of the Near East VIII*, ed. Emmanuelle Vila, Lionel Gourichon, Alice M. Choyke, and Hijkle Buitenhuis, Emmanuelle, 49(1):465–485.

Vogt, Buckhard. 1985. "Zur Chronologie Und Entwicklung Der Gräber Des Späten 4.–2. Jtsd.v. Chr. Auf Der Halbinsel Oman." PhD diss. Georg-August Universität zu Göttingen.

Vogt, Buckhard. 1996. "Bronze Age Maritime Trade in the Indian Ocean: Harappan Traits on the Oman Peninsula." In *The Indian Ocean in Antiquity*, ed. Julian Reade, 107–132. London: Kegan Paul International.

Vogt, Buckhard, and Ute Franke-Vogt, eds. 1987. *Shimal 1985/1986. Excavations of the German Archaeological Mission in Ras Al-Khaimah, UAE. A Preliminary Report.* Berlin: Dietrich Reimer Verlag.

Weisgerber, Gerd. 1981. "Mehr Als Kupfer Im Oman—Ergebnisse Der Expedition 1981." *Der Anschnitt* 33:174–263.

Wellsted, James Raymond. 1838. *Travels in Arabia.* London: Murray.

Whalen, Norman. 2003. "Lower Palaeolithic Sites in the Huqf Area of Central Oman."

Journal of Oman Studies 13:175–182.

Whitcomb, Daniel. 1975. "'The Archaeology of Oman: A Preliminary Discussion of the Islamic Periods." *Journal of Oman Studies* 1:123–157.

Wilkinson, John Craven. 1977. *Water and Tribal Settlement in South-East Arabia: A Study of Aflaj in Oman*. Oxford: Clarendon Press.

Willcox, George. 1995. "Some Plant Impressions from Umm an-Nar Island." In *The Island of Umm An-Nar: The Third Millenium Settlement*, ed. Karen Frifelt, 257–259. Aarhus: Jutland Archaeological Society Publications, Aarhus University Press.

Yateem, Abdullah A. 2009. "Agriculture and Pastoralism in the Hajar Mountains of the Emirates : A Historical Ethnography." *Journal of the Gulf and Arabian Peninsula Studies* 35(135):17–85.

Zekri, Slim, Dennis Powers, and Abdullah Al-Ghafri. 2014. "Century Old Water Markets in Oman." In *Water Markets for the 21st Century*, ed. K. William Easter and Qiuqiong Huang, 149–162. Dordrecht: Springer Netherlands; 10.1007/978-94-017-9081-9_8.

Ziolkowski, Michele C. 2001. "'The Soft Stone Vessels from Sharm, Fujairah, United Arab Emirates." *Arabian Archaeology and Epigraphy* 12(1):10–86. https://doi.org/10.1111/j.1600-0471.2001.aae120102.x.

第十七章

流动的空间和流动的物体

撒哈拉沙漠以南的夜间物质文化，
以非洲南部的铁器时代为例

沙德雷克·奇里库里、阿比盖尔·茉伊·莫菲特

作为一个时间段，夜晚是人类生存的一个组成部分，人类以几种特定的文化方式来体验夜晚。夜晚的开始可能会被看作是在延续白天的活动；然而，在某些情况下，黑暗为独特的公共活动打开了一扇窗；而在另一些情况下，它则标志着更私密、更亲密的活动的开始。从考古学的角度来看，物质证据并不是保存在相互分开的类别中，如"只在白天使用""只在晚上使用"和"白天和晚上都使用"。因此，由于物质和非物质证据的模糊性，对撒哈拉以南非洲过去两千年的夜间活动的研究给考古学家带来了许多困难。这一时期，即铁器时代（公元200年至公元1900年），与该地区的农业社区的考古学研究相关。然而，对居住在撒哈拉以南非洲的各种社区的人类学和社会学研究（如 Bourdillon 1976，1987；Gelfand 1973；Hammond-Tooke 1993）还是揭示了日间和夜间活动的存在，这表明尽管考古记录是相互矛盾的，但我们也必须努力研究夜间人类活动的考古学。这种努力需要一个微妙的交

流，涉及历史上的和现在的物质和非物质记录。在这种情况下，如果还坚持纯粹的均变论（uniformitarian）观点（见 Wylie 1985），认为历史和现代是一样的，那就是非常危险的。与此相反，在本章中，我们参与了历史和现代之间的对话，将其作为信息来源，这可能有助于我们理解历史上与现在的人类行为有何不同的一个方面，它相当重要，在考古学上却很模糊。

放眼整个撒哈拉以南非洲地区，从白天到黑夜的过渡与性别化的文化行为有关，如学习、歌舞、冶炼、狩猎，以及在某些情况下的耕作。根据不同的背景和具体的文化群体，不同的夜间活动的开展需要大量的时间安排，而且这些活动是由其文化决定的，也是蕴含在其文化中的。例如，尽管民间故事在南部非洲的传统绍纳社会中起着说教的作用，但在一年中的某些时候，夜间讲故事是有忌讳的，它仅限于在收获结束和新的农业周期开始之间进行，以确保人们能专心工作（Hodza 1983）。狩猎、耕作和冶炼通常是在月光照耀下进行的一些社会技术活动（如需了解更多关于夜间生存活动的情况，参见贡琳和迪克逊，本书第3章，以及内森，本书第16章）。例如，津巴布韦东南部的詹加（Njanja）冶铁工（Mackenzie 1975）就像马里的多贡（Dogon）冶铁工一样，都在夜间操作炼铁炉（Huysecom and Agustoni 1997）。此外，与休闲和玩乐有关的活动，如性交，也是在夜色的笼罩下进行的。一些非法的夜间行为，如抢劫、通奸、偷窃和巫术也同时存在。有句绍纳谚语最好地概括了夜间行为的"黑暗面"：zvakaipa zvose zvinoitwa murima（"所有恶行都是在黑暗的掩护下进行的"）。然而，在某个夜晚背景下是善的东西，在另一个夜晚背景下可能就是恶的。

虽然诸如炼铁这样的技术性活动通常是按照性别和地位的划分来进行的，但其他诸如耕地这样的活动则是不限性别进行的。人类学记录中充满了在夜幕下开展的生活和技术实践活动的例子。虽然我们从观察和参与非洲南部近代的夜间活动中受益匪浅，但从考古学角度看，要把日间行为和夜间行为分开是很有难度的，特别是考虑到一些夜间活动是日间活动的延伸。与日间活动一样，夜间活动也包括物质文化的生产、使用和丢弃，从而能随着时间的推移，产生考古学的物质和非物质记录。更加复杂的是，那些可以从考古学上恢复的文化行为受制于现存的物质证据，也受制于这些证据缺失的情况。即便如此，考古证据也是发生在白天和夜晚的事件和活动的集合。尽管有这种集合，专门研究非洲的考古学家很少停下来考虑夜间活动的物质和非物质遗迹可能的形式。

在夜间活动对人类生存的重要性的背景下，本章将人类学和考古学的成果串联起来，开启了关于夜间活动考古学的对话。我们的主要结论是，一般来说，由于人类行为的重叠，日间活动的物质表现很难与夜间活动的表现区分开来。然而，在与仪式、性和其他夜间冒险有关的背景下，夜间使用"日间"物质文化，应该引起考古学家注意物质文化使用中的昼夜（跨时间）重叠问题。特定的物品曾具有的由其所处背景和时间来定义的意义，从白天到晚上，在基于地位、年龄和性别关系的空间里，从公共空间到私人空间，再回到公共空间，都会发生变化。这样的观察结果展示出与使用物质文化研究夜间考古学相关的多层复杂性。与其说这种复杂性是一种限制，不如说它是为研究非洲历史上的夜间文化行为引入亟须的微妙机会。

非洲南部的夜间实践活动的人类学

与世界上许多文化一样，非洲南部暗夜的来临标志着一些人类基本活动的开始，若干活动是白天活动的继续（Hammond-Tooke 1993）。其中一些活动与不同的空间和物质文化有关，有时在私人和公共场所进行，且往往是按照年龄、性别和地位进行分类的（Gelfand

1962，1973）。学习和指导是社会的重要组成部分，也同样适用于非洲南部的社区。在分布于津巴布韦大部地区以及莫桑比克、南非和博茨瓦纳邻近地区的绍纳人中，长者的职责是在年轻人的不同的人生阶段对他们进行教育（Hodza 1981，1983）。虽然实践教学是在白天进行的，但大部分理论教学是在夜晚的掩护下，由年长的男人和女人表演和传授民间故事（ngano）时在火堆旁（用于保暖和照明）进行的。

讲故事的过程往往是有性别区分的，如老年女性负责在烹饪小屋（imba yokubikira）给年轻女孩讲故事，而老年男性则负责在dare中给年轻男孩讲民间故事（Ellert 1984）。根据贡贝（Gombe 1986）的说法，作为一个空间，"dare"有着双重含义：一是每个家庭中的男性空间；二是社区中解决司法问题的法庭。本章的讨论基于第一种含义，因为第二种含义大多适用于白天的、经常是临时性的情况。作为一个男性的空间，dare是住宅边缘的一个开放区域，而烹饪小屋在概念上是一个女性空间（Bourdillon 1976）。烹饪小屋中的火炉属于妻子，它与生殖隐喻和象征意义有关。尽管这些不同的空间是有性别区分的，但其空间界限往往是宽松的，根据具体情况，男性也会使用厨房，女性也会去dare。此外，有的时候，女孩和男孩都会聆听ngano。出于娱乐和放松的目的，ngano是具有说教性质的，它们向成长中的儿童传授生活中的角色扮演技巧（Atkinson 1986；Kileff 1987）。它们还宣扬一些美德，如宽容，鼓励学习者成为无私的社会成员。通常情况下，故事中的反面角色会受到惩罚，而英雄会得到慷慨的奖励。例如，在一个名为"Mutongi Gava"（Judge Jackal，豺狼法官）的民间故事中，一只被猎人所设陷阱夹住的豹子恳求一位路人将其放走，但当路人把它放开后，豹子就试图吃掉这个人。两人一直缠斗，直到一只聪明的豺狼路过。豺狼听到这个故事后，假装自己并不理解这场争执，并鼓励扭打的双方将最初的场景复原。当豹子进了陷阱，豺狼就建议那个人继续前行，任由被夹住的豹子死去。这个故事的寓意是，一个人不能残忍对待帮助过他／她的人（Hodza 1983）。

最有趣的是，大多数 ngano 中的主角都包括人、动物和树的组合，以此让年轻人了解人类的生活和生态（Mutasa et al. 2008）。尽管 ngano 具有说教功能，但禁忌规定它们只能在收获季节和雨季之间进行。这种安排的目的是确保人们努力投入到农业周期劳作中。作为一种文化表演活动，叙事主要是口头形式的，但在这个过程中，人类使用的物质文化和空间与白天使用的相似。

在月光下，一些活动，如社区舞蹈也会进行，大多数达到适婚年龄的男孩和女孩会在这些聚会中遇到他们未来的伴侣（Gombe 1986）。夜晚也提供了一个机会，可以继续进行通常在白天进行得更多的世俗活动。被称为"Hurudza"的绍纳农民有时会在月光下耕田。猎人也利用夜晚的掩护来猎取夜行和非夜行动物。通常，在这些夜间活动中使用的物质文化，如鼓（歌舞活动）、矛（狩猎活动）和锄头（园艺活动）与白天使用的物质文化相似。然而，夜间活动的时间安排是由被称为 miko nezvierwa 的仪式和禁忌制约的，这使得人们只能在夜间进行一些，但不是所有活动。

黑暗的掩护为不同类型的仪式活动打开了大门。例如，就神性而言，绍纳人相信神，但他们只能通过代祷的祖先与之交谈（Beach 1980）。在需要祈祷，以及雨季开始的时候，一户之主通过祖先向神祈祷健康、丰收和好运（Gelfand 1962）。祈祷是在厨房后面一个被称为 chikuva 的平台上，在户主的带领下进行的。祈祷时，人们常常把啤酒倒在地上，象征着埋葬死者的土地。仪式中使用的物质文化包括瓢、黏土罐和木盘。在不举行仪式的时候，这个平台被用来存放各种锅具。在使用方面和物质属性上，它们都与女性密切相关（Aschwanden 1987），从而强调了空间的流动性和共享性。

夜晚是一个剧院，通过这个剧院，各种仪式活动——有善有恶——都在上演。在有健康问题的时候，绍纳人会咨询传统医师（n'angas）。诊断是通过使用物质文化，如占卜骰子（hakata；图17.1）进行的（Ellert 1984；Gelfand 1956）。通常，占卜骰子由四块组成：一块代表男性，一块代表女性，另外两块代表好运和厄运。当把骰子扔到地上时，n'angas 会解释朝上的一面，然后告诉求告者相关的信息。随后会开出解决方案，通常包括使用药物和举行净化仪式，仪式主要是在晚上进行。每个家庭都会用种在地里的药用植物来进行概念上的防护，以保护自己家免受恶灵和女巫（varoyi）的侵害（Gelfand 1962）。

虽然有争议且难以证实，但巫术是另一种夜间活动，是绍纳人世界观的一部分。与传统医师相反，女巫可以将厄运、疾病和死亡施加给社区的其他成员。传统的医师抵消了女巫的力量。据称，绍纳女巫每晚都是赤身裸体地活动。在出发作恶前，她们把臼放在丈夫身边作为替身，这样，在咒语的作用下，丈夫就不会觉察到他们的妻子不在身边。有趣的是，人们相信女巫会乘坐以超音速飞行的簸箕，在一次夜间出行中可以完成数千公里的往返旅程。在落地后，女巫们便骑在鬣狗的背上行进。巫术的用具，如簸箕、臼和杵，都与一些无论是白天或夜间都会使用到的物质文化相似。

一些通常与女巫有关的符咒用黑色、白色和红色的玻璃珠装饰，与用来代表传统医师的玻璃珠相似。白色、红色和黑色在许多非洲南部社区的象征图样中是根深蒂固的存在（Hammond-Tooke 1981）。当传统医师佩戴它们时，这些珠子在治疗和占卜的显化方面是可以起到作用的（Gelfand 1956）。珠子的颜色也可能与邪灵的存在有关，其意义在与巫术有关的不同仪式环境中发生转变，从而展示出其符号复杂性。同样，其他文物，如白天用于加工食物的，看似平凡的臼和杵，在夜间也有了新的含义，在这种情况下，它们成了具象化的物品。

除了仪式，还有一些亲密的、更私人的夜间休闲娱乐活动。性交是一种让人愉悦的活动，经常在一个专门的空间——睡屋（imba yekurara）中私下进行。性明确了每一桩婚姻，作为繁衍后代的关键一步，人们非常认真地对待它。它也成为夫妻关系之间的润滑剂。接近适婚年龄的男孩和女孩会被教导如何进行性行为，以便他们在婚姻中取得成功（Shoko 2009）。作为一种活动，性需要男女双方的身体动作相互配合。通常情况下，妇女佩戴由玻璃珠制成的腰带，称为 mutimwi 或 chuma chechikapa（chikapa 指的是女性在性爱时的扭动）。人们认为这些珠子可以提高妇女的生育能力，丈夫在做爱之前、期间和之后都会玩弄这些珠子。组成 mutimwi 的各股珠子摩擦发出的声音产生了悠扬的声音效果，为整个性体验提供了音乐背景。每个妇女都有一个

图 17.1 （上行）在津巴布韦布拉瓦约自然历史博物馆（Natural History Museum, Bulawayo）展出的木制占卜骰子（拍摄：阿比盖尔·茉伊·莫菲特）；（下行）在卡米（Khami）出土的象牙占卜骰子（摘自 Robinson 1959, Plate 5）

被称为"chinu"的葫芦，象征着她的性能力（Shoko 2009）。葫芦里有油，用于在性生活期间和之后进行按摩。除了 mutimwi 和 chinu，其他与性行为有关的物质文化包括被称为 bonde 的睡垫。所有这些物品都是属于女性的，并且是与她的人格密切相关的不可剥夺的财产，以至于这些物品之后会与她埋葬在一起（根据 Weiner 1985）。

据了解，有些人拥有一些被称为 mubobobo 的药物，使他们能够非法潜入别人的睡屋。他们对夫妻俩施加咒语，然后在丈夫或妻子毫无知觉的情况下与妻子发生性关系。这种非法的性活动只能由传统医师来阻止，因为他们可以抵消 mubobobo 的力量。有些男人通过咒语"锁住"他们的妻子，使她们不能通奸。如果妻子与人通奸，无论是白天还是晚上，这对非法夫妻在被抓到之前是不会被分离的，而且只有在支付了赔偿金之后，咒语才能被解除。和关于巫术的信仰一样，mubobobo 很难得到切实的证实，但当今绍纳社区的某些人仍然相信它。

大多数社区在晚上会进行社会技术活动，如炼铁。在班图（Bantu）社会中，炼铁在隐喻中被看作与人类的交配和繁殖有关（Childs 1991；Schmidt 1997，2009）。典型的班图炼铁炉象征着女性的身体，经常装饰有（图 17.2）乳房、女性生殖器和肚脐。实际的冶炼过程象征着产生热量的性交，从而带来转变，诞生婴儿。毫不奇怪，铁的冶炼象征着一个孩子。在冶炼过程中向炉内输送空气的吹管（tuyeres）象征着阴茎。有趣的是，tuyeres 在绍纳语中被称为 nyengo，而性交往往被称为 kunyengana。根据柴尔兹（Childs 1999）的说法，在乌干达的托罗人（Toro）中，tuyeres 也象征着阴茎。在坦桑尼亚进行的冶炼重建中，巴契韦齐（Bachwezi）的冶炼者在抽动风箱时做出了类似于性交时的手势（Reid and MacLean 1995）。顺理成章的是，在班图人生活的非洲地区，禁忌往往强制要求冶炼者在从事冶炼工作时与他们的人类妻子实行禁欲。如果不遵守这一预防措施，就会导致冶炼失败，

图17.2 津巴布韦东部尼扬加(Nyanga)的拟人化炼铁炉（拍摄：沙德雷克·奇里库里）

或出现"死胎"。在某些情况下，男子在远离公众视线的地方进行冶炼，就像性交一样，但在另一些情况下，冶炼是在黑暗的掩护下在家的范围内进行的。

讨论：流动的空间和物体

考古学的形成过程（Schiffer 1987）集合了白天和夜晚的行为，其结果是，研究非洲的考古学家和其他地方的同行一样，很少研究夜间活动，从而在某种程度上描绘了一个有局限性的历史画面。然而，现代的生活并没有随着太阳的落山而停止，同理，古人的生活也没有在夜间停止。时间是一种社会文化结构，不同的社区对其有不同的看法（Lucas 2004）。例如，在非洲赤道以南的许多班图族中，和其他地方一样，时间被划分为白天和夜晚。像绍纳族这样的一些群体将他们的时

435

间分为mangwanani（上午）、masikati（下午）和manheru/usiku（夜晚）。然而，深夜／清晨、晚晨／早午和晚午／早夜之间有重叠，这往往导致大量的连续性，并安排进行各种活动。虽然人类行为有时会在白天和夜晚之间重叠，但有一些活动大多是在黑暗的掩护下进行的。

也许最相关的问题是，这些重要的，但无形的夜间活动的考古学特征是什么？叙事是夜间的一种性别化的活动，与白天人们使用的性别化的空间有关。在叙事活动的过程中，男性空间（dare）和女性空间（imba yekubikira）分别只由男人和女人使用。然而，根据不同的环境，界限会发生变化并经常被放宽，导致性别交叉。作为一个开放的空间，在家中，dare 不是一个建成环境。虽然考古学偏重于易于保存的建筑环境，但去识别在开放空间进行的无形的夜间实践活动仍然具有挑战性。此外，由于考古学家在发掘过程中并不经常发掘足够大的区域来揭示遗址全部的空间布局，因此，识别像 dare 这样具有文化意义的开放空间就变得非常复杂。当然，大多数发掘过程中流行的 1 平方米或 2 平方米的探沟在这方面毫无帮助。

与 dare 不同的是，烹饪小屋是一个建成环境，有壁炉、长凳、屋后平台（chikuva）和锅灶等。所有这些遗迹都可以在铁器时代早期（公元 200 年至公元 1000 年）和晚期（公元 1000 年至公元 1900 年）的房屋生活面上观察到（Huffman 2007）。然而，即使在有考古学上可识别遗迹的厨房小屋的情况下，根据年代久远的小屋中的壁炉、后平台和长凳的存在来推断叙事活动可能是不可靠的，因为空间和它们的背景用途很可能随着时间的推移而改变，就像它们从白天到晚上会改变一样。特征上的相似性不一定与使用上的相似性相关（Lane 1994）。事实上，在绍纳社区的民族志中观察到的基于材料和使用人的空间意义的变化，为将特定空间与固定的文化行为联系起来提出了进一步的警示。

仪式是另一个在夜间进行的非常重要的文化行为。就绍纳宗教而言，一家之主在 chikuva 通过男性和女性祖先向神祈祷。虽然祈祷是一种口头活动，但它也与各种各样的物质文化有关，如木板、锅、祭祀用的斧头和长矛。尽管这种仪式是一种已知的文化行为，但在大多数情况下，其所使用的物质文化也适用于日常实践活动。然而，chikuva 也是一个女性的空间，屋子的这个位置存放陶器，同时它也是一个重要的神龛，这就表明空间与各种各样的功能都有关，而且是在性别之间共享。这种对空间的使用强调了空间共享的重要性，并展示出各种不同活动之间和家中边界的不稳定性。如果认为房屋是象征女性身体的容器（Chirikure et al. 2015），那么重要的家庭仪式则是在概念上的女性身体中进行的，相比更为传统的考古学和人类学重建工作所能达到的程度，这一点对性别的概念化有更重要的意义。

以牛为中心的居住模式（Central Cattle Pattern model）一直主导着对非洲南部地区公元后两千年内遗址的空间格局的分析（Huffman 2007）。在认知结构主义的框架下，该模型将特定的空间分配到区分两种性别的活动区域。因此，在某些情况下，位于定居点中心的牛栏只与男性有关。牛栏附近的空地通常被解读为一个庭院（dare），同样与男性有关。相比之下，通常位于牛栏周围一圈的房屋则是女性专用空间。该模型的支持者认为，在铁器时代社区的定居模式中，男性活动区域的中心地位反映了非洲南部考古学中两千多年来父系社会的男性世袭为首的社会体系。

虽然在灵活应用该模式时，它可以对研究历史做出重要贡献，但将空间僵化地二分为男性和女性空间的做法与以下观察结果相矛盾：禁忌常常不会严格施行，妇女可以拥有牛，可以放牛，而男人可以睡在被性别化为女性的房子里。因此，男人在晚上回到房子里，从概念上来说是回到了子宫，因为房子往往被象征性地设想为子宫。这种对禁忌的放松显示出了象征性行为的复杂性质，从而使得在没有考虑夜晚的情况下，就将不同的空间分别分配给男性和女性的这一做法显得不甚合适。在夜间，男人们并不在 dare 睡觉，而是回到房屋中，在那里从事上文提到的活动。因此，在夜里，对比适用于白天的某些情况，一个中心位置是牛栏的定居点布局会具有不同的意义。在所有情况下，牛栏和房屋都是圆形的，因此是对于社会更新来说必需的象征性容器和身体。

巫术是影响绍纳人生活的另一个仪式例子。人们相信，巫师会在黑暗中行动，把厄运、不健康和疾病施加给他人。识别考古记录中涉及装药的容器和盒子，或者与治疗、灵性相关的物品是很困难的（Insoll 2011）。通常，与巫术有关的物质文化包括类似于白天使用的谷物去皮用的篮子以及臼和杵。然而，这些物品中有些是易腐烂的，并不能很好地保存下来。女巫操作这些物品时赤身裸体，众所周知，她还使用了用玻璃珠（黑色、白色和红色）和布装饰的符咒。女巫的邪恶力量被传统医师，即 n'angas 的力量抵消。在善的精灵，甚至是祖先的指导下，n'angas 使用物质文化，如占卜板，而占卜板往往是性别化的。

象牙占卜骰子／板（图 17.1，下行）是从卡米（Khami，约公元1300年至公元1650年）遗址中发掘的，该遗址是世界文化遗产，位于现代布拉瓦约（Bulawayo）镇以西约22公里处，是托尔瓦－昌加米腊（Torwa-Changamire）国的前首都之一（Pikirayi 2002）。这些骰子共有五枚，是从该遗址中一个伫立在精心建造的干石墙平台上的小屋入口处烧焦的瓦砾下捡到的。这些骰子与两个猫科动物的小象牙雕刻、三只象牙托盘、一个象牙杖头和一个贝壳一起埋在地下（Robinson 1959：53）。相比之下，在卡米的其他调查和发掘过的小屋生活面上几乎没有发现任何物质遗迹，这表明这个窖藏是独一无二的。发掘出的材料和与小屋前门相关的沉积共存关系表明，这些物品可能具有象征性／仪式性的联系，可能与治疗和占卜有关。此外，这些古老的骰子表明，治疗方法有着可以追溯到远古的某种延续性。

性交是另一种夜间行为，是繁衍后代和享乐的核心。由于性的重要性，许多群体会对达到适婚年龄的女孩和男孩进行指导，使他们为婚姻做好准备。指导的过程包括使用训练辅助工具，如解剖学上类似于男性和女性的小雕像。在教学过程中，符合条件的青少年被教导有关人体、性敏感的身体部位以及在性生活中应该怎么做的知识。为了帮助进行这项活动，绍纳妇女佩戴的腰带 mutimwi 是由大量的玻璃珠串成的。此外，神圣的葫芦 chinu，在性交中也发挥着重要作用。随该项活动而产生的姿态是无形的，因此在考古学上无法恢复，但 chinu 和 mutimwi 通常与它们的主人埋葬在一起。

铁器时代（公元700年至公元1900年）在非洲南部使用的玻璃珠是从与印度洋沿岸相连的贸易网络中进口的。该地区的主流考古学陈述将玻璃珠与威望、地位联系起来（Killick 2009；Wood 2012）。例如，所谓的皇家墓葬，特别是那些从马蓬古布韦（Mapungubwe）山遗址（公元1200年至公元1290年）发掘出来的妇女墓葬，里面有成千上万的玻璃珠子。这些墓葬被认为是精英墓葬，部分原因就在于墓葬中的珠子数量（Huffman 2007）。然而，正如我们所知的，玻璃珠制成的腰带在性交过程中起到了核心作用。如果没有腰带，妻子可能会被要求回到娘家取回一条。对玻璃珠等材料在夜间背景下的使用的探索表明，物品在不同的用途中具有不同的功能，其中一些功能与人格、性行为等有关联。更重要的是，一些玻璃珠被用于仪式的环境中，因为红色、白色和黑色等颜色对祖先们有吸引力。因此，考古学解释必须警惕多种可能性。

技术行为，如炼铁也是在夜间进行的。事实上，对马里多贡人进行的一些关于其传统炼铁的人种学重现表明，炼铁要持续三天，包括白天和黑夜的时间（Huysecom and Agustoni 1997）。其他类似的例子包括多哥的巴萨尔人（Bassar）。尽管研究撒哈拉以南地区的考古学家已经发掘了数百个冶炼炉，但他们很少尝试去辨认那些可能在夜间进行的冶炼活动。从科学的角度来说，没有办法区分白天和夜间进行的冶炼活动，因为在物理和化学层面，冶炼过程、产品和副产品都是一样的。在整个撒哈拉以南的非洲地区，本地进行的冶铁被蕴含在关于转化和生殖隐喻的思想中（Herbert 1993）。冶炼炉被性别化为女性，因此它是冶铁工象征性的妻子。在某些情况下，有证据表明，与隐私和禁欲有关的仪式和禁忌规定熔炉要放置在远离家的地方。然而，一些考古学认定的熔炉却在家的范围内（Chirikure et al. 2015；Ndoro 1991；Schmidt 1997）。与其像一些人认为的那样（例如 Greenfield and Miller 2004）说这种类型的熔炉与相关的住宅处于不同时代，不如说这些熔炼活动是在黑暗的掩护下进行的。我们充分认识到这种观点与考古学推论的局限性相冲突，但我们认为考古学家忽略了夜晚作为影响冶炼的一个参数的重要性。

到目前为止，上文讨论的例子已经表明，有大量的文化行为是在夜间进行的，在某些情况下，它们与日间的活动相似。这一观察凸显了照明的突出地位，使其进入了讨论的核心，因为正是照明使人在黑暗中可以看到东西。在这方面，月光在活动的安排上起到了照明的作用。有许多社区成员参加的公共舞蹈活动往往在有月光的时候进行（见迪里黑，本书第9章）。春季，月光在非洲南部通常处在最明亮的时刻，因此，许多人可以在夜间聚会。这也意味着那些经常干着非法和不正当活动的人可以被"清楚地看到"。在更多的私人场合，火是照明、供暖和加热的主要来源。不论是 dare，还是家里的火炉，都构成了一个重要的空间。房子里的火炉——choto，是一个重要的进行物品转化的场所，例如烹饪。事实上，大多数用于转化物品的"容器"都被性别化为女性（例如锅、房子和熔炉）。在所有这些转化中，就像在性方面一样，加热是一个重要的转化剂。

对非洲南部铁器时代社区的世界观的考古学重建，来自对静态性别空间的结构性解释，对这些空间和物品的使用者几乎没有赋予任何能动性。然而，性别是在空间、时间和物质中构建、竞争和协调的（Conkey and Gero 1997；Conkey and Spector 1984）。对绍纳社区的空间、物品、活动和昼夜时间之间错综复杂的关系的审视进一步阐明了这一点。此外，主导绍纳人世界观的生育象征主义的重要地位，表明女性在传统的男性－女性性别空间中的中心地位。因此，在身体、象征和隐喻等方面，女性都在日间和夜间的实践活动中发挥着积极的作用。我们面对的严峻挑战是，如何辨识出远古时期的这些无形的信仰，而不把它们与现今混为一谈。

结　论

在夜晚的掩护下，日常的和技术性的活动开始了，其中一些是专门在夜晚进行的，而另一些则是白天结束后继续下来的。活动的时间对于确保生活的正常运行至关重要。无论是在厨房小屋里还是在 dare 中，火都是社会文化活动，例如叙事和举行仪式的场所。火与热的联系是物质转化能够发生的本源，这就使得小屋里的火炉，一个被视为女性的空间，变得至关重要。私下里和公共的基于性别和年龄的活动在夜间进行，由火或月亮来提供照明。空间、地点和性别在不同活动中和一天中的不同时间（白天和晚上）之间是流动的，因此，往往在一天或一夜中，根据环境的不同，许多界限都会被分别执行、分别放松和分别加强。

物质文化是文化行为，就如夜间的实践活动的一个指标。然而，一些在夜间使用的物质文化往往与白天使用的物质文化相似，其使用的背景却不同。白天用于谷物加工的去皮用篮子在夜间仪式活动中成了巫师的"交通工具"，而臼在同样的背景下被用作替身。祭祖时用于夜间仪式的锅和木盘与白天活动中用到的锅和木盘相似。此外，白天用于装点摆设和修饰身体的玻璃珠被用作性交时的活动辅助工具，而性交更可能是在夜间进行的。这些不断变化的含义给考古学家带来了巨大的挑战。作为文化活动的场所，夜晚是产生物质文化的一个关键时间段。因此，考古学家有责任尝试详细探索夜间实践活动的考古学。

参考文献

Aschwanden, Herbert. 1987. *Symbols of Death*. Gweru: Mambo Press.

Atkinson, Norman D. 1986. "Traditional African Stories as Learning Materials." *Zambezia: The Education* 5(Supplement):51–62.

Beach, David N. 1980. *The Shona and Zimbabwe 900–1850: An Outline of Shona History*. London: Heinemann.

Bourdillon, Michael F. 1976. *The Shona People: An Ethnography of the Contemporary Shona with Special Reference to their Religion*. Gweru: Mambo Press.

Bourdillon, Michael F. 1987. *The Shona People*. Gweru: Mambo Press.

Childs, S. Terry. 1991. "Style, Technology, and Iron Smelting Furnaces in Bantu-Speaking Africa." *Journal of Anthropological Archaeology* 10(4):332–359. https://doi.org/10.1016/0278-4165(91)90006-J.

Childs, S. Terry. 1999. "After all, a Hoe Bought a Wife: The Social Dimensions of Ironworking Among the Toro of East Africa." In *The Social Dynamics of Technology*, ed. Marcia-Anne Dobres and Christopher R. Hoffman, 23–45. Washington, DC: Smithsonian Institution Press.

Chirikure, Shadreck, Simon Hall, and Thilo Rehren. 2015. "When Ceramic Sociology Meets Material Science: Sociological and Technological Aspects of Crucibles and Pottery from Mapungubwe, Southern Africa." *Journal of Anthropological Archaeology* 40:23–32. https://doi.org/10.1016/j.jaa.2015.05.004.

Conkey, Margaret W., and Joan M. Gero. 1997. "Programme to Practice: Gender and Feminism in Archaeology." *Annual Review of Anthropology* 26(1):411–437. https://doi.org/10.1146/annurev.anthro.26.1.411.

Conkey, Margaret W., and Janet D. Spector. 1984. "Archaeology and the Study of Gender." *Advances in Archaeological Method and Theory* 7:1–38. https://doi.org/10.1016/B978-0-12-003107-8.50006-2.

Ellert, Henrick. 1984. *The Material Culture of Zimbabwe*. Harare: Longman.

Gelfand, Michael. 1956. *Medicine and Magic of the Mashona*. Cape Town: Juta.

Gelfand, Michael. 1962. *Shona Religion*. Cape Town: Juta.

Gelfand, Michael. 1973. *The Genuine Shona: Survival Values of an African Culture*. Gweru: Mambo Press.

Gombe, Jairos M. 1986. *Tsika Dzavashona*. Harare: College Press.

Greenfield, Haskel J., and Duncan Miller. 2004. "Spatial Patterning of Early Iron Age Metal Production at Ndondondwane, South Africa: The Question of Cultural Continuity between the Early and Late Iron Ages." *Journal of Archaeological Science* 31(11):1511–1532. https://doi.org/10.1016/j.jas.2004.03.014.

Hammond-Tooke, W. David. 1981. *Boundaries and Belief: The Structure of a Sotho Worldview*. Johannesburg: Witwatersrand University Press.

Hammond-Tooke, W. David. 1993. *The Roots of Black South Africa*. Johannesburg: Jonathan Ball Publishers.

Herbert, Eugenia W. 1993. *Iron, Gender, and Power: Rituals of Transformation in African Societies*. Bloomington: Indiana University Press.

Hodza, Aaron C. 1981. *Shona Registers*. Harare: Mercury Press.

Hodza, Aaron C. 1983. *Ngano Dzamatambidzanwa*. Gweru: Mambo Press.

Huffman, Thomas N. 2007. *Handbook to the Iron Age*. Pietermaritzburg: University of KwaZulu-Natal Press.

Huysecom, Eric, and Bernard Agustoni. 1997. "Inagina: l'ultime maison du fer/The Last House of Iron." Geneva: Telev. Suisse Romande. Videocassette, 54 min.

Insoll, Timothy. 2011. "Introduction: Shrines, Substances and Medicine in Sub-Saharan Africa: Archaeological, Anthropological, and Historical Perspectives." *Anthropology & Medicine* 18(2):145–166. https://doi.org/10.1080/13648470.2011.591193.

Kileff, Clive, ed. 1987. *Shona Folk Tales*. Gweru: Mambo Press.

Killick, David. 2009. "Agency, Dependency, and Long-distance Trade: East Africa and the Islamic World, ca. 700–1500 CE." In *Polities and Power: Archaeological Perspectives on the Landscapes of Early States*, ed. Steven E. Falconer and Charles L. Redman, 179–207. Tucson: University of Arizona Press.

Lane, Paul. 1994. "The Use and Abuse of Ethnography in the Study of the Southern African Iron Age." *Azania* 29–30(1):51–64. https://doi.org/10.1080/00672709409511661.

Lucas, Gavin. 2004. *The Archaeology of Time*. London: Routledge.

Mackenzie, John M. 1975. "A Pre-Colonial Industry: The Njanja and The Iron Trade." *NADA (Salisbury)* 11(2):200–220.

Mutasa, Davie E., Shumirai Nyota, and Jacob Mapara. 2008. "Ngano: Teaching Environmental Education using the Shona Folktale." *Journal of Pan African Studies* 2(3):33–54.

443

Ndoro, Weber. 1991. "Why Decorate Her." *Zimbabwea* 3(1):60–65.

Pikirayi, Innocent. 2002. *The Zimbabwe Culture: Origins and Decline of Southern Zambezian States*. Walnut Creek, CA: Altamira Press.

Reid, Andrew, and Rachel MacLean. 1995. "Symbolism and the Social Contexts of Iron Production in Karagwe." *World Archaeology* 27(1):144–161. https://doi.org/10.1080/00438243.1995.9980298.

Robinson, Keith Radcliff. 1959. *Khami Ruins*. Cambridge: Cambridge University Press.

Schiffer, Michael B. 1987. *Formation Processes of the Archaeological Record*. Albuquerque: University of New Mexico Press.

Schmidt, Peter R. 1997. *Iron Technology in East Africa: Symbolism, Science, and Archaeology*. Bloomington: Indiana University Press.

Schmidt, Peter R. 2009. "Tropes, Materiality, and Ritual Embodiment of African Iron Smelting Furnaces as Human Figures." *Journal of Archaeological Method and Theory* 16(3):262–282. https://doi.org/10.1007/s10816-009-9065-0.

Shoko, Tabona. 2009. "Komba: Girls' Initiation Rite and Enculturation among the VaRemba of Zimbabwe." *Studia Historiae Ecclesiasticae* 35(1):31–45.

Weiner, Annette B. 1985. "Inalienable Wealth." *American Ethnologist* 12(2):210–227. https://doi.org/10.1525/ae.1985.12.2.02a00020.

Wood, Marilee. 2012. *Interconnections: Glass Beads and Trade in Southern and Eastern Africa and the Indian Ocean—7th to 16th Centuries AD*. Department of Archaeology and Ancient History, Studies in Global Archaeology 17. Uppsala: Department of Archaeology and Ancient History, Uppsala University.

Wylie, Alison. 1985. "The Reaction Against Analogy." *Advances in Archaeological Method and Theory* 8:63–111. https://doi.org/10.1016/B978-0-12-003108-5.50008-7.

第十八章

夜晚带来的自由

18世纪和19世纪巴哈马种植园中奴隶的隐私和文化创造力

简·伊娃·巴克斯特

巴哈马夜景和贾卡努狂欢节

贾卡努狂欢节（Junkanoo）是当代巴哈马文化中最著名和最具代表性的活动之一（Bethel 1991，2000，2003；Dean 1995；Ferguson 2000，2003）。在每年的活动中，在极为隐秘的情况下，有组织的群体在被称为"棚屋"（shacks）的特殊地点用纸和铁丝制作戏服和道具，他们使用山羊皮鼓、牛铃和铜管乐器练习非洲起源的呼应式（call-and-response-style）音乐，并准备协调、编排舞蹈动作（Ferguson 2000）。在半夜，准确来说是在节礼日（Boxing Day，12月26日）和元旦的凌晨00：01分，贾卡努狂欢节就会开始，穿着戏服的舞者和音乐家在海湾大街（Bay Street）上游行，表演他们的节目，直到太阳升起（图18.1）。活动结束后，戏服被露天丢弃，在温暖的阳光和热带雨露中被分解。现在的贾卡努狂欢节是一个高度组织化的活动，有评委、赞助和奖品，它是一个有着深厚历史渊源的庆祝活动的现代表现形式。

当巴哈马学者、教育家亚琳·纳什·弗格森（Arlene Nash Ferguson）写下关于一年一度的贾卡努狂欢节的著作（Ferguson 2000）时，她将历史的见解编织成了关于这一重要活动起源的一段可信的叙述。奴隶被带到巴哈马时只携带了他们的无形文化，而他们在日常生活中表达自己记忆、文化和身份的渠道有限。在圣诞节期间，奴隶有三天的假期，这为他们提供了时间和场所来进行回忆、扮演和创造，并在这段时间内为自由、人格和自我庆祝。在她的叙述中，黑暗和夜晚占有相当重要的地位。在一段简要的叙述中，弗格森（2003：96-99）写道：

> 于是你们在夜色的掩护下偷跑到巴哈马的灌木丛中，试图找回自我。你们来自非洲的太多地方，也太多样化，因此无法重建符合你们家乡的所有条件，但你们现在有机会协调现实与历史。此时此地，就是你们的机会，去重新获得你们文化中被遗忘的方方面面，尽管它们已经有所改变。这是一项行使自由的活动，你们要组装好你们自己的武器。
>
> 你们得到了层层叠叠的黑暗的帮助和鼓励。熟悉的鼓声韵律呼应着曾经熟悉的自然界的节奏。火焰给黑暗带来了光明，也带来了新生命的希望。面具和戏服掩盖了眼下的现实，并提供了变形、隐藏的机会。舞蹈释放了内在的力量，而禁忌的友情支撑着灵魂，使其能够承受快速回到残酷的现实。

对贾卡努狂欢节的这种叙述为我们思考18世纪末和19世纪初巴哈马种植园夜间活动开了一个有力的头。贾卡努狂欢节，或称"约翰尼/约翰独木舟"（Johnny/John Canoe）节，曾经更多地出现在19世纪的美国北卡罗来纳州、中美洲伯利兹（Belize）和牙买加（Ferguson 2000）。除了在20世纪中期被英国当局强行中断以外，巴哈马的贾卡努狂欢节一直是独一无二的，因为它是一个不间断的传统节日，至少

图18.1 2003年12月26日在拿骚（Nassau）举行的贾卡努狂欢节（图片来源：ebrodie，https://commons.wikimedia.org/wiki/File:Junkanoo. jpg；根据知识共享协议授权）

可以追溯到1801年（Dean 1995；Ferguson 2000）。贾卡努狂欢节也有强大的、根深蒂固的西非根源，显然是许多不同的非洲文化传统的混合体，在巴哈马奴隶制的背景下成为独特的组合（Bethel 2003；Dean 1995；Ferguson 2000）。

尽管有这种悠久的传统，但黑暗历史笼罩着这个节日。从1801年开始，首都拿骚的报纸上偶尔会模糊、简短地提到约翰尼／约翰独木舟节（Bethel 1991；Dean 1995）。稍详细的描述是极为罕见的，例如1864年12月《拿骚卫报》（*Nassau Guardian*）中提到当年"没有圣诞舞剧"（Sands 2003：14）。在这样一份1844年创办、主要为岛上白人社区服务的报纸上，这种在历史上对该活动保持沉默和错误称呼的做法正说明了该活动的保密性和隐私性。

20世纪初，相同的报纸对贾卡努狂欢节的报道变得更加频繁，但明显带有局外人的视角。1911年1月3日《论坛报》（*Tribune*）的一篇社论说："周一早上，新年假期被惯常的喇叭声、钟声和鼓声预示，奇形怪状的化装舞者们充满精神和活力，沿着海湾大街游玩，如果他们把这些玩乐的精力投入到这一年里，还能有些意义。"（Bethel 1991）很明显，在19世纪和20世纪初，在非裔巴哈马人社区以外，贾卡努狂欢节鲜为人知，不被人理解，也不被人看重。尽管有这种隐喻性的历史黑暗一面，但贾卡努狂欢节的物质资料和传统在非裔巴哈马人中世代相传，是本土历史的一种有力形式，也是自由而非奴役的象征。正如斯坦·伯恩赛德（Stan Burnside）所说："因为有贾卡努狂欢节的存在，所以巴哈马人从来都不是奴隶。"（见 Bethel 2003：121）

除了其深厚的历史和非洲渊源，传统上，贾卡努狂欢节是一个属于夜晚的节日。目前关于现代贾卡努狂欢节的辩论使传统主义者与寻求扩大贾卡努狂欢节活动的革新势力对立了起来，而辩论的关键领域之一是夜晚这一基本要素。对于许多人，而且从传统上来说，如果不在天黑后举行，就不叫贾卡努狂欢节（Bethel 2003：125）。

奴隶制背景下的夜间理论研究

即使以贾卡努狂欢节为起点，对19世纪巴哈马种植园的夜间性质的研究也还主要存在于理论领域。虽然我们知道曾经有夜间活动发生，但由于没有任何特定的、可辨识的专门用于夜间活动的技术，例如专门用于在黑暗中提供照明的装置或遗迹（见丘奇，本书第5章；斯特朗，本书第12章；麦奎尔，本书第13章），学者将空间、地点和活动分成夜间和日间的任务远远超出了物质的确定性。正是这种关于夜晚的模糊性，使得文章中关于贾卡努狂欢节的描述显得特别重要。

人们经常认为夜晚是那些被视为越轨、秘密，或被文化规范、法律构造或社会义务禁止的事物的天然掩护（见贡琳和迪克逊，本书第3章；科尔特曼，本书第10章；以及奇里库里和莫菲特，本书第17章）。帕莉·维斯那（2014）提供了令人信服的证据，证明在黑暗中和火光下，社会关系、叙事风格和互动形式会变得不同。在奴隶制的背景下，我们很容易认识到夜晚是如何为各种类型的活动，包括逃跑或起义等极端事件，以及更多的为了获得自我掌控能力而进行的一些被奴隶主禁止的一般活动提供掩护的。关于1831年弗吉尼亚州发生的著名的南安普顿起义（Southampton Insurrection）的历史记载强调了纳特·特纳（Nat Turner）的起义组织是如何通过天黑后进行的谈话、会议和行动而形成的（Kaye 2007）。来自美国的其他资料显示，有助于为奴隶抵抗和起义活动提供信息和力量的宗教活动也是一种常见的夜间活动（Rucker 2001）。这种将夜晚作为抵抗的时间和空间的想法是中肯的、深刻的，但也有一定的局限性。

贾卡努狂欢节的叙事不仅仅有抵抗和违法的内容，也是文化创造、民族生成和记忆实践活动的叙事，在这里，身份和意义是通过特意的行动来塑造的。仅仅将夜晚理论化为种植园主禁止进行活动的时间，就限制了下面这种解释的可能性，即被奴役的社群有他们自己的文化知识、仪式和议程，他们不想与社区外的人分享。在这样的背景下，在黑暗中行动就不仅仅是做被认为是被禁止的事情的方法，也是为了让某个社群的非物质文化遗产不被他人接触到的方法。在夜晚隐藏自己的活动以避免惩罚或其他后果，与隐藏事物以保护其完整性和神圣性有很大不同。前者强调反应，后者强调创造和能动性。

这种对夜间活动的理解，特别是受巴哈马贾卡努狂欢节传统的启发，为我们重新思考巴哈马种植园中奴隶的生活提供了一种方法。利用圣萨尔瓦多岛的案例研究，这里结合三条证据来思考19世纪初发生的夜间活动的可能性，并阐释将考古和历史记录纳入后对这些活动的更广泛影响：首先，从夜间特殊的环境赋使角度思考种植园的景观，这些环境赋使可能使奴隶能够独立活动；其次，对文献记录进行分析，以了解夜间活动的信息；最后，介绍有关黑暗中照明的民族志信息，以说明可以促进夜间活动的潜在种植园时期的技术。

19世纪巴哈马的部分背景资料介绍

首先，笔者必须介绍一下19世纪巴哈马的背景，因为与该地区其他岛屿殖民地相比，巴哈马群岛有着独特的历史。这些岛屿人口非常稀少，直到18世纪80年代美国独立革命后不久，支持英国的保皇党人才到岛上来。保皇党人和他们的奴隶从新成立的美国涌入该地，使殖民地的人口几乎增加了一倍，奴隶的人口增加了两倍。保皇党人还带来了对种族关系的不同感受，原来基本融合的社区变成了居住和社交隔离的社区（Craton and Saunders 1992）。

保皇党人在群岛中以前无人居住的岛屿上建立了新的定居点，包括圣萨尔瓦多。最初，保皇党人试图通过建立棉花种植园来复制美国本土的经济模式，但在一二十年内，由于土壤侵蚀和农业害虫的侵袭，种植园系统崩溃了。尽管巴哈马南部的盐田开采仍在继续，但到19世纪初，大多数奴隶不再从事经济作物农业，而是将大部分劳动力用于自给自足的农业，或自己耕作，或与主人一起耕作（Craton and

Saunders 1992）。

种植园系统的崩溃导致大多数种植园主从外岛返回拿骚，将其种植园和奴隶交给奴隶监工来打理。这些种植园主在首都找到了商业和其他专业职位，而对他们的外岛种植园几乎没有任何直接兴趣。留在外岛的少数种植园主积极从事与自身生计相关的经济活动，与拿骚的贸易往来很少（Burton 2006）。

虽然没有保留保皇党人带来的奴隶的人口记录，但众所周知，来自大陆的人口经历了一个克里奥尔化（creolization，指人口多为本地出生，受到当地文化影响的人口结构变化——译者）的时期，到美国独立战争结束时，只有大约20%的从大陆来的奴隶是在非洲出生的。1807年废除奴隶贸易后，由于抓获了奴隶船，其乘客被重新安置到安全的地方，确实给殖民地带来了新的非洲人口，但这些自由人大多集中在新普罗维登斯（New Providence）岛上。奴隶的性别比例似乎是均衡的，人们可以在本没有家庭的地方组建家庭，人口通过自然增长迅速扩张，在19世纪初比白人的增长率还高。总体而言，大多数巴哈马奴隶是健康的。在19世纪，疾病并不普遍。由于气候总体不错，容易获得海产品，特别是海螺，即使是在相对贫穷的种植园的奴隶，也比美国本土或西印度群岛的产糖岛屿上的奴隶有更好的饮食。此外，奴隶们继续生活在少于40人的相对较小的居住单位里，这种情况更像美国南部的烟草种植园，而不像加勒比海其他产糖岛屿。

因此，巴哈马的奴隶制与整个加勒比地区形成了鲜明的对比；虽然仍然不公正，道德沦丧，但没有美洲其他地区的奴隶制那么严厉。此外，英国议会在19世纪20年代通过的《改良法案》（*Amelioration Acts*），给予奴隶的法律保护比同期的美国要多。随着1834年奴隶解放（Emancipation）的临近，外岛的许多奴隶比美国大陆种植园的奴隶有更大的自主权，因为白人种植园主搬到了拿骚，或完全离开了巴哈

马 (Craton and Saunders 1992; Johnson 1996)。在圣萨尔瓦多，只有两个种植园在奴隶解放时有白人种植园主居住，其余的种植园都由奴隶代为监管，或由租户、经纪人监管其财产。

种植园的景观和夜间的环境赋使

1780年至1834年间，圣萨尔瓦多岛至少建立了八个种植园，而且很可能数量更多。其中五个种植园已经成为考古研究的对象 (Baxter 2015; Baxter and Burton 2006, 2011; Baxter, Burton and Wekenmann 2009; Gerace 1982, 1987)，这些遗址的景观和物质文化是该时期岛屿上最好的纪录之一。与以位于沿海为主的史前遗址不同，保皇党种植园主模仿加勒比海和美国大陆其他地方的设计，将种植园建在高高的山脊上，以获得最佳的避暑和防虫效果，并提供内陆湖泊的通道，使货物运输到港口比走陆路更容易。巴哈马群岛的外岛一般都很小，并没有系统规律的航运交通。因此，人们很少担心奴隶逃跑，曾用作监视的建筑更多是象征性的，而不具有依照景观设计的实用功能。

大多数，但不是所有的种植园都有奴隶宿舍，或者一个院子，里面有独立的房屋和自留地供奴隶使用 (图18.2)。在这些地方都曾建有一些奴隶的住房，这一时期的奴隶登记册表明他们生活在一代或几代的当地核心家庭中 (Burton 2004; Craton and Saunders 1992)。这些住宅区与种植园主和监工的住所相隔甚远 (图18.2)，建筑环境形成了视觉障碍，为奴隶居住区和种植园主家庭的居民提供了彼此之间的隐私保护。

我们在波利山和普罗斯佩克特山种植园的考古调查，以及在桑迪角种植园的遗址考察中，对种植园的声景，特别是隐私性，进行了测试。在这些测试中，我们把各小组分别派往种植园主的住宅和奴隶居住

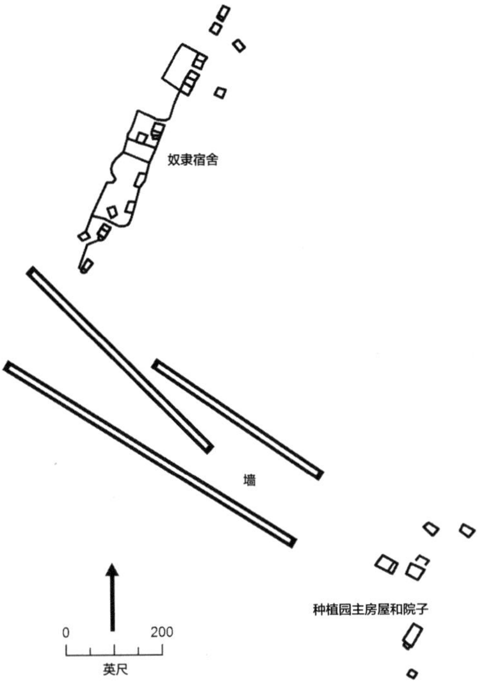

奴隶宿舍

墙

种植园主房屋和院子

0   200

英尺

图18.2 普罗斯佩克特山种植园的景观代表了岛上种植园布局，在这里，为种植园主和监工及其家庭，以及奴隶设计的房屋被距离，也时常被物理障碍（如墙）分开（示意图由克里斯托弗·米兰绘制）

区。我们使用对讲机协调制造噪音，一组轮流制造不同音量和类型的声音（例如唱歌、说话、建筑物内外产生的与工作有关的噪音），而另一组则注意这些声音是否会传到另一处。这些实验是利用不同的盛行风进行的，结果发现，人们可以进行正常的交谈，在许多情况下，大声交谈也不会被另一处的人听到。这些实验表明，如果一个人有意保持安静，在种植园的一个居住区进行的谈话和活动就不会被另一个居住区的人听到。

把这些种植园的景观和声景放在环境赋使的范围内考虑是很有用的（Gibson 1977，1979；阿维尼，本书第7章）。坎普和惠特克（本书第4章）阐释了感官知觉和景观环境赋使在夜间是如何变化的，以及黑暗如何对人们的行为和交流既产生限制也提供可能性。在巴哈马种植园的情况下，进行独立的、不被发现的行为和活动的可能性是由景观的性质决定的。虽然种植园主的房子位于景观的高处，具有能够观察周围全景的效果，但夜晚的黑暗会使这种方便监视四周的一丝高度优势荡然无存。视觉和听觉领域的空间分离在夜晚给人们提供了合适的私密性，并为奴隶的活动提供了机会，而种植园主或监工并不会发觉和记录这些活动。

历史资料中的夜晚

关于圣萨尔瓦多岛的历史资料相当稀少。由于这个前殖民地是群岛，白人种植园主阶层集中在拿骚，所以除了新普罗维登斯，巴哈马其他地区相关的文字记录很少（Craton and Saunders 1992；Saunders 2002）。岛屿官员所做的年度报告基于每年不到一周的访问所得，并且主要集中在代表殖民政府管理的机构方面。

在圣萨尔瓦多确实有两份特殊的资料揭示了该岛在19世纪的一些情况。第一个是联合国教科文组织（UNESCO）的世界遗产文件《奴隶制的遗迹》（*A Relic of Slavery*），通常被称为《法夸尔森日记》（*Farquharson's Journal*）。这本日记详细记录了普罗斯佩克特山种植园将近两年内发生的日常事件，是由该种植园主查尔斯·法夸尔森（Charles Farquharson）在奴隶解放前几年所写的（Farquharson 1957）。第二个来源是1833年在桑迪角种植园发生的奴隶监工杀害一名奴隶后，几位岛上居民的证词。这一记录是一个非常罕见的例子，它记录从了奴隶、种植园主和监工那里取得的证词，从而使人们对当时的事件有了特别复杂和微妙的看法（Burton 2004）。《法夸尔森日记》为种植园的日常运作建立了模式，而经过宣誓的证词则为种植园生活中的一些特殊时期提供了非常具体的细节。这两份资料相互补充，虽然它们确实更强调白天的活动，并且是以岛上种植园主和拿骚的法庭的视角记录的，但它们也为研究夜间的情况提供了有意义的见解。

这两份资料报告说，奴隶每周工作六天，完成他人规定和分配的任务，星期天则没有工作安排。根据解放奴隶的法律，这一休息日允许奴隶们在自己的保留地工作，照顾自己的家和院子，制作和修理衣服和其他家庭用品。这种一成不变的时间安排和繁重的工作量表明，许多活动，包括许多社交、仪式和公共活动，往往会被推迟到夜间进行。

这些资料还表明，奴隶和种植园主白天的时候在种植园之间穿行，而且各种植园之间的往返旅途可以在一天之内完成。对于奴隶来说，这些旅行主要是为了在收获季节进行合作性的日间劳动，但也有一些被允许进行的社会活动，如他们社群成员的葬礼（Farquharson 1957）。对于种植园主来说，一天之内的旅行可以让岛上的"种植园主阶层"中的一撮人进行社交。在岛上的某个自家之外的地方过夜是罕见的、引人注意的事情。查尔斯·法夸尔森特别指出，他的儿子詹姆斯和他的两个"手下"在一艘船进港时住在弗伦希湾，这是非常不寻常的事。

也许最重要的记录是1832年12月26日，查尔斯·法夸尔森在他的日记中写下了以下内容："我们中有些人到国外去见他们的朋友，另一些人在家里自娱自乐了一天，但晚上他们都在家里跳起了盛大的舞蹈，一直到快天亮才停。"这段话中提到了节礼日进行的"盛大的舞"（gra[n]d dance）一直持续到接近天亮为止，许多人都认为这就是指普罗斯佩克特山种植园的贾卡努狂欢节（Bethel 1991；Dean 1995；Ferguson 2000）。这自然是两年所记录的日记中一段对奴隶在夜间狂欢的特殊描写，也是对整个巴哈马种植园生活的特殊描述。

夜间技术的遗迹：黑暗中的照明

在圣萨尔瓦多有一种可能起源于种植园时期，保存至今的夜间技术仍在使用。圣萨尔瓦多现今的人口已经移居到沿环岛的女王公路

（Queen's Highway）的四个主要地点。居民冒险进入岛的深处（俗称"丛林"）有两个主要目的：首先是为了获取大蕉、香蕉和其他生长在石灰岩基岩凹陷处的作物，这些凹陷处被称为"香蕉洞"。这些洞和生长在其中的植物被认为是岛屿居民个人的财产，而且通常在没有官方执法的情况下，人们会尊重这种所有权。第二种是季节性地猎取陆蟹，这种活动只在夏季的夜晚进行。虽然不同的人拥有的香蕉洞的位置是众所周知的，但捕蟹的地点是岛上居民最精心保护的秘密之一。

虽然手电筒随处可见，但许多人认为使用手电筒并不是适合捕蟹的方式。人们用空的啤酒瓶装着缓慢燃烧的油和布芯，点燃后带入灌木丛中。这些灯看起来像燃烧很慢的莫洛托夫鸡尾酒燃烧瓶（Molotov cocktail），可以提供昏暗但有效且稳定的光照。岛上的老年居民（80岁以上）记得他们小时候也使用过这些灯，并认为它们应该是源自更早年代的技术。这项技术还使用了19世纪和20世纪初岛上居民可以轻易获得的材料。人们认为这种传统的照明形式既是猎取螃蟹的"幸运"物品，也是捕捉时能更好地吸引和迷惑螃蟹的照明用具。它们也不像手电筒那样发出大量的环境光，有助于对可能在灌木丛中的其他人保护自己捕蟹活动的秘密。岛屿内部的考古调查中经常发现丢弃的瓶子灯。

结论：重新思考作为夜间空间的圣萨尔瓦多的种植园

本章涵盖了大量的内容，将巴哈马的贾卡努狂欢节与种植园景观、文献记录以及在当代外岛实践活动中对传统物品的使用相结合。从本质上讲，这种资料的整合创立了一个结构，以让我们了解19世纪巴哈马种植园夜间活动的可能的方式、动机和机会。

种植园景观的设计并不是为了重复岛屿本身就已经有的限制岛上人口流动的作用，而是为岛上的少数种植园主和监工，以及规模更大的奴隶群体提供一定程度的自主权和隐私。虽然目前对这些种植园白天活动的分析强调了种植园主和奴隶对种植园景观在使用方面的不同（Chapman 2010；Delle 2000；Epperson 1999），但进一步的分析表明，夜晚大大改变了这些景观的动态。这些景观为奴隶提供了在黑暗中不被监督或偷听的交流机会，因此他们有了在夜间随时进行交流和行动的可能性，这些交流和行动可以在奴隶社区的范围内被保密。

白天长距离往返旅行的证据表明，奴隶也有可能在晚上因为私事在不同种植园之间四处穿行，而他们的监工并不知情。白天走过的道路和景观特征为他们在夜间穿行提供了某种程度上的熟悉环境的便利，特别是如果他们还使用了便携式照明工具的话。

这种对夜晚是如何改变岛屿景观的环境赋使的认识，以及对可能存在的照亮黑暗的技术的认识，使得我们重新考虑19世纪圣萨尔瓦多的奴隶的社会生活。在历史学和考古学中，以种植园为分析单位一直主导着学术研究。奴隶登记册记录了各个种植园的人口统计资料，并成为历史思维的分析基础。各个种植园的遗址边界限制并指导着考古研究。这些分析模式是基于这样的假设：奴隶的生活在很大程度上被限制在自己的种植园内，他们的社交和行动受到主人和监工的限制。当我们认识到白天进行的往返旅行同样在晚上也可以在寂静和黑暗中进行，这就提供了全新的社交范围和互动的可能性，这些社交和互动不是发生在某个种植园中，而是发生在景观的中间地带。从物质角度看，人们可能只是短暂地使用这些空间，因此在考古学上是无法辨认它们的，但它们在白天也会对各个种植园的社会结构和关系产生影响。

巴哈马的贾卡努狂欢节展示出了夜晚可以建立的各种社会和仪式联系，这些联系超越了白天的世界，也超越了夜间聚会之间的几天、几周，甚至几个月的时间。其中许多联系并没有直接的物质证据，但对参与贾卡努狂欢节的人有深刻的社会和心理影响。然而，尽管从许多方面来说，贾卡努狂欢节是对非物质文化和遗产的庆祝，但它也与物质世界有着深刻的联系，并为我们重新思考种植园的考古证据提供了指导。

在种植园时期和后种植园时期的许多种植园遗址都有关于仪式的考古学证据。在整个巴哈马群岛发现了单一主题的船舶涂鸦图，这是这些岛屿的社群之间分享传统知识的一种物质表现（Baxter 2010）。在奴隶住宅的发掘中发现了雕刻的贝壳、动物颚骨、赭石和其他藏在地基和地板下的物品。这些类型的仪式活动既广泛又本地化，可能代表了一种通过夜间的联系被创建和确认下来的共享的文化。各个种植园之间仪式表达的相似性往往被归因于它们共同源自非洲遗产，但人们并没有理解到，它其实是因为与同时代涉及多个种植园的社群成员的仪式实践有联系而形成的。

圣萨尔瓦多种植园遗址的陶瓷遗存分布有一个典型的模式，即一种在某个遗址中分布广泛的陶瓷器皿，在其他一个或多个种植园中会有非常少数量（一片或两片碎片）的发现（Baxter 2015）。这种分布模式通常被认为是种植园主从拿骚获取和分配货物的方式所带来的结果。这些机制包括向外岛运送混装陶瓷的做法（Wilkie and Farnsworth 1999），或者就圣萨尔瓦多的某个家庭而言，有资金和关系在全岛范围内购买和分配陶瓷或其他货物。然而，这种模式也可能是不同种植园的奴隶之间的社会联系的物质证据，人们把一个家庭或种植园社群常见的破碎陶瓷碎片分享给其他家庭或社群的人，以象征彼此之间的秘密关系，确认更广泛的社区之间的联系，并为奴隶们生活中时不时发生的事件和活动提供物质提示。

贾卡努狂欢节可以被看作是一个一年一度的庆祝活动，但它也是一种历史惯例，提醒我们注意夜晚是如何为整个巴哈马群岛的奴隶人口提供机会的。在夜晚的寂静和黑暗中行动而不被发现的能力，与岛上其他人会面的能力，以及改造未被种植园经济、主人和监工控制的空间的能力，创造出了对巴哈马历史的有力重构。这样的视角向我们提供了一种有效的方式来理论化一个群体的民族起源、身份形成和记忆实践活动的过程——在那个时代，白天的时间并不属于他们自己——并重新思考同时被经济力量束缚和塑造，并被在黑暗掩护下的社会和仪式联系所超越的种植园的物质世界。

致　谢

首先，笔者感谢南·贡琳和阿普里尔·诺埃尔邀请笔者参加本课题。对圣萨尔瓦多夜间种植园的思考是一种创造性和分析性思维的练习，它丰富了笔者对自认为已经了如指掌的遗址的看法。笔者非常感谢梅格·康基、帕莉·维斯那和其他章节的作者，他们的工作和评语对笔者本章的写作帮助很大。本项目的考古田野工作由约翰·D. 伯顿（John D. Burton）博士共同指导，由苏珊·怀阿德（Susan Wiard）主持实验室分析，德保罗大学（DePaul University）的几十名学生参与了多季田野发掘。本项研究的部分资金是由德保罗大学研究委员会，以及文科和社会科学学院（DePaul University Research Council and the College of Liberal Arts and Social Sciences）提供的。笔者感谢支持这项研究的多位巴哈马同事，包括来自古物博物馆（Antiquities Museums）和纪念碑公司（Monuments Corporation）、巴哈马学院（College of Bahamas）、档案部（Department of Archives）和杰拉斯研究中心（Gerace Research Center）的同事。最后，笔者要特别感谢好友亚琳·纳什·弗格森，她讲述的贾卡努狂欢节故事多年来一直启发着笔者的思维，激荡着笔者的灵魂，笔者很感谢有这个机会将贾卡努狂欢节和考古学结合起来叙述。

参考文献

Baxter, Jane Eva. 2010. "A Different Way of Seeing: Casting Children as Cultural Actors in Archaeological Interpretations." In *¡Eso no se toca! Infancia y cultura material en arqueología*, ed. Marga Sanchez-Romero. *Complutum* 21(2):181–196.

Baxter, Jane Eva. 2015. "A Comparative View of San Salvador's Plantations." In *Proceedings of the Fifteenth Symposium on the Natural History of the Bahamas*, ed. Ron Morrison and Robert Erdman, 99–108 San Salvador: Gerace Research Centre.

Baxter, Jane Eva, and John D. Burton. 2006. "Building Meaning into the Landscape: Building Design and Use at Polly Hill Plantation, San Salvador, Bahamas." *Journal of the Bahamas Historical Society* 28:35–44.

Baxter, Jane Eva, and John D. Burton. 2011. "Farquharson's Plantation Revisited: New Historical and Archaeological Insights from Two Seasons at Prospect Hill." *Journal of the Bahamas Historical Society* 33:17–26.

Baxter, Jane Eva, John D. Burton, and Marcus Wekenmann. 2009. "Kerr Mount: The Archaeological Record of a Plantation-Period Plantation." *Journal of the Bahamas Historical Society* 31:31–42.

Bethel, E. Clement. 1991. *Junkanoo: Festival of the Bahamas*. London: MacMillan Education LTD.

Bethel, Nicolette. 2000. "Navigations: The Fluidity of National Identity in the Post-Colonial Bahamas." PhD diss., Cambridge University.

Bethel, Nicolette. 2003. "Junkanoo in the Bahamas: A Tale of Identity." In *Junkanoo and Religion: Christianity and Cultural Identity in the Bahamas*, ed. Jessica Minnis, 118–130. Nassau: College of the Bahamas.

Burton, John D. 2004. "The American Loyalists, Slaves, and the Creation of an Afro-Bahamian World: Sandy Point Plantation and the Prince Storr Murder Case." *Journal of The Bahamas Historical Society* 26:13–22.

Burton, John D. 2006. "'A Tierra Incognita': Life on Post-Emancipation San Salvador." *Journal of the Bahamas Historical Society Volume* 28: 1–11.

Chapman, William. 2010. "White and Black Landscapes in Eighteenth-Century Virginia." In *Cabin, Quarter, Plantation*, ed. Clifton Ellis and Rebecca Ginsburg, 121–140. New Haven, CT: Yale University Press.

Craton, Michael, and Gail D. Saunders. 1992. *Islanders in the Stream: A History of the Bahamian People*. vol. 1. Athens: University of Georgia Press.

Dean, Lisa Carol. 1995. "Preserving Junkanoo: A Traditional Festival of Music and Culture." *Journal of the Bahamas Historical Society* 17:11–22.

Delle, James. 2000. "Gender, Power, and Space: Negotiating Social Relations under Slavery on Coffee Plantations in Jamaica, 1790–1834." In *Lines That Divide: Historical Archaeologies of Race, Class, and Gender*, ed. James Delle, Steven. Mrozowski, and Robert Paynter, 168–201. Knoxville: University of Tennessee Press.

Epperson, Terrence. 1999. "Constructing Difference: The Social and Spatial Order of the Chesapeake Plantation." In *"I, Too, Am America": Archaeological Studies of African American Life*, ed. Theresa Singleton, 159–172. Charlotte: University Press of Virginia.

Farquharson, Charles. 1957. *A Relic of Slavery: Farquharson's Journal 1831–32*. Nassau: The Deans Peggs Research Fund.

Ferguson, Arlene Nash. 2000. *I Come to Get Me: An Inside Look at the Junkanoo Festival*. Nassau: Doongalik Studios.

Ferguson, Arlene Nash. 2003. "The Symbolism of Junkanoo." In *Junkanoo and Religion: Christianity, and Cultural Identity in the Bahamas*, ed. Jessica Minnis, 95–99. Nassau: College of the Bahamas.

Gerace, Kathy. 1982. "Three Loyalist Plantations on San Salvador, Bahamas." *Florida Anthropologist* 35(4):216–222.

Gerace, Kathy. 1987. "Early Nineteenth Century Plantations on San Salvador, Bahamas: The Archaeological Record." *Journal of The Bahamas Historical Society* 9(1):22–26.

Gibson, James J. 1977. "The Theory of Affordances." In *Perceiving, Acting, and Knowing*, ed. R. Shaw and J. Bransford, 67–82. New York: Lawrence Erlbaum.

Gibson, James J. 1979. *The Ecological Approach to Visual Perception*. New York: Houghton Mifflin.

Johnson, Howard. 1996. *The Bahamas: From Slavery to Servitude, 1783–1933*. Gainesville: University of Florida Press.

Kaye, Anthony E., and the Kaye Anthony E. 2007. "Neighborhoods and Nat Turner: The Making of a Slave Rebel and the Unmaking of a Slave Rebellion." *Journal of the Early Republic* 27(4):705–720. https://doi.org/10.1353/jer.2007.0076.

Rucker, Walter. 2001. "Conjure, Magic, and Power: The Influence of Afro-Atlantic Religious Practices on Slave Resistance and Rebellion." *Journal of Black Studies* 32(1):84–103. https://doi.org/10.1177/002193470103200105.

Sands, Kirkley C. 2003. "Junkanoo in Historical Perspective." In *Junkanoo and Religion: Christianity, and Cultural Identity in the Bahamas*, ed. Jessica Minnis, 10–19. Nassau:

College of the Bahamas.

Saunders, Gail. 2002. "Slavery and Cotton Culture in the Bahamas." In *Slavery without Sugar: Diversity in Caribbean Economy and Society Since the 17th Century*, ed. Verne Shepherd, 129–151. Gainesville: University Press of Florida.

Wiessner, Polly W. 2014. "Embers of Society: Firelight Talk among the Ju/'hoansi Bushmen." *Proceedings of the National Academy of Sciences of the United States of America* 111(39):14027–14035. https://doi.org/10.1073/pnas.1404212111.

Wilkie, Laurie, and Paul Farnsworth. 1999. "Trade and the Construction of Bahamian Identity: A Multiscalar Exploration." *International Journal of Historical Archaeology* 3(4):283–320. https://doi.org/10.1023/A:1022850626022.

第 七 部 分

总结夜晚

通往更富有想象力的考古学的一扇传送门

玛格丽特·康基

　　本书的各个章节和产出这些内容的研讨会为我们提供了一个最受欢迎的考古学研究过程，它可以超越自己的边界，并经常放宽自我限制。对本书吸引人的各原创章节，本书的编者为我们写下了介绍和主题概述，这些章节提出了一系列的主题、背景、数据和解释，向那些对于夜间考古学说出"你怎么能知道"的问题的人发起了挑战。幸运的是，这个问题在考古学中经常被问及，也经常被人回答，每次都毫不例外会收到大批名副其实的惊讶反应和"啊哈"时刻。就像我几十年来参与的其他几个"你怎么能知道"的课题一样（例如，Gero and Conkey 1991；Schmidt and Voss 2000），本书各章都是深思熟虑之后不断修订、重新校准，以及在一个没有能够直接参考的前人工作的领域进行再加工的作品。这是一项艰苦的修订工作，但其结果不仅对作者或其他参与者，而且对一个更加丰富的考古学事业是大有益处的。这种对夜晚的探究牵涉许多概念和节点的联系，而且夜间思考帮助考古学做了"工作"。如果有足够的野心，人们甚至可以为这项工作的方向生成一个"思维导图"（mind map），但现在，只需要一些可能的观察就够了。

　　大多数人，甚至是考古学家，从来没有想过夜间考古学存在可能性，更不用说可能有夜间考古学的"特征"。我们把黑暗与夜晚联系起来，是否也意味着对相关的知识视而不见？我们是否如此强烈地陷入把"能看到"放在首位的认识论中（Ong 1977；Jay 1993）？难道我们中的大多数人都生活在这样一个电力充足的世界里，直到我们决定睡觉，都没有想过在黑暗中——或者说在各式灯光下的夜晚活动？黑暗中，或者黑暗本身难道没有留下痕迹？突然间，人们发现许多活动都是在白天和夜晚都可以进行的，而且正如本书多个章节所证明的那样，有一些特定的夜间活动，和白天的活动一样，这些活动也留下了许多考古学的证据，而且，这些活动可以丰富和扩大我们对白天的各种推断。本书的研究课题是一个有力的建议：要求我们通过研究夜晚或研究黑暗的考古学的框架，重新思考我们的考古领域和材料！我们衷心钦佩本书编者设法找到了这么多愿意"重新思考"和／或已经在从事夜间考古学的富有智慧的学者。

事实上，这是本书所强调的考古学"思维导图"中的一个重要节点，即通过质疑视觉作为主导感官的中心地位，有些作者正在对考古学进行一项重要的介入工作，因为现在的考古学没有（直到最近，如 Hamilakis 2013）适应或与视觉以外的感官建立联系。我们通常只凭借自身的视觉，但作为考古学家，我们能"看到"什么？尽管是以无声的形式，那些过度强调经验主义的考古学继续要求的有形的、可见的甚至可触摸的证据在哪里？本书的夜间考古课题为多感官考古学提供了一个关键和重要的焦点；事实上，这是对研究多感官考古学内容的有力介入。这不仅把它推向了考古学的一个不同的子领域，而且本书所有的章节都在质疑，如果我们从多感官的角度研究这个课题，把考古学作为一个多感官的实践活动来做，考古学会以怎样的形态出现（2016年12月与特雷汉姆 [Tringham] 的私人通信）。我们在本书中读到了若干令人信服的例子，说明在夜晚和黑暗（或光线较差的条件下，或以不同的照明方式）的环境中认路会带来强大以及不同的体验经验。我们注意到，学会在黑暗或半明半暗的情况下认路确实是一件值得学习和体验的事情；它提醒着我们阈限性体验的力量，而这些文章则成为研究阈限期的人类学，其方式不同于经典的人类学论文（例如，Turner 1967；Van Gennep 1960），即使仅仅因为我们在这里学到的是一个更为广泛的阈限期概念，不只是特殊的"过渡礼"，更是经常混杂在日常生活中的行动和实践活动。事实上，这些研究开启了我们对人类生活中的阈限期的探究：我们了解了那些"仿佛属于夜晚"的活动，即使并没有入夜。我们也知道夜间活动与诸如烟雾中毒、夜间女巫、"另一个世界"、其他身体和认知状态，以及另一个身份的人等文化现象之间的联系。此外，本书甚至提出了这个问题：夜晚是性别化的吗？而不只是因为很可能有某些夜间活动是为了某些被性别化的人格而进行的。

读过这些章节的读者需要扩展他们对"光"在人类生活中运作方式的理解。我们了解到与夜晚相关的技术，了解到一些实际上需要在"夜晚"才能进行的实践活动（如基于星星的计时），了解到照明，从火到获取火的方法（如火把、灯、陶瓷火炉），了解到夜间的闪电等自然现象如何在文化上被人们理解和使用，了解用于揭示和隐藏的复杂道具。在许多情况下，我们了解到属于夜晚的以及为夜晚服务的技术远不止是各种技巧和物品，而且它们本身也是不可或缺的隐喻和实践活动的一部分：要勇敢地接受夜晚，不要回避它。如果考古学调查的一个重要方面，即考古天文学，需要另一种方式来证明它有可能加强我们的考古学理解，那么夜间考古学就是这种方式。

最近《纽约客》（*New Yorker*）杂志的一幅漫画引发了我们经常会体会到的娱乐，它描绘了几个据称是"史前"的人在景观中奔跑，似乎在追赶天空中低垂的太阳，呼喊着"回来，回来"。我们注意到，这幅漫画既低估了人类对昼夜循环的长期理解，也没有考虑到天黑后丰富的人类生活，当然，这种黑暗的确可以用作隐藏和掩盖，但也可以用作启迪、揭示、建立与其他世界和精神的联系，并重申文化知识和实践活动。我在此举一个特殊的民族志研究的例子，它对我们来说有一些"教育意义"。这个例子是对克拉马斯－莫多克（Klamath-Modoc，加利福尼亚／俄勒冈州的一个原住民群体）治疗仪式（需要明确指出这是一个仅在晚上进行的活动）的描述：

> 第一个被召唤的精灵并不会获得较高的地位，但因此被尊称为强大的精灵。青蛙也许是最初召唤的最常见选择。选择青蛙的逻辑是这样的：大多数疾病都是由侵入性物体引起的，食物是最常见的侵入方式，而青蛙是一个敏锐的食物分析家。或者选择"闪电"作为第一个被召唤的精灵：仪式的任务是找到这种疾病的来源和性质，虽然可能性有很多种，但"闪电"可以使黑夜像白昼一样明亮，并且可以照亮所有地方。自然地，"闪电"很有用处。(Ray 1963)

也就是说，闪电照亮了夜空，从而有助于人们看到精灵，看到他们的药物。而闪电，恰好是以克拉马斯－莫多克岩画中我们称之为"之"字形（zigzag）设计的形式而制作出的，在许多方面，岩画与巫师或萨满的工作有关，并且被认为就是这些人的作品（David 2010）。在本书各章中，有许多"闪电"让我们不仅"在黑暗中看到东西"（糟糕，又是视觉性认识论！），而且能认识到黑暗本身也可以有它的阐释和启示，往往带有自身的物质性。

因此，到头来，本书只是一个开端，我们可以列出我们的考古学主题，这些主题从质疑中脱颖而出——也许出乎大家意料——转变为夜间考古学。这扇大门打开了通向参与这些核心和关键的考古学主题和课题的新方法：研究阈限期，性别化的时间和空间，人类生命的转化体验，多感官的、体验性的、战略性的、重新定位的生活，改变的环境赋使，隐藏的同时也是启示性的宇宙力量，以及研究记忆和实践活动。在推动考古学成为一个更有想象力的调查和实践活动方面，我们还能奢求什么呢？为编者和作者喝彩！接下来往何处去？让我们拭目以待。

作者介绍

苏珊·M. 阿尔特（Susan M. Alt）

印第安纳大学人类学副教授，也是一名研究与卡霍基亚和北美洲中西部地区的社会和政治复杂性有关的宗教、暴力、性别和移民问题的考古学家。她是《卡霍基亚的复杂性：密西西比第一代农民的仪式和政治》（*Cahokia's Complexities: Ceremonies and Politics among the First Mississippian Farmers*）一书的作者，也是《古代的复杂性：前哥伦布时期北美的新视角》（*Ancient Complexities: New Perspectives in Pre-Columbian North America*）一书的编辑，以及《中世纪密西西比人：卡霍基亚人的世界》（*Medieval Mississippians: The Cahokian World*）的编辑之一。

安东尼·F. 阿维尼（Anthony F. Aveni）

科尔盖特大学（Colgate University）天文学、人类学和美国原住民研究的杰出教授（Russell Colgate Distinguished University Professor），他从 1963 年起就在那里任教。他最初学习的是天体物理学（于 1965 年获亚利桑那大学博士学位），现在的工作重点是文化天文学、宇宙学在城市规划中的作用，以及中美洲和秘鲁本土文化中对时间的感知和表达。他曾在《美国科学家》（*American Scientist*）、《今日历史》（*History Today*）、《美国文物》（*American Antiquity*）和《拉丁美洲文物》（*Latin American Antiquity*）等杂志上发表过关于这些主题的文章。阿维尼是《观天者：古代墨西哥的观天者修订更新版》（*Skywatchers: A Revised Updated Version of Skywatchers of Ancient Mexico*）的作者（2001 年），这是一本民族科学的标准教科书。他近期的著作包括编辑的敦巴顿橡树园（Dumbarton Oaks）合集《中美洲和秘鲁的时间测量和意义》（*The Measure and Meaning of Time in Mesoamerica and Peru*, 2015）和《在月亮的阴影下：日食的科学、魔法和神秘》（*In the Shadow of the Moon: The*

Science, Magic and Mystery of Solar Eclipses，2017）。他是哈佛大学皮博迪博物馆（Peabody Museum）2004 年颁发的 H.B. 尼克尔森中美洲研究优秀奖章（H. B. Nicholson Medal for Excellence in Mesoamerican Studies）的获得者，2013 年获得美国考古学会颁发的弗莱克塞尔跨学科研究奖章（Fryxell Medal for Interdisciplinary Research）。1982 年，阿维尼获得了华盛顿特区教育促进和支持委员会（Council for the Advancement and Support of Education）颁发的年度教授奖，这是美国国家教学的最高奖项。

简·伊娃·巴克斯特（Jane Eva Baxter）

德保罗大学的人类学副教授（2000 年获得密歇根大学博士学位）。她是一位历史考古学家，在美国和巴哈马研究劳动和身份问题，以及儿童和性别问题。她目前的课题是对巴哈马阿巴科（Abaco）岛的剑麻和木材行业进行纵向研究，重点是 19 世纪末和 20 世纪初的移民劳工、可持续发展问题以及性别和身份形成。巴克斯特出版过包括许多关于儿童考古学和考古学教育的出版物，也发表过她在芝加哥和巴哈马的田野课题的报告。

沙德雷克·奇里库里（Shadreck Chirikure）

南非开普敦大学考古学系的副教授。他拥有文物研究的硕士学位和伦敦大学考古学研究所的考古学博士学位。由于他经过了多学科的学习历程，跨学科性自然而然地出现在他的研究中，他的研究有三条独立但相互关联的分支：第一条分支是将地球和工程科学的技术与考古学、人类学和历史学的技术相结合，研究采矿、冶金、制陶和其他高温工艺等前殖民时期的技术；第二条分支侧重于遗产管理和保护，强调当地社区在遗产解读和保护中的作用；第三条分支是对前两条的总结，探索以非洲为中心的知识发展，以满足后殖民地时期的需要。

米内特·C. 丘奇（Minette C.Church）

科罗拉多大学科罗拉多斯普林斯分校（University of Colorado, Colorado Springs）的副教授，也是该校海勒艺术与人文中心（Heller Center for the Arts and Humanities）的教务主任。她曾是爱尔兰贝尔法斯特女王大学（Queen's University, Belfast, Irland）自然和建筑环境学

院考古学和古生态学系的访问研究员。丘奇目前在科罗拉多州历史保护审查委员会（Colorado Governor's Historic Preservation Review Board）任职。她感兴趣的地理区域是伯利兹、中美洲和美国－墨西哥边境地区。在这两个地区，她专注于育儿和儿童考古学、景观考古学、边境地区和殖民／后殖民时期的跨国身份问题。

杰里米·D. 科尔特曼（Jeremy D. Coltman）

加州大学河滨分校（University of California, Riverside）人类学系的一名研究生。他最新的研究涉及玛雅古典时代晚期对后古典时代晚期的国际风格产生影响的艺术遗产。科尔特曼曾在伯利兹的午夜恐怖洞穴（Midnight Terror Cave）进行田野考察，并应邀为史密森尼公共推广项目（Smithsonian Public Outreach Program）做演讲。他正在墨西哥的尤卡坦地区进行自己的毕业论文研究。他目前正在与约翰·M. D. 波尔（John M. D. Pohl）共同编辑《中美洲的巫术》（*Sorcery in Mesoamerica*）一书。

玛格丽特·康基（Margaret Conkey）

加州大学伯克利分校1960级人类学荣誉教授，曾在宾汉姆顿大学（Binghamton University）和圣何塞州立大学（San Jose State）任教。她曾担任美国考古学会主席，以及美国人类学会考古学部（Archaeology Division）和女权主义人类学家协会（Association for Feminist Anthropol-ogists of the American Anthropological Association）主席。在过去的25年里，她一直在法国南比利牛斯（Midi-Pyrénées）地区进行田野研究，指导"洞穴之间"（Between the Caves）这一旧石器时代的区域调查，并共同指导一个露天的中马格德林期（Middle Magdalenian）遗址的发掘工作。康基的学术研究集中在旧石器时代艺术和视觉文化研究的问题，以及考古学的女性主义实践上。

汤姆·D. 迪里黑（Tom D. Dillehay）

瑞贝卡·韦伯·威尔逊大学（Rebecca Webb Wilson University）人类学、宗教和文化杰出教授，以及范德比尔特大学（Vanderbilt University）人类学系的人类学和拉丁美洲研究教授，也是智利和秘鲁几所大学的特聘教授和荣誉博士。迪里黑在秘鲁、智利、阿根廷等南美国家和美国开展了多项考古和人类学研究项目。他曾是全球范围内几所大学的访问教授。迪里黑已经出版发表了 22 本著作、300 多篇有参考价值的期刊文章和书籍章节。他的研究、著作和教学工作获得了许多国际和国内奖项。他是美国艺术与科学学院（American Academy of Arts and Sciences）和拉丁美洲科学院（Latin American Academy of Sciences）的成员。

克里斯汀·C. 迪克逊（Christine C. Dixon）

绿河学院（Green River College）人类学专业的终身教授。她在科罗拉多大学博尔德分校（University of Colorado, Boulder）获得硕士和博士学位，并在墨西哥、洪都拉斯、伯利兹、萨尔瓦多和哥斯达黎加，以及夏威夷进行了考古学田野研究。她在萨尔瓦多的塞伦遗址共同指导了多季的田野考古工作。迪克逊在《古代中美洲》（*Ancient Mesoamerica*）和《拉丁美洲文物》（*Latin American Antiquity*）上发表过文章，并撰写了一些著作中的章节。她的研究重点是社会政治经济，特别是与农民自治有关的社会政治经济。她目前是美国国家科学基金会赞助的田野课题项目的共同负责人，该项目研究哥斯达黎加阿雷纳尔（Arenal）火山地区的人类恢复能力。

泽诺比·S. 加雷特（Zenobie S. Garrett）

纽约大学人类学系访问学者。她专攻运用景观方法来研究文化复杂性，以欧洲的区域为重点。她曾在秘鲁、美国、英国、法国、爱尔兰和阿曼工作。加雷特是职业考古学家注册协会（Register of Professional Archaeologists）的成员，并在美国考古学会的公共教育委员会（Committee for Public Education）任职。

南希·贡琳（Nancy Gonlin）

中美洲考古学家，专门研究玛雅古典时期平民的日常生活和夜间生活。她是华盛顿州贝尔维尤学院的资深副教授，曾在 2012 年获得卓越边缘奖（Margin of Excellence Award），以表彰她在学院的杰出教学和服务工作。她在宾夕法尼亚州立大学获得人类学博士学位，是 16354 号注册职业考古学家，以及哈佛大学敦巴顿橡树园前研究员。贡琳是《考古学与教育杂志》（*Journal of Archaeology and Education*）的编辑和《古代中美洲》（*Ancient Mesoamerica*）的副编辑。作为美国考古学会的活跃成员，贡琳是课程委员会（Committee on Curriculum）的成员，也是图书奖委员会（Book Award Committee）的主席。她与人合著了《科潘：古代玛雅王国的兴衰》（*Copán: The Rise and Fall of an Ancient Maya Kingdom*），并共同编辑了《古代中美洲的平民仪式和意识形态》（*Commoner Ritual and Ideology in Ancient Mesoamerica*）、《古代美洲家户》（*Ancient Households of the Americas*），以及《古代中美洲的人类适应性》（*Human Adaptation in Ancient Mesoamerica*）。

凯瑟琳·坎普（Kathryn Kamp）

在格林奈尔学院（Grinnell College）任教，她是厄尔·D. 斯特朗（Earl D. Strong）社会研究教授。她的工作主要是在美国西南部，她也在伯利兹、塞浦路斯、叙利亚和土耳其做过研究。她的主要兴趣是对历史的解读、儿童考古学、民族考古学和实验考古学。她是《民族考古学：考古学、人种学和实验研究》（*Ethnoarchaeology: Journal of Archaeological, Ethnographic, and Experimental Studies*）杂志的联合主编。

艾琳·哈尔斯特德·麦奎尔（Erin Halstad McGuire）

考古学家和不列颠哥伦比亚省维多利亚大学（University of Victoria, British Columbia）的副教授。她对维京人的扩张、丧葬仪式和生命历程感兴趣。最近，她一直在探索实验考古学，将其作为一种研究和教学工具。2016年，她很荣幸成为首届维多利亚大学实验式学习优秀教学奖（Excellence in Teaching for Experiential Learning）的获得者。

阿比盖尔·茱伊·莫菲特（Abigail Joy Moffett）

在南非开普敦大学考古系获得博士学位。她的研究兴趣涵盖了非洲南部铁器时代农业社区政治经济的多个方面，从手工艺和跨手工艺的性别关系、当地和区域政治动态，到通过当地和进口物品的交换、消费进行的价值构建和谈判。

杰瑞 D. 摩尔（Jerry D. Moore）

加州州立大学多明戈斯山分校（California State University, Dominguez Hills）人类学教授。他的研究重点是秘鲁和下加利福尼亚州文化景观的考古学。他的考古田野工作得到了国家科学基金会、国家地理学会、温纳 - 格伦人类学研究基金会（Winner-Grewn Foundation for Anthropological Research）、敦巴顿橡树园前哥伦布时期研究中心，以及其他机构和基金会的支持。摩尔曾是敦巴顿橡树园、东安格利亚大学塞恩斯伯里艺术中心（Sainsbury Centre for the Arts, University of East Anglia）、盖蒂研究所（Getty Research Institute）和杜伦大学高级研究所（Institute of Advanced Study, Durham University）的研究员。他的著作包括《前西班牙时期安第斯山脉的建筑与权力：公共建筑的考古学》（*Architecture and Power in the Prehispanic Andes: The Archaeology of Public Buildings*）、《文化的愿景：人类学理论和理论家简介》（*Visions of Culture: An Introduction to Anthropological Theories and Theorists*）、《前西班牙时期安第斯山脉的文化景观：地点考古学》（*Cultural Landscapes in the Prehispanic Andes: Archaeologies of Place*）、《家的史前史》（*The Prehistory of Home*，2014 年美国考古学会图书奖）、《南美洲的史前史：最不为人知的大陆的古代文化多样性》（*A Prehistory of South America: Ancient Cultural Diversity of the Least Known Continent*）、《旅行的影响：古代南美的最新旅行》（*Incidence of Travel: Recent Journeys in Ancient South America*）以及大量的文章、书籍章节和评论。他目前是《Ñawpa Pacha：安第斯考古学杂志》（*Ñawpa Pacha: Journal of Andean Archaeology*）的编辑。

斯米迪·内森（Smiti Nathan）

纽约大学人类学系的博士生，她是亨利·H. 麦克克拉肯五年期奖学金（Henry H. MacCracken Fellowship）的获得者。她广泛的研究兴趣包括印度洋地区周边古代社会的农业和食品决策战略。内森的论文得到了温纳 - 格伦论文田野考察资助，通过考古植物学、地理空间分析和民族考古学，重点研究青铜时代阿曼绿洲农业社区的出现和选择。她目前是德国法兰克福大学考古科学研究所的访问研究员。

阿普里尔·诺埃尔（April Nowell）

旧石器时代考古学家和维多利亚大学的人类学教授。她专门研究现代思维的出现以及旧石器时代中晚期儿童的成长和发展中，艺术、语言和其他象征性行为的起源。目前，诺埃尔正带领一个国际团队在约旦发掘旧石器时代初期和中期遗址，并与莱斯利·范·吉尔德共同指导关于欧洲旧石器时代晚期手指划痕图画的研究。她是《在心灵的眼睛里：多学科角度研究人类智慧的进化》（*In Mind's Eye: Multidisciplinary Perspectives on the Evolution of Human Intelligence*）的编者，并与伊恩·戴维森（Iain Davidson）共同编著《石器和人类认知进化》（*Stone Tools and the Evolution of Human Cognition*）。她最近的研究发表在许多刊物上，包括《美国人类学家》（*American Anthropologist*）、《人类进化杂志》（*Journal of Human Evolution*）、《剑桥考古学杂志》（*Cambridge Archaeological Journal*）、《考古学科学杂志》（*Journal of Archaeological Science*）和《进化人类学》（*Evolutionary Anthropology*）。

斯科特·C. 史密斯（Scott C. Smith）

富兰克林与马歇尔学院（Franklin & Marshall College）人类学系的副教授，2009 年于加州大学河滨分校获得博士学位。他研究安第斯山脉的景观、建筑和社会复杂性的发展。自 2009 年以来，他与其他专家共同指导了玻利维亚上德萨瓜德罗山谷的马查卡德萨瓜德罗考古项目（Proyecto Arqueológico Machaca Desaguadero，PAMD）。

格伦·里德·斯托里（Glenn Reed Storey）

教职由爱荷华大学古典学系和人类学系联合委派。他与他的妹妹、休斯顿大学的中美洲生物考古学家丽贝卡·斯托里共同撰写了一本书：《罗马和玛雅古典时期：对比文明的缓慢崩溃》（*Rome and the Classic Maya: Comparing the Slow Collapse of Civilizations*）。他正在撰写一本关于西西里岛甘基维奇奥（Gangivecchio）希腊－罗马遗址的意大利文专著，并在该遗址发掘一座罗马别墅。斯托里一直钻研古城考古学、罗马帝国的人口和经济、地面穿透雷达（ground-penetrating radar）技术在罗马考古学中的应用，以及爱荷华州的历史墓地等问题。

梅根·E. 斯特朗（Meghan E. Strong）

　　埃及古物学家，目前正在剑桥大学攻读她的博士学位。她的研究结合了考古学、词汇学分析和图像学来研究人工照明在古埃及仪式中的作用，尤其关注视觉感知和各种感官。斯特朗以作家、摄影师和考古学家的身份在埃及工作了十多年，在此期间，她的摄影作品在《国家地理》（*National Geographic*）、美国全国广播公司（NBC）、美国有线新闻网（CNN）和实时科学网（LiveScience）上都有报道。

辛西娅·L. 范·吉尔德（Cynthia L. van Gilder）

　　在加州大学伯克利分校获得了她的硕士和博士学位，在校期间，美国国家科学基金会资助了她对夏威夷与西方接触前的性别、家户和社会变化的研究。加入加州圣玛丽学院（St. Mary's College）人类学系后，范·吉尔德继续发表关于夏威夷考古学中实践理论的应用、考古数据的微观历史方法、考古学的社会政治学以及文化/民族身份的叙述。目前，她在圣玛丽大学担任学术指导主任，她还研究了学术界中的指导和学习方法，包括在国内和国际上发表关于建立开创性合作以帮助本科生获得成功的演讲。作为人类学四大领域的忠实拥护者，范·吉尔德目前从事关于旅游人类学的研究，特别是关于文化身份的叙述是如何塑造在内华达州拉斯维加斯的夏威夷游客的自身体验的。

阿列克谢·弗兰尼奇（Alexei Vranich）

　　在宾夕法尼亚大学获得博士学位，自1995年以来一直在南美洲工作。他在西班牙、意大利、印度、秘鲁、保加利亚和哥斯达黎加等地对世界各地的早期复杂社会有广泛的研究经验。因其创新地将技术应用于对历史的研究，弗拉尼奇荣获美国国家科学基金会的表彰。他目前的研究和出版项目以秘鲁库斯科市（Cusco）为中心，该市是印加帝国的首都，也是新世界中最大的前哥伦布时期的帝国。

约翰·C. 惠特克（John Whittaker）

　　格林奈尔学院的人类学教授。他在美国西南部工作了30多年，在亚利桑那州弗拉格斯塔夫（Flagstaff）附近开办了一所考古学田野实习学校。他是《民族考古学：考古学、民族志和实验研究》（*Ethnoarchaeology: Journal of*

Archaeological, Ethnographic, and Experimental Studies）杂志的联合主编，并在中东、土耳其和美国从事考古学和民族志研究。惠特克尝试使用史前技术和对其做实验，特别是石器（《打制石器：制作和理解石器》[*Flintknapping: Making and Understanding Stone Tools*]、《美国石器打制者：计算机时代的石器时代艺术》[*American Flintknappers: Stone Age Art in the Age of Computers*]）和投射物，并执教世界上第一支大学梭镖投射器竞技队。

莉塔·P. 怀特（Rita P. Wright）

纽约大学人类学教授。她的研究兴趣包括对城市化、国家形成、性别和早期社会变化周期的比较研究。她曾在阿富汗、巴基斯坦和伊朗进行田野考察研究，并利用美索不达米亚的次级来源资料来研究生产组织。她专攻古代技术，重点是陶瓷和纺织品的生产和分配系统以及交易网络。怀特的主要田野工作在哈拉帕市进行。她指导一项沿比斯河现已干涸的河床进行景观和定居点调查的农村遗址研究，其河床与附近的拉维河平行，而哈拉帕市就位于拉维河畔。她对规划建成的城市、它们的社会政治组织，以及它们对与水相关的技术管理特别感兴趣。怀特是《早期社会案例研究》（*Case Studies in Early Societies*）的创刊人和主编，《性别与考古学》（*Gender and Archaeology*）的编辑，她与凯西·L. 科斯汀（Cathy L. Costin）共同编写了《手工艺与社会身份》（*Craft and Social Identity*），她还是《古印度河流域：城市化、经济和社会》（*Ancient Indus: Urbanism, Economy, and Society*）的作者。